ÉCLAIRCISSEMENTS
SUR
LA RECHERCHE DE LA VÉRITÉ

RÉPONSE À REGIS
ANNEXES

BIBLIOTHÈQUE DES TEXTES PHILOSOPHIQUES

Fondateur H. GOUHIER   Directeur J.-F. COURTINE

NICOLAS MALEBRANCHE

ÉCLAIRCISSEMENTS
SUR
LA RECHERCHE DE LA VÉRITÉ

RÉPONSE À REGIS
ANNEXES

Présentation, édition et notes
par
Jean-Christophe BARDOUT

Avec la collaboration de M. BORÉ, Th. MACHEFERT,
J. ROGER et K. TREGO

PARIS
LIBRAIRIE PHILOSOPHIQUE J. VRIN
6, Place de la Sorbonne, V e
2006

© *Librairie Philosophique J. VRIN*, 2006

Imprimé en France

ISBN 2-7116-1868-4

www.vrin.fr

ÉCLAIRCISSEMENTS SUR
LA RECHERCHE DE LA VÉRITÉ

| PRÉFACE [1]

Où l'on fait voir ce qu'il faut penser des divers jugements qu'on porte ordinairement des livres qui combattent les préjugés

Lorsqu'un livre doit paraître au jour, on ne sait qui consulter pour en apprendre la destinée. Les astres ne président point à sa nativité, leurs influences n'agissent point sur lui, et les astrologues les plus hardis n'osent rien prédire sur les diverses fortunes qu'il doit courir. Comme la vérité n'est pas de ce monde, les corps célestes n'ont sur elle aucun pouvoir, et, comme elle est d'une nature toute spirituelle, les divers arrangements de la matière ne peuvent rien contribuer à son établissement ou à sa ruine. D'ailleurs les jugements des hommes sont si différents à l'égard des mêmes choses, qu'on ne peut guère deviner avec plus de témérité et d'imprudence, que lorsqu'on prophétise l'heureux ou le malheureux succès d'un livre. De sorte que tout homme qui se hasarde à être auteur se hasarde en même temps à passer, dans l'esprit des autres hommes, pour tout ce qu'il leur plaira. Mais, entre les auteurs, ceux qui combattent les préjugés doivent se tenir assurés de leur condamnation : leurs ouvrages font trop de peine à la plupart des hommes ; et, s'ils échappent aux passions de leurs ennemis, ils ne doivent leur salut qu'à la vérité qui les protège.

---

1. Dans l'édition de 1712 (in-12°), cette préface est placée au début du t. III.

C'est un défaut commun à tous les hommes d'être trop prompts à 4 juger, car tous les hommes sont sujets à l'erreur, et ce n'est | qu'à cause de ce défaut qu'ils y sont sujets. Or tous les jugements précipités sont toujours conformes aux préjugés. Ainsi les auteurs, qui combattent les préjugés, ne peuvent manquer d'être condamnés par tous ceux qui consultent leurs anciennes opinions, comme les lois selon lesquelles ils doivent toujours prononcer. Car enfin la plupart des lecteurs sont en même temps juges et parties de ces auteurs. Ils sont leurs juges, on ne peut leur contester cette qualité, et ils sont leurs parties, parce que ces auteurs les inquiètent dans la possession de leurs préjugés, sur lesquels ils ont droit de prescription, et avec lesquels ils se sont familiarisés depuis plusieurs années.

J'avoue qu'il y a bien de l'équité, de la bonne foi, et du bon sens dans beaucoup de lecteurs, et qu'il se trouve quelquefois des juges assez raisonnables, pour ne pas suivre les sentiments communs, comme les règles infaillibles de la vérité. Il y en a plusieurs qui, rentrant en eux-mêmes, consultent la vérité intérieure, selon laquelle on doit juger de toutes choses. Mais il y en a très peu qui la consultent en toutes rencontres, et il n'y en a point qui la consultent avec toute l'attention et toute la fidélité nécessaire, pour ne prononcer jamais que des jugements véritables. Ainsi, quand on supposerait qu'il n'y aurait rien à redire dans un ouvrage qui attaque les préjugés, ce que l'on ne peut se promettre sans une vanité excessive, je ne crois pas que l'on pût trouver un seul homme qui l'approuvât en toutes choses, principalement si cet ouvrage combattait ses préjugés puisqu'il n'est pas naturellement possible qu'un juge, incessamment offensé, irrité, outragé par une partie, lui rende une entière justice, et qu'il veuille bien se donner la peine de s'appliquer de toutes ses forces pour considérer des raisons qui lui paraissent d'abord comme des paradoxes extravagants ou des paralogismes ridicules.

Mais, quoiqu'on trouve dans un ouvrage beaucoup de choses qui plaisent, s'il arrive qu'on en rencontre quelques-unes qui choquent, il me semble qu'on ne manque guère d'en dire du mal, et qu'on oublie souvent d'en dire du bien. Il y a mille motifs d'amour-propre qui nous portent à condamner ce qui nous déplaît, et la raison en cette rencontre justifie pleinement ces | motifs, car on s'imagine condamner l'erreur **5** et défendre la vérité, lorsqu'on défend ses préjugés, et que l'on condamne ceux qui les attaquent. Ainsi les juges les plus équitables des livres qui combattent les préjugés en portent ordinairement des jugements généraux, qui ne sont pas fort favorables à ceux qui les ont composés. Ils diront peut-être qu'il y a quelque chose de bon dans un tel ouvrage, et que l'auteur y combat avec raison certains préjugés; mais ils ne manqueront pas de le condamner, et de décider en juge, avec force et gravité, qu'il pousse les choses trop loin en telles et telles rencontres. Car, lorsque l'auteur combat des préjugés dont le lecteur n'est point prévenu, tout ce que dit cet auteur paraît assez raisonnable; mais l'auteur outre toujours les choses, lorsqu'il combat des préjugés dans lesquels le lecteur est trop fortement engagé.

Or, comme les préjugés de différentes personnes ne sont pas toujours les mêmes, si l'on recueillait avec soin tous les divers jugements que l'on porte sur les mêmes choses, on verrait assez souvent que, selon ces jugements, il n'y aurait rien de bon, et en même temps rien de méchant dans ces sortes d'ouvrages. Il n'y aurait rien de bon, car il n'y a point de préjugé que quelques-uns n'approuvent; et il n'y aurait aussi rien de méchant, car il n'y a point aussi de préjugé que quelques-uns ne condamnent. Ainsi ces jugements sont si équitables que, si l'on prétendait s'en servir pour réformer son ouvrage, il faudrait nécessairement tout effacer, de peur d'y rien laisser qui fût condamné, ou n'y point toucher, de peur d'en rien ôter qui fût approuvé. De sorte qu'un pauvre auteur, qui ne veut choquer personne, se trouve embarrassé par tous ces jugements divers, qu'on prononce de toutes parts contre lui et en sa faveur, et, s'il ne se résout à demeurer ferme et à passer pour obstiné dans ses sentiments, il est absolument nécessaire qu'il se contredise à tous moments, et qu'il prenne autant de formes différentes qu'il y a de têtes dans tout un peuple.

Cependant le temps rend justice à tout le monde, et la vérité, qui paraît d'abord comme un fantôme chimérique et ridicule, se fait peu à peu sentir. On ouvre les yeux, on la considère, on | découvre ses **6** charmes et l'on en est touché. Tel qui condamne un auteur sur un sentiment qui le choque se rencontre par hasard avec une personne qui approuve ce même sentiment, et qui condamne au contraire quelques opinions que l'autre reçoit comme incontestables. Chacun parle selon sa pensée, et chacun se contredit. On examine de nouveau ses raisons et celles des autres : on dispute, on s'applique, on hésite, on ne juge plus si facilement de ce que l'on n'a pas examiné; et, si l'on vient à changer de sentiment, et à reconnaître que l'auteur est plus raisonnable qu'on ne pensait, il s'excite dans le cœur une secrète inclination, qui porte quelquefois à en dire autant de bien que l'on en a dit de mal. Ainsi celui qui se tient ferme à la vérité, quoiqu'il choque d'abord et passe pour ridicule, ne doit pas désespérer de voir quelque jour la vérité qu'il défend triompher de la préoccupation des hommes. Car il y a cette différence entre les bons et les méchants livres, entre ceux qui éclairent l'esprit et ceux qui flattent les sens et l'imagination, que ceux-ci paraissent d'abord charmants et agréables et que le temps les flétrit, et que les autres au contraire ont je ne sais quoi d'étrange et de rebutant qui effarouche et fait peine, mais on les goûte avec le temps et à proportion qu'on les lit et qu'on les médite, car le temps règle ordinairement le prix des choses. Les livres qui combattent les préjugés, menant à la vérité par des routes nouvelles, demandent encore bien plus de temps que les autres, pour faire le fruit que les auteurs en attendent. Car, comme l'on est souvent trompé dans l'espérance que donnent ceux qui composent ces sortes d'ouvrages, il y a peu de personnes qui les lisent, encore moins qui les approuvent, presque tous les condamnent, soit qu'ils les lisent ou ne les lisent pas, et, quoique l'on soit certain que les chemins les plus battus ne conduisent point où l'on a dessein d'aller, cependant la frayeur que l'on a dès l'entrée de ceux où l'on ne voit point de vestiges fait qu'on n'ose s'y engager. On ne lève point la vue pour se conduire, on suit aveuglément ceux qui précèdent, la compagnie divertit et console, on ne pense point à ce qu'on fait, on ne sent point où l'on va, on oublie même assez souvent où l'on a dessein d'aller.

   Les hommes sont faits pour vivre en société, mais pour l'entretenir
7 ce n'est point assez de parler une même langue, il faut | tenir un même langage, il faut penser les uns comme les autres, il faut vivre d'opinion comme l'on agit par imitation. On pense commodément, agréable-

ment et sûrement pour le bien du corps et l'établissement de sa fortune, lorsqu'on entre dans les sentiments des autres, et qu'on se laisse persuader par l'air ou l'impression sensible de l'imagination de ceux qui nous parlent. Mais on souffre beaucoup de peine, et l'on expose sa fortune à de grands dangers, lorsqu'on ne veut écouter que la vérité intérieure, et qu'on rejette avec mépris et avec horreur tous les préjugés des sens, et toutes les opinions qui ont été reçues sans examen.

Ainsi tous ces faiseurs de livres qui attaquent les préjugés sont bien trompés, s'ils prétendent par là se rendre recommandables. Peut-être que, s'ils réussissent, un petit nombre de savants parlera de leur ouvrage avec des termes honorables, après qu'ils seront eux-mêmes réduits en cendre ; mais, pendant leur vie, qu'ils s'attendent d'être négligés de la plupart des hommes, et méprisés, calomniés, persécutés par les personnes mêmes qu'on regarde comme très sages et très modérées.

En effet il y a tant de raisons, et des raisons si fortes et si convaincantes, qui nous obligent à agir comme ceux avec qui nous vivons, qu'on a souvent droit de condamner, comme des esprits bizarres et capricieux, ceux qui ne font pas comme les autres ; et, parce qu'on ne distingue pas assez entre agir et penser, on trouve d'ordinaire fort mauvais qu'il y ait des gens qui combattent les préjugés. On croit que, pour garder les règles de la société civile, il ne suffit pas de se conformer extérieurement aux opinions et aux coutumes du pays où l'on vit. On prétend que c'est témérité que d'examiner les sentiments communs, et que c'est rompre la charité que de consulter la vérité, parce que ce n'est pas tant la vérité qui unit les sociétés civiles, que l'opinion et la coutume.

Aristote est reçu dans les Universités comme la règle de la vérité : on le cite comme infaillible, c'est une hérésie philosophique que de nier ce qu'il avance, en un mot on le révère comme le génie de la nature, et avec tout cela ceux qui savent le mieux sa physique ne rendent raison et ne sont peut-être convaincus de rien, et les écoliers qui sortent de philosophie n'osent même dire devant des personnes d'esprit ce qu'ils ont appris de leurs maîtres. Cela fait peut-être assez comprendre à ceux qui y font réflexion ce qu'on doit croire de ces sortes d'études, car une | doctrine qu'il faut oublier pour devenir **8** raisonnable ne paraît pas fort solide. Cependant on passerait pour téméraire, si l'on voulait faire connaître la fausseté des raisons qui autorisent une conduite si extraordinaire et l'on ne manquerait pas de se faire des affaires avec ceux qui y trouvent leur compte, si l'on était assez habile pour détromper le public.

N'est-il pas évident qu'il faut se servir de ce qu'on sait pour apprendre ce qu'on ne sait pas, et que ce serait se moquer d'un Français, que de lui donner une grammaire en vers allemands pour lui apprendre l'allemand? Cependant on met entre les mains des enfants les vers latins de Despautère[1] pour leur apprendre le latin, des vers obscurs en toutes manières à des enfants, qui ont même de la difficulté à comprendre les choses les plus faciles. La raison, et même l'expérience sont visiblement contre cette coutume, car les enfants sont très longtemps à apprendre mal le latin; néanmoins c'est une témérité que d'y trouver à redire. Un Chinois qui saurait cette coutume ne pourrait s'empêcher d'en rire, et, dans cet endroit de la terre que nous habitons, les plus sages et les plus savants ne peuvent s'empêcher de l'approuver.

Si des préjugés si faux et si grossiers, et des coutumes si déraisonnables et de si grande conséquence ont un nombre infini de protecteurs, comment pourrait-on se rendre aux raisons, qui combattent des préjugés de pure spéculation? Il ne faut que très peu d'attention pour découvrir que l'instruction que l'on donne aux enfants n'est pas des meilleures, et on ne le reconnaît pas: l'opinion et la coutume l'emportent contre la raison et l'expérience. Comment donc pourrait-on se persuader que des ouvrages qui renversent un grand nombre de préjugés ne seraient pas condamnés en bien des choses par ceux mêmes qui passent pour les plus savants et pour les plus sages.

Il faut prendre garde que ceux qui passent dans le monde pour les plus éclairés et les plus habiles sont ceux qui ont le plus étudié dans les livres bons et méchants: ce sont ceux qui ont la mémoire plus heureuse, et l'imagination plus vive et plus étendue que les autres.

---

1. Jean Van Pauteren (Despautère). Voir *Le Parfait doctrinal, ou Abrégé du Despautère*, Paris, L. Boulanger, 1644, ou encore *Le Petit Behourt, ou le Nouveau Despautère, contenant les fondements de la langue latine, … divisé en trois parties…*, Paris, Vve C. Thiboust et P. Esclassan, 1674.

Or ces sortes de personnes jugent ordinairement de toutes choses promptement et sans examen. Ils consultent leur mémoire, et ils y trouvent d'abord la loi ou le préjugé selon lequel ils décident sans beaucoup de réflexion. Comme ils se croient plus habiles que les autres, ils ont peu d'attention à ce | qu'ils lisent. Ainsi il arrive souvent **9** que des femmes et des enfants reconnaissent bien la fausseté de certains préjugés que l'on a combattus, parce qu'ils n'osent juger sans examiner, et qu'ils apportent à ce qu'ils lisent toute l'attention dont ils sont capables, et les savants au contraire demeurent fortement attachés à leurs opinions, parce qu'ils ne se donnent point la peine d'examiner celles des autres, lorsqu'elles sont tout à fait contraires à ce qu'ils pensent déjà.

Pour ceux qui sont dans le grand monde, ils tiennent à tant de choses qu'ils ne peuvent pas facilement rentrer dans eux-mêmes, ni apporter une attention suffisante pour discerner le vrai du vraisemblable. Néanmoins ils ne sont pas extrêmement attachés à de certains préjugés, car, pour tenir fortement au monde, il ne faut tenir à la vérité ni à la vraisemblance. Comme l'humilité apparente ou l'honnêteté et la modération extérieure sont des qualités aimables à tout le monde, et absolument nécessaires pour entretenir la société parmi ceux qui ont beaucoup d'orgueil et d'ambition, les gens du monde se font une vertu et un mérite de ne rien assurer, et de ne rien croire comme incontestable. Ça a toujours été, et ce sera toujours la mode de regarder toutes choses comme problématiques, et de parler cavalièrement des vérités même les plus saintes, pour ne paraître entêté de rien. Car, comme ceux dont je parle ne s'appliquent à rien et n'ont d'attention qu'à leur fortune, il n'y a point de disposition qui leur soit plus commode, et qui leur paraisse plus raisonnable, que celle que la mode justifie. Ainsi ceux qui attaquent les préjugés flattant d'un côté l'orgueil et la paresse des gens du monde, ils en sont bien reçus, mais, s'ils prétendent assurer quelque chose comme incontestable, et faire connaître la vérité de la religion et de la morale chrétienne, ils les regardent comme des entêtés, et comme des gens qui se sauvent d'un précipice pour se perdre dans un autre.

Ce que je viens de dire suffit, ce me semble, pour faire juger ce que je pourrais répondre aux différents jugements, que diverses personnes ont prononcés contre le livre de la *Recherche de la vérité*, et je ne veux pas faire une application que tout le monde peut faire utilement et sans peine. Je sais que tout le monde ne la fera pas, mais il semblerait peut-être que je me ferais justice à moi-même, si je me défendais autant que je le pourrais faire. J'abandonne donc mon droit aux lecteurs attentifs,
10 qui sont | les juges naturels des livres ; et je les conjure de se souvenir de la prière que je leur ai déjà faite dans la préface de la *Recherche de la vérité* et ailleurs : *de ne juger de mes sentiments que selon les réponses claires et distinctes qu'ils recevront de l'unique Maître de tous les hommes, après qu'ils l'auront interrogé par une attention sérieuse.* Car, s'ils consultent leurs préjugés comme les lois décisives de ce que l'on doit croire du livre de la *Recherche de la vérité*, j'avoue que c'est un fort méchant livre, puisqu'il est fait exprès pour faire connaître la fausseté et l'injustice de ces lois.

Comme les *Éclaircissements* qui suivent ont été composés pour satisfaire aux désirs de quelques personnes, qui ont souhaité que j'expliquasse plus particulièrement que je n'avais fait certaines vérités de conséquence, je crois devoir avertir que, pour comprendre clairement ce que je vais dire, il est nécessaire d'avoir quelque connaissance des principes que j'ai exposés dans le livre de la *Recherche de la vérité*. Ainsi il est à propos de ne point s'appliquer à ces remarques, avant que d'avoir lu avec quelque soin l'ouvrage entier pour lequel elles sont faites, et il faudra seulement dans une seconde lecture les examiner, à mesure qu'on trouvera que la marge[1] y renvoie. Cet avis que je donne n'est pas néanmoins absolument nécessaire pour les personnes intelligentes, car j'ai tâché d'écrire de telle manière qu'on peut lire ces *Éclaircissements* comme s'ils n'avaient point de rapport à l'ouvrage pour lequel ils sont faits. Je sais que la vérité est la chose du monde pour laquelle on se donne ordinairement le moins de peine. On ne s'assujettit pas volontiers à conférer les endroits d'un livre qui ont liaison les uns avec les autres. On lit d'ordinaire les choses de suite, et l'on en prend ce qu'on peut. Ainsi, pour m'accommoder à cette disposition des esprits, j'ai tâché de rendre ces remarques intelligibles, à ceux mêmes qui ont perdu le souvenir des endroits de la *Recherche de la vérité* auxquels elles ont rapport. Je prie cependant ceux qui ne voudront pas se donner la peine d'examiner avec soin ces

---

1. Rappelons que les notes infrapaginales des éditions contemporaines figuraient en marge des éditions contemporaines.

Éclaircissements de ne les point condamner sur des conséquences
12 | fausses et extravagantes, qu'on en peut tirer lorsqu'on ne les
comprend pas. J'ai quelque sujet de faire cette prière, non seulement
parce que j'ai droit d'exiger des lecteurs qui sont mes juges, qu'ils ne
me condamnent point sans m'entendre, mais encore pour d'autres
raisons qu'il n'est pas nécessaire que j'expose présentement.

Dieu fait tout ce qu'il y a de réel dans les mouvements de l'esprit, et dans les
déterminations de ces mouvements, et néanmoins il n'est point auteur
du péché. Il fait tout ce qu'il y a de réel dans les sentiments de la
concupiscence, et cependant il n'est point auteur de notre concupiscence

Quelques personnes prétendent que j'abandonne trop tôt* la comparaison de l'esprit avec la matière, et s'imaginent qu'il n'a pas plus de force qu'elle pour déterminer l'impression que Dieu lui donne. Ils souhaitent que j'explique si je le puis, ce que Dieu fait en nous, et ce que nous faisons nous-mêmes, lorsque nous péchons. Parce que, à leur avis, je serai obligé par mon explication de tomber d'accord, ou que l'homme est capable de se | donner à soi-même quelque nouvelle **18** modification, ou bien de reconnaître que Dieu est véritablement auteur du péché.

Je réponds que la foi, la raison, et le sentiment intérieur que j'ai de moi-même, m'obligent de quitter ma comparaison où je la quitte, car je suis convaincu en toutes manières que j'ai en moi-même un principe de mes déterminations, et j'ai des raisons pour croire que la matière n'a point de semblable principe. Cela se prouvera dans la suite. Mais voici ce que Dieu fait en nous, et ce que nous faisons nous-mêmes quand nous péchons.

Premièrement, Dieu nous pousse sans cesse et par une impression invincible vers le bien en général. Secondement, il nous représente l'idée d'un bien particulier, ou nous en donne le sentiment. Enfin il nous porte vers ce bien particulier.

* [Livre I] chap. I [§ II].

Dieu nous pousse sans cesse vers le bien en général. Car Dieu nous a faits, et nous conserve pour lui ; il veut que l'on aime tout ce qui est bon ; il est le premier, ou plutôt l'unique moteur. Enfin cela est clair par une infinité de choses que j'ai dites ailleurs, et ceux à qui je parle en conviennent.

Dieu nous présente l'idée d'un bien particulier, ou nous en donne le sentiment. Car il n'y a que lui qui nous éclaire. Les corps qui nous environnent ne peuvent point agir sur notre esprit, et nous ne sommes pas notre lumière, ni notre félicité à nous-mêmes ; je l'ai prouvé fort au long dans le troisième livre, et ailleurs.

Enfin, Dieu nous porte vers ce bien particulier. Car, Dieu nous portant vers tout ce qui est bien, c'est une conséquence nécessaire qu'il nous porte vers les biens particuliers, lorsqu'il en produit la perception, ou le sentiment dans notre âme. Voilà tout ce que Dieu fait en nous, quand nous péchons.

Mais comme un bien particulier ne renferme pas tous les biens, et que l'esprit, le considérant d'une vue claire et distincte, ne peut croire qu'il les renferme tous, Dieu ne nous porte point nécessairement ni invinciblement à l'amour de ce bien. Nous sentons qu'il nous est libre **19** de nous y arrêter, que nous avons | du mouvement pour aller plus loin, en un mot que l'impression que nous avons pour le bien universel, ou, pour parler comme les autres, que notre volonté n'est ni contrainte, ni nécessitée de s'arrêter à ce bien particulier.

Voici donc ce que fait le pécheur. Il s'arrête, il se repose, il ne suit point l'impression de Dieu, il ne fait rien, car le péché n'est rien. Il sait que la grande règle qu'il doit observer, c'est de faire usage de sa liberté autant qu'il le peut, et qu'il ne doit se reposer dans aucun bien, s'il n'est intérieurement convaincu qu'il serait contre l'ordre de ne vouloir point s'y arrêter. S'il ne découvre pas cette règle par la lumière de sa raison, il l'apprend du moins par les reproches secrets de sa conscience. Il devrait donc suivre l'impression qu'il reçoit pour le bien universel, et penser à d'autres biens qu'à celui dont il jouit, et duquel il devrait seulement faire usage. Car c'est en pensant à d'autres biens qu'à celui dont il jouit, qu'il peut s'exciter en lui de nouvelles déterminations de son amour, et faire usage de sa liberté en consentant à ces nouvelles déterminations. Or je prouve que, par l'impression que Dieu lui donne pour le bien en général, il peut penser à d'autres biens qu'à celui dont il jouit, parce que c'est en cela précisément que consiste la difficulté.

C'est une loi de la nature que les idées des objets se présentent à notre esprit dès que nous voulons y penser, pourvu que la capacité que nous avons de penser ne soit point remplie par les sentiments vifs et confus que nous recevons à l'occasion de ce qui se passe dans notre corps. Or nous pouvons vouloir penser à toutes choses, parce que l'impression naturelle qui nous porte vers le bien s'étend à tous les biens auxquels nous pouvons penser, et nous pouvons en tout temps penser à toutes choses, parce que nous sommes unis à celui qui renferme les idées de toutes choses, ainsi que j'ai prouvé ailleurs *.

| S'il est donc vrai que nous pouvons vouloir considérer de près ce **20** que nous voyons déjà comme de loin, puisque nous sommes unis avec la raison qui renferme les idées de tous les êtres, et s'il est certain qu'en vertu des lois de la nature, les idées s'approchent de nous dès que nous le voulons, on en doit conclure :

Premièrement, que nous avons un principe de nos déterminations. Car c'est la présence actuelle des idées particulières qui détermine positivement vers des biens particuliers le mouvement que nous avons vers le bien en général, et qui change, lorsque nous nous reposons, notre amour naturel en des amours libres. Notre consentement ou notre repos à la vue d'un bien particulier n'est rien de réel ou de positif de notre part, comme je l'expliquerai plus bas.

Secondement, que ce principe de nos déterminations est toujours libre à l'égard des biens particuliers. Car nous ne sommes point invinciblement portés à les aimer, puisque nous pouvons les examiner en eux-mêmes, et les comparer avec l'idée que nous avons du souverain bien, ou avec d'autres biens particuliers. Ainsi le principe de notre liberté, c'est qu'étant faits pour Dieu et unis à lui nous pouvons toujours penser au vrai bien, ou à d'autres biens qu'à ceux auxquels nous pensons actuellement ; c'est que nous pouvons toujours sus-

---

* Lisez le chapitre du IIIe livre qui a pour titre *Que nous voyons toutes choses en Dieu* [RV III, II, VI], et l'*Éclaircissement* sur le même chapitre [Xe Écl.].

pendre notre consentement, et sérieusement examiner si le bien dont nous jouissons est ou n'est pas le vrai bien.

Je suppose néanmoins que nos sentiments n'occupent point toute la capacité de notre esprit. Car, afin que nous soyons libres de la liberté dont je parle, il est nécessaire, non seulement que Dieu ne nous pousse point invinciblement vers les biens particuliers, mais encore que nous puissions faire usage de l'impression que nous avons vers le bien en général, pour aimer autre chose que ce que nous aimons actuellement. Or, comme nous ne saurions aimer que les objets auxquels nous 21 pouvons penser, | et que nous ne pouvons pas penser actuellement à d'autres qu'à ceux qui nous causent des sentiments trop vifs, il est visible que la dépendance où nous sommes de notre corps diminue notre liberté, et nous en ôte même entièrement l'usage en beaucoup de rencontres. Ainsi nos sentiments effaçant nos idées, et l'union que nous avons avec notre corps, par laquelle nous ne voyons que ce qui a rapport à lui, affaiblissant celle que nous avons avec Dieu, par laquelle toutes choses nous sont présentes, l'esprit ne doit point se laisser partager par des sentiments confus, s'il veut conserver parfaitement libre le principe de ses déterminations.

Il est évident de tout ceci que Dieu n'est point auteur du péché, et que l'homme ne se donne point à soi-même de nouvelles modifications. Dieu n'est point auteur du péché, puisqu'il imprime incessamment à celui qui pèche, ou qui s'arrête à un bien particulier, du mouvement pour aller plus loin, qu'il lui donne le pouvoir de penser à d'autres choses, et de se porter à d'autres biens qu'à celui qui est actuellement l'objet de sa pensée et de son amour, qu'il lui ordonne de ne point aimer tout ce qu'il peut s'empêcher d'aimer, sans être inquiété par des remords, et qu'il le rappelle sans cesse à lui par les reproches secrets de sa raison.

Il est vrai qu'en un sens Dieu porte le pécheur à aimer l'objet de son péché, si cet objet paraît un bien au pécheur, car, comme disent presque tous les théologiens, tout ce qu'il y a de physique, d'acte, ou de mouvement dans le péché vient de Dieu. Mais ce n'est que par un faux jugement de notre esprit que les créatures nous paraissent bonnes, je veux dire capables d'agir en nous, et de nous rendre heureux. Le péché d'un homme consiste en ce qu'il ne rapporte pas tous les biens particuliers au souverain bien, ou plutôt en ce qu'il ne considère et qu'il n'aime pas | le souverain bien dans les biens particuliers*, et **22** qu'ainsi il ne règle pas son amour selon la volonté de Dieu, ou selon l'ordre essentiel et nécessaire, dont tous les hommes ont une connaissance d'autant plus parfaite qu'ils sont plus étroitement unis à Dieu, et qu'ils sont moins sensibles aux impressions de leurs sens et de leurs passions. Car nos sens répandant notre âme dans notre corps, et nos passions la transportant, pour ainsi dire, dans ceux qui nous environnent, ils nous éloignent de la lumière de Dieu qui nous pénètre et qui nous remplit.

L'homme ne se donne point aussi de nouvelles modifications qui modifient ou qui changent physiquement sa substance. Car le mouvement d'amour, que Dieu imprime sans cesse en nous, n'augmente ou ne diminue pas, quoique nous aimions ou que nous n'aimions pas actuellement, je veux dire quoique ce mouvement naturel d'amour soit ou ne soit pas déterminé par quelque idée particulière de notre esprit. Ce mouvement ne cesse pas même par le repos dans la possession du bien, comme le mouvement des corps cesse par leur repos. Apparemment Dieu nous pousse toujours d'une égale force vers lui, car il nous pousse vers le bien en général autant que nous en sommes capables, et nous en sommes en tout temps également capables, parce que notre volonté ou notre capacité naturelle de vouloir est toujours égale à elle-même. Ainsi l'impression ou le mouvement naturel qui nous porte vers le bien n'augmente ou ne diminue jamais.

J'avoue que nous n'avons pas d'idée claire, ni même de sentiment intérieur de cette égalité d'impression ou de mouvement naturel vers le bien. Mais c'est que nous ne nous connaissons point par idée, comme je l'ai prouvé ailleurs**, et que nous ne | sentons point nos **23** facultés, lorsqu'elles n'agissent point actuellement. Nous ne sentons point en nous ce qui est naturel, ordinaire, et toujours de même,

---

* Voyez l'*Éclaircissement* sur le chapitre III de la seconde partie du VIe livre vers la fin [XVe *Écl.*], où j'explique distinctement ma pensée.

** Voyez la IIe partie du IIIe livre, chap. VII, n. 4, et l'*Éclaircissement* où j'y renvoie [XI].

comme nous ne sentons point la chaleur et le battement de notre cœur. Nous ne sentons pas même nos habitudes, et si nous sommes dignes de l'amour ou de la colère de Dieu *. Il y a peut-être en nous une infinité de facultés ou de capacités qui nous sont entièrement inconnues, car nous n'avons pas de sentiment intérieur de tout ce que nous sommes, mais seulement de tout ce qui se passe actuellement en nous. Si nous n'avions jamais senti de douleur, ni désiré de biens particuliers, nous ne pourrions point par le sentiment intérieur que nous avons de nous-mêmes, découvrir si nous serions capables de sentir de la douleur ou de vouloir de tels biens. C'est notre mémoire et non pas notre sentiment intérieur qui nous apprend que nous sommes capables de sentir ce que nous ne sentons plus, ou d'être agités par des passions desquelles nous ne sentons plus aucun mouvement. Ainsi il n'y a rien qui nous empêche de croire que Dieu nous pousse toujours vers lui d'une égale force, quoique d'une manière bien différente, et qu'il conserve toujours dans notre âme une égale capacité de vouloir, ou une même volonté, comme il conserve dans toute la matière prise en général une égale quantité de force ou de mouvement de même part. Mais, quand cela ne serait pas certain, je ne vois pas qu'on puisse dire que l'augmentation ou la diminution du mouvement naturel de notre âme dépende de nous, puisque nous ne pouvons pas être cause de l'étendue de notre propre volonté, et qu'il ne dépend pas de nous de vouloir être heureux.

Il est encore certain, par les choses que j'ai dites auparavant, que Dieu produit et conserve aussi en nous tout ce qu'il y a de réel et de positif dans les déterminations particulières du mouvement de notre âme, savoir nos idées et nos sentiments. Car c'est ce qui détermine naturellement vers les biens particuliers | notre mouvement pour le bien en général, mais d'une manière qui n'est point invincible, puisque nous avons du mouvement pour aller plus loin. De sorte que tout ce que nous faisons, quand nous péchons, c'est que nous ne faisons pas tout ce que nous avons néanmoins le pouvoir de faire, à cause de l'impression naturelle que nous avons vers celui qui renferme

___

* *Nemo scit utrum amore, vel odio dignus sit* (Eccl 41 [en réalité 9, 1]) [« L'homme ne sait s'il est digne d'amour ou de haine » (Bible de Sacy)].

tous les biens, laquelle impression nous donne ce pouvoir, car nous ne pouvons rien que par la puissance que nous recevons de notre union avec celui qui fait tout en nous. Et il me paraît évident que si nous ne désirions point d'être heureux, ou si nous n'avions point une impression pour le bien en général, nous serions incapables d'aimer aucun bien particulier. Or ce qui fait principalement que nous péchons, c'est qu'aimant mieux jouir qu'examiner, à cause du plaisir que nous sentons à jouir, et de la peine que nous trouvons à examiner, nous cessons de nous servir du mouvement qui nous est donné pour chercher le bien et pour l'examiner, et nous nous arrêtons dans la jouissance des choses dont nous devrions seulement faire usage. Mais, si l'on y prend garde de près, on verra qu'en cela il n'y a rien de réel de notre part, qu'un défaut et une cessation d'examen ou de recherche, qui corrompt, pour ainsi dire, l'action de Dieu en nous, mais qui ne peut néanmoins la détruire. Ainsi, que faisons-nous quand nous ne péchons point ? Nous faisons alors tout ce que Dieu fait en nous, car nous ne bornons point à un bien particulier, ou plutôt à un faux bien, l'amour que Dieu nous imprime pour le vrai bien. Et quand nous péchons, que faisons-nous ? Rien. Nous aimons un faux bien, que Dieu ne nous fait point aimer | par une impression invincible. Nous cessons **25** de chercher le vrai bien, et rendons inutile le mouvement que Dieu imprime en nous. Nous ne faisons que nous arrêter, que nous reposer. C'est par un acte, sans doute, mais par un acte immanent qui ne produit rien de physique dans notre substance, par un acte qui, dans ce cas, n'exige pas même de la vraie cause quelque effet physique en nous, ni idées ni sensations nouvelles, c'est-à-dire, en un mot, par un acte qui ne fait rien et ne fait rien faire à la cause générale en tant que générale, ou faisant abstraction de sa justice, car le repos de l'âme comme celui des corps n'a nulle force ou efficace physique. Or, lorsque nous aimons uniquement ou contre l'ordre un bien particulier, nous recevons de Dieu autant d'impression d'amour que si nous ne nous arrêtions pas à ce bien. De plus, cette détermination particulière et naturelle, qui n'est point nécessaire ni invincible par rapport à notre consentement, nous est aussi donnée de Dieu. Donc, lorsque nous péchons, nous ne produisons point en nous de nouvelle modification.

J'avoue cependant que, lorsque nous ne péchons point, et que nous résistons à la tentation, on peut dire que nous nous donnons une nouvelle modification, en ce sens que nous voulons actuellement et librement penser à d'autres choses qu'aux faux biens qui nous tentent, et que nous voulons ne nous point reposer dans leur jouissance. Mais nous ne le voulons que parce que nous ne voulons être heureux que par le mouvement vers le bien en général que Dieu imprime en nous sans cesse, en un mot que par notre volonté secourue par la grâce, c'est-à-dire éclairée par une lumière, et poussée par une délectation prévenante. Car enfin, si l'on prétend que vouloir différentes choses, c'est se donner différentes modifications, ou que nos divers consentements, que je regarde comme des repos ou des cessations libres de recherche et d'examen, soient des réalités physiques, je demeure d'accord qu'en ce sens l'esprit peut se modifier diversement par l'action ou le désir 26 d'être heureux que Dieu met | en lui, et qu'en ce sens il a une véritable puissance*. Mais il me paraît qu'il n'y a pas plus de réalité dans le consentement qu'on donne au bien que dans celui qu'on donne au mal, que celui qui est une suite d'un jugement vrai est droit, et que celui qui dépend d'un jugement faux est déréglé, et que la moralité de nos consentements se tire uniquement des objets. Le repos de l'âme en Dieu est juste, car c'est le vrai bien, la vraie cause du bonheur. Ce même repos dans la créature est déréglé, parce que nulle créature n'est cause véritable du bonheur. Mais je ne vois pas que nos repos, réglés ou déréglés, qui nous rendent justes ou criminels, changent par eux-mêmes physiquement la substance de notre âme.

Il me paraît même qu'il y a contradiction, et qu'ainsi Dieu ne peut pas même donner à ses créatures de véritable puissance, ou les établir causes de quelque réalité physique. Car je crois qu'il est certain que la conservation n'est qu'une création continuée, puisque ce n'est que la même volonté de Dieu qui continue de vouloir ce qu'il a voulu, et c'est le sentiment commun des théologiens. Un corps, par exemple, existe, parce que Dieu veut qu'il soit, et il le veut ici ou ailleurs, car il ne peut pas le créer nulle part. Et, s'il le crée ici, peut-on concevoir qu'une

---

* Voyez le IIe volume de mes *Réponses* à M. Arnauld, p. 412 et suivantes [*Réponse à la dissertation sur les miracles de l'Ancien Testament*, *OC* VII, 565 *sq.*].

créature l'en ôte et le mette ailleurs, si ce n'est que Dieu dans le même temps le veuille créer ailleurs, pour donner part de sa puissance à sa créature au sens qu'elle en est capable ? Mais, quand on supposerait que la chose serait possible, ou ne renfermerait point de contradiction métaphysique, car il n'y a que cela qui soit impossible à Dieu ; par quel principe de raison ou de religion peut-on diminuer la dépendance des créatures ? Mais je parlerai ailleurs * de l'efficace prétendue des causes secondes. Je reviens à mon sujet.

Je dis donc que cette action, ou plutôt cette impression ou | ce désir 27 naturel que nous avons tous pour le bonheur, dépend de nous en ce sens qu'il n'est point invincible à l'égard des biens particuliers. Car, lorsqu'un bien particulier nous est présenté, nous avons sentiment intérieur de notre liberté à son égard, comme nous en avons de notre plaisir et de notre douleur, lorsque nous en sentons. Nous sommes même convaincus de notre liberté par la même raison qui nous convainc de notre existence, car c'est le sentiment intérieur que nous avons de nos pensées qui nous apprend que nous sommes. Et, si dans le temps que nous sentons notre liberté à l'égard d'un bien particulier, nous devons douter que nous soyons libres, à cause que nous n'avons point d'idée claire de notre liberté, il faudra aussi douter de notre douleur et de notre existence dans le temps même que nous sommes malheureux, puisque nous n'avons point d'idée claire ni de notre âme, ni de notre douleur, mais seulement sentiment intérieur.

Il n'en est pas de même du sentiment intérieur, comme de nos sens extérieurs. Ceux-ci nous trompent toujours en quelque chose, lorsque nous suivons leur rapport mais notre sentiment intérieur ne nous trompe jamais. C'est par mes sens extérieurs que je vois les couleurs sur la surface des corps, que j'entends le son dans l'air, que je sens la douleur de ma main ; et je tombe dans l'erreur, si je juge de ces choses sur le rapport de mes sens. Mais c'est par sentiment intérieur, que je sais bien que je vois de la couleur, que j'entends un son, que je souffre de la douleur ; et je ne me trompe point de croire que je vois lorsque je vois, que j'entends lorsque j'entends, que je souffre lorsque je souffre,

---

* Voyez l'*Éclaircissement* sur ce sujet [XV], et le VIIe *Entretien sur la métaphysique* [*OC* XII, 147-172].

pourvu que j'en demeure là. Je n'explique pas ces choses plus au long, car elles sont évidentes par elles-mêmes. Ainsi, ayant sentiment intérieur de notre liberté dans le temps qu'un bien particulier se présente à notre esprit, nous ne devons point douter que nous ne soyons libres à l'égard de ce bien. Cependant, comme l'on n'a pas toujours ce sentiment intérieur, et qu'on ne consulte quelquefois que ce qui nous en reste dans la mémoire d'une manière fort confuse, on peut, en pensant 28 à des raisons abstraites, | qui nous empêchent de nous sentir nous-mêmes, se persuader qu'il n'est pas possible que l'homme soit libre, de même qu'un stoïcien à qui rien ne manque, et qui philosophe à son aise, peut s'imaginer que la douleur n'est point un mal, à cause que le sentiment intérieur qu'il a de lui-même ne le convainc point actuellement du contraire. Il peut prouver, comme a fait Sénèque, par des raisons qui sont en un sens très véritables, qu'il y a même contradiction que le sage puisse être malheureux.

Néanmoins, quand le sentiment intérieur que nous avons de nous-mêmes ne suffirait pas pour nous convaincre que nous sommes libres, nous pourrions nous en persuader par raison. Car, étant convaincus par la lumière de la raison que Dieu n'agit que pour lui, et qu'il ne peut nous donner de mouvement qui ne tende vers lui, l'impression vers le bien en général peut être invincible, mais il est clair que l'impression qu'il nous donne vers les biens particuliers doit nécessairement être telle qu'il dépende de nous de la suivre et de suspendre notre consentement à son égard. Car, si cette impression était invincible, nous n'aurions pas de mouvement pour aller jusqu'à Dieu, quoiqu'il ne nous donne du mouvement que pour lui ; et nous serions nécessités de nous arrêter aux biens particuliers, quoique Dieu, l'ordre et la raison nous le défendent. De sorte que nous ne pécherions point par notre faute, et Dieu serait véritablement la cause de nos dérèglements, puisqu'ils ne seraient pas libres, mais purement naturels.

Ainsi, quand nous ne serions point convaincus de notre liberté par le sentiment intérieur que nous avons de nous-mêmes, nous pourrions découvrir par la raison qu'il est nécessaire que l'homme soit créé libre, supposé qu'il soit capable de désirer des biens particuliers, et qu'il ne puisse désirer ces biens que par l'impression ou le mouvement que

Dieu lui donne sans cesse pour l'aimer, ce qui se peut aussi prouver par la raison. Mais il n'en est pas de même de la capacité que l'on a de souffrir quelque douleur. Pour découvrir qu'on a cette capacité, il n'y a point d'autre voie que le sentiment intérieur; et néanmoins personne ne doute que l'homme ne soit sujet à la douleur.

| Quand je dis que nous avons sentiment intérieur de notre liberté, **29** je ne prétends pas soutenir que nous ayons sentiment intérieur d'un pouvoir de nous déterminer à vouloir quelque chose sans aucun motif physique, pouvoir que quelques gens appellent *indifférence pure*. Un tel pouvoir me paraît renfermer une contradiction manifeste. On le voit assez si l'on a bien pris ce que je viens de dire, car il est clair qu'il faut un motif, qu'il faut pour ainsi dire sentir, avant que de consentir. Il est vrai que souvent nous ne pensons pas au motif qui nous a fait agir; mais c'est que nous n'y faisons pas réflexion, surtout dans les choses qui ne sont pas de conséquence. Certainement il se trouve toujours quelque motif secret et confus dans nos moindres actions; et c'est même ce qui porte quelques personnes à soupçonner et quelquefois à soutenir qu'ils ne sont pas libres, parce que en s'examinant avec soin, ils découvrent les motifs cachés et confus qui les font vouloir. Il est vrai qu'ils ont été agis, pour ainsi dire, qu'ils ont été mus, mais ils ont aussi agi par l'acte de leur consentement, acte qu'ils avaient le pouvoir de ne pas donner dans le moment qu'ils l'ont donné; pouvoir, dis-je, dont ils avaient sentiment intérieur dans le moment auquel ils en ont usé, et qu'ils n'auraient osé nier, si dans ce moment on les en eût interrogés. Quand je dis donc que nous avons un sentiment intérieur, et qui ne peut être trompeur de notre liberté, je ne l'entends pas de l'*indifférence pure*, qui nous mettrait dans une espèce d'indépendance de la conduite de Dieu sur nous, ou des motifs physiques qu'il produit en nous par lesquels il sait et peut nous faire vouloir et exécuter librement tout ce qu'il veut; je l'entends de ce pouvoir actuel que nous avons de suspendre notre consentement à l'égard des motifs qui nous sollicitent et nous pressent de le donner, lorsque ces motifs ne remplissent pas, pour ainsi dire, toute la capacité de l'âme. J'avoue cependant que ce

pouvoir n'est pas égal dans tous les hommes, ni même dans la même personne en différents temps, ainsi que j'ai expliqué ailleurs *.

30 Je ne m'arrête pas à prouver notre liberté par le détail des suites affreuses de l'erreur de ceux qui la nient. On voit assez | que cette erreur détruit de fond en comble toutes sortes de religions et de morales, la justice de Dieu et celle des hommes ; preuve incontestable que nous sommes libres.

Comme nous ne connaissons point notre âme par une idée claire, ainsi que je l'ai expliqué ailleurs **, c'est en vain que nous faisons effort pour découvrir ce qui est en nous qui termine l'action que Dieu nous imprime, ou ce qui est en nous qui se laisse vaincre par un mouvement qui n'est pas invincible, et que l'on peut changer par sa volonté, ou son impression vers tout ce qui est bien, et par son union avec celui qui renferme les idées de tous les êtres. Car enfin nous n'avons point d'idée claire d'aucune modification de notre âme. Il n'y a que le sentiment intérieur qui nous apprenne que nous sommes, et ce que nous sommes. C'est donc ce sentiment qu'il faut consulter pour nous convaincre que nous sommes libres. Il nous répond assez clairement sur cela, lorsque nous nous proposons quelque bien particulier, car il n'y a point d'homme qui puisse douter qu'il n'est point porté invinciblement à manger d'un fruit, ou à éviter une douleur fort légère. Mais, si au lieu d'écouter notre sentiment intérieur, nous faisons attention à des raisons abstraites, et qui nous détournent de penser à nous, peut-être que, nous perdant nous-mêmes de vue, nous oublierons ce que nous sommes, et que, voulant accorder la science de Dieu et le pouvoir absolu qu'il a sur nos volontés, nous douterons que nous soyons libres, et nous tomberons dans une erreur qui renverse tous les principes de la religion et de la morale.

L'objection la plus ordinaire, et la plus forte en apparence qu'on fasse contre la liberté, est celle-ci. La conservation n'est, dit-on, de la part de Dieu qu'une création continuée ; ce n'est en Dieu que la même volonté toujours efficace. Ainsi, quand nous parlons ou marchons, quand nous pensons et voulons, Dieu nous fait tels que nous sommes,

---

* III e Discours du *Traité de la nature et de la grâce* [*OC* V, 117-146].
** Chap. VII de la II e partie du III e livre et ci-dessous, XI e *Éclaircissement*.

il nous crée parlants, marchants, pensants, | voulants. Si un homme **31** aperçoit et goûte un objet, Dieu le crée apercevant et goûtant cet objet; et, s'il consent au mouvement qui s'excite en lui, s'il se repose dans cet objet, Dieu le crée se reposant et s'arrêtant à cet objet. Dieu le fait tel qu'il est dans ce moment; il crée en lui son consentement auquel il n'a pas plus de part que les corps au mouvement qui les transporte.

Je réponds que Dieu nous crée parlants, marchants, pensants, voulants, qu'il cause en nous nos perceptions, nos sensations, nos mouvements, en un mot qu'il fait en nous tout ce qu'il y a de réel ou de physique, ainsi que je l'ai expliqué ci-dessus. Mais je nie que Dieu nous fasse consentants, précisément en tant que consentants, ou reposants dans un bien particulier vrai ou apparent. Dieu nous crée seulement sans cesse pouvant nous arrêter à tel bien. Cela est évident, car, puisque Dieu nous crée sans cesse voulant être heureux, puisqu'il nous pousse sans cesse vers le bien en général, vers tout bien, il est clair que ce n'est pas lui qui nous arrête à tel bien. Il nous porte vers tel bien en conséquence des lois de l'union de l'âme et du corps ou autrement; soit; mais il y a contradiction qu'il nous y porte invinciblement tant que ce bien ne remplit pas le désir naturel et invincible que nous avons pour tout bien. Dieu nous crée donc, non précisément en tant que consentants ou suspendant notre consentement, mais pouvant le donner ou le suspendre. Car Dieu nous créant sans cesse, non *pouvant* vouloir, mais voulant être heureux, et notre esprit étant borné, il nous fallait du temps pour examiner si tel bien était vrai ou faux, et même si, en s'arrêtant à tel bien représenté ou senti comme vrai bien, ou cause du plaisir actuel, ce bien ne deviendrait point un mal, à cause que s'y arrêtant, on perdrait la possession d'un plus grand bien.

Il suit de ce que je viens de dire :

1) que nous sommes prédéterminés physiquement vers le bien en général, puisque nous voulons invinciblement être heureux, et que le désir du bonheur est en nous sans nous.

2) Que nous sommes aussi prédéterminés physiquement vers les biens particuliers, en ce sens que nous sommes poussés vers ce que nous connaissons ou que nous goûtons comme bon. Le mouvement naturel de l'âme vers les biens particuliers n'est en effet qu'une suite

naturelle de son mouvement vers le bien en général. Ainsi tout plaisir
32 est efficace par lui-même par rapport | à la volonté, car il la meut et la
pousse pour ainsi dire vers l'objet.

3) Que tout plaisir ou motif physique, quoique efficace par lui-
même par rapport à la volonté qu'il meut, il n'est point efficace par
lui-même par rapport au consentement de la volonté, puisqu'il n'ôte
pas à l'âme le désir d'être solidement heureuse, et le pouvoir de
suspendre son consentement, et d'examiner si tel plaisir s'accorde
avec le souverain bonheur qu'elle désire invinciblement.

4) Qu'ainsi la grâce de Jésus-Christ*, la délectation prévenante,
quoique efficace par elle-même, par rapport à la volonté qu'elle excite
et qu'elle meut, elle n'est point efficace par elle-même par rapport
au consentement de la volonté, qui peut n'y point consentir et qui ne
lui résiste que trop souvent, soit parce que l'âme suspendant trop
longtemps son consentement, la délectation spirituelle ne continue
pas, soit parce que la concupiscence fournit sans cesse des motifs qui
lui sont contraires.

5) Que c'est Dieu néanmoins qui opère en nous par sa grâce le
vouloir et le faire, car c'est lui qui commence notre conversion. Il faut
que sa grâce prévienne notre volonté, car il faut, pour ainsi dire, la
sentir avant que d'y consentir. Ainsi Dieu ne coopère pas comme le
voulaient les pélagiens, il opère, et c'est nous qui coopérons, car c'est
celui qui commence, et sans lequel on ne peut rien qui, à parler exactement, est celui qui opère. La grâce de Dieu court, pour parler ainsi,
avant la volonté, et concourt aussi avec elle, non en produisant l'acte
du consentement, mais en laissant à la faculté active de l'âme, à la
volonté qu'elle meut, de le produire, et la toute-puissance de Dieu
paraît d'autant plus, qu'il se sert aussi heureusement des causes libres
que des nécessaires, et sa bonté, en ce que, nous faisant agir avec une
entière liberté, il nous fait mériter par le secours de sa grâce purement
gratuite les récompenses promises, et qu'il veut donner avec justice à
ceux qui y coopèrent. *His ergo modis*, dit s. Augustin, *quando Deus
agit cum anima rationali, ut ei credat, neque enim credere potest*

---

* Ceci est expliqué plus au long dans la première des 4 lettres qui sont dans le
II e volume de mes *Réponses à M. Arnauld* [*OC* VII, 345-375].

quodlibet libero arbitrio, si nulla sit suasio vel vocatio cui credat,
profecto et ipsum velle credere Deus operatur in homine, et in omni-
bus misericordia ejus praevenit nos ; consentire | autem vocationi Dei, **33**
vel ab ea dissentire, sicut dixi, propriae voluntatis est (*De spiritu et*
littera, chap. XXXIV) [1].

Voici une objection que l'on a coutume de faire contre ce que j'ai
dit auparavant, que Dieu fait tout ce qu'il y a de réel en nous quand
nous péchons, et, quoiqu'elle soit fort légère, elle ne laisse pas de faire
peine à bien des gens. La haine de Dieu, disent-ils, est une action dans
laquelle il n'y a rien de bon. Donc elle est toute du pécheur ; Dieu n'y a
aucune part. Et par conséquent l'homme agit et se donne à soi-même
de nouvelles modifications par une action qui ne vient point de Dieu.
Cela est vrai en un sens. Mais je réponds que les pécheurs ne haïssent
Dieu, que parce qu'ils jugent librement et faussement qu'il est
mauvais, car on ne peut haïr le bien considéré comme tel. Ainsi c'est
par le même mouvement d'amour que Dieu leur imprime pour le bien,
qu'ils haïssent Dieu. Or ils jugent que Dieu n'est pas bon, parce qu'ils
ne font pas l'usage qu'ils devraient faire de leur liberté. N'étant point
convaincus par une évidence invincible que Dieu n'est pas bon, ils ne
devraient pas le croire mauvais, ni par conséquent le haïr.

On doit distinguer trois choses dans la haine, le sentiment de
l'âme, le mouvement de la volonté, et le consentement à ce mouvement. Le sentiment ne peut être mauvais, car c'est une modification de
l'âme, qui n'a ni bonté ni malice morale. Pour le mouvement il n'est
point mauvais non plus, puisqu'il n'est pas distingué de celui de
l'amour. Car, le mal qui est hors de nous n'étant que la privation du
bien, il est évident que fuir le mal, c'est fuir la privation du bien, c'est-
à-dire tendre vers le bien. Aussi tout ce qu'il y a de réel et de positif
dans la haine même de Dieu n'a rien de mauvais. Ce n'est que dans le
consentement de l'âme déréglée par un faux jugement que se trouve la

---

1. *De spiritu et littera*, XXXIV, 60 (PL XLIV, 240) : « De cette façon, donc, quand
Dieu agit avec l'âme raisonnable, afin qu'elle croie en lui (l'on ne peut en effet librement
croire quelque chose, s'il n'y a pas un conseil ou un appel qui conduise à y croire), Dieu
lui-même opère aussi en l'homme la volonté de croire, et sa miséricorde qui nous prévient
en toutes choses ; mais consentir à l'appel de Dieu, ou lui opposer son dissentiment, cela
relève, comme je l'ai dit, de la volonté propre ».

malice formelle du péché. Et le pécheur ne peut haïr Dieu qu'en faisant un usage abominable du mouvement que Dieu lui donne incessamment pour le porter à son amour ; et il ne peut faire ce mauvais | usage,
34 que parce qu'il sent confusément et juge faussement que Dieu n'est pas son bien, et qu'il cesse d'examiner les fausses raisons qui le portent à croire que les créatures, et non le Créateur, sont les causes de son bonheur. En un mot, il n'y a que la malice morale, ou le dérèglement de l'amour du pécheur à quoi Dieu n'a nulle part.

> *Dieu fait tout ce qu'il y a de réel dans les sentiments de la concupiscence et cependant il n'est point auteur de notre concupiscence* *

Comme les difficultés qu'on fait sur la concupiscence ont beaucoup de rapport à celles que je viens d'expliquer, il est à propos que je montre ici que Dieu n'est point auteur de la concupiscence, quoiqu'il fasse tout, et qu'il n'y ait que lui qui produise en nous les plaisirs même sensibles.

On doit, ce me semble, demeurer d'accord, pour les raisons que j'ai données dans le cinquième chapitre du premier livre de la *Recherche de la vérité*, et ailleurs, que suivant les lois naturelles de l'union de l'âme et du corps, l'homme avant même son péché était porté par des plaisirs prévenants, à l'usage des biens sensibles, et que toutes les fois que certaines traces se formaient dans la partie principale de son cerveau, certaines pensées naissaient dans son esprit. Or ces lois étaient très justes pour les raisons rapportées dans ce même chapitre. Cela supposé, comme avant le péché toutes choses étaient parfaitement bien réglées, l'homme avait nécessairement ce pouvoir sur son corps, qu'il empêchait la formation de ces traces lorsqu'il le voulait, car l'ordre demande que l'esprit domine sur le corps. Or ce pouvoir de l'esprit de l'homme sur son corps, consistait précisément,
35 en | ce que, selon ses désirs et ses différentes applications, il arrêtait la communication des mouvements qui étaient produits dans son corps par ceux qui l'environnaient, sur lesquels sa volonté n'avait pas un

---

* Cet éclaircissement a rapport au Ve chapitre du Ier livre de la *Recherche de la vérité*.

pouvoir immédiat et direct comme sur le sien propre. On ne peut ce me semble concevoir qu'il pût d'une autre manière empêcher qu'il ne se formât des traces dans son cerveau. Ainsi la volonté de Dieu, ou la loi générale de la nature, qui est la cause véritable de la communication des mouvements, dépendait en certaines occasions de la volonté d'Adam. Car Dieu avait cet égard pour lui, qu'il ne produisait point, s'il n'y consentait, de nouveaux mouvements dans son corps, ou pour le moins dans la partie qui en est la principale, et à laquelle l'âme est immédiatement unie.

Telle était l'institution de la nature avant le péché; l'ordre immuable de la justice le voulait ainsi, et par conséquent celui dont la volonté est toujours conforme à cet ordre. Or, cette volonté demeurant toujours la même, le péché du premier homme a renversé l'ordre de la nature parce que, le premier homme ayant péché, l'ordre immuable ne demande pas qu'il domine absolument sur aucune chose*. Il n'est pas juste que le pécheur puisse suspendre la communication des mouvements, que la volonté de Dieu s'accommode avec la sienne, et qu'il y ait en sa faveur des exceptions dans les lois de l'union de l'âme et du corps. De sorte que l'homme est sujet à la concupiscence, son esprit dépend de son corps, il sent en lui des plaisirs indélibérés, et des mouvements involontaires et rebelles en conséquence de la loi très juste, qui unit les deux parties qui le composent.

Ainsi le *formel* de la concupiscence, non plus que le *formel* du péché, n'est rien de réel : ce n'est rien autre chose en l'homme que la perte du pouvoir qu'il avait de suspendre la communication des mouvements en certaines occasions. Il ne faut point admettre en Dieu une volonté positive pour la produire. Cette | perte que l'homme a faite **36** n'est pas une suite naturelle de la volonté de Dieu, laquelle est toujours conforme à l'ordre, et demeure toujours la même; c'est une suite du péché qui a rendu l'homme indigne d'un avantage dû seulement à son innocence et à sa justice; ainsi on doit dire que Dieu n'est point la

---

* Dans l'objection de l'article VII de l'*Éclaircissement* du chapitre VII du IIe livre [VIIIe *Écl.*], j'explique ce que je dis ici généralement de la perte que l'homme a faite du pouvoir qu'il avait sur son corps.

cause de la concupiscence, mais seulement le péché, qui a changé en dépendance l'union de l'âme et du corps.

Cependant ce qu'il y a de positif et de réel dans les sentiments et dans les mouvements de la concupiscence, Dieu le fait, car Dieu fait tout ce qui est réel, mais cela n'est point mauvais*. C'est par la loi générale de la nature, c'est par la volonté de Dieu que les objets sensibles produisent dans le corps de l'homme certains mouvements, et que ces mouvements excitent dans l'âme certains sentiments utiles à la conservation du corps, ou à la propagation de l'espèce. Qui oserait donc dire que ces choses en elles-mêmes ne sont point bonnes ?

Je sais bien que l'on dit que c'est le péché qui est la cause de certains plaisirs. On le dit, mais le conçoit-on ? Peut-on penser que le péché qui n'est rien, produise actuellement quelque chose ? Peut-on concevoir que le néant soit une cause véritable ? Cependant on le dit. Mais c'est peut-être qu'on ne veut pas prendre la peine de penser sérieusement à ce qu'on dit. Ou bien c'est qu'on ne veut pas entrer dans une explication qui est contraire à ce qu'on a ouï dire à des personnes qui parlent peut-être avec plus de gravité et d'assurance, que de réflexion et de lumière.

Le péché est la cause de la concupiscence, mais il n'est pas la cause du plaisir, comme le libre arbitre est la cause du péché, sans être la cause du mouvement naturel de l'âme. Le plaisir de l'âme est bon physiquement aussi bien que son mouvement ou son amour, et il n'y a rien de bon que Dieu ne fasse. La rébellion du corps, et la malignité du plaisir, viennent du péché, comme l'attachement de l'âme à un bien particulier, ou son | repos, vient du pécheur; mais ce ne sont que des privations et des néants dont la créature est capable.

37

Tout plaisir est bon, et rend même en quelque manière heureux celui qui en jouit, du moins pour le temps qu'il en jouit. Mais on peut dire que le plaisir est mauvais parce que, au lieu d'élever l'esprit à celui qui le cause, il arrive par l'erreur de notre esprit, et par la corruption de notre cœur, qu'il l'abaisse vers les objets sensibles qui semblent le causer; il est mauvais, parce que, étant pécheurs, et par conséquent

* S. Augustin, *Contre les 2 épîtres des Pél.*, livre I, chap. XV, etc. [*Contra duas epistulas pelagianorum*, I, XV, 31 (BA XXIII, 370)].

méritant plutôt d'être punis que d'être récompensés, c'est une injustice à nous d'obliger Dieu en conséquence de ses volontés à nous récompenser par des sentiments agréables. En un mot (car je ne veux pas répéter ici ce que j'ai dit ailleurs), il est mauvais, parce que Dieu le défend présentement, à cause qu'il détourne de lui l'esprit qu'il n'a fait et ne conserve que pour lui. Car ce que Dieu avait autrefois ordonné pour conserver l'homme juste dans l'innocence arrête présentement le pécheur dans le péché, et les sentiments du plaisir qu'il avait sagement établis, comme les preuves les plus courtes pour apprendre à l'homme sans détourner sa raison de son vrai bien, s'il devait s'unir aux corps qui l'environnent, remplissent maintenant la capacité de son esprit, et l'attachent à des objets incapables d'agir en lui et infiniment au-dessous de lui, parce qu'il regarde ces objets comme les causes véritables du bonheur dont il jouit à leur occasion, et qu'il ne dépend point de lui d'arrêter les mouvements qu'ils excitent en lui.

| ÉCLAIRCISSEMENT II

Sur le premier chapitre du premier livre, où je dis :
Que la volonté ne peut déterminer diversement l'impression qu'elle
a pour le bien, qu'en commandant à l'entendement de lui
représenter quelque objet particulier

Il ne faut pas s'imaginer que la volonté commande à l'entendement d'une autre manière que par ses désirs et ses mouvements, car la volonté n'a point d'autre action. Et il ne faut pas croire non plus que l'entendement obéisse à la volonté en produisant en lui-même les idées des choses que l'âme désire, car l'entendement n'agit point : il ne fait que recevoir la lumière ou les idées des objets par l'union nécessaire qu'il a avec celui qui renferme tous les êtres d'une manière intelligible, ainsi que l'on a expliqué dans le troisième livre.

Voici donc tout le mystère. L'homme participe à la souveraine raison* et lui est uni, et la vérité se découvre à lui à proportion qu'il s'applique à elle, et qu'il la prie. Or le désir de l'âme est une prière naturelle qui est toujours exaucée, car c'est une loi naturelle que les idées soient d'autant plus présentes à l'esprit, que la volonté les désire avec plus d'ardeur. Ainsi, pourvu que la capacité que nous avons de penser, ou notre entendement ne soit point rempli des sentiments confus que nous recevons à l'occasion de ce qui se passe dans notre corps, nous ne souhaitons jamais de penser à quelque objet, que l'idée 40 de cet objet ne nous | soit aussitôt présente, et, comme l'expérience même nous l'apprend, cette idée est d'autant plus présente et plus claire, que notre désir est plus fort, ou notre attention plus vive, et que

---

* Voyez l'*Éclaircissement* du chapitre VI de la IIe partie du IIIe livre [Xe *Écl.*].

les sentiments confus que nous recevons par le corps, sont plus faibles et moins sensibles, comme je l'ai déjà dit dans la remarque précédente.

Ainsi, quand j'ai dit que la volonté commande à l'entendement de lui présenter quelque objet particulier, j'ai prétendu seulement dire que l'âme qui veut considérer avec attention cet objet s'en approche par son attention ou son désir, parce que ce désir, en conséquence des volontés efficaces de Dieu, qui sont les lois inviolables de la nature, est la cause de la présence et de la clarté de l'idée qui représente cet objet. Je n'avais garde de parler d'une autre façon, ni de m'expliquer comme je fais présentement, car je n'avais point encore prouvé que Dieu seul est l'auteur de nos connaissances, et que nos volontés particulières en sont les causes occasionnelles. Je parlais selon l'opinion commune, et j'ai été souvent contraint de le faire, parce qu'on ne peut pas tout dire dans un même temps. Il faut de l'équité dans les lecteurs, et qu'ils fassent crédit pour quelque temps, s'ils veulent qu'on les satisfasse, car il n'y a que les géomètres qui puissent toujours payer comptant.

Il ne faut pas s'imaginer que les diverses facultés de l'âme, dont l'entendement et la volonté sont les principales, soient des entités différentes de l'âme même. On voit évidemment dans l'idée claire qu'on a de la matière, ou de l'étendue en longueur, largeur et profondeur, que les capacités qu'elle a de recevoir du mouvement et diverses figures, ne sont point distinguées de son essence. Et, si nous avions une idée de l'âme aussi claire que celle que nous avons du corps, je suis persuadé que nous verrions aussi que son entendement et sa volonté ne sont point différentes d'elle-même. Nous verrions que l'âme est une substance essentiellement pensante ou apercevante[1] tout ce qui la touche, que c'est une intelligence, mais néanmoins qui n'est rendue actuellement intelligente que par l'efficace des idées divines, qui seules peuvent agir en elle, l'affecter, la modifier, l'éclairer, ainsi que | je l'ai expliqué ailleurs. C'est donc proprement l'âme qui aperçoit, et **41** non pas l'entendement conçu comme quelque chose de distingué de l'âme. Il en est de même de la volonté, cette faculté n'est que l'âme même en tant qu'elle aime sa perfection et son bonheur, en tant qu'elle veut être heureuse, ou que, par le mouvement que Dieu lui imprime

1. Nous respectons la syntaxe de Malebranche.

sans cesse pour le bien en général, elle est rendue capable d'aimer tout ce qui lui paraît bien. La liberté n'est encore que l'âme en tant qu'elle n'est pas invinciblement portée vers les biens particuliers, ou qui ne remplissent pas actuellement son désir naturel, car la force qu'a l'âme de suspendre son consentement à l'égard des faux biens se tire du mouvement naturel et invincible qu'elle a pour le bonheur, pour le vrai et solide bonheur. On dit ordinairement que la volonté est active, que la volonté est libre, au lieu de dire que l'âme est active et libre ; mais un critique manquerait ou d'intelligence ou d'équité, qui prétendrait en conclure qu'un auteur se contredit, en rapprochant, pour le prouver, divers passages qui paraîtraient se contredire.

Sur le troisième chapitre, où je dis :
Qu'il ne faut pas s'étonner si nous n'avons pas d'évidence des mystères
de la foi, puisque nous n'en avons pas même d'idées

Quand je dis que nous n'avons point d'idées des mystères de la foi, il est visible, par ce qui précède et par ce qui suit, que je parle des idées claires qui produisent la lumière et l'évidence, et par lesquelles on a compréhension de l'objet, si l'on peut parler ainsi. Je demeure d'accord qu'un paysan ne pourrait pas croire, par exemple, que le Fils de Dieu s'est fait homme, ou qu'il y a trois personnes en Dieu, s'il n'avait quelque idée de l'union du Verbe avec notre humanité, et quelque notion de personne. Mais, si ces idées étaient claires, on pourrait, en s'y appliquant, comprendre parfaitement ces mystères et les expliquer aux autres : ce ne seraient plus des mystères ineffables. Le mot de personne, selon s. Augustin, a été dit du Père, du Fils, du Saint-Esprit, non tant pour exprimer nettement ce qu'ils sont, que pour ne se pas taire sur un mystère dont on est obligé de parler*.

---

* *Ne omnino taceremus interrogati, quid tres, cum tres esse fateamur* (*De Trinitate*, livre VII, chap. IV) [*De Trinitate*, VII, VI, 11 (BA XV, 542) : « afin de ne pas rester absolu-ment sans rien dire, à qui demande ce que sont ces trois, puisque trois il y a, de notre propre aveu ». (Il convient de lire « fateremur », plutôt que « fateamur »)]. Et ailleurs. *Cum quaeritur quid tres, magna prorsus inopia humanum laborat eloquium. Dictum est tamen tres personae, non ut illud diceretur, sed ne taceretur* (au même lieu, livre V, chap. IX) [*De Trinitate*, V, IX, 10 (BA XV, 448) : « Lorsqu'on nous demande ce que sont ces trois, la parole humaine reste parfaitement à court. On dit bien : trois personnes ; mais ce n'est pas pour dire cela, mais pour ne pas rester sans rien dire »].

Je dis ici que nous n'avons point d'idées de nos mystères, comme j'ai dit ailleurs que nous n'avons point d'idée de notre âme, parce que 44 l'idée que nous avons de notre âme n'est point | claire, non plus que celles de nos mystères. Ainsi ce mot, *idée*, est équivoque. Je l'ai pris quelquefois pour tout ce qui représente à l'esprit quelque objet, soit clairement, soit confusément. Je l'ai pris même encore plus générale-ment pour tout ce qui est l'objet immédiat de l'esprit. Mais je l'ai pris aussi dans le sens le plus précis et le plus resserré, c'est-à-dire pour tout ce qui représente les choses à l'esprit d'une manière si claire qu'on peut découvrir d'une simple vue si telles ou telles modifications leur appartiennent. C'est pour cela que j'ai dit quelquefois qu'on avait une idée de l'âme, et que quelquefois je l'ai nié*. Il est difficile, et quelquefois ennuyeux et désagréable, de garder dans ses expressions une exactitude trop rigoureuse, et de définir les termes lorsque la suite du discours détermine le sens auquel on les prend.

Quand un auteur ne se contredit que dans l'esprit de ceux qui cherchent à le critiquer, et qui souhaitent qu'il se contredise, il ne doit pas s'en mettre fort en peine ; et, s'il voulait satisfaire par des expli-cations ennuyeuses à tout ce que la malice ou l'ignorance de quelques personnes pourrait lui opposer, non seulement il ferait un fort méchant livre, mais encore ceux qui le liraient se trouveraient choqués des réponses qu'il donnerait à des objections imaginaires, ou contraires à une certaine équité dont tout le monde se pique. Car les hommes ne veulent pas qu'on les soupçonne de malice ou d'ignorance ; et pour l'ordinaire il n'est permis de répondre à des objections faibles ou malicieuses, que lorsqu'il y a des gens de quelque réputation qui les ont faites, et que les lecteurs sont ainsi à couvert du reproche que de telles réponses semblent faire à ceux qui les exigent.

---

* Chap. VII de la II ^{e} partie du III ^{e} livre.

Sur ces paroles du cinquième chapitre :
*Les choses étant ainsi, on doit dire qu'Adam n'était point porté à l'amour
de Dieu, et aux choses de son devoir par des plaisirs prévenants, parce
que la connaissance qu'il avait de son bien, et la joie qu'il ressentait
sans cesse, comme une suite nécessaire de la vue de son bonheur, en
s'unissant à Dieu, pouvaient suffire pour l'attacher à son devoir,
et pour le faire agir avec plus de mérite, que s'il eût été
comme déterminé par des plaisirs prévenants*

Pour comprendre distinctement tout ceci, il faut savoir qu'il n'y a
que la lumière et le plaisir qui nous déterminent à agir. Car, si l'on
commence à aimer un objet, c'est, ou que l'on connaît par la raison
qu'il est bon, ou que l'on goûte par le sentiment qu'il est agréable. Or il
y a bien de la différence entre la lumière et le plaisir. La lumière éclaire
notre esprit, et nous fait connaître le bien sans nous porter actuellement et efficacement à l'aimer. Le plaisir au contraire nous pousse et
nous détermine efficacement à aimer l'objet qui semble le causer. La
lumière ne nous porte point par elle-même, elle fait seulement que
nous nous portons, librement et par nous-mêmes, au bien qu'elle nous
présente lorsque nous l'aimons déjà, et elle nous laisse entièrement à
nous. Le plaisir au contraire prévient notre raison ; il nous détourne de
la consulter ; il nous fait aimer par instinct ; il ne nous laisse point
entièrement à nous-mêmes, et il affaiblit notre liberté.

| Ainsi, comme Adam avant le péché était dans le temps destiné 46
pour mériter son bonheur éternel, qu'il avait pour cela une pleine et
entière liberté, et que sa lumière suffisait pour le tenir étroitement uni à

Dieu, qu'il aimait déjà par le mouvement naturel de son amour, il ne devait pas être porté à son devoir par des plaisirs prévenants, qui eussent diminué son mérite en diminuant sa liberté. Adam eût eu en quelque façon droit de se plaindre de Dieu, s'il l'avait empêché de mériter sa récompense comme il la devait mériter, c'est-à-dire par des actions parfaitement libres*. C'eût été une espèce d'injure que Dieu eût faite à son libre arbitre, que de lui donner cette sorte de grâce, qui ne nous est maintenant nécessaire qu'à cause des plaisirs prévenants de la concupiscence. Adam ayant tout ce qu'il lui fallait pour persévérer, c'eût été se défier de sa vertu, et comme l'accuser de quelque infidélité, que de le prévenir par l'instinct du plaisir. C'eût été lui laisser quelque sujet de se glorifier en lui-même, que de lui ôter tous les sentiments des besoins qu'il pouvait avoir, et des faiblesses où il pouvait tomber, car j'avoue qu'il n'avait alors ni besoins ni faiblesses. Enfin, ce qui est infiniment plus considérable, c'eût été rendre comme indifférente à notre égard l'Incarnation de Jésus-Christ**, laquelle est certainement le premier et le plus grand des desseins de celui qui a laissé envelopper tous les hommes dans le péché pour leur faire à tous miséricorde en Jésus-Christ***, afin que celui qui se glorifie ne se glorifie que dans le Seigneur.

Il me paraît donc certain qu'Adam ne sentait point de plaisirs prévenants dans son devoir. Mais il me semble qu'il n'est pas tout à fait certain qu'il sentît de la joie, quoique je le suppose ici, à cause que je le crois très probable. Je m'explique.

47 | Il y a cette différence entre le plaisir prévenant et le plaisir de la joie, que celui-là prévient la raison, et que celui-ci la suit. Car la joie résulte naturellement de la connaissance que l'on a de son bonheur ou

* *Fortissimo quippe dimisit atque permisit facere quod vellet* (Augustin, *De corrept. et gratia*, chap. XI) [*De correptione et gratia*, XII, 38 (BA XXIV, 356). « Au plus fort, assurément, [Dieu] a donné licence et permission de faire ce qu'il voulait »].

** Voyez le IIe Entretien des *Conversations chrétiennes*, de l'édition de Paris, où je rends raison de la permission du péché [Voir en particulier *OC* IV, 42 *sq.*].

*** Rm 11, 32 [« Car Dieu a voulu que tous fussent enveloppés dans l'incrédulité, pour exercer sa miséricorde envers tous » (Bible de Sacy)]; Ga 3, 22 [« Mais l'Écriture a comme renfermé tous les hommes sous le péché, afin que ce que Dieu avait promis fût donné par la foi de Jésus-Christ à ceux qui croiraient en lui » (Bible de Sacy)].

de ses perfections, puisqu'on ne peut se considérer comme heureux ou comme parfait, sans en ressentir incontinent de la joie. Comme l'on peut sentir par le plaisir qu'on est heureux, ou le connaître par la raison, il y a deux sortes de joie. Mais je ne parle pas ici de celle qui est purement sensible ; je parle de celle qu'Adam pouvait ressentir comme *une suite nécessaire de la vue de son bonheur en s'unissant à Dieu*. Et il y a quelques raisons de douter qu'il eût effectivement cette joie.

La principale est que cette joie eût peut-être tellement rempli son esprit, qu'elle l'eût privé de sa liberté, et qu'elle l'eût uni à Dieu d'une manière invincible. Car on peut croire que cette joie devant être proportionnée au bonheur qu'Adam possédait, elle devait être excessive.

Mais je réponds à cela, premièrement, que la joie purement intellectuelle laisse l'esprit tout à fait libre, et n'occupe que très peu la capacité qu'il a de penser. Elle diffère en cela de la joie sensible, qui trouble ordinairement la raison, et diminue la liberté.

Je réponds, en second lieu, que le bonheur d'Adam au premier instant de sa création, ne consistait pas dans une possession pleine et entière du souverain bien ; il pouvait le perdre et devenir malheureux. Son bonheur consistait principalement en ce qu'il ne souffrait point de mal, et qu'il était bien avec celui qui devait le rendre parfaitement heureux, s'il eût persévéré dans l'innocence. Ainsi sa joie n'était point excessive ; elle était même, ou elle devait être mêlée d'une espèce de crainte, car il devait se défier de lui-même.

Enfin je réponds que la joie n'applique pas toujours l'esprit à la véritable cause qui la produit. Comme on sent de la joie à la vue de ses perfections, il est naturel de croire que c'est cette vue qui la cause, car, lorsqu'une chose suit toujours d'une autre, on la considère naturellement comme un de ses effets. Ainsi on se regarde soi-même comme l'auteur de sa félicité présente, on | a une secrète complaisance en **48** ses perfections naturelles, on s'aime, on se glorifie en soi-même et l'on ne pense pas toujours à celui qui opère en nous d'une manière imperceptible.

Il est vrai qu'Adam savait plus distinctement que le plus grand philosophe qui fut jamais, qu'il n'y avait que Dieu qui fût capable d'agir en lui, et de lui causer ce sentiment de joie qu'il ressentait à la vue de son bonheur et de ses perfections. Il connaissait cela clairement par la lumière de la raison, lorsqu'il s'y appliquait ; mais il ne le sentait pas. Il sentait au contraire que cette joie était une suite de la vue de ses perfections, et il le sentait toujours et sans application de sa part. Ainsi ce sentiment pouvait le porter à considérer ses propres perfections, et à se plaire en soi-même, s'il oubliait ou s'il perdait en quelque façon de vue celui dont les opérations ne sont point sensibles. De sorte que tant s'en faut que la joie l'eût rendu impeccable, comme on le prétend, car c'est à cette objection que je réponds, qu'au contraire c'est peut-être sa joie qui a été l'occasion de son orgueil et de sa perte. Et c'est pour cela que je dis dans ce chapitre qu'Adam devait prendre garde à *ne pas laisser remplir la capacité de son esprit d'une joie présomptueuse excitée dans son âme à la vue de ses perfections naturelles.*

Sur le cinquième chapitre, où je dis :
Que la délectation prévenante est la grâce de Jésus-Christ

Quoique je dise dans ce chapitre que la délectation prévenante est la grâce que Jésus-Christ nous a particulièrement méritée, et qu'ailleurs je l'appelle absolument grâce de Jésus-Christ, ce n'est pas qu'il n'y ait point d'autre grâce actuelle que celle-là, ou qu'il y en ait que Jésus-Christ ne nous ait point méritée; mais je l'appelle grâce de Jésus-Christ, pour la distinguer de la grâce que Dieu avait donnée au premier homme en le créant, laquelle on appelle ordinairement grâce du Créateur. Car la grâce par laquelle Adam pouvait persévérer dans l'innocence était principalement une grâce de lumière, ainsi que je viens d'expliquer dans la remarque précédente, puisque Adam n'avait point de concupiscence, il n'avait pas besoin de plaisirs prévenants pour la combattre.

Mais la grâce qui nous est présentement nécessaire pour nous soutenir dans notre devoir, et pour produire et entretenir en nous la charité, c'est la délectation *prévenante*. Car comme le plaisir produit et entretient l'amour des choses qui le causent, ou qui semblent le causer, les plaisirs prévenants que nous recevons à l'occasion des corps produisent et entretiennent en nous la cupidité. De sorte que, la cupidité étant entièrement contraire à la charité, si Dieu ne produisait et n'entretenait en nous la | charité par des délectations préve- **50** nantes, il est visible que les plaisirs prévenants de la concupiscence l'affaibliraient à proportion qu'ils fortifieraient la cupidité.

Ce que je dis ici suppose que Dieu laisse agir en nous notre concupiscence, et qu'il ne la diminue pas en nous inspirant de l'horreur pour les objets sensibles, qui en conséquence du péché doivent nous tenter. Car l'horreur de l'injustice est une grâce aussi réelle que la délectation de la justice. Mais, supposé que Dieu diminue la concupiscence au lieu d'augmenter la délectation de la grâce, cela pourra faire le même effet. On voit assez qu'on peut en deux manières mettre en équilibre une balance, dont un des bassins est trop chargé, non seulement si l'on ajoute de l'autre côté des poids qui la redressent, mais encore si l'on ôte quelques-uns des poids qui l'emportent.

Je ne prétends pas non plus qu'on ne puisse faire aucune bonne action sans une délectation prévenante. Je me suis assez expliqué sur cela dans le chapitre iv du IIIᵉ Livre. Et il me paraît si évident qu'un homme qui a l'amour de Dieu dans le cœur peut par la force de son amour habituel excité par la connaissance de son devoir, et sans délectation prévenante, donner par exemple un sou à un pauvre, ou souffrir avec patience quelque petite injure, que je ne vois pas qu'on en puisse douter. Il me semble que la délectation n'est nécessaire que lorsque la tentation est forte, ou que l'amour est faible, si toutefois on peut dire qu'elle soit absolument nécessaire à un homme juste, dont la foi peut ce me semble être assez ferme, et l'espérance assez forte pour vaincre de très grandes tentations, la joie ou l'avant-goût des biens éternels étant capable de résister aux attraits sensibles des biens qui passent.

Il est vrai que la délectation ou la grâce actuelle est nécessaire pour toute bonne action, si par le mot de délectation ou de grâce, l'on entend la charité actuellement excitée, ou la délectation qui l'accompagne, ainsi que l'entend ordinairement s. Augustin, car il est évident que tout ce qui n'est pas fait par amour pour Dieu en aucune manière ne vaut 51 rien. Mais, si l'on ôte l'équivoque, | et si l'on prend le mot de délectation au sens que je l'ai pris, je ne crois pas qu'on puisse douter de ce que j'ai dit.

Mais voici ce que c'est. On suppose que le plaisir et l'amour sont une même chose, à cause que l'un n'est presque jamais sans l'autre, et que s. Augustin ne les distingue pas toujours. Et cela supposé, on a raison de dire tout ce qu'on dit. On peut dire avec s. Augustin : *Quod* *amplius nos delectat, secundum id operemur necesse est* [1], car on veut certainement ce qu'on aime, et l'on peut dire aussi qu'on ne saurait rien faire de bon ou de méritoire sans délectation ou sans charité. Mais j'espère faire voir, dans un *Éclaircissement* que je donnerai sur le traité des passions*, qu'il y a autant de différence entre le plaisir et l'amour délibéré ou indélibéré qu'il y en a entre notre connaissance et notre amour, ou, pour exprimer sensiblement cette différence, qu'il y en a entre la figure d'un corps et son mouvement.

---

* Sur le troisième chapitre du V e livre [XIV e *Écl.*].

1. *Expositio Epistulae ad Galatas*, 49 (PL XXXV, 2141) : « Il est nécessaire que nous agissions selon ce qui nous plaît davantage ».

| ÉCLAIRCISSEMENT VI

Sur ce que j'ai dit au commencement du dixième chapitre du premier livre,
et dans le sixième du second livre de la Méthode
Qu'il est très difficile de prouver qu'il y a des corps
Ce que l'on doit penser des preuves que l'on apporte de leur existence

Il est fort ordinaire aux hommes d'ignorer parfaitement ce qu'ils pensent le mieux savoir, et de connaître assez bien certaines choses dont ils s'imaginent n'avoir pas même d'idées. Lorsque leurs sens ont quelque part à leurs perceptions, ils se rendent à ce qu'ils ne comprennent point, ou à ce qu'ils ne connaissent que d'une manière fort imparfaite ; et, lorsque leurs idées sont purement intelligibles, ou qu'elles n'ont rien de sensible qui les touche, ils ne reçoivent qu'avec peine des démonstrations incontestables.

Que pense, par exemple, le commun des hommes, lorsqu'on leur prouve la plupart des vérités métaphysiques, qu'on leur démontre l'existence de Dieu, l'efficace de ses volontés, l'immutabilité de ses décrets, qu'il n'y a qu'un Dieu, ou qu'une cause véritable qui fait tout en toutes choses, qu'il n'y a qu'une Raison souveraine à laquelle toutes les intelligences participent, qu'il n'y a qu'un amour nécessaire qui est le principe de toutes les volontés créées ? Ils pensent qu'on prononce des paroles vides de sens, qu'on n'a point d'idées des choses qu'on avance, et qu'on ferait bien de se taire. Les vérités et les preuves 54 métaphysiques | n'ayant rien de sensible, les hommes n'en sont point touchés, et par conséquent ils n'en demeurent pas convaincus. Cependant il est certain que les idées abstraites sont les plus distinctes, et que les vérités métaphysiques sont les plus claires et les plus évidentes.

Les hommes disent quelquefois qu'ils n'ont point d'idée de Dieu, et qu'ils n'ont aucune connaissance de ses volontés, et même ils le pensent souvent comme ils le disent, mais c'est qu'ils pensent ne savoir pas ce qu'ils savent peut-être le mieux. Car où est l'homme qui hésite à répondre, lorsqu'on lui demande si Dieu est sage, juste, puissant, s'il est ou n'est pas triangulaire, divisible, mobile, sujet au changement quel qu'il puisse être? Cependant on ne peut répondre sans crainte de se tromper, si certaines qualités conviennent ou ne conviennent pas à un sujet, si l'on n'a point d'idée de ce sujet. De même, où est l'homme qui ose dire que Dieu n'agit point par les voies les plus simples, qu'il est déréglé dans ses desseins, qu'il fait des monstres par une volonté positive, directe et particulière, et non point par une espèce de nécessité, pour ne pas troubler la simplicité et la généralité de ses voies, en un mot que sa volonté peut être [1] contraire à l'ordre, dont il n'y a point d'homme qui n'ait quelque connaissance? Mais, si l'on n'avait aucune idée des volontés de Dieu, on pourrait au moins douter s'il agit selon certaines lois, qu'on conçoit très clairement qu'il doit suivre, supposé qu'il veuille agir.

Les hommes ont donc des idées des choses purement intelligibles, et ces idées sont bien plus claires que celles des objets sensibles. Les hommes sont plus certains de l'existence de Dieu, que de celle des corps, et, lorsqu'ils rentrent en eux-mêmes, ils découvrent plus clairement certaines volontés de Dieu, selon lesquelles il produit et conserve tous les êtres, que celles de leurs meilleurs amis, ou de ceux qu'ils ont étudiés toute leur vie. Car l'union de leur esprit avec Dieu, et celle de leur volonté avec la sienne, je veux dire avec la loi éternelle, ou avec l'ordre immuable, | est une union immédiate, directe et néces- **55** saire, et l'union qu'ils ont avec les objets sensibles n'étant établie que pour la conservation de leur santé et de leur vie, elle ne leur fait connaître ces objets que selon le rapport qu'ils ont à ce dessein.

---

1. L'édition de 1712 imprime par erreur: «ne peut être» (t. IV, p. 62). Nous corrigeons le texte conformément au sens, et aux éditions précédentes, qui imprimaient: «sa volonté est ou peut être contraire…»; voir la 4ᵉ édition de 1678, p. 494, la 5ᵉ de 1700, t. III, p. 48, et la variante c des *OC*.

C'est cette union immédiate et directe, qui n'est connue, dit
s. Augustin[1], que de ceux dont l'esprit est purifié, laquelle nous éclaire
dans le plus secret de notre raison, et nous exhorte et nous émeut dans
le plus intime de notre cœur. C'est par elle que nous apprenons ce que
Dieu pense, et même ce que Dieu veut, les vérités et les lois éternelles,
car on ne peut douter que nous n'en connaissions quelques-unes avec
évidence. Mais l'union que nous avons avec nos meilleurs amis ne
nous apprend avec évidence, ni ce qu'ils pensent, ni ce qu'ils veulent.
Nous croyons le bien savoir, mais nous nous y trompons presque
toujours, lorsque nous ne le savons qu'à cause qu'ils nous le disent.

L'union que nous avons par nos sens avec les corps qui nous
environnent ne peut aussi nous éclairer. Car le rapport des sens n'est
jamais entièrement véritable, et souvent même il est faux en toute
manière, selon que je l'ai expliqué dans ce livre. Et c'est pour cela que
je dis ici, qu'il est plus difficile qu'on ne pense de prouver positivement qu'il y a des corps, quoique nos sens nous en assurent, parce que
la raison ne nous en assure pas autant que nous nous l'imaginons, et
qu'il faut la consulter avec beaucoup d'application pour s'en éclaircir.

Mais, comme les hommes sont plus sensibles qu'ils ne sont
raisonnables, et qu'ils écoutent plus volontiers le témoignage de leurs
sens que celui de la vérité intérieure, ils ont toujours consulté leurs
yeux pour s'assurer de l'existence de la matière, sans se mettre en
peine de consulter leur raison, et c'est pour cela qu'ils sont surpris,
lorsqu'on leur dit qu'il est difficile de la démontrer. Ils pensent qu'il ne
faut qu'ouvrir les yeux pour s'assurer qu'il y a des corps, et, si l'on a
quelque sujet de craindre l'illusion, ils croient qu'il suffit de s'approcher d'eux et de les toucher; après quoi ils ont de la peine à concevoir
qu'on puisse encore avoir des raisons de douter de leur existence.

56   Mais, nos yeux nous représentent les couleurs sur la surface | des
corps, et la lumière dans l'air et dans le soleil; nos oreilles nous font
entendre les sons comme répandus dans l'air et dans les corps qui

---

1. Voir *De Genesi ad litteram*, V, XIII, 30 (BA XLVIII, 414): « Quia scilicet rationales
mentes, in quo genere homo factus est ad imaginem Dei, non habent veram lucem suam
nisi ipsum Verbum Dei, per quod facta sunt omnia, cujus participes esse poterunt ab omni
iniquitate et errore mundatae »; voir également *De civitate Dei*, XI, II (BA XXXV, 36).

retentissent, et si nous croyons le rapport des autres sens, la chaleur sera dans le feu, la douceur dans le sucre, l'odeur dans le musc, et toutes les qualités sensibles dans les corps qui semblent les exhaler ou les répandre. Cependant il est certain, par les raisons que j'ai données dans le premier livre de la *Recherche de la vérité*, que toutes ces qualités ne sont point hors de l'âme qui les sent ; du moins n'est-il pas évident qu'elles soient dans les corps qui nous environnent. Pourquoi donc, sur le rapport seul des sens qui nous trompent en toutes rencontres, vouloir conclure qu'il y a effectivement des corps au dehors, et même que ces corps sont semblables à ceux que nous voyons, je veux dire à ceux qui sont l'objet immédiat de notre âme, lorsque nous en regardons par les yeux du corps. Certainement cela n'est pas sans difficulté, quoi que l'on en veuille dire.

De plus, si l'on peut, sur le rapport de ses sens, s'assurer de l'existence de quelques corps, c'est principalement de celui auquel l'âme est immédiatement unie. Le sentiment le plus vif, et qui semble avoir un rapport plus nécessaire à quelque corps actuellement existant, c'est la douleur. Néanmoins il arrive souvent que ceux qui ont perdu un bras, y sentent des douleurs très violentes, même longtemps après la perte de ce bras. Ils savent bien qu'ils ne l'ont plus, lorsqu'ils consultent leur mémoire, ou qu'ils regardent leur corps ; mais le sentiment de douleur les trompe. Et si, comme il arrive quelquefois, on supposait qu'ils perdissent entièrement le souvenir de ce qu'ils ont été, et qu'il ne leur restât point d'autres sens, que celui par lequel ils sentent de la douleur dans leur bras imaginaire, certainement ils ne pourraient pas se persuader qu'ils n'ont point un bras dans lequel ils sentent de si cruelles douleurs.

Il s'est trouvé des gens qui croyaient avoir des cornes sur la tête ; d'autres qui s'imaginaient être de beurre ou de verre, ou que leur corps n'était point formé comme celui des autres hommes, qu'il était comme celui d'un coq, d'un loup, d'un bœuf. C'étaient des fous, dira-t-on, et j'en conviens. Mais leur âme pouvait se tromper sur ces choses, et par conséquent tous les | autres hommes peuvent tomber dans de sembla- **57** bles erreurs s'ils jugent des objets sur le rapport de leurs sens. Car il faut remarquer que ces fous se voient effectivement tels qu'ils pensent être ; l'erreur n'est pas précisément dans le sentiment qu'ils ont, mais dans le jugement qu'ils forment. S'ils disaient seulement qu'ils se sentent, ou qu'ils se voient semblables à un coq, ils ne se tromperaient point. Ils se trompent uniquement, en ce qu'ils croient que leur corps est semblable à celui qu'ils sentent, je veux dire à celui qui est l'objet immédiat de leur esprit lorsqu'ils se considèrent. Ainsi ceux mêmes qui croient être tels qu'ils sont effectivement, ne sont pas plus judicieux dans les jugements qu'ils font d'eux-mêmes, que les fous, s'ils ne jugent précisément que selon les rapports de leurs sens. Ce n'est point par raison, mais par bonheur qu'ils ne se trompent pas.

Mais, au fond, comment peut-on s'assurer, si ceux qu'on appelle fous, le sont effectivement ? Ne peut-on pas dire qu'ils ne passent pour fous, que parce qu'ils ont des sentiments particuliers ? Car il est évident qu'un homme passe pour fou, non parce qu'il voit ce qui n'est pas, mais précisément parce qu'il voit le contraire de ce que les autres voient, soit que les autres se trompent, ou ne se trompent pas.

Un paysan, par exemple, a les yeux disposés de façon qu'il voit la lune telle qu'elle est, ou telle seulement qu'on la voit, ou qu'on la verra peut-être quelque jour avec des lunettes de nouvelle invention. Il la regarde avec admiration, et s'écrie à ses compagnons : « Que je vois de hautes montagnes et de profondes vallées, que de mers, que de lacs, que de gouffres, que de rochers* ! Ne voyez-vous pas beaucoup de mers du côté de l'Orient, et qu'il n'y a guère que des terres et des montagnes vers l'Occident et le Midi ? Ne voyez-vous pas de ce même côté une montagne plus élevée qu'aucune de celles que nous avons jamais vues, et n'admirez-vous pas une mer toute noire, ou un gouffre épouvantable qui paraît dans le centre de cet astre ? ». À de telles exclamations que **58** répondront ses compagnons, et que penseront-ils | de lui ? Que c'est un fou, qui a été blessé des influences malignes de la planète qu'il considère et qu'il admire. Il est seul de son sentiment, et cela suffit. Ainsi, pour être fou dans l'esprit des autres, il n'est pas nécessaire qu'on le soit effectivement ; il suffit de penser, ou de voir les choses autrement qu'eux, car, si tous les hommes croyaient être comme des coqs, celui qui se croirait tel qu'il est, passerait certainement pour un insensé.

---

*On voit à peu près ces choses, lorsqu'on regarde la lune avec des lunettes d'approche.

Mais, dira-t-on, les hommes ont-ils un bec au bout du nez et une crête sur la tête ? Je ne crois pas. Mais je n'en sais rien, lorsque je n'en juge que par mes sens, et que je ne sais pas faire de mes sens l'usage que j'en dois faire. J'ai beau pour cela me tâter le visage et la tête. Je ne manie ni mon corps ni ceux qui m'environnent, qu'avec des mains desquelles je ne sais ni la longueur ni la figure. Je ne sais pas même avec assurance que j'ai véritablement des mains ; je ne le sais dire parce que dans le temps qu'il me semble que je les remue, il se passe de certains mouvements dans une certaine partie de mon cerveau, laquelle, selon qu'on le dit, est le siège du sens commun. Mais peut-être que je n'ai pas même cette partie dont on parle tant et que l'on connaît si peu. Du moins je ne la sens pas en moi, quoique je sente mes mains. De sorte que je dois encore plutôt croire que j'ai des mains que cette petite glande dont on dispute encore tous les jours. Mais enfin je ne connais ni la figure ni les mouvements de cette glande, et cependant on assure que je ne puis apprendre que par son moyen la figure et le mouvement de mon corps et de ceux qui m'environnent.

Qu'est-ce donc qu'on est obligé de penser de tout ceci ? Que ce n'est point le corps qui instruit la raison, que la partie même à laquelle l'âme est immédiatement unie n'est ni visible ni intelligible par elle-même, que notre corps ni ceux d'alentour ne peuvent être l'objet immédiat de notre esprit, que nous ne pouvons apprendre de notre cerveau s'il existe actuellement, et beaucoup moins s'il y a des corps qui nous environnent. Qu'ainsi nous devons reconnaître qu'il y a quelque intelligence supérieure qui seule est capable d'agir en nous ; et qui peut tellement agir en nous, qu'elle nous représente effectivement des corps hors de nous, sans nous donner la moindre idée de notre cerveau, | quoique les mouvements qui se produisent dans notre **59** cerveau lui soient une occasion de nous découvrir ces corps. Car enfin nous voyons avec des yeux dont nous ne connaissons point la figure comme sont figurés les corps qui nous environnent, et, quoique les couleurs qui paraissent sur les objets, ne soient pas plus vives que celles qui sont peintes sur le nerf optique, nous ne voyons point du tout celles-ci, dans le temps même que nous admirons l'éclat des autres.

Mais, après tout, quelle obligation a cette intelligence de nous montrer des corps, lorsqu'il arrive à notre cerveau certains mouvements ? De plus, quelle nécessité y a-t-il qu'il y ait des corps au-dehors, afin qu'il s'excite des mouvements dans notre cerveau ? Le sommeil, les passions, la folie, ne produisent-ils pas de ces mouvements, sans que les corps de dehors y contribuent ? Est-il évident que les corps qui ne peuvent se remuer les uns les autres puissent communiquer à ceux qu'ils rencontrent une force mouvante qu'ils n'ont point eux-mêmes* ? Cependant je veux que les corps se remuent eux-mêmes et ceux qu'ils choquent, et qu'ils ébranlent les fibres de notre cerveau. Est-ce que celui qui donne l'être à toutes choses, ne pourra point aussi par lui-même exciter dans notre cerveau les mouvements auxquels les idées de notre esprit sont attachées ? Enfin, où est la contradiction que, notre cerveau étant sans nouveaux mouvements, notre âme ait néanmoins de nouvelles idées, puisqu'il est certain que les mouvements du cerveau ne produisent point les idées de l'âme, que nous n'avons pas même de connaissance de ces mouvements, et qu'il n'y a que Dieu qui puisse nous représenter nos idées, ainsi que je l'ai prouvé ailleurs** ? Il est donc absolument nécessaire, pour s'assurer positivement de l'existence des corps de dehors, de connaître Dieu qui nous en donne le sentiment et de savoir qu'étant infiniment parfait il ne peut nous tromper. Car, si l'intelligence qui nous donne les idées de toutes choses, voulait, pour ainsi dire, se divertir à nous représenter les corps

60 | comme actuellement existants, quoiqu'il n'y en eût aucun, il est évident que cela ne lui serait pas difficile.

C'est pour ces raisons, ou de semblables, que M. Descartes, qui voulait établir sa philosophie sur des fondements inébranlables, n'a pas cru pouvoir supposer qu'il y eût des corps, ni devoir le prouver par des preuves sensibles, quoiqu'elles paraissent très convaincantes au commun des hommes. Apparemment il savait, aussi bien que nous, qu'il n'y avait qu'à ouvrir les yeux pour voir des corps, et que l'on

---

* Voyez le III⁻ᵉ chap. de la IIᵉ partie du VIᵉ livre et l'*Éclaircissement* sur ce même chapitre [XVᵉ *Écl.*].

** Voyez le chapitre VI de la IIᵉ partie du IIIᵉ livre et l'*Éclaircissement* sur ce même chapitre [Xᵉ *Écl.*].

pouvait s'en approcher et les toucher, pour s'assurer si nos yeux ne nous trompaient point dans leur rapport. Il connaissait assez l'esprit de l'homme pour juger que de semblables preuves n'eussent pas été rejetées. Mais il ne cherchait ni les vraisemblances sensibles, ni les vains applaudissements des hommes. Il préférait la vérité, quoique méprisée, à la gloire d'une réputation sans mérite ; et il aimait mieux se rendre ridicule aux petits esprits par des doutes qui leur paraissent extravagants, que d'assurer des choses qu'il ne jugeait pas certaines et incontestables.

Mais, quoique M. Descartes ait donné les preuves les plus fortes, que la raison toute seule puisse fournir pour l'existence des corps, quoiqu'il soit évident que Dieu n'est point trompeur, et qu'on puisse dire qu'il nous tromperait effectivement, si nous nous trompions nous-mêmes, en faisant l'usage que nous devons faire de notre esprit, et des autres facultés dont il est l'auteur, cependant on peut dire que l'existence de la matière n'est point encore parfaitement démontrée, je l'entends en rigueur géométrique. Car enfin, en matière de philosophie, nous ne devons croire quoi que ce soit que lorsque l'évidence nous y oblige. Nous devons faire usage de notre liberté autant que nous le pouvons. Nos jugements ne doivent pas avoir plus d'étendue que nos perceptions. Ainsi, lorsque nous voyons des corps, jugeons seulement que nous en voyons et que ces corps visibles ou intelligibles existent actuellement ; mais pourquoi jugerons-nous positivement qu'il y a au-dehors un monde matériel, semblable au monde intelligible que nous voyons ?

On dira peut-être que nous voyons ces corps hors de nous, | et même **61** fort éloignés de celui que nous animons, et qu'ainsi nous pouvons juger qu'ils sont hors de nous, sans que nos jugements s'étendent plus loin que nos perceptions. Mais quoi ? Ne voyons-nous pas la lumière hors de nous et dans le soleil, quoiqu'elle n'y soit pas ? Néanmoins je veux que ces corps que nous voyons hors de nous, soient effectivement hors de nous, car enfin cela est incontestable. Mais n'est-il pas évident qu'il y a des dehors et des éloignements, qu'il y a des espaces intelligibles dans le monde intelligible, qui est l'objet immédiat de notre esprit ? Le corps matériel que nous animons, prenons-y garde, n'est pas celui que nous voyons, lorsque nous le regardons, je veux dire lorsque nous tournons les yeux du corps vers lui. Le corps que nous voyons est un corps intelligible, et il y a des espaces intelligibles entre ce corps intelligible et le soleil intelligible que nous voyons, comme il y a des espaces matériels entre notre corps et le soleil que nous regardons. Certainement Dieu voit qu'il y a des espaces entre les corps qu'il a créés, mais il ne voit pas ces corps ou ces espaces par eux-mêmes. Il ne les peut voir que par les idées qu'il en a, que par des corps, et par des espaces intelligibles; Dieu ne tire sa lumière que de lui-même, il ne voit le monde matériel que dans le monde intelligible qu'il renferme, et dans la connaissance qu'il a de ses volontés qui donnent actuellement l'existence et le mouvement à toutes choses. Donc il y a des espaces intelligibles entre les corps intelligibles que nous voyons, comme il y a des espaces matériels entre les corps que nous regardons.

Or on doit remarquer que, comme il n'y a que Dieu qui connaisse par lui-même ses volontés, lesquelles produisent tous les êtres, il nous est impossible de savoir d'autre que de lui, s'il y a effectivement hors de nous un monde matériel, semblable à celui que nous voyons, parce que le monde matériel n'est ni visible ni intelligible par lui-même. Ainsi, pour être pleinement convaincus qu'il y a des corps, il faut qu'on nous démontre non seulement qu'il y a un Dieu et que Dieu n'est point trompeur, mais encore que Dieu nous a assuré qu'il en a effectivement créé, ce que je ne trouve point prouvé dans les ouvrages de M. Descartes.

62 | Dieu ne parle à l'esprit, et ne l'oblige à croire qu'en deux manières, par l'évidence et par la foi. Je demeure d'accord que la foi oblige à croire qu'il y a des corps, mais, pour l'évidence, il me semble qu'elle n'est point entière, et que nous ne sommes point invinciblement portés à croire qu'il y ait quelque autre chose que Dieu et notre esprit. Il est vrai que nous avons un penchant extrême à croire qu'il y a des corps qui nous environnent, je l'accorde à M. Descartes * ; mais ce penchant, tout naturel qu'il est, ne nous y force point par évidence : il nous y incline seulement par impression. Or nous ne devons suivre dans nos jugements libres que la lumière et l'évidence ; et, si nous nous laissons conduire à l'impression sensible, nous nous tromperons presque toujours.

* *Méditation* VI [AT VII, 79, 28-80, 1 = AT IX-1, 63].

Pourquoi nous trompons-nous dans les jugements que nous formons sur les qualités sensibles, sur la grandeur, la figure et le mouvement des corps, si ce n'est que nous suivons une impression semblable à celle qui nous porte à croire qu'il y a des corps ? Ne voyons-nous pas que le feu est chaud, que la neige est blanche, que le soleil est tout éclatant de lumière ? Ne voyons-nous pas que les qualités sensibles aussi bien que les corps sont hors de nous ? Cependant il est certain que ces qualités sensibles que nous voyons hors de nous ne sont point effectivement hors de nous ; ou, si on le veut, il n'y a rien de certain sur cela. Quelle raison avons-nous donc de juger qu'outre les corps intelligibles que nous voyons, il y en a encore d'autres que nous regardons ? Quelle évidence a-t-on qu'une impression qui est trompeuse, non seulement à l'égard des qualités sensibles, mais encore à l'égard de la grandeur, de la figure et du mouvement des corps, ne le soit pas à l'égard de l'existence actuelle des mêmes corps ? Je demande quelle évidence on en a, car, pour des vraisemblances, je demeure d'accord qu'on n'en manque pas.

Je sais bien qu'il y a cette différence entre les qualités sensibles et les corps, que la raison corrige bien plus facilement l'impression ou les jugements naturels qui ont rapport aux qualités sensibles, que ceux qui ont rapport à l'existence des corps, et même que toutes les corrections de la raison par rapport aux | qualités sensibles s'accommodent parfai- **63** tement bien avec la religion et la morale chrétienne, et qu'on ne peut nier l'existence des corps selon les principes de la religion.

Il est facile de comprendre que le plaisir et la douleur, la chaleur, et même les couleurs ne sont point des manières d'être des corps, que les qualités sensibles en général ne sont point contenues dans l'idée que nous avons de la matière, en un mot que nos sens ne nous représentent point les objets sensibles tels qu'ils sont en eux-mêmes, mais tels qu'ils sont par rapport à la conservation de la santé et de la vie. Cela est conforme non seulement à la raison, mais encore beaucoup plus à la religion et à la morale chrétienne, comme on l'a fait voir en plusieurs endroits de cet ouvrage.

Mais il n'est pas facile de s'assurer positivement qu'il n'y a point de corps hors de nous, comme on s'assure positivement que la douleur et la chaleur ne sont point dans les corps qui semblent les causer en nous. Il est très certain qu'au moins il se peut faire qu'il y ait des corps au-dehors. Nous n'avons rien qui nous prouve qu'il n'y en a point, et nous avons au contraire une inclination forte à croire qu'il y en a. Nous avons donc plus de raison de croire qu'il y en a, que de croire qu'il n'y en a point. Ainsi il semble que nous devions croire qu'il y en a. Car nous sommes naturellement portés à suivre notre jugement naturel, lorsque nous ne pouvons pas positivement le corriger par la lumière et par l'évidence. Car, tout jugement naturel venant de Dieu, nous y pouvons conformer nos jugements libres, lorsque nous ne trouvons point de moyen pour en découvrir la fausseté. Et, si nous nous trompions en ces rencontres, il semble que l'Auteur de notre esprit serait en quelque manière l'Auteur de nos erreurs et de nos fautes.

Ce raisonnement est peut-être assez juste. Cependant il faut demeurer d'accord qu'il ne doit point passer pour une démonstration évidente de l'existence des corps. Car enfin Dieu ne nous pousse point invinciblement à nous y rendre. Si nous y consentons, c'est librement : nous pouvons n'y pas consentir. Si le raisonnement que je viens de 64 faire est juste, nous devons croire qu'il | est tout à fait vraisemblable qu'il y a des corps ; mais nous ne devons pas en demeurer pleinement convaincus par ce seul raisonnement. Autrement c'est nous qui agissons, et non pas Dieu en nous. C'est par un acte libre, et par conséquent sujet à l'erreur que nous consentons, et non par une impression invincible, car nous croyons parce que nous le voulons librement, et non parce que nous le voyons avec une évidence qui nous met dans la nécessité de croire comme font les démonstrations mathématiques.

Certainement il n'y a que la foi qui puisse nous convaincre qu'il y a effectivement des corps. On ne peut avoir de démonstration exacte de l'existence d'un autre être que de celui qui est nécessaire. Et, si l'on y prend garde de près, on verra bien qu'il n'est pas même possible de connaître avec une entière évidence si Dieu est ou n'est pas véritablement Créateur du monde matériel et sensible. Car une telle évidence ne se rencontre que dans les rapports nécessaires, et il n'y a point de rapport nécessaire entre Dieu et un tel monde. Il a pu ne le pas créer, et, s'il l'a fait, c'est qu'il l'a voulu, et qu'il l'a voulu librement.

Les saints qui sont dans le Ciel voient bien par une lumière évidente que le Père engendre son Fils, et que le Père et le Fils produisent le Saint-Esprit, car ces émanations sont nécessaires. Mais, le monde n'étant point une émanation nécessaire en Dieu, ceux qui voient le plus clairement son être ne voient point avec évidence ce qu'il produit au-dehors. Néanmoins je crois que les bienheureux sont certains qu'il y a un monde, mais c'est que Dieu les en assure en leur manifestant ses volontés d'une manière qui ne nous est pas connue ; et nous-mêmes ici-bas nous en sommes certains, parce que la foi nous apprend que Dieu a créé ce monde, et que cette foi est conforme à nos jugements naturels ou à nos sensations composées, lorsqu'elles sont confirmées par tous nos sens, qu'elles sont corrigées par notre mémoire, et qu'elles sont rectifiées par notre raison.

Il est vrai qu'il semble d'abord que la preuve ou le principe de notre foi suppose qu'il y ait des corps, *fides ex auditu*[1]. Il semble qu'elle suppose des prophètes, des apôtres, une Écriture sainte, des miracles. Mais, si l'on y prend garde de près, on reconnaîtra | que, **65** quoiqu'on ne suppose que des apparences d'hommes, de prophètes, d'apôtres, d'Écriture sainte, de miracles, etc., ce que nous avons appris par ces prétendues apparences est absolument incontestable, puisque, comme j'ai prouvé en plusieurs endroits de cet ouvrage, il n'y a que Dieu qui puisse représenter à l'esprit ces prétendues apparences, et que Dieu n'est point trompeur, car la foi même suppose tout ceci. Or, dans l'apparence de l'Écriture sainte, et par les apparences des miracles, nous apprenons que Dieu a créé un ciel et une terre, que le Verbe s'est fait chair, et d'autres semblables vérités qui supposent l'existence d'un monde créé. Donc il est certain par la foi qu'il y a des corps, et toutes ces apparences deviennent par elle des réalités. Il est inutile que je m'arrête à répondre plus au long à une objection qui paraît trop abstraite au commun des hommes, et je crois que ceci suffit pour contenter tous ceux qui ne font point trop les difficiles.

Il faut donc conclure de tout ceci que nous pouvons, et même que nous devons corriger les jugements naturels, ou les perceptions composées qui ont rapport aux qualités sensibles, que nous attribuons

1. Rm 10, 17 : « La foi [...] vient de ce qu'on a ouï » (Bible de Sacy).

aux corps qui nous environnent, ou à celui que nous animons. Mais, pour les jugements naturels qui ont rapport à l'existence actuelle des corps, quoique absolument nous puissions nous empêcher de former des jugements libres qui leur soient conformes, nous ne le devons pas, parce que ces jugements naturels s'accordent parfaitement avec la foi.

Au reste j'ai fait cette remarque principalement afin que l'on fasse une sérieuse réflexion sur ces vérités : que les corps ne peuvent agir sur les esprits, ni se faire voir à eux, et que ceux qu'on regarde en ouvrant les yeux sont bien différents des idées qui les représentent et qui nous affectent, que notre âme ne trouve sa lumière, sa vie et sa nourriture qu'en Dieu, qu'elle ne peut avoir de rapport immédiat et direct qu'à lui, et que le rapport qu'elle a avec son corps et ceux qui l'environnent dépend nécessairement de celui qu'elle a avec la substance efficace
66 | et lumineuse de la Divinité, substance qui nous découvre les créatures comme possibles, ou comme existantes, ou comme nous appartenantes [1], selon les diverses manières dont elle nous affecte, en tant qu'elle en est représentative : comme possibles, si la perception dont l'idée nous affecte est pure, comme existantes si la perception est sensible et comme nous appartenantes, et faisant partie de nous-mêmes, si elle est fort intéressante et fort vive, telle qu'est la douleur. Je sais bien que le commun des hommes n'approuvera pas cette remar-que, et que, selon l'abondance ou le défaut de leurs esprits animaux, ils se railleront ou s'effaroucheront des raisonnements que je viens de faire. Car l'imagination ne peut souffrir les vérités abstraites et extra-ordinaires : elle les regarde ou comme des spectres qui lui font peur, ou comme des fantômes dont elle se moque. Mais j'aime mieux être le sujet de la raillerie des imaginations fortes et hardies, et l'objet de l'indignation et de la frayeur des imaginations faibles et craintives, que de manquer à ce que je dois à la vérité, et à ceux qui, combattant généreusement contre l'effort que le corps fait sur l'esprit, savent discerner les réponses de la sagesse qui nous éclaire, d'avec le témoi-gnage de leurs sens et de ce bruit confus de l'imagination qui nous trouble et qui nous séduit.

---

1. Nous suivons la syntaxe de Malebranche.

Sur le cinquième chapitre du deuxième livre, tome I
Où je parle de la mémoire, et des habitudes spirituelles

Je n'avais garde de parler dans ce chapitre de la mémoire ni des habitudes spirituelles pour plusieurs raisons, dont la principale est que nous n'avons point d'idée claire de notre âme. Car quel moyen d'expliquer clairement quelles sont les dispositions que les opérations de l'âme laissent en elle, lesquelles dispositions sont ses habitudes, puisqu'on ne connaît pas même clairement la nature de l'âme? Il est évident qu'on ne peut pas connaître distinctement les changements dont un être est capable, lorsqu'on ne connaît pas distinctement la nature de cet être. Car, si par exemple les hommes n'avaient point d'idée claire de l'étendue, ce serait en vain qu'ils s'efforceraient d'en découvrir les figures. Ce serait en vain qu'ils tâcheraient de rendre raison de la facilité, par exemple, qu'acquiert une roue à tourner autour de son essieu, par l'usage qu'on en fait. Cependant, puisqu'on souhaite que je parle sur une matière qui ne m'est pas connue en elle-même, voici le tour que je prends pour ne suivre en ceci que des idées claires.

Je suppose qu'il n'y a que Dieu qui agisse dans l'esprit et qui lui représente les idées de toutes choses, et que, si l'esprit aperçoit quelque objet par une idée très claire et très vive, c'est que Dieu lui représente cette idée d'une manière très parfaite.

Je suppose de plus que, la volonté de Dieu étant entièrement conforme à l'ordre et à la justice, il suffit d'avoir droit à une | chose **68** afin de l'obtenir. Ces suppositions qui se conçoivent distinctement étant faites, la mémoire spirituelle se peut expliquer facilement et clairement. Car, l'ordre demandant que les esprits qui ont pensé souvent à quelque objet y repensent plus facilement, et en aient une idée plus claire et plus vive que ceux qui y ont peu pensé, la volonté de Dieu qui opère incessamment selon l'ordre représente à leur esprit, dès qu'ils le souhaitent, l'idée claire et vive de cet objet. De sorte que, selon cette explication, la mémoire et les autres habitudes des pures intelligences ne consisteraient pas dans une facilité d'opérer qui résultât de certaines modifications de leur être, mais dans un ordre immuable de Dieu, et dans un droit que l'esprit acquiert sur les choses qui lui ont déjà été soumises, et toute la puissance de l'esprit dépendrait immédiatement et uniquement de Dieu seul, la force ou la facilité d'agir que toutes les créatures trouvent dans leurs opérations n'étant en ce sens que la volonté efficace du Créateur. Et je ne crois pas qu'on fût obligé d'abandonner cette explication à cause des mauvaises habitudes des pécheurs et des damnés. Car, encore que Dieu fasse tout ce qu'il y a de réel et de positif dans les actions des pécheurs, il est évident par les choses que j'ai dites dans le premier *Éclaircissement* que Dieu n'est point auteur du péché.

Cependant je crois, et je pense devoir croire, qu'après l'action de l'âme il reste dans sa substance certains changements qui la disposent réellement à cette même action. Mais, comme je ne les connais pas, je ne puis pas les expliquer, car je n'ai point d'idée claire de mon esprit, dans laquelle je puisse découvrir toutes les modifications dont il est capable*. Je crois par des preuves de théologie, et non point par des preuves claires et évidentes, que la raison pour laquelle les pures intelligences voient plus clairement les objets qu'ils ont déjà considérés, que les autres, n'est pas précisément et uniquement parce que Dieu leur représente | ces objets d'une manière plus vive et plus parfaite, comme je viens de l'expliquer, mais parce qu'ils sont réellement plus disposés à recevoir la même action de Dieu en eux. De même que la facilité à jouer des instruments, qu'ont acquise certaines personnes, ne consiste pas précisément en ce que les esprits animaux qui sont nécessaires au mouvement des doigts, ont plus d'action et de force en eux que dans les autres hommes, mais en ce que les chemins par où les

69

---

* Voyez l'*Éclaircissement* sur le chap. VII de la IIe partie du IIIe livre [XIe *Écl.*].

esprits s'écoulent sont plus glissants et plus unis par l'habitude de l'exercice, ainsi que je l'ai expliqué dans le chapitre que j'éclaircis. Cependant je demeure d'accord que tous les usages de la mémoire et des autres habitudes ne sont point absolument nécessaires à ceux qui, étant parfaitement unis à Dieu, trouvent en sa lumière toutes sortes d'idées, et en sa volonté toute la facilité d'agir qu'ils peuvent souhaiter.

| ÉCLAIRCISSEMENT VIII

Sur le chapitre septième du deuxième livre
Réduction des preuves et des explications que j'ai données du péché originel
Avec les réponses aux objections qui m'ont paru les plus fortes

Afin de répondre avec ordre aux difficultés qui peuvent naître dans l'esprit touchant le péché originel, et la manière dont il passe des pères aux enfants, je crois devoir représenter en peu de paroles ce que j'ai dit sur ce sujet en plusieurs endroits de la *Recherche de la vérité*. Voici donc mes principales preuves. Je les ai disposées d'une façon particulière, afin de les rendre plus sensibles à ceux qui voudront s'y appliquer.

I

Dieu veut l'ordre dans ses ouvrages : ce que nous concevons clairement être conforme à l'ordre, Dieu le veut, et ce que nous concevons clairement être contraire à l'ordre, Dieu ne le veut pas. Cette vérité certaine par le sentiment intérieur de la conscience est évidente à tous ceux qui peuvent considérer d'une vue fixe et épurée l'Être infiniment parfait qui renferme cet ordre immuable*, la loi de toutes les intelli72 gences, et de Dieu-même. | Rien ne peut les troubler ni les ébranler sur cela et ils voient clairement que toutes les difficultés qu'on peut former contre ce principe ne viennent que de l'ignorance où l'on est de ce qu'il serait nécessaire de savoir pour les résoudre, que de la fausse ou imparfaite idée que nous avons de la providence divine**.

* J'explique ci-dessous dans le Xe *Éclaircissement* ce que c'est que l'ordre immuable.
** Voyez dans les *Entretiens sur la métaphysique* ce qui regarde la providence [Voir notamment le Xe Entretien, *OC* XII, 225 *sq.*].

II

Dieu n'a point d'autre fin que lui-même dans ses opérations. L'ordre le veut.

III

Dieu fait et conserve l'esprit de l'homme, afin qu'il s'occupe de lui, qu'il le connaisse et qu'il l'aime, car Dieu est la fin de ses ouvrages. L'ordre le demande ainsi. Dieu ne peut pas vouloir qu'on aime ce qui n'est point aimable, ou que ce qui est le moins aimable soit le plus aimé. Ainsi il est évident que la nature est corrompue et dans le désordre, puisque l'esprit est naturellement porté à aimer les corps qui ne sont point aimables, ou n'ont nulle efficace pour agir en lui, et qu'il les aime souvent plus que Dieu même. Le péché originel, ou le dérèglement de la nature n'a donc pas besoin de preuve, car chacun sent assez en soi-même une loi qui le captive et qui le dérègle, et une loi qui n'est point établie de Dieu, puisqu'elle est contraire à l'ordre immuable de la justice qui est la règle inviolable de toutes ses volontés.

IV

Cependant l'homme avant sa chute était averti par des sentiments prévenants, et non par des connaissances claires, s'il devait | s'unir aux **73** corps qui l'environnaient, ou s'en séparer. L'ordre le veut. C'est un désordre que l'esprit soit obligé de s'appliquer aux corps : il peut leur être uni, mais il n'est pas fait pour eux. Il doit donc connaître Dieu, et sentir les corps. De plus, comme les corps sont incapables d'être son bien, l'esprit ne pourrait s'unir à eux qu'avec peine, s'il ne faisait que les connaître tels qu'ils sont, sans sentir en eux ce qui n'y est pas. Ainsi le faux bien doit être discerné par un sentiment prévenant pour être aimé par un amour d'instinct, et le vrai bien doit être connu par une connaissance claire, pour être aimé d'un amour libre et raisonnable. Enfin Dieu fait et conserve l'homme, afin qu'il le connaisse et qu'il l'aime. Donc la capacité de son esprit ne doit point être remplie, ni même partagée malgré lui par la connaissance des figures et des configurations infinies des corps qui l'environnent, ni de celui qu'il anime. Cependant, afin de savoir, par une connaissance claire, si un tel fruit en un tel temps est propre à la nourriture du corps, il faudrait apparemment savoir tant de choses, et faire tant de raisonnements, que l'esprit le plus étendu y serait entièrement occupé.

V

Mais, quoique le premier homme fût averti par des sentiments prévenants, s'il devait faire ou ne pas faire usage des corps qui l'environnaient, il n'était point agité par des mouvements involontaires ou rebelles; il effaçait même de son esprit les idées des choses sensibles lorsqu'il le voulait, soit qu'il en usât ou non, car l'ordre le veut. L'esprit peut être uni au corps, mais il n'en doit pas être dépendant, il doit lui commander. De plus, tout l'amour que Dieu met en nous doit se terminer à lui, car Dieu ne produit rien en nous qui ne soit pour lui. Enfin, les corps ne sont point aimables, ils sont au-dessous de ce qui est en nous capable d'aimer. Donc, dans la première institution de la nature, les corps ne pouvaient tourner l'esprit vers eux, ni le porter à les considérer et à les aimer comme des biens.

74 | VI

Les corps qui nous environnent n'agissent dans notre âme que lorsqu'ils produisent quelques mouvements dans notre corps, et que ces mouvements se communiquent jusqu'à la principale partie du cerveau. Car c'est selon les changements qui arrivent dans cette partie, que l'âme change elle-même, et qu'elle se trouve agitée par les objets sensibles. Je l'ai assez prouvé, et l'expérience le démontre. Cela supposé, il est clair, par l'article précédent, que le premier homme arrêtait, lorsqu'il le voulait, les mouvements qui se communiquaient à son corps, ou pour le moins ceux qui se communiquaient à la principale partie de son cerveau. L'ordre le voulait ainsi, et par conséquent celui dont la volonté est toujours conforme à l'ordre, et ne peut rien contre l'ordre, quoiqu'elle soit toute-puissante. Ainsi l'homme pouvait en certaines rencontres suspendre la loi naturelle de la communication des mouvements, puisqu'il était sans concupiscence, et qu'il ne sentait point en lui de mouvements involontaires et rebelles.

VII

Mais le premier homme, ayant péché, a perdu ce pouvoir. L'ordre
le veut encore. Car il n'est pas juste qu'en faveur d'un pécheur et d'un
rebelle, il y ait dans la loi générale de la communication des mouvements d'autres exceptions que celles qui sont absolument nécessaires
à la conservation de notre vie et de la société civile. Ainsi, le corps de
l'homme étant incessamment ébranlé par l'action des objets sensibles,
et son âme étant agitée par tous les ébranlements de la partie principale
de son cerveau, il est dépendant du corps auquel il avait été seulement
uni, et auquel il commandait avant son péché.

VIII

Or voici comme le premier homme a pu pécher. Il est naturel
d'aimer le plaisir et de le goûter ; et cela n'était point défendu à | Adam. **75**
Il en est de même de la joie : on peut se réjouir à la vue de ses perfections naturelles, cela n'est point mauvais en soi. L'homme était fait
pour être heureux, et c'est le plaisir et la joie qui rendent actuellement
heureux et content. Le premier homme goûtait donc du plaisir dans
l'usage des biens sensibles. Il sentait aussi de la joie à la vue de ses
perfections, car on ne peut se considérer comme heureux ou comme
parfait, sans en ressentir de la joie. Mais il ne sentait point de semblables plaisirs dans son devoir. Car, quoiqu'il connût que Dieu était son
bien, il ne le sentait pas, comme je l'ai prouvé en plusieurs endroits*.
Ainsi la joie qu'il pouvait trouver dans son devoir n'était pas fort
sensible. Ces choses supposées, comme le premier homme n'avait pas
une capacité d'esprit infinie, son plaisir ou sa joie diminuait la vue
claire de son esprit, laquelle lui faisait connaître que Dieu était son
bien, la cause unique de sa joie et de ses plaisirs, et qu'il ne devait
aimer que lui. Car le plaisir est dans l'âme, et il la modifie. De sorte
qu'il remplit la capacité que nous avons de penser, à proportion qu'il
nous touche et qu'il nous agite. C'est une chose que nous apprenons
par expérience ou par le sentiment intérieur que nous avons de nous-

---

* Voyez l'*Éclaircissement* sur le chapitre V [IVe *Écl.* Les *OC* renvoient par erreur au
Ier *Écl.*].

mêmes. On peut donc concevoir que, le premier homme ayant peu à peu laissé partager ou remplir la capacité de son esprit par le sentiment vif d'une joie présomptueuse, ou peut-être par quelque amour ou quelque plaisir sensible, la présence de Dieu et la pensée de son devoir se sont effacées de son esprit, pour avoir négligé de suivre courageusement sa lumière dans la recherche de son vrai bien. Ainsi, s'étant distrait, il a été capable de tomber, car sa principale grâce actuelle était sa lumière, ou la connaissance claire de son devoir, puisque alors il n'avait pas besoin des délectations prévenantes, qui nous sont maintenant nécessaires pour résister à la concupiscence.

76 | IX

Et il faut remarquer que ni les sentiments prévenants qu'Adam ressentait dans l'usage des biens du corps, ni la joie qu'il trouvait à considérer son bonheur ou sa perfection, ne sont point véritablement cause de sa chute, car il savait bien qu'il n'y avait que Dieu qui fût capable de lui faire sentir du plaisir ou de la joie. Ainsi il devait l'aimer uniquement, puisqu'il ne faut aimer que la véritable cause de notre bonheur. Comme rien ne troublait la connaissance et la lumière du premier homme, lorsqu'il voulait la conserver toute pure, il pouvait et il devait effacer de son esprit tous les sentiments qui le partageaient et qui le mettaient en quelque danger de se distraire, et de perdre de vue celui qui l'éclairait et qui le fortifiait. Il se devait bien souvenir que si Dieu ne se faisait pas vivement sentir à lui comme bon, mais seulement connaître comme tel, c'était afin qu'il méritât plus promptement sa récompense par l'usage continuel de sa liberté.

Supposant donc qu'Adam et Ève aient péché, et qu'ensuite de leur péché ils aient senti en eux-mêmes des mouvements involontaires et rebelles, je dis que leurs enfants devaient naître pécheurs, et sujets comme eux aux mouvements de la concupiscence. Voici mes raisons.

X

J'ai prouvé fort au long, dans le chapitre à l'occasion duquel j'écris ceci*, qu'il y a une telle communication entre le cerveau de la mère et

---

* Chap. VII, livre II [Ire partie] [L'édition in-12° de 1712 omet cette note].

celui de son enfant, que tous les mouvements et toutes les traces qui se font dans le cerveau de la mère s'excitent dans celui de l'enfant. Ainsi, comme l'âme de l'enfant est unie à son corps dans le même moment qu'elle est créée, à cause que c'est la conformation du corps qui oblige Dieu, en conséquence de ses volontés générales, à lui donner une âme pour l'informer, il est évident que, dans le même instant que cette âme est créée, | elle a des inclinations corrompues, et qu'elle est tournée 77 vers les corps, puisqu'elle a dès ce moment les inclinations qui répondent aux mouvements qui sont actuellement dans le cerveau auquel elle est unie.

XI

Mais, parce que c'est un désordre que l'esprit soit tourné vers les corps, et qu'il les aime, l'enfant est pécheur et dans le désordre dès qu'il est créé. Dieu, qui aime l'ordre, le hait en cet état. Cependant son péché n'est pas libre : c'est sa mère qui l'a conçu dans l'iniquité à cause de la communication qui est établie par l'ordre de la nature entre le cerveau de la mère et celui de son enfant, car ce n'est que par le corps, que par la génération, que l'âme, qui ne s'engendre point, se corrompt et contracte le péché originel.

XII

Or cette communication du cerveau de la mère avec celui de l'enfant est très bonne dans son institution pour plusieurs raisons : 1) parce qu'elle est utile, et peut-être nécessaire à la conformation du fœtus ; 2) parce que l'enfant pouvait par son moyen avoir quelque commerce avec ses parents, car il était juste qu'il sût de qui il tenait le corps qu'il animait. Enfin, l'enfant ne pouvait que par le moyen de cette communication savoir ce qui se passait au dehors, et ce qu'il en devait penser. Ayant un corps, il devait avoir des pensées qui y eussent rapport, et n'être pas privé de la vue des ouvrages de Dieu entre lesquels il vivait. Il y a apparemment bien d'autres raisons de cette communication que celles que j'apporte, mais celles-ci suffisent pour la justifier, et pour mettre à couvert de tout reproche la conduite de celui dont toutes les volontés sont nécessairement conformes à l'ordre.

XIII

Cependant il n'est pas conforme à l'ordre que l'enfant, s'il était 78 juste, reçût malgré lui les traces des objets sensibles. Et, | si l'âme des enfants était créée un seul moment avant que d'être unie à son corps, si elle était un seul moment dans l'innocence ou dans l'ordre, elle aurait de plein droit, et par la nécessité de l'ordre immuable ou de la loi éternelle, le pouvoir de suspendre cette communication, de même que le premier homme avant son péché arrêtait, lorsqu'il le voulait, les mouvements qui s'excitaient en lui, car enfin l'ordre immuable veut que le corps obéisse à l'esprit. Mais, comme l'âme des enfants n'a jamais été agréable à Dieu, il n'a jamais été juste que Dieu changeât en leur faveur la loi de la communication des mouvements. Ainsi il est juste que les enfants naissent pécheurs et dans le désordre. Et la cause de leur péché n'est point l'ordre de la nature; cet ordre est juste et sagement établi. Mais c'est le péché de ceux dont ils tirent leur origine. C'est en ce sens qu'il n'est pas juste qu'un père pécheur fasse des enfants plus parfaits que lui, ni qu'ils aient un pouvoir sur leur corps, que leur mère n'a point sur le sien.

XIV

Il est vrai qu'après le péché d'Adam, qui renverse et qui corrompt toutes choses, Dieu pouvait, en changeant quelque chose dans l'ordre de la nature, remédier au désordre que ce péché avait causé. Mais Dieu ne change pas ainsi ses volontés. Il ne veut rien qui ne soit juste. Ce qu'il veut une fois, il le veut toujours, il ne se corrige pas; il ne se repent pas; il veut constamment. Ses décrets éternels ne dépendent pas de l'inconstance de la volonté d'un homme, il n'est pas juste qu'ils y soient soumis.

XV

Mais, s'il est permis de pénétrer dans les conseils de Dieu, et de dire ce qu'on pense sur les motifs qu'il a pu avoir pour établir l'ordre 79 que je viens de déduire, et pour permettre le péché | du premier homme, il me semble qu'on ne peut avoir de sentiment plus digne de la grandeur de Dieu, et plus conforme à la religion et à la raison, que de croire que le principal dessein de Dieu dans ses opérations au dehors, c'est l'Incarnation de son Fils*; que Dieu a établi l'ordre de la nature, et permis le désordre qui y est arrivé pour favoriser ce grand ouvrage; qu'il a permis que tous les hommes fussent assujettis au péché, afin que nul homme ne se glorifiât en soi-même**; et qu'il laisse même la concupiscence dans les plus parfaits, afin qu'ils n'aient point de vaine complaisance en eux-mêmes. Car, lorsqu'on considère la perfection de son être, il est difficile de se mépriser, si l'on ne voit en même temps, et si l'on n'aime le souverain bien, en la présence duquel toute notre perfection et toute notre grandeur se dissipe et s'anéantit.

J'avoue que la concupiscence peut être le sujet de notre mérite, et qu'il est très juste que l'esprit suive pour un temps l'ordre avec peine, afin de mériter d'y être éternellement soumis avec plaisir. Je veux que ce soit en partie dans cette vue que Dieu ait permis la concupiscence, après avoir prévu le péché. Mais, la concupiscence n'étant point absolument nécessaire pour mériter, si Dieu l'a permise, c'est qu'il a voulu qu'on ne pût faire le bien sans le secours que Jésus-Christ nous a mérité, et que l'homme ne pût se glorifier en ses propres forces. Car il est visible que l'homme ne peut combattre contre soi-même et se vaincre, s'il n'est animé de l'esprit de Jésus-Christ, de ce second Adam, qui, comme chef des fidèles, leur inspire des sentiments tout opposés à ceux de la concupiscence qu'ils ont tirée du premier. Car Jésus-Christ nous a été donné de Dieu pour être, dit s. Paul, *notre sagesse, notre justice, notre sanctification et notre rédemption; afin que celui qui se glorifie ne le fasse que dans le Seigneur****.

---

* Voyez le IIe et le Ve Entretien des *Conversations chrétiennes* de l'édition de Paris en 1702 [*OC* IV, 42 *sq.* et 108 *sq.*].

** Augustin, *in Julian.*, livre VI, chap. III [Voir *Contra Julianum*, VI, chap. XXIII, 70, à propos de Rm 7, 14 *sq.* (PL XLIV, 865-866) : « ... viderem in illis Apostoli vocibus gemitum esse sanctorum contra carnales concupiscentias dimicantium. Qui cum mente sint spirituales, adhuc tamen isto corruptibili corpore *quod aggravat animam*, recte intelliguntur esse carnales; quia erunt et corpore spirituales, *quando seminatum corpus animale, resurget corpus spiritale*; et recte adhuc intelliguntur ea parte captivi sub lege peccati, quae desideriorum, quibus non consentiunt, motibus subjacet... »].

*** 1 Co 1 [30-31].

XVI

Supposant donc que les enfants naissent avec la concupiscence, il
80 est évident qu'ils sont véritablement pécheurs, puisque leur | cœur est
tourné vers les corps autant qu'il en est capable. Il n'y a encore dans
leur volonté que l'amour naturel, et cet amour est déréglé. Ainsi il n'y
a rien en eux que Dieu puisse aimer, puisque Dieu ne peut aimer le
désordre.

XVII

Mais lorsqu'ils ont été régénérés en Jésus-Christ, c'est-à-dire
lorsque leur cœur a été tourné vers Dieu, ou par un mouvement actuel
d'amour, ou plutôt par une habitude, ou une disposition intérieure
semblable à celle qui demeure après un acte parfait d'amour de Dieu,
alors la concupiscence n'est plus péché en eux*, car elle n'est plus
seule dans leur cœur, elle n'y domine plus. L'amour habituel, qui reste
en eux par la grâce du baptême en Jésus-Christ est plus libre ou plus
fort que celui qui est en eux par la concupiscence qu'ils ont d'Adam.
Ils sont semblables aux justes, qui, sans perdre leur justice, suivent
pendant le sommeil les mouvements de la concupiscence ; ils ne
perdent point la grâce de leur baptême, car ils ne consentent point
librement à ces mouvements.

XVIII

Et l'on ne doit pas trouver fort étrange, si je dis qu'il se peut même
faire que les enfants dans le temps qu'on les baptise aiment Dieu d'un
amour libre. Car, puisque le second Adam est contraire au premier,
pourquoi dans le temps de la régénération ne pourrait-il pas délivrer
les enfants de la servitude de leur corps, à laquelle ils ne sont sujets
qu'à cause du premier Adam, afin qu'étant éclairés et excités par une
grâce vive et efficace à aimer Dieu, ils l'aiment tous d'un amour libre
et raisonnable, sans que le premier Adam les en empêche ? On ne
remarque pas, dira-t-on, que leur corps cesse un seul moment d'agir

---

* Augustin, *De nupt. et concup.*, chap. XXV [*De nuptiis et concupiscentia*, I, XXV, 28
(BA XXIII, 116-118) : « [...] respondetur dimitti concupiscentiam carnis in baptismo,
non ut non sit, sed ut in peccatum non imputetur »].

sur leur esprit. Mais | doit-on s'étonner de ce qu'on ne voit pas ce qui **81** n'est pas visible? Il ne faut qu'un instant pour faire cet acte d'amour qui change le cœur. Et, comme cet acte peut se former dans l'âme sans qu'il s'en fasse de traces dans le cerveau, il ne faut pas s'étonner si les enfants ne s'en souviennent jamais, car on n'a point de mémoire des choses dont le cerveau ne garde point de traces.

XIX

S. Paul nous apprend que le vieil homme ou la concupiscence est crucifiée avec Jésus-Christ, et que nous sommes morts et ensevelis avec lui par le baptême. N'est-ce point qu'alors nous sommes délivrés de l'effort que le corps fait sur l'esprit, et que la concupiscence est comme morte en ce moment? Il est vrai qu'elle revit, mais, ayant été détruite, et ayant laissé les enfants en état d'aimer Dieu, elle ne peut plus leur faire de mal, quoiqu'elle revive en eux. Car, quand il y a deux amours dans un cœur, un naturel et l'autre libre, l'ordre veut qu'on n'ait égard qu'à celui qui est libre. Et, si les enfants dans le baptême aimaient Dieu par un acte qui ne fût point libre en aucune manière, aimant ensuite les corps par plusieurs actes de même espèce, Dieu ne pourrait peut-être pas, selon l'ordre, avoir plus d'égard à un seul acte qu'à plusieurs, qui seraient tous naturels et sans liberté. Ou plutôt, si ces amours contraires étaient égaux en force, il devrait avoir égard à celui qui serait le dernier, par la même raison que, quand il y a eu successivement dans un cœur deux amours libres contraires entre eux, Dieu a toujours égard au dernier, puisque la grâce se perd par un seul péché mortel.

XX

Toutefois on ne peut et on ne doit pas nier que Dieu ne puisse, sans suspendre la domination du corps sur l'esprit de l'enfant, le rendre juste, ou tourner sa volonté vers lui, en mettant dans | son âme une **82** disposition* pareille à celle qui reste après un mouvement actuel de l'amour de Dieu. Cette manière d'agir ne paraît peut-être pas si naturelle que l'autre, car on ne conçoit pas clairement ce que peuvent

---

* Voyez le VIIe *Éclaircissement*.

être ces dispositions qui resteraient. Mais il ne faut pas s'en étonner, car, n'ayant point d'idée claire de l'âme, ainsi que je l'ai prouvé ailleurs*, on ne doit pas s'étonner si l'on ne connaît pas toutes les modifications dont elle est capable. Cependant l'esprit ne peut être pleinement satisfait des choses qu'il ne conçoit pas clairement. Il faut, ce semble, un miracle extraordinaire pour donner à l'âme ces dispositions sans acte précédent. Cela ne se peut faire par les voies qui paraissent les plus simples. Au lieu que le second Adam, faisant pour un moment dans l'esprit de l'enfant que l'on baptise, le contraire de ce que le premier y produisait auparavant, il suffit pour le régénérer que Dieu agisse en lui par les voies ordinaires, selon lesquelles il sanctifie les adultes. Car, l'enfant n'ayant point en ce moment de sentiments ni de mouvements qui partagent la capacité qu'il a de penser et de vouloir, rien ne l'empêche de connaître et d'aimer son vrai bien. Je n'en dis pas davantage, parce qu'il n'est pas nécessaire de savoir précisément comment se fait la régénération des enfants, pourvu qu'on admette en eux une véritable régénération, ou une justification intérieure et réelle, causée, si on le veut, par les actes qui accompagnent le sacrement, mais plutôt par les habitudes de la foi, de l'espérance et de la charité infuses dans l'âme sans actes précédents. Si je propose une explication si contraire aux préjugés, c'est afin de contenter ceux-là mêmes qui rejettent, quoique sans raison, les habitudes spirituelles, et de leur prouver la possibilité de la régénération 83 dans les enfants, car l'*imputation* me paraît renfermer | une contradiction manifeste. Dieu ne peut pas regarder comme justes, et aimer actuellement des créatures qui sont actuellement dans le désordre, quoiqu'il puisse à cause de Jésus-Christ, avoir dessein de les remettre dans l'ordre, et les [1] aimer lorsqu'ils y seront rentrés.

---

* Voyez le chap. VII de la II ᵉ partie du III ᵉ livre et son *Éclaircissement* [XI].

1. Les *OC* impriment : « et de les aimer ». L'édition de 1712 avait imprimé : « l'ordre, de les aimer » (t. IV, p. 115), mais les *Errata* corrigeaient : « et les aimer » ; voir également l'édition de 1700, t. III, p. 96.

| OBJECTIONS CONTRE LES PREUVES ET LES EXPLICATIONS DU PÉCHÉ ORIGINEL

Dieu veut l'ordre, il est vrai, mais c'est sa volonté qui le fait : elle ne le suppose point. Tout ce que Dieu veut est dans l'ordre, par cette seule raison que Dieu le veut. Si Dieu veut que les esprits soient soumis aux corps, qu'ils les aiment et les craignent, ce n'est point un désordre que cela soit ainsi. Si Dieu voulait que 2 fois 2 ne fussent pas 4, on ne mentirait point en disant que 2 fois 2 ne sont point 4 : ce serait une vérité. Dieu est le principe de toute vérité, il est le maître de tout ordre : il ne suppose rien, ni vérité, ni ordre, il fait tout.

Réponse

Tout est donc renversé. Il n'y a plus de science**, plus de morale, plus de preuves incontestables de la religion. Cette conséquence est claire à celui qui suit pied à pied ce faux principe, | que Dieu produit **85** l'ordre et la vérité par une volonté entièrement libre. Mais ce n'est peut-être pas là répondre pour certaines gens.

Je réponds donc que Dieu ne peut rien faire ni rien vouloir sans connaissance, qu'ainsi ses volontés supposent quelque chose, mais ce qu'elles supposent n'est rien de créé. L'ordre, la vérité, la sagesse éternelle, est l'exemplaire de tous les ouvrages de Dieu, et cette sagesse

---

* À chaque objection il faut revoir l'article contre lequel elle est faite.
** Voyez ci-dessous l'*Éclaircissement* sur la nature des idées [X].

n'est point faite. Dieu qui fait tout ne la fit jamais, quoiqu'il l'engendre toujours par la nécessité de son être.

Tout ce que Dieu veut est dans l'ordre, par cette seule raison que Dieu le veut, je l'avoue. Mais c'est que Dieu ne peut agir contre lui-même, contre sa sagesse et sa lumière. Il peut bien ne rien produire au dehors; mais, s'il veut agir, il ne le peut que selon l'ordre immuable de la sagesse qu'il aime nécessairement, car la religion et la raison m'apprennent qu'il ne fait rien sans son Fils, sans son Verbe, sans sa Sagesse. Ainsi je ne crains point de dire que Dieu ne peut pas vouloir positivement que l'esprit soit soumis au corps, parce que cette sagesse, selon laquelle Dieu veut tout ce qu'il veut, me fait clairement connaître que cela est contre l'ordre. Et je le vois clairement dans cette même sagesse, parce qu'elle est la Raison souveraine et universelle, à laquelle tous les esprits participent, pour laquelle toutes les intelligences sont créées, par laquelle tous les hommes sont raisonnables. Car nul homme n'est à soi-même sa raison, sa lumière, sa sagesse, si ce n'est peut-être lorsque sa raison est une raison particulière, sa lumière une fausse lueur, sa sagesse une folie.

Comme la plupart des hommes ne savent pas distinctement qu'il n'y a que la sagesse éternelle qui les éclaire, et que les idées intelligibles qui sont l'objet immédiat de leur esprit ne sont point créées, ils s'imaginent que les lois éternelles et les vérités immuables sont établies telles par une volonté libre de Dieu, et c'est ce qui a fait dire à M. Descartes que Dieu a pu faire que 2 fois 4 ne fussent pas 8 et que les trois angles d'un triangle ne fussent pas égaux à deux droits, parce qu'*il n'y a point d'ordre*, dit-il, *point de loi, point de raison de bonté et de vérité qui ne dépende de Dieu*; et que c'est lui *qui de toute éternité a*
86 *ordonné et* | *établi comme souverain législateur les vérités éternelles* *.

---

* *Réponse* aux sixièmes objections contre les *Méditations*, articles 6 et 8 [AT VII, 431-433 (= AT IX-1, 232-234) et AT VII, 435-436 (= AT IX, 235-236). Les deux citations sont extraites de l'art. 8, AT VII, 435, 23-26 (« Attendenti ad Dei immensitatem, manifestum est nihil omnino esse posse, quod ab ipso non pendeat : non modo nihil subsistens, sed etiam nullum ordinem, nullam legem, nullamve rationem veri et boni »), et 436, 22-25 (« Nec proinde putandum est aeternas veritates pendere ab humano intellectu, vel ab aliis rebus existentibus, sed a solo Deo, qui ipsas ab aeterno, ut summus legislator, instituit »)]. Lettre LXVIII du IIIe volume [*à Mersenne*, 27 mai 1638 (AT II, 138, 11-14): « [...] ces

Ce savant homme ne prenait pas garde qu'il y a un ordre, une loi, une raison souveraine que Dieu aime nécessairement, qui lui est coéternelle, et selon laquelle il est nécessaire qu'il agisse, supposé qu'il veuille agir. Car Dieu est indifférent dans ce qu'il fait au dehors, mais il n'est pas indifférent, quoique parfaitement libre, dans la manière dont il le fait, il agit toujours de la manière la plus sage et la plus parfaite qui se puisse ; il suit toujours l'ordre immuable et nécessaire *. Ainsi Dieu peut ne point faire d'esprits ni de corps, mais, s'il crée ces deux genres d'êtres, il les doit créer par les voies les plus simples, et les ranger dans un ordre parfait. Il peut, par exemple, unir les esprits aux corps, mais je soutiens qu'il ne peut point les y assujettir, si, en conséquence de l'ordre qu'il suit toujours, le péché des esprits ne l'oblige à en user de la sorte, ainsi que j'ai déjà expliqué dans l'article septième, et dans le premier *Éclaircissement* vers la fin.

Pour prévenir quelques instances qu'on pourrait me faire, je crois devoir dire que les hommes ont tort de se consulter eux-mêmes, lorsqu'ils veulent savoir ce que Dieu peut faire ou vouloir. Ils ne doivent pas juger de ses volontés par le sentiment intérieur qu'ils ont de leurs propres inclinations. Ils feraient souvent un Dieu injuste, cruel, pécheur, pour le faire souverainement puissant. Ils doivent se défaire du principe général de leurs préjugés, qui leur fait juger de toutes choses par rapport à eux. Ils ne doivent attribuer à Dieu que ce qu'ils conçoivent clairement être renfermé dans l'idée de l'être infiniment parfait, car il ne faut juger des choses que par des idées claires. Alors le Dieu qu'ils adoreront ne sera point semblable à ceux de l'Antiquité, qui étaient cruels, adultères, voluptueux, comme les personnes qui les avaient imaginés. Il ne sera pas même semblable | à **87** celui de quelques chrétiens, qui, pour le faire aussi puissant que le pécheur souhaite d'être, lui donnent le pouvoir absolu d'agir contre tout ordre, de laisser le péché impuni, et de condamner à des peines

---

vérités qu'on nomme éternelles, comme que *totum est majus sua parte*, etc., ne seraient point vérités, si Dieu ne l'avait ainsi établi ». Voir également les *lettres à Mersenne* du 15 avril, du 6 mai et du 27 mai 1630, ainsi que la *lettre à Mesland* du 2 mai 1644].

* Voyez l'*Éclaircissement* du chapitre VI de la IIe partie du IIIe livre [Xe *Écl.*] ou le IXe des *Entretiens sur la métaphysique* [*OC* XII, 197-222].

éternelles des personnes, quelque justes et quelque innocentes qu'elles puissent être.

Si Dieu veut l'ordre, qui fait les monstres, je ne dis pas parmi les hommes, car ils ont péché, mais parmi les animaux et les plantes? Quelle est la cause de la corruption générale de l'air, laquelle engendre tant de maladies? Par quel ordre est-ce que les saisons se dérèglent, et que le soleil ou la gelée brûle les fruits de la terre? Est-ce agir avec sagesse et avec ordre que de donner à un animal des parties entièrement inutiles, et que de faire geler des fruits après les avoir tout formés? N'est-ce pas plutôt que Dieu fait ce qu'il lui plaît, et que sa puissance est au dessus de tout ordre et de toute règle? Car, pour parler des choses de plus grande conséquence que de quelques fruits, dont il est permis de faire ce que l'on veut, la terre dont Dieu fait des vases de colère est la même que celle dont il fait des vases de miséricorde [1]. On a vu souvent l'injustice sur le trône, la vertu cruellement opprimée, et l'impiété dans une prospérité continuelle.

Réponse

Voilà de ces difficultés qui ne sont propres qu'à obscurcir la vérité, parce qu'elles ne naissent que des ténèbres de l'esprit. On sait que Dieu est juste; on voit que les méchants sont heureux : doit-on nier ce qu'on voit, doit-on douter de ce qu'on sait, à cause qu'on sera peut-être
88 assez stupide pour ne pas | savoir, et assez libertin pour ne pas croire ce que la religion nous apprend des peines futures? De même, on sait que Dieu est sage, et qu'il ne fait rien que de bien; on voit des monstres, ou des ouvrages défectueux. Que croira-t-on? Que Dieu s'est trompé, ou que ces monstres ne sont point de lui. Certainement, si l'on a du sens et de la fermeté d'esprit, on ne croira ni l'un ni l'autre; car il est évident que Dieu fait tout, et qu'il ne peut rien faire qui ne soit autant parfait qu'il le peut être, par rapport à la simplicité et au petit nombre des moyens dont il se sert et doit se servir pour former son ouvrage. Il faut

1. Voir Rm 9, 22-23.

se tenir ferme à ce qu'on voit, sans se laisser ébranler par des difficultés qu'il est impossible de résoudre, lorsque c'est notre ignorance qui est cause de cette impossibilité. Si l'ignorance forme des difficultés, et si de pareilles difficultés renversent les sentiments les mieux établis, qu'y aura-t-il de certain parmi des hommes qui ne savent pas toutes choses ? Quoi, les lumières les plus éclatantes ne pourront pas dissiper les moindres ténèbres ; et les ténèbres les plus légères obscurciront les lumières les plus claires et les plus vives ?

Mais, quoiqu'on se puisse dispenser de répondre à de semblables difficultés, sans affaiblir le principe que l'on a établi, cependant il est bon que l'on sache qu'elles ne sont pas sans réponse. Car l'esprit de l'homme est si injuste dans ses jugements, qu'il pourrait peut-être préférer des sentiments, qui semblent être des suites de ces difficultés imaginaires, à des vérités constantes, desquelles on ne peut douter que lorsque l'on en veut douter, et que dans ce dessein on cesse de les considérer. Je dis donc que Dieu veut l'ordre*, quoiqu'il y ait des monstres ; et que c'est même à cause que Dieu veut et agit toujours selon l'ordre immuable de ses perfections, qu'il y a des monstres. En voici la raison :

L'ordre demande que les lois de la nature, par lesquelles Dieu produit cette variété infinie qui se trouve dans le monde, | soient très **89** simples et en très petit nombre, telles qu'elles sont en effet, car cette conduite porte le caractère d'une sagesse infinie. Or c'est la simplicité de ces lois générales qui, en certaines rencontres particulières, et à cause de la disposition du sujet, produit des mouvements irréguliers, ou plutôt des arrangements monstrueux, et par conséquent c'est à cause que Dieu veut l'ordre qu'il y a des monstres. Ainsi Dieu ne veut pas positivement ou directement qu'il y ait des monstres, mais il veut positivement certaines lois de la communication des mouvements, desquelles les monstres sont des suites nécessaires ; et il veut ces lois, à cause qu'étant très simples, elles ne laissent pas d'être capables de produire cette variété de formes que l'on ne peut trop admirer.

---

* Voyez dans les *Entretiens sur la métaphysique* ce qui regarde la providence : Entretien IX et suivants [*OC* XII, 197 *sq.*].

Par exemple, en conséquence des lois générales de la communication des mouvements, il y a des corps qui sont poussés vers le centre de la terre. Le corps d'un homme ou d'un animal est un de ces corps ; ce qui le soutient en l'air fond sous ses pieds. Est-il juste et dans l'ordre que Dieu change ses volontés générales pour ce cas particulier ? Certainement cela ne paraît pas vraisemblable. Il faut donc que cet animal se brise le corps ou s'estropie. On doit raisonner de même de la génération des monstres.

L'ordre veut bien que tous les êtres aient ce qui est nécessaire pour leur conservation, et pour la propagation de leur espèce, pourvu que cela se puisse faire par des voies simples et dignes de la sagesse de Dieu. Aussi voyons-nous que les animaux et les plantes mêmes ont des moyens généraux pour se conserver et pour continuer leur espèce ; et, si quelques animaux en manquent dans certaines rencontres particulières, c'est que les lois générales selon lesquelles ils ont été produits ne l'ont pu permettre, à cause que ces lois ne les regardent pas seuls, mais qu'elles regardent généralement tous les êtres, et qu'il faut préférer les avantages publics aux particuliers.

Il est évident que, si Dieu ne faisait qu'un animal, il ne le ferait pas monstrueux. Mais l'ordre voudrait que Dieu ne fît pas cet animal par **90** les mêmes lois par lesquelles il produit présentement | tous les autres. Car l'action de Dieu doit être proportionnée à son dessein. Dieu par les lois de la nature ne veut pas faire un seul animal, il veut faire un monde et il le doit faire par les voies les plus simples, comme l'ordre le demande. Il suffit donc que ce monde ne soit point monstrueux, ou que les effets généraux soient dignes des lois générales, afin qu'on ne puisse rien reprendre dans la conduite de Dieu.

Si Dieu avait établi des lois particulières pour les changements particuliers, ou s'il avait mis dans chaque chose une nature ou un principe particulier de tous les mouvements qui lui arrivent, j'avoue qu'il serait difficile de justifier sa sagesse contre tant de dérèglements visibles. Il faudrait peut-être avouer ou que Dieu ne veut pas l'ordre, ou qu'il ne sait ou ne peut pas remédier au désordre. Car enfin il ne me paraît pas possible d'allier le nombre presque infini des causes secondes, ou des forces, vertus, qualités, facultés naturelles, avec ce qu'on appelle jeux ou dérèglements de la nature, sans blesser la sagesse et la puissance infinie de l'Auteur de toutes choses. Dieu faisant tout, il est nécessaire de recourir à la simplicité des lois générales pour justifier la providence divine, comme on le trouvera expliqué ailleurs *.

OBJECTION CONTRE LE SECOND ARTICLE

Dieu ne peut jamais agir pour lui. On ne fait rien d'inutile quand on est sage, et tout ce que Dieu ferait pour lui serait inutile, car rien ne lui manque. Dieu se suffit pleinement à lui-même : il a par la nécessité de son être tout le bien qu'il pourrait se vouloir, il ne se souhaite rien. Il ne fait donc rien pour | soi, puisqu'il n'agit que par l'efficace de ses 91 volontés. La nature du bien, c'est de se communiquer et de se répandre, c'est d'être utile aux autres et non pas à soi, c'est de chercher, c'est, si on le peut, de créer des personnes que l'on puisse rendre heureuses. Ainsi Dieu étant essentiellement et souverainement bon, il y a contradiction qu'il agisse pour lui.

Réponse

Dieu peut agir pour lui en deux manières : ou afin de tirer quelque avantage de ce qu'il fait, ou afin que sa créature trouve son bonheur et sa perfection en lui ; je n'examine point présentement ** si Dieu agit pour lui selon la première manière, et si, pour recevoir quelque honneur digne de lui, il a fait et rétabli toutes choses par son Fils, en qui selon l'Écriture, toutes les créatures subsistent. Je soutiens seulement que Dieu ne peut ni faire ni conserver les esprits, afin qu'ils connaissent et qu'ils aiment les créatures comme leur bien, ou la cause de leur bonheur, puisqu'elles ne le sont pas. C'est une loi immuable, éternelle, nécessaire, qu'ils connaissent et qu'ils aiment Dieu, comme je l'ai expliqué dans le troisième article. Ainsi cette objection ne combat point mon principe, elle le favorise au contraire ; et, s'il est certain que la nature du bien est de se répandre et de se communiquer au dehors, car je n'examine pas cet axiome, il est évident que, Dieu étant essen-

---

* Voyez le *Traité de la nature et de la grâce*, et mes *Réponses à M. Arnauld* ou les *Entretiens métaphysiques* déjà cités.
** Voyez le IX e des *Entretiens sur la métaphysique* [*OC* XII, 197-222].

tiellement et souverainement bon, il y a contradiction qu'il n'agisse pas pour lui dans le sens que je prétends établir.

OBJECTION CONTRE LE QUATRIÈME ARTICLE

Comme l'ignorance est une suite du péché, Adam avant sa chute
92 avait une connaissance parfaite de la nature de son corps, | et de tous ceux qui l'environnaient. Il n'avait donc pas besoin d'être averti de ce qu'il devait faire pour la conservation de sa vie. Il fallait, par exemple, qu'il connût parfaitement la nature de tous les animaux, pour leur imposer, comme il fit, des noms qui leur convinssent. Car il n'appartient qu'aux sages d'imposer le nom aux choses, disent Platon et Pythagore.

Réponse

On se trompe. L'ignorance n'est ni un mal ni une suite du péché : c'est l'erreur ou l'aveuglement de l'esprit qui est un mal, et une suite du péché. Il n'y a que Dieu qui sache tout et qui n'ignore rien ; il y a de l'ignorance dans les intelligences les plus éclairées. Tout ce qui est fini ne peut comprendre l'infini ; ainsi il n'y a point d'esprit qui puisse seulement comprendre toutes les propriétés des triangles. Adam savait dans le moment de sa création tout ce qu'il était à propos qu'il sût, et rien davantage, et il n'était pas à propos qu'il sût exactement la disposition de toutes les parties de son corps, et de ceux dont il usait ; j'en ai dit les raisons dans cet article et ailleurs *.

L'imposition des noms est plutôt dans l'Écriture une marque d'autorité que d'une connaissance parfaite. Comme le Seigneur du Ciel avait fait Adam seigneur de la terre, il voulait bien qu'Adam donnât des noms aux animaux, comme il en avait donné lui-même aux étoiles **. Il est évident que des sons ou des paroles n'ont point, et ne

---

* Tome I, chap. v [RVI, V, § I].
** *Omnibus eis nomina vocat* (Ps 47, 12) [Ce verset est en réalité extrait du Ps 146 (147), 4 : « Qui sait le nombre si prodigieux des étoiles, et qui les connaît toutes par leur nom » (Bible de Sacy). Le Psaume 48 (49), 12, dit pour sa part : « vocaverunt nomina sua in terris suis. » (v. 11 dans la Bible de Sacy) ; nous corrigeons donc la référence erronée

peuvent point avoir naturellement de rapport aux choses qu'elles signifient, quoi qu'en disent le divin Platon et le mystérieux Pythagore. On
pourrait peut-être expliquer la nature d'un cheval, ou d'un bœuf dans
un livre entier, mais un mot n'est pas un livre, et il est ridicule de
s'imaginer que des monosyllabes comme *sus*, qui en hébreu signifie
un cheval, et *schor* qui signifie un bœuf, représentent la nature de ces
animaux. Cependant il y a bien de l'apparence que ce | sont là les noms **93**
qu'Adam leur a donnés, car ils se trouvent dans la Genèse*; et l'auteur
même de la Genèse assure que les noms qu'Adam donna aux animaux,
sont ceux-là mêmes qui étaient en usage de son temps, car je ne vois
pas qu'il veuille dire autre chose par ces paroles : *Omne quod vocavit
Adam animae viventis, ipsum est nomen ejus* [1].

   Mais je veux qu'Adam ait donné aux animaux des noms qui aient
quelque rapport leur nature, et je souscris aux savantes étymologies
qu'un auteur de ce siècle nous en donne [2]. Je veux que le premier
homme ait appelé les gros animaux domestiques *behemoth*, à cause
qu'ils gardent le silence, le bélier *ajil*, parce qu'il est fort; le bouc *saïr*,
parce qu'il est velu; le pourceau *chazir*, parce qu'il a les yeux petits; et
l'âne *chamor*, parce que, en Orient, il y en a beaucoup de rouges. Mais
je ne vois pas qu'il faille autre chose qu'ouvrir les yeux pour savoir si
le bouc est velu, l'âne rouge, et si le pourceau a les yeux grands ou
petits. Adam appelle *beir* et *behemoth* ce que nous appelons une brute
ou un gros animal domestique, parce que ces bêtes sont muettes et
stupides : qu'en doit-on conclure? Qu'il connaissait parfaitement leur
nature? Cela n'est point évident. J'appréhenderais plutôt qu'on en
voulût conclure qu'Adam étant assez simple pour interroger un bœuf
comme le plus gros des animaux domestiques, et qu'ayant été surpris

---

que donnait G. Rodis-Lewis, en s'étonnant de la traduction proposée par la Bible de
Jérusalem (Pléiade, p. 1664, n. 2 de la p. 866)].

   * Gn 49, 17 et 32, 5.

   1. Gn 2, 19. « Et le nom qu'Adam donna à chacun des animaux est son nom
véritable » (Bible de Sacy).

   2. Voir Samuel Bochart, *Hierozoïcon, sive bipertitum opus de animalibus sacrae
Scripturae*, Londres, T. Roycroft, 1663, 2 vol.

qu'il ne savait pas répondre, il le méprisa et l'appela comme par mépris du nom de *beir* et de *behemoth*.

Il y a des sentiments prévenants qui sont incommodes et qui font de la peine. Adam était juste et innocent : il ne devait donc pas en être **94** frappé. Il devait donc en toutes rencontres se conduire | par raison et par lumière, et non par des sentiments prévenants, semblables à ceux que nous avons présentement.

Réponse

J'avoue qu'il y a des sentiments prévenants qui sont désagréables et pénibles. Mais ces sentiments ne faisaient jamais de peine au premier homme, parce que, dans l'instant qu'ils lui faisaient de la peine, il voulait n'en être plus frappé, et, dans le même instant qu'il avait cette volonté, il n'en était plus touché. Ces sentiments ne faisaient que l'avertir avec respect de ce qu'il devait faire ou ne pas faire ; ils ne troublaient point sa félicité ; ils lui faisaient seulement comprendre qu'il pouvait la perdre et que celui qui le rendait heureux pouvait le punir et le rendre misérable, s'il lui manquait de fidélité.

Pour se persuader que le premier homme ne sentait jamais de douleur vive qui le surprît, il n'y a qu'à considérer deux choses. La première, que la douleur est fort légère, lorsque les mouvements auxquels elle est attachée sont très faibles, puisqu'elle est toujours proportionnée à la force des mouvements qui se communiquent jusqu'à la partie principale du cerveau. La seconde, qu'il est de la nature du mouvement de renfermer toujours succession de temps, et qu'il ne peut être violent dans le premier instant qu'il est communiqué à des parties telles que sont les nerfs de notre corps qui sont un peu lâches depuis le cerveau jusques à la peau. Cela supposé, il est visible que le premier homme ne sentait jamais de douleur violente qui le surprît, et qui fût capable de le rendre malheureux, car il pouvait arrêter les mouvements qui la causaient. Mais, s'il pouvait les faire cesser dans le même instant qu'ils commençaient leur action, certainement il n'y manquait pas, puisqu'il voulait être heureux et que l'aversion est naturellement jointe avec le sentiment de la douleur. Outre cela, son innocence méritait bien qu'il fût protégé d'une manière particulière.

| Adam ne souffrait donc jamais de douleur violente, mais je ne crois **95** pas qu'on soit obligé de dire qu'il n'en sentait pas même de légères, comme serait celle qu'on a, lorsqu'on goûte d'un fruit vert, pensant qu'il est mûr. Sa félicité aurait été bien petite, si elle avait été troublée par si peu de choses, car la délicatesse est une marque de faiblesse, et le plaisir et la joie sont peu solides, lorsque la moindre chose les dissipe et les anéantit. La douleur ne trouble véritablement le bonheur, que lorsqu'elle est involontaire, et qu'elle subsiste en nous malgré nous. Jésus-Christ était encore heureux sur la Croix, quoiqu'il souffrît de très grandes douleurs, parce qu'il ne souffrait rien qu'il ne voulût bien souffrir. Ainsi, Adam ne souffrant rien malgré lui, on ne peut pas dire qu'on le fasse malheureux avant son péché, à cause qu'on suppose ici qu'il était averti par des sentiments prévenants, mais respectueux et soumis, de ce qu'il devait éviter pour la conservation de sa vie.

OBJECTION CONTRE LE CINQUIÈME ARTICLE

Adam sentait des plaisirs prévenants, les plaisirs prévenants sont des mouvements involontaires; donc Adam était agité par des mouvements involontaires.

Réponse

Je réponds qu'en Adam ses sentiments prévenaient sa raison. J'en ai donné les preuves dans l'article quatrième. Mais je nie qu'ils prévinssent sa volonté, ou qu'ils excitassent en elle quelques mouvements rebelles. Car Adam voulait bien être averti par ces sentiments de ce qu'il devait faire pour la conservation de sa vie; mais il ne voulait jamais être agité malgré lui, car cela se contredit. De plus, lorsqu'il voulait s'appliquer à la contemplation de la vérité sans la moindre distraction d'esprit, ses sens et | ses passions étaient dans un parfait **96** silence. L'ordre le veut, et c'est une suite nécessaire du pouvoir absolu qu'il avait sur son corps.

Je réponds, en second lieu, qu'il n'est pas vrai que le plaisir de l'âme soit la même chose que son mouvement et son amour*. Le plaisir et l'amour sont des manières d'être de l'âme, mais le plaisir n'a point de rapport nécessaire à l'objet qui semble le causer, et l'amour a nécessairement rapport au bien. Le plaisir est à l'âme ce que la figure est au corps, et le mouvement est au corps ce que l'amour est à l'âme. Or le mouvement d'un corps est bien différent de sa figure. Je veux que l'âme qui est incessamment poussée vers le bien avance pour ainsi dire plus facilement vers lui, lorsqu'elle a un sentiment de plaisir, que lorsqu'elle souffre de la douleur, de même qu'un corps poussé roule plus facilement lorsqu'il a une figure sphérique, que lorsqu'il en a une cubique. Mais la figure d'un corps est différente de son mouvement, et il peut être sphérique et demeurer en repos. Il est vrai que les esprits ne sont pas comme les corps : ils ne peuvent sentir de plaisir sans être en mouvement, parce que Dieu qui ne les fait et ne les conserve que pour lui les pousse incessamment vers le bien. Mais cela ne prouve pas que le plaisir soit la même chose dans l'âme que son mouvement, car deux choses, quoique différentes, peuvent se rencontrer toujours l'une avec l'autre.

Je réponds enfin que, quand même le plaisir ne serait pas différent de l'amour ou du mouvement de l'âme, celui que le premier homme sentait dans l'usage des biens du corps ne le portait point à aimer ces corps. Le plaisir porte l'âme vers l'objet qui le cause en elle ; je le veux. Mais ce n'est pas le fruit que nous mangeons avec plaisir qui cause en nous ce plaisir. Les corps ne peuvent agir dans l'âme, et la rendre en quelque manière heureuse : il n'y a que Dieu qui le puisse. C'est par erreur que nous pensons que les corps ont en eux ce que nous sentons à leur occasion. Adam n'était pas assez stupide avant son péché pour s'imaginer que les corps fussent cause de ses plaisirs. Ainsi le mouve-
97 ment | qui accompagnait ses plaisirs, ne portait que son corps, et non point son cœur, vers les objets sensibles. Si le plaisir a contribué à la chute du premier homme, ce n'est point en faisant en lui ce qu'il fait présentement en nous. C'est seulement que, remplissant ou partageant

---

* Voyez l'*Éclaircissement* sur le chapitre III du livre V [XIVe *Écl.*].

la capacité qu'il avait de penser, il a effacé ou diminué dans son esprit la présence de son vrai bien et de son devoir.

OBJECTION CONTRE LE SIXIÈME ARTICLE

Quelle apparence que la volonté immuable de Dieu ait été dépendante de celle d'un homme, et qu'en faveur d'Adam il y ait eu des exceptions dans la loi générale de la communication des mouvements?

Réponse

Au moins n'est-il point évident qu'il ne puisse y avoir de telles exceptions. Or il est évident que l'ordre immuable demande que le corps soit soumis à l'esprit, et il y a contradiction que Dieu n'aime et ne veuille pas l'ordre*, car Dieu aime nécessairement son Fils, cette sagesse à qui il communique toute sa substance. Donc il était nécessaire, avant le péché du premier homme, qu'il y eût en sa faveur des exceptions dans la loi générale de la communication des mouvements. Cela paraît peut-être abstrait; voici quelque chose de plus sensible.

L'homme, quoique pécheur, a le pouvoir de remuer et d'arrêter son bras, lorsqu'il lui plaît. Donc, selon les différentes volontés de l'homme, les esprits animaux sont déterminés pour produire ou pour arrêter quelques mouvements dans son corps, ce | qui certainement ne **98** se peut faire par la loi générale de la communication des mouvements. Ainsi la volonté de Dieu étant encore aujourd'hui, s'il est permis de parler ainsi, soumise à la nôtre, pourquoi n'aurait-elle pas été soumise à celle d'Adam? Si pour le bien du corps et pour la société civile, Dieu empêche dans les pécheurs la communication des mouvements, pourquoi ne l'eût-il pas empêchée en faveur d'un homme juste, pour le bien de son âme, et pour conserver l'union et la société qu'il avait avec lui? car Dieu n'avait fait l'homme que pour lui. Comme Dieu ne veut point avoir de société avec les pécheurs, il leur a ôté après le péché le pouvoir qu'ils avaient de quitter, pour ainsi dire, le corps pour s'unir à

---

* Dans l'*Éclaircissement* qui regarde la nature des idées [X], j'expliquerai plus particulièrement ce que c'est que l'Ordre et pourquoi Dieu l'aime nécessairement.

lui. Mais il leur a laissé le pouvoir d'arrêter ou de changer la communication des mouvements par rapport à la conservation de la vie, et à la société civile, parce qu'il n'a pas voulu détruire son ouvrage, et qu'avant même qu'il l'eût formé, il a eu dessein, selon s. Paul[1], de le rétablir et de le reformer en Jésus-Christ.

OBJECTION CONTRE LE SEPTIÈME ARTICLE

L'homme transporte encore présentement son corps de tous côtés ; il en remue, comme il lui plaît, toutes les parties, dont le mouvement est nécessaire pour la recherche des biens et pour la fuite des maux sensibles. Et par conséquent il arrête ou change à tous moments la communication naturelle des mouvements, non seulement pour des choses de peu de conséquence, mais encore pour des choses inutiles à la vie et à la société civile, et même pour des crimes qui rompent la société, qui abrègent la vie, et qui déshonorent Dieu en toutes manières. Dieu veut l'ordre, j'en conviens. Mais l'ordre demande-t-il que les lois des mouvements soient violées pour le mal, et qu'elles soient inviolables pour le bien ? Pourquoi faut-il que l'homme n'ait 99 pas le pouvoir | d'arrêter les mouvements que les objets sensibles produisent dans son corps, puisque ces mouvements l'empêchent de faire le bien, de se rapprocher de Dieu et de se remettre dans son devoir, et qu'il ait encore le pouvoir de faire tant de mal dans le monde, par sa langue, par son bras, et par les autres parties de son corps, desquelles les mouvements dépendent de sa volonté ?

Réponses

Pour répondre à cette objection, il faut considérer que l'homme, ayant péché, devait rentrer dans le néant. Car, n'étant plus dans l'ordre, et n'y pouvant rentrer, il devait cesser d'être. Dieu n'aime que l'ordre, le pécheur n'est point dans l'ordre*. Dieu ne l'aime donc point. Le pécheur ne peut donc subsister, puisque les créatures ne

---

* Voyez le IIe et le Ve Entretien des *Conversations chrétiennes*, auxquelles j'ai déjà renvoyé [*OC* IV, 42 *sq.* et 108 *sq.*].

1. Voir ainsi Col 1, 17-20.

subsistent que parce que Dieu veut qu'elles soient, et que Dieu ne veut point qu'elles soient s'il ne les aime. Le pécheur ne peut aussi par lui-même rentrer dans l'ordre, parce qu'il ne peut par lui-même se justifier, et que tout ce qu'il peut souffrir ne peut égaler son offense. Il devrait donc rentrer dans le néant. Mais, comme il n'est pas raisonnable de penser que Dieu fasse un ouvrage pour l'anéantir, ou pour le laisser tomber dans un état pire que le néant, il est évident que Dieu n'aurait point fait l'homme, ni permis son péché qu'il avait prévu, s'il n'avait eu en vue l'Incarnation de son Fils, en qui toutes choses subsistent, et par qui l'univers reçoit une beauté, une perfection, une grandeur digne de la sagesse et de la puissance de son Auteur.

On peut donc considérer que l'homme après son péché est sans Réparateur, mais dans l'attente d'un Réparateur. Si on le considère sans Réparateur, on voit clairement qu'il ne doit point avoir de société avec Dieu, qu'il ne peut pas avoir en lui-même la moindre force pour se rapprocher de Dieu, qu'il faut que Dieu le repousse, pour ainsi dire, lorsqu'il prétend quitter le corps | pour s'unir avec lui ; c'est-à-dire que **100** l'homme après son péché doit perdre le pouvoir de se délivrer des impressions sensibles et des mouvements de la concupiscence. Il devrait même être anéanti par les raisons que je viens de dire. Mais il attend un Réparateur. Et, si on le considère dans l'attente de ce Réparateur, on voit bien qu'il doit subsister, lui et sa postérité de laquelle ce Réparateur doit naître, et dont il doit former son Église, et qu'ainsi il est nécessaire que l'homme après son péché conserve encore le pouvoir de remuer diversement certaines parties du corps dont les mouvements peuvent être utiles à sa conservation.

Il est vrai que les hommes abusent à toute heure du pouvoir qu'ils ont de produire certains mouvements, et que le pouvoir, par exemple, qu'ils ont de remuer diversement leur langue est cause d'un nombre infini de maux. Mais, si l'on y prend garde, on verra que ce pouvoir est absolument nécessaire pour entretenir la société, pour se soulager les uns les autres dans les besoins de la vie présente, et pour s'instruire de la religion, qui donne espérance de ce Libérateur pour lequel le monde subsiste. Si l'on examine avec soin quels sont les mouvements que nous pouvons produire, on verra clairement que Dieu ne nous a laissé de pouvoir sur notre corps qu'autant qu'il en faut pour conserver sa vie, et pour entretenir la société civile. Le battement du cœur, par exemple, la dilatation du diaphragme, le mouvement péristaltique des viscères, la circulation des esprits et du sang, et divers mouvements des nerfs dans les passions se produisent en nous sans attendre les ordres de l'âme. Comme ils doivent être à peu près les mêmes dans les mêmes occasions, rien n'oblige Dieu à les soumettre présentement à la volonté des hommes. Mais, les mouvements des muscles qui servent à remuer la langue, les bras et les jambes, devant changer à tous moments, selon la diversité presque infinie des objets bons ou mauvais qui nous environnent, il a été nécessaire que ces mouvements dépendissent de la volonté des hommes.

101 | Or il faut prendre garde que Dieu agit toujours par les voies les plus simples, et que les lois de la nature doivent être générales*, et qu'ainsi nous ayant donné le pouvoir de remuer notre bras et notre langue, il ne doit pas nous ôter celui de frapper un homme injustement ou de le calomnier. Car, si nos facultés naturelles dépendaient de nos desseins, il n'y aurait point d'uniformité ni de règle certaine dans les lois de la nature, lesquelles cependant doivent être très simples et très générales, pour être dignes de la sagesse de Dieu et conformes à l'ordre. De sorte que Dieu, en conséquence de ces décrets, aime mieux faire le *matériel* du péché, comme disent les théologiens, ou servir à l'injustice des hommes, comme parle un de ses prophètes**, que de changer ses volontés pour arrêter les désordres des pécheurs ; mais il réserve à se venger de la manière indigne dont on le traite, lorsqu'il lui sera permis de le faire, sans aller contre l'immutabilité de ses décrets, c'est-à-dire lorsque, la mort ayant corrompu le corps des voluptueux, Dieu ne sera plus dans la nécessité qu'il s'est imposée de leur donner des sentiments et des pensées qui y aient rapport.

---

    * J'ai expliqué au long la providence dans les *Entretiens sur la métaphysique* où j'ai déjà renvoyé.

    ** *Servire me fecisti in peccatis vestris* (Is 43, 24) [« Vous m'avez rendu comme esclave par vos péchés » (Bible de Sacy)].

Objection contre les articles onzième et douzième

Le péché originel ne rend pas seulement l'homme esclave de son corps et sujet aux mouvements de la concupiscence, il le remplit aussi de vices tout spirituels ; non seulement le corps de l'enfant avant son baptême est corrompu, mais encore son âme et toutes ses facultés sont infectées du péché. Quoique la rébellion du corps soit le principe de quelques vices grossiers tels que sont l'intempérance et l'impudicité, elle n'est point cause des vices purement spirituels tels que peuvent être l'orgueil et l'envie. | Ainsi le péché originel est quelque chose de **102** bien différent de la concupiscence avec laquelle nous naissons, et c'est apparemment la privation de la grâce ou de la justice originelle.

Réponse

J'avoue que les enfants sont privés de la justice originelle, et je le prouve même lorsque je fais voir qu'ils ne naissent point justes, et que Dieu les hait. Car on ne peut, ce me semble, donner d'idée plus claire de justice et de droiture qu'en disant qu'une volonté est droite lorsqu'elle aime Dieu, et qu'elle est déréglée lorsqu'elle est tournée vers les corps. Mais, si, par la justice ou la grâce originelle, on veut entendre certaines qualités inconnues, semblables à celles que l'on dit que Dieu avait répandues dans l'âme du premier homme, pour l'orner et la rendre agréable à ses yeux, il est encore évident que la privation de cette justice n'est point le péché originel, car à proprement parler cette privation ne se transmet point. Si les enfants n'ont point ces qualités, c'est que Dieu ne les leur donne pas, et, si Dieu ne les leur donne pas, c'est qu'ils en sont indignes. C'est donc cette indignité qui se transmet et qui est cause de la privation de la justice originelle. Ainsi c'est cette indignité qui est proprement le péché originel.

Or cette indignité qui consiste, comme je l'ai fait voir, en ce que les inclinations des enfants sont actuellement corrompues, que leur cœur est tourné vers les corps et qu'ils les aiment, est réellement en eux ; ce n'est point l'imputation du péché de leur père, ils sont effectivement dans le désordre, de même que ceux qui sont justifiés par Jésus-Christ, dont Adam était la figure, ne sont point justifiés par imputation, ils sont effectivement rétablis dans l'ordre par une justice intérieure, différente de celle de Jésus-Christ, quoiqu'il n'y ait que Jésus-Christ qui la leur ait méritée.

L'âme n'a que deux rapports naturels ou essentiels : l'un à Dieu, l'autre à son corps. Or il est évident que le rapport ou l'union qu'elle a 103 avec Dieu ne peut la corrompre ou la rendre | vicieuse. Donc elle n'est telle dans le moment qu'elle est créée que par le rapport qu'elle a avec son corps. Ainsi il est nécessaire de dire, ou que l'orgueil et les autres vices qu'on appelle spirituels, se peuvent communiquer par le corps, ou que les enfants n'y sont point sujets dans le moment de leur naissance. Je dis dans le moment de leur naissance, car je ne nie pas que ces mauvaises habitudes ne s'acquièrent facilement. Quoique les pures intelligences n'aient rapport qu'à Dieu, et que dans le moment de leur création elles ne fussent sujettes à aucun vice, néanmoins elles sont tombées dans le désordre. Mais ce n'est que parce qu'elles ont fait un mauvais usage de leur liberté ; et les enfants n'en ont fait aucun usage, car le péché originel n'est point libre.

Mais, au fond, je crois que ceux-là se trompent, qui pensent que la rébellion du corps n'est cause que des vices grossiers, tels que sont l'intempérance et l'impudicité, et non de ceux qu'on appelle spirituels, comme l'orgueil et l'envie ; et je suis persuadé qu'il y a une telle correspondance entre les dispositions de notre cerveau et celles de notre âme qu'il n'y a peut-être point de mauvaise habitude dans l'âme, qui n'ait son principe dans le corps.

S. Paul en plusieurs endroits appelle la loi, la sagesse, les désirs, et les œuvres de la chair tout ce qui est contraire à la loi de l'esprit [1]. Il ne parle point de vices spirituels. Il met entre les œuvres de la chair, l'idolâtrie, les hérésies, les dissensions et plusieurs autres vices qu'on appelle spirituels *. C'est selon sa doctrine suivre les mouvements de la chair, que de se laisser aller à la vaine gloire, à la colère et à l'envie. Enfin il paraît par les expressions de cet apôtre que tout péché vient de la chair, non que la chair le commette, ou que l'esprit de l'homme, sans la grâce ou sans l'esprit de Jésus-Christ, fasse le bien, mais parce que

* Ga 5 [19-20].

1. Voir ainsi Ga 5, 16-18 ; Rm 1, 22 ; Rm 8, 5-6.

la chair agit sur l'esprit de l'homme de telle manière qu'il ne fait point de mal qu'elle ne l'y ait sollicité. Voici comme parle s. Paul dans l'Épître aux Romains : *Je me plais dans la loi de Dieu selon l'homme intérieur. Mais je vois dans les* | *membres de mon corps une autre loi* **104** *qui combat contre la loi de mon esprit, et qui me rend captif sous la loi du péché qui est dans les membres de mon corps* [1]. Et plus bas : *Ainsi je suis moi-même soumis à la loi de Dieu selon l'esprit, et à la loi du péché selon la chair* [2]. Il parle de la même manière dans plusieurs autres endroits de ses Épîtres. Ainsi la concupiscence ou la rébellion du corps ne porte pas seulement aux vices qu'on appelle charnels ou déshonnêtes, mais encore à ceux qu'on croit être spirituels. Je vais tâcher de le prouver d'une manière sensible.

Lorsqu'une personne se trouve en compagnie, il est, ce me semble, certain qu'il se produit machinalement dans son cerveau des traces et qu'il s'excite dans ses esprits animaux des mouvements, qui font naître en son âme des pensées et des inclinations mauvaises. Nos pensées dans ces rencontres ne sont point naturellement conformes à la vérité, ni nos inclinations à l'ordre ; elles naissent en nous pour le bien du corps et de la vie présente, à cause que c'est le corps qui les excite. Ainsi elles nous font perdre la présence de Dieu, et la pensée de notre devoir, et elles ne tendent qu'à nous faire considérer par les autres hommes comme dignes de leur affection et de leur estime. Cet orgueil secret qui se réveille en nous dans ces occasions est donc un vice spirituel, dont la rébellion du corps est le principe.

Par exemple, si les personnes devant qui nous sommes sont élevées en dignité, l'éclat de leur grandeur nous éblouit et nous abat. Comme les traces que leur présence excite dans notre cerveau sont quelquefois très grandes, et que les mouvements en sont vifs, elles rayonnent pour ainsi dire dans tout notre corps ; elles se répandent sur notre visage et elles y marquent sensiblement le respect et la crainte, et tous nos sentiments les plus cachés. Ces traces agissent ensuite par ces expressions sensibles de nos mouvements intérieurs sur la personne qui nous regarde ; elles la disposent à des sentiments de douceur et

1. Rm 7, 22-23.
2. Rm 7, 25.

d'honnêteté par des traces que notre air respectueux ou craintif produisent machinalement dans son cerveau, lesquelles rejaillissant sur son visage, elles y effacent cette majesté qui y paraissait auparavant, et donnent au reste de son corps une posture qui arrête ensuite notre trouble, et qui nous rassure. Ainsi, après plusieurs | contrecoups de ces expressions sensibles, notre air et nos manières se fixent enfin dans l'état que la personne qui domine sur nous le souhaite.

Or, comme tous les mouvements des esprits animaux sont accompagnés des mouvements de l'âme, et que les traces du cerveau sont suivies des pensées de l'esprit, il est évident qu'étant maintenant privés du pouvoir d'effacer ces traces, et d'arrêter ces mouvements, nous nous trouvons sollicités par la présence de la personne qui domine sur nous à entrer dans tous ses sentiments et tous ses désirs, et à nous appliquer entièrement à elle, de même qu'elle est portée à s'appliquer à nous, quoique d'une manière différente. Et c'est pour cela que la conversation du monde réveille et fortifie la concupiscence de l'orgueil, comme les commerces déshonnêtes, la bonne chère et la jouissance des plaisirs des sens augmentent la concupiscence charnelle, ce qu'il est très nécessaire de remarquer pour la morale.

C'est une chose fort utile qu'il y ait dans le cerveau des traces qui représentent incessamment l'homme à lui-même, afin qu'il ait soin de sa personne, et qu'il y en ait d'autres qui servent à former et à entretenir la société, puisque les hommes ne sont pas faits pour vivre seuls. Mais, l'homme ayant perdu le pouvoir d'effacer ces traces, lorsqu'il le voudrait et qu'il serait à propos, elles le sollicitent sans cesse au mal. Comme il ne peut s'empêcher de se représenter à soi-même, il est incessamment excité à des mouvements d'orgueil et de vanité, à mépriser les autres, et à rapporter toutes choses à soi; et, comme il n'est pas maître des traces qui le sollicitent à entretenir la société avec les autres, il est agité comme malgré lui par des mouvements de complaisance, de flatterie, de jalousie et de semblables inclinations. Ainsi tous ces vices qu'on appelle spirituels viennent de la chair aussi bien que l'impudicité et l'intempérance.

Non seulement il y a dans notre cerveau des dispositions qui excitent en nous des sentiments et des mouvements par rapport à la propagation de l'espèce et à la conservation de la vie ; il y en a peut-être un plus grand nombre qui réveillent en nous des pensées et des passions par rapport à la société, à nos établissements particuliers et à ceux de nos amis. Nous sommes unis par la nature à tous les corps qui nous environnent, et par ces corps à toutes les choses qui ont quelque rapport à nous. Or nous ne pouvons y être unis que par certaines dispositions qui | sont dans notre cerveau. Ainsi, n'ayant point le pouvoir **106** d'empêcher l'action de ces dispositions naturelles, notre union se change en dépendance, et nous devenons sujets par notre corps à toutes sortes de vices.

Nous ne sommes pas de pures intelligences : toutes les dispositions de notre âme produisent quelques dispositions dans notre corps, comme les dispositions de notre corps excitent de pareilles dispositions dans notre âme. Ce n'est pas que l'âme ne puisse absolument rien recevoir que par le corps, mais c'est que, tant qu'elle y est unie, elle ne peut recevoir de changement dans ses modifications, sans que le corps en reçoive aussi lui-même. Il est vrai qu'elle peut être éclairée, ou recevoir de nouvelles idées, sans que le corps y ait nécessairement quelque part, mais c'est parce que les idées pures ne sont point des modifications de l'âme, comme je l'ai prouvé ailleurs. Je ne parle que des idées sensibles, car ces idées renferment un sentiment, et tout sentiment est une manière d'être qui meut et intéresse l'âme.

SECONDE OBJECTION CONTRE LES ARTICLES
ONZIÈME ET DOUZIÈME

Si le péché originel se transmet à cause de la communication qui se rencontre entre le cerveau de la mère et celui de son enfant, c'est la mère qui est cause de ce péché, et le père n'y a point de part. Cependant s. Paul nous apprend que c'est par l'homme que le péché est entré dans le monde * : il ne parle pas seulement de la femme. Donc, etc.

---

* *Sicut per unum hominem peccatum in hunc mundum intravit, etc.* (Rm 5 [12]) [« comme le péché est entré dans le monde par un seul homme… » (Bible de Sacy)].

Réponse

David assure que sa mère *l'a conçu dans l'iniquité*, et l'Écclésiastique dit que *le péché vient de la femme, et que c'est par elle* **107 |** *que nous sommes tous sujets à la mort** : l'un et l'autre ne parlent point de l'homme. S. Paul, au contraire, dit que c'est par l'homme que le péché est entré dans le monde, il ne parle point de la femme. Comment accorder ces témoignages, et lequel des deux, de l'homme ou de la femme, devrait-on justifier, s'il était nécessaire de justifier l'un ou l'autre ? Dans le discours, on n'attribue jamais à la femme une chose à laquelle elle n'a point de part, et qui est seulement de l'homme, mais on attribue souvent à l'homme ce qui est de la femme, à cause que le mari en est le chef et le maître. Nous voyons que les Évangélistes, et même la Sainte Vierge appelle saint Joseph père de Jésus, lorsqu'elle dit à son fils : *Voilà votre père et moi qui vous cherchions*; *Ecce pater tuus et ego dolentes quaerebamus te***. Ainsi, puisque l'Écriture sainte nous assure que c'est par la femme que nous sommes tous sujets à la mort et au péché, il est absolument nécessaire de le croire : cela ne se peut rejeter sur l'homme seul. Mais, quoiqu'elle nous assure en d'autres endroits que c'est par l'homme que le péché est entré dans le monde, il n'y a pas tout à fait une pareille nécessité de le croire, puisqu'on peut attribuer à l'homme ce qui est de la femme. Et, si l'on était obligé par la foi d'excuser l'homme ou la femme, il serait plus raisonnable d'excuser l'homme que la femme.

Cependant je crois qu'on doit expliquer à la lettre les passages que je viens de citer, et de dire que l'homme et la femme sont véritable-ment causes du péché, chacun à leur manière. La femme en ce que c'est par elle que le péché se communique, comme c'est par elle que l'homme engendre des enfants; et l'homme, parce que son péché est

---

* *In iniquitatibus conceptus sum et in peccatis concepit me mater mea* (Ps 10 [50, 7]) [« J'ai été formé dans l'iniquité, et […] ma mère m'a conçu dans le péché » (v. 6 dans la Bible de Sacy)]. *A muliere initium factum est peccati, et per illam omnes morimur* (Eccli 25, 23 [33]) [« La femme a été le principe du péché, et c'est par elle que nous mourons tous » (Bible de Sacy)].

** Lc 2, 48 [« Voilà votre père et moi qui vous cherchions, étant tout affligés » (Bible de Sacy)].

cause de la concupiscence, comme son action l'est de la fécondité de la femme, ou de la communication qui est entre la femme et son enfant.

Il est certain que c'est l'homme qui rend la femme féconde, et par conséquent c'est lui qui est cause de la communication qui se trouve entre le corps de la mère et celui de son enfant, puisque | cette commu- **108** nication est le principe de la vie des enfants. Or cette communication ne donne pas seulement aux corps des enfants les dispositions de celui de la mère, elle donne aussi à leur esprit les dispositions de son esprit. Donc on peut dire que c'est *par un homme que le péché est entré dans le monde*, comme le dit s. Paul, et néanmoins, à cause de cette communication, il faut dire aussi que *le péché vient de la femme*; que c'est *par elle que nous sommes tous sujets à la mort; et que notre mère nous a conçus dans l'iniquité*, comme il est dit dans d'autres endroits de l'Écriture.

On dira peut-être que, quand même l'homme n'aurait point péché, la femme aurait eu des enfants pécheurs, car, ayant elle-même péché, elle avait perdu le pouvoir que Dieu lui avait donné sur son corps; et ainsi, quoique l'homme fût demeuré juste, elle aurait corrompu le cerveau, et par conséquent l'esprit de son enfant, à cause de la communication qu'elle avait avec lui.

Certainement cela ne paraît pas vraisemblable, car l'homme juste, sachant ce qu'il fait, ne peut pas donner à une femme cette misérable fécondité d'engendrer des enfants pécheurs. S'il demeure juste, il ne veut avoir des enfants que pour Dieu, et des enfants pécheurs ne peuvent jamais être agréables à Dieu, car je ne suppose point ici de médiateur. Je veux néanmoins qu'en ce cas le mariage n'eût point été rompu, et que l'homme se fût approché de la femme. Mais il est certain que le corps de la femme appartenait à son mari, ce corps avait été tiré du sien; ce n'était qu'une même chair, *duo in carne una* [1]. Il est encore certain que les enfants appartiennent autant au père qu'à la mère. Cela étant, on ne peut pas se persuader que la femme après son péché eût perdu le pouvoir qu'elle avait sur son corps, si son mari n'eût péché aussi bien qu'elle. Car, si la femme eût été privée de ce pouvoir, le

---

1. Gn 2, 24; voir également Ép 5, 31 : « deux dans une seule chair » (Bible de Sacy).

mari demeurant dans l'innocence, il y aurait eu ce désordre dans l'univers, qu'un homme juste aurait eu un corps corrompu et des enfants pécheurs. Or il est contre l'ordre, ou plutôt il y a contradiction, qu'un Dieu juste punisse l'homme lorsqu'il est dans une parfaite innocence. C'est pour cela qu'Ève ne sent point de mouvements involontaires et

109 rebelles incontinent après son péché : elle n'a point encore de | honte de se voir nue ; elle ne se cache point ; elle s'approche au contraire de son mari, quoique nu comme elle ; ses yeux ne sont point encore ouverts ; elle est comme auparavant la maîtresse absolue de son corps. L'ordre voulait qu'incontinent après son péché, son âme fût troublée par la rébellion de son corps, et par la honte de sa nudité et de celle de son mari, car il n'était pas juste que Dieu suspendît davantage les lois de la communication des mouvements en sa faveur, comme j'ai dit dans l'article septième. Mais, parce que son corps est à son mari, et que son mari est encore innocent, elle n'est point punie dans ce corps : cette punition est différée jusqu'à ce qu'il ait mangé lui-même du fruit qu'elle lui présenta. Ce fut alors qu'ils sentirent l'un et l'autre la rébellion de leur corps, qu'ils virent qu'ils étaient nus, et que la honte les obligea de se couvrir de feuilles de figuier*. Ainsi il faut dire qu'Adam est véritablement cause du péché originel et de la concupiscence, puisque c'est son péché qui a privé sa femme aussi bien que lui du pouvoir qu'ils avaient sur leur corps, et que c'est par le défaut de ce pouvoir que la femme produit dans le cerveau de son enfant des traces qui corrompent l'âme dès le moment qu'elle est créée. Néanmoins, que ce soit l'homme ou la femme qui ait introduit le péché dans le monde, c'est la même chose selon s. Augustin : *Sive autem a muliere, sive ab Adam dicatur, initium factum esse peccati et per illam omnes mori, utrumque ad primum hominem pertinet, quoniam, sicut novimus, mulier ex viro est, et utriusque caro una est**.*

---

* Gn 3 [6-11].

** Augustin, *De peccat. mer. et remiss.* [*De peccatorum meritis et remissione*, I, XVI, 21 (PL XLIV, 121). « Que l'on dise que le péché a commencé par la femme, ou bien par Adam, et que c'est par elle que nous mourons tous, dans les deux cas, cela a rapport au premier homme, puisque, on le sait, la femme provient de l'homme, et tous deux sont une seule chair »].

Objection contre l'article douzième

C'est deviner que de dire que la communication du cerveau de la mère avec celui de son enfant soit nécessaire ou utile à la | confor- **110** mation du fœtus, car il n'y a point de communication entre le cerveau d'une poule et de ses poulets, et cependant les poulets se forment parfaitement bien.

Réponse

Je réponds que, dans le chapitre septième du second livre, j'ai suffisamment démontré cette communication par l'usage que j'en fais pour expliquer la génération des monstres, et certaines marques et appréhensions naturelles. Car il est évident qu'un homme qui tombe en pâmoison à la vue d'une couleuvre, à cause que sa mère en a été épouvantée lorsqu'elle le portait dans son sein, ne peut avoir cette faiblesse, que parce qu'il s'est formé autrefois dans son cerveau des traces pareilles à celles qui s'ouvrent lorsqu'il voit une couleuvre, et que ces traces ont été accompagnées d'un pareil accident. Ainsi je ne devine point, car je ne me hasarde pas de déterminer en quoi consiste précisément cette communication. Je crois même que les voies par lesquelles elle se fait échapperont toujours à l'adresse des plus habiles anatomistes. Je pourrais dire qu'elle se fait par les racines que le fœtus pousse dans le sein de la mère, et par les nerfs dont cette partie de la mère est apparemment remplie. Et en cela je ne devinerais pas plus qu'un homme qui, n'ayant jamais vu les machines de la Samaritaine, assurerait qu'il y a des roues et des pompes pour y élever l'eau. Cependant je crois qu'il est permis quelquefois de deviner, pourvu qu'on ne veuille point passer pour prophète, et qu'on ne parle point avec trop d'assurance. Je crois qu'il est permis de dire ce qu'on pense, pourvu qu'on ne s'attribue point l'infaillibilité, et qu'on ne domine point injustement sur les esprits par des manières décisives, ou par le secours de quelques termes scientifiques capables d'imposer aux lecteurs peu attentifs. Ce n'est pas toujours deviner que de dire des choses qui ne se voient point, et qui sont contraires aux préjugés, pourvu qu'on ne dise que des choses qui se conçoivent bien, et qui entrent facilement dans l'esprit de ceux qui veulent bien entendre raison.

Je dis donc, qu'en supposant les lois générales de la communi-
111 cation | des mouvements telles qu'elles sont, il y a bien de l'apparence
que la communication particulière du cerveau de la mère avec celui de
son enfant est nécessaire afin que le corps de celui-ci se forme comme
il le doit être, ou pour le moins qu'elle est nécessaire afin que le
cerveau de l'enfant reçoive certaines dispositions, qui doivent changer
selon les temps et selon les pays, ainsi que j'ai expliqué dans le même
chapitre.

J'avoue qu'il n'y a point de communication entre le cerveau d'une
poule et celui du poulet qui se forme dans un œuf, et que néanmoins le
corps des poulets ne laisse pas de se former parfaitement bien. Mais on
doit prendre garde que le poulet est bien plus avancé dans l'œuf,
lorsque la poule le pond, que le fœtus lorsqu'il descend dans la
matrice. On en doit juger ainsi, puisqu'il faut moins de temps pour
éclore des œufs, qu'il n'en faut par exemple pour des petits chiens,
quoique, le ventre d'une chienne étant fort chaud et son sang toujours
en mouvement, les chiens dussent être plutôt formés que les œufs
éclos, si les poulets n'étaient pas plus avancés dans leurs œufs que les
petits chiens dans leurs germes. Or il y a bien de l'apparence que cette
formation fort avancée du poulet dans son œuf, avant que d'avoir été
pondu, a été produite ou réglée par la communication dont je parle.

Je réponds, en second lieu, que l'accroissement du corps des
oiseaux est peut-être plus conforme aux lois générales du mouvement,
que celui des animaux à quatre pieds, et qu'ainsi la communication du
cerveau de la mère avec celui de ses petits n'est pas si nécessaire dans
les oiseaux que dans les autres animaux. Car la raison qui rend cette
communication nécessaire est apparemment pour remédier au défaut
des lois générales, qui ne suffisent pas dans quelques cas particuliers à
la formation ou à l'accroissement des animaux.

Enfin, je réponds qu'il n'est pas nécessaire, pour la conservation
de la vie des oiseaux, qu'il y ait autant de dispositions particulières
dans leur cerveau que dans celui des autres animaux ; ils ont des ailes
pour fuir le mal, et pour attraper leur proie ; ils n'ont point besoin de
tous ces ressorts particuliers, qui sont le principe de l'adresse et de la
112 docilité de quelques animaux domestiques. | Ainsi il n'est pas néces-

saire que leur mère en les formant les instruise de beaucoup de choses, ou les rende capables d'en être instruits par une disposition du cerveau propre pour la docilité. Ceux qui dressent les jeunes chiens à la chasse en trouvent quelquefois qui arrêtent naturellement, à cause seulement de l'instruction qu'ils ont reçue de leur mère, qui a souvent chassé étant pleine. On remarque presque toujours de la différence entre les traces de ces animaux, et qu'il y en a de plus dociles et capables d'une meilleure instruction que les autres de même espèce. Mais je ne pense pas qu'il y ait jamais eu d'oiseau qui ait rien appris d'extraordinaire à ses petits, et qu'une poule, par exemple, ait jamais fait de poussin qui sût faire autre chose que ce qu'ils font tous naturellement. Les oiseaux ne sont donc pas si dociles ni si capables d'instruction que les autres animaux. La disposition de leur cerveau n'est pas ordinairement capable de beaucoup de changements ; ils n'agissent pas tant par imitation que quelques animaux domestiques. Les petits canards qu'une poule mène n'attendent pas son exemple pour se jeter dans l'eau, et les poussins au contraire ne s'accoutument pas à nager, quoique la cane qui les a couvés et qui les conduit nage incessamment. Mais il y a des animaux qui imitent facilement et promptement[1] des mouvements extraordinaires qu'ils voient faire à d'autres. Cependant je ne prétends pas qu'on doive fort s'arrêter à ces dernières réflexions : elles ne sont pas nécessaires pour établir ce que je prétends.

SECONDE OBJECTION CONTRE L'ARTICLE DOUZIÈME

C'est encore deviner que d'assurer que la mère avant son péché aurait pu s'entretenir avec son fruit, car il n'y a point de rapport nécessaire entre nos pensées et les mouvements qui se passent dans notre cerveau. Ainsi cette communication du cerveau de la mère au cerveau de l'enfant est inutile.

| *Réponse*   113

Il est évident que sans cette communication l'enfant n'aurait pu sans un miracle particulier avoir de commerce avec sa mère, ni la mère

---

1. L'édition de 1712 imprime : « proprement » (t. IV, p. 170) ; à la suite de G. Rodis-Lewis, nous rétablissons le texte des éditions précédentes, voir la variante c des *OC*.

avec son enfant. Or avant le péché l'ordre voulait que la mère fût avertie de tous les besoins corporels de son enfant, et que l'enfant n'ignorât pas les obligations qu'il avait à ses parents. Donc, puisque toutes choses eussent été dans l'ordre avant le péché, et que Dieu agit toujours d'une manière conforme à l'ordre, la mère et l'enfant eussent eu quelque commerce par le moyen de cette communication.

Pour comprendre en quoi ce commerce aurait pu consister, il faut se souvenir que la liaison des traces du cerveau avec les idées de l'âme se peut faire en plusieurs manières, ou par la nature, ou par la volonté des hommes, ou par quelque autre manière, ainsi que je l'ai expliqué dans le second livre *.

Lorsqu'on regarde un carré, ou l'air d'une personne qui souffre quelque douleur, on a dans l'esprit l'idée d'un carré, ou celle d'une personne affligée ; cela est général à toutes les nations, et la liaison qui est entre ces idées et ces traces est naturelle. Lorsqu'un Français entend prononcer ou qu'on lit ce mot, *carré*, il a aussi l'idée d'un carré, mais la liaison qui est entre le son ou les caractères de ce mot et son idée n'est point naturelle, elle n'est point aussi générale à tous les hommes. Je dis donc que la mère et l'enfant auraient eu naturellement commerce entre eux sur toutes les choses qui se peuvent représenter à l'esprit par les liaisons naturelles. Que si la mère, par exemple, eût vu un carré, l'enfant l'aurait vu aussi, et que, si l'enfant se fût imaginé quelque figure, il aurait aussi réveillé la trace de la même figure dans l'imagination de sa mère. Mais la mère et l'enfant n'auraient point eu naturellement de commerce entre eux sur des choses purement spirituelles, ni même sur des choses corporelles, lorsqu'ils les auraient 114 conçues sans faire usage de leurs sens ou | de leur imagination. La mère aurait pensé à Dieu, elle aurait entendu ou lu ce mot, *carré*, ou quelque autre semblable, sans que l'enfant eût pu découvrir quelle pensée elle aurait eue, si ce n'est qu'avec le temps elle eût pu établir avec lui un nouveau commerce d'idées intellectuelles, à peu près comme font les nourrices, lorsqu'elles apprennent à parler à leurs enfants. J'explique et je prouve ces choses.

* Chap. V de la Ire partie.

Il me semble que j'ai assez prouvé par l'explication que j'ai donnée de la cause des aversions héréditaires, et des marques que l'on tire de sa naissance, que les traces des mères se communiquent à leurs enfants. Or les traces des choses corporelles sont inséparables de leurs idées. Donc ces idées se communiquent aussi, et les enfants voient, sentent, imaginent les mêmes choses que leurs mères. C'est maintenant malgré eux qu'ils sentent ce que sentent leurs mères ; mais, s'ils n'étaient point pécheurs, ils auraient le pouvoir d'empêcher lorsqu'ils le voudraient, l'effet de la communication qu'ils ont avec leurs mères. Ils pourraient même réveiller dans leur cerveau les traces qu'ils auraient reçues d'elles, par la même raison que nous imaginons ce qui nous plaît, lorsque nous n'avons point de sentiments trop vifs. Cela supposé, il est évident que, lorsque la mère serait attentive à son enfant, elle pourrait découvrir, par une espèce de contrecoup, s'il recevrait ou non l'impression qu'elle exciterait en lui, et même les autres choses auxquelles il penserait. Car, de même que la mère ne pourrait ébranler les fibres de son cerveau, sans que celles de l'enfant en reçussent l'impression, l'enfant ne pourrait aussi arrêter cet ébranlement, ou en exciter quelque autre, sans que la mère en fût avertie par quelque légère impression, pourvu qu'elle s'y rendît parfaitement attentive par le pouvoir qu'elle aurait de faire cesser tout autre bruit que celui que son enfant exciterait en elle. Ainsi il faut demeurer d'accord que la mère et l'enfant auraient eu ensemble quelque commerce avant le péché, ou nier le rapport du cerveau de l'un au cerveau de l'autre, ou le pouvoir de l'âme sur le corps, tel que je l'ai établi auparavant. Cela paraît évident, quoique l'imagination s'en effarouche et que | les préjugés s'y opposent. Il est vrai que ce commerce **115** n'aurait été d'abord que pour les choses qui tombent sous les sens et sous l'imagination, les enfants ne tenant à leur mère que par le corps, il n'est pas absolument nécessaire qu'ils reçoivent par elle d'autres idées que celles des objets sensibles. Car, leur âme étant étroitement unie à Dieu, si on les considère sans péché, ils reçoivent immédiatement de lui toutes les idées qui n'ont point de rapport au corps. Mais, comme l'on peut avec le temps attacher les idées les plus abstraites à des choses sensibles qui n'y ont point de rapport, le commerce des mères avec leurs enfants se fût apparemment bientôt étendu aux choses les plus spirituelles, si elles se fussent efforcées de s'entretenir avec eux sur ces matières.

Je sais bien que ce que je dis ici ne paraîtra pas fort raisonnable à la plupart des hommes, et que ceux mêmes qui combattent contre les préjugés et contre l'effort continuel des impressions sensibles seront surpris de la nouveauté de cette pensée. Mais, si on fait une sérieuse réflexion sur la manière dont un maître instruit son disciple, si l'on considère de combien de différents moyens il est obligé de se servir pour lui découvrir les idées qu'il a des choses, les comparaisons qu'il en fait, les jugements qu'il en porte, et les autres dispositions de son esprit à leur égard, on verra que, sans le péché, les mères auraient eu bien plus de facilité à découvrir leurs pensées, et leurs dispositions intérieures à leurs enfants, que les maîtres à leurs disciples, pourvu que l'on suppose seulement que les traces du cerveau des mères s'impriment dans celui de leurs enfants, ce qui est, ce me semble, assez évident par tout ce que je viens de dire. Car enfin il est visible que la parole et tous les signes extérieurs dont nous nous servons pour exprimer nos pensées aux autres hommes, n'ont l'effet que nous souhaitons que parce qu'ils impriment, dans le cerveau de ceux qui nous écoutent, les mêmes traces, et qu'ils excitent les mêmes émotions d'esprits, qui accompagnent nos idées et notre disposition intérieure à leur égard.

116 | OBJECTION CONTRE L'ARTICLE DIX-SEPTIÈME
ET CEUX QUI LE SUIVENT

Il y a de la témérité à dire que les enfants dans le baptême sont justifiés par des mouvements actuels de leur volonté vers Dieu. Il ne faut point donner d'ouverture à des opinions nouvelles : cela n'est propre qu'à faire du bruit.

Réponse

Je demeure d'accord qu'il ne faut point dire positivement que les enfants soient justifiés par des actes formels de leur volonté. Je crois que l'on n'en sait rien, et il ne faut assurer positivement que ce que l'on sait. Je crois même que l'habitude de leur charité n'a été précédée d'aucun acte d'amour de Dieu. Mais, comme il n'y a que trop de gens qui sont portés à croire que la justification des enfants n'est qu'extérieure et par imputation, à cause, disent-ils, qu'ils sont incapables de former aucun acte d'amour de Dieu, je crois qu'il est à propos de leur faire voir que ce n'est que par préjugé qu'ils sont dans ce sentiment. Car les préjugés des hommes à l'égard des enfants sont tels, qu'on s'imagine ordinairement, qu'ils ne pensent point dans le sein de leur mère et dans leurs premières années, et même qu'ils sont absolument incapables de penser. On croit qu'ils n'ont point encore en eux-mêmes les idées des choses, que ce sont les maîtres qui les leur inspirent dans le discours, et que, s'ils ont quelques inclinations, elles ne sont point de même nature que les nôtres, et qu'elles ne peuvent les porter jusqu'au souverain bien. La plupart des hommes ne comprennent point distinctement que l'âme des enfants est comme celle des personnes avancées en âge, qu'elle ne se fortifie, et ne se perfectionne pas comme le corps, et que, si elle était délivrée pour un moment de l'impression que le corps fait sur elle, et mue par la délectation de la grâce, elle serait en ce | moment plus éclairée et plus pure que celles **117** des plus grands saints, qui ressentent toujours dans leur esprit et dans leur cœur quelques effets de la concupiscence.

On regarde communément la concupiscence comme si elle était naturelle ; on ne pense pas toujours qu'elle est une suite du péché. Ainsi on juge sans y penser que la stupidité des enfants est une suite nécessaire de la faiblesse de leur corps, de la jeunesse de leur âge, et même de l'incapacité de leur esprit. Or ce jugement ou ce préjugé se représente sans cesse à l'esprit, et il le préoccupe de telle manière qu'il l'empêche d'examiner la chose en elle-même. Ainsi ceux qui ont parlé de l'effet du baptême dans les siècles passés n'ont point expliqué la régénération des enfants par des mouvements actuels de leur cœur, non qu'ils aient jugé par de fortes raisons que cela n'était pas possible, car il ne paraît pas de leurs ouvrages qu'ils l'aient seulement examiné, mais (comme il paraît assez) parce qu'ils l'ont supposé ainsi, et qu'ils ne se sont presque pas avisés d'en douter, ou peut-être parce qu'ils n'ont pas voulu donner une explication qui eût choqué les préjugés, dans un temps où l'on ne s'efforçait pas de s'en délivrer, autant qu'on le fait présentement.

Mais, si l'on regarde la nécessité qu'il y a de donner une explication plus précise, que celle par exemple que donne s. Augustin en quelques endroits, laquelle favorise l'imputation*, quoique ailleurs il parle d'une manière qui ne la favorise pas**, si on considère que l'imputation est fort commode, qu'il semble en ce cas qu'elle ait été reçue par quelques anciens théologiens très orthodoxes***, et qu'elle est même absolument nécessaire pour ceux qui nient, quoique sans raison, les habitudes de l'âme (et en même temps ils nient que les enfants soient capables d'amour actuel), lesquels il est peut-être bon de contenter si on le peut, enfin si l'on veut avoir égard à l'équité naturelle qui défend de condamner des intentions secrètes, on pourra peut-être juger que ce que je dis n'est pas vraisemblable, mais je ne 118 crois pas | qu'on puisse trouver mauvais que je le dise dans le dessein que j'ai de contenter les esprits, même les plus fâcheux, sur les difficultés qu'ils ont touchant la transmission et la rémission du péché originel, parce que la nécessité d'un médiateur et toute la religion supposent la corruption de notre nature par ce péché.

---

* *De nupt.*, livre I, chap. XXV-XXVI, XXVII [Le *De nuptiis et concupiscentia* emploie en effet le terme « imputer » ; voir I, XXV, 28 (BA XXIII, 118), XXVI, 29 (BA XXIII, 120)] ; et *in Julian.*, livre VI, chap. XIX, et ailleurs [Contre Julien d'Éclane, Augustin explique l'état de culpabilité dans lequel s'est trouvée plongée l'humanité par la faute du premier homme, de sorte que les petits enfants qui, faute de volonté personnelle, ne peuvent encore avoir péché, sont malgré tout coupables ; voir ainsi *Contra Julianum*, VI, X, 28 (PL XLIV, 838). Voir également *Retractationes*, I, XV, 2 (BA XII, 364). La discussion tournait autour de l'interprétation de Rm 5, 12 : Augustin n'acceptait pas l'interprétation causative de la particule « in quo » que proposait Julien (« parce que tous ont péché »), voir *Contra Julianum*, VI, XXIV, 75 (PL XLIV, 868)].

** *Epist.*, XXIII [les éditions de 1700 et 1712 impriment par erreur : XXI] [*Epistulae*, XCVIII, 1, PL XXXIII, 359 : « non possit vinculo alienae iniquitatis obstringi, cui nulla sua voluntate consentit »], livre *De peccatorum meritis*, chap. XIX, *et alibi* [*De peccatorum meritis et remissione*, I, XIX, 24-25, PL XLIV, 122-123].

*** Innocent III, *in* III *Decret. de baptismo et ejus effectu, Capite Majores* [*Majores ecclesiae causas* (1201) ; voir ainsi H. Denzinger, *Enchiridion symbolorum* (édition française J. Hoffmann, Paris, Le Cerf, 1996), n° 780]. Et *in Conc. Viennensi generali 15* sous Clément V [Concile de Vienne, XVe œcuménique (1311-1312), voir H. Denzinger, *Enchiridion symbolorum*, n° 903].

Sur le troisième chapitre de la troisième partie du second livre
Dans lequel je parle de la force de l'imagination des auteurs,
et principalement de Tertullien

Comme je suis convaincu que le principe le plus général et le plus fécond des erreurs qui se rencontrent dans les sciences, et principalement dans la morale, est l'impression que les imaginations vives font sur l'esprit des hommes, qui se conduisent plutôt par machine que par raison, j'ai cru que je devais faire sentir cette vérité en toutes les manières qui pourraient réveiller les esprits de leur assoupissement à son égard. Et, parce que les exemples nous frappent vivement, surtout lorsqu'ils ont quelque chose de grand et d'extraordinaire, j'ai pensé que les noms illustres de Tertullien, de Sénèque et de Montaigne seraient capables d'exciter l'attention des lecteurs, et de les convaincre sensiblement de cette domination contagieuse de l'imagination sur la raison. Car enfin, si des paroles toutes mortes, et qui ne sont point animées par l'air et les manières sensibles de ces fameux auteurs, ont encore plus de force que la raison de certaines gens, si le tour de l'expression qui ne donne qu'une faible idée de l'action sensible que l'imagination répand vivement sur le visage et sur le reste du corps de ceux qui sont pénétrés de ce qu'ils disent est capable d'agiter, de pénétrer et de convaincre une infinité de personnes, certainement on doit demeurer d'accord qu'il n'y a rien de plus dangereux que d'écouter avec respect | les **120** personnes dont l'imagination est forte et vive. Car leur air et leur manière est un langage naturel si fort et si convaincant, ils savent passionner si vivement toutes choses, qu'ils soulèvent presque toujours les sens et les passions contre la raison, et qu'ils répandent, pour ainsi dire, la conviction et la certitude dans tous ceux qui les regardent.

J'avais bien prévu, en apportant ces grands exemples, que je ne guérirais pas tous ceux qui auraient été frappés d'étonnement et d'admiration à la lecture de ces trois fameux auteurs. Il n'est pas nécessaire de connaître beaucoup l'homme pour savoir que les blessures que le cerveau a reçues se guérissent plus difficilement que celles des autres parties du corps, et qu'il est plus facile de fermer une plaie qui n'est point exposée à l'action de quelque corps qui la puisse renouveler, que de guérir parfaitement certains préjugés qui se justifient à tous moments par des raisons qui paraissent d'autant plus vraisemblables qu'elles sont plus sensibles.

Il est très difficile de fermer exactement les traces du cerveau, parce qu'elles sont exposées aux cours des esprits, et qu'elles peuvent être incessamment renouvelées par une infinité de traces qu'on peut appeler accessoires. Ces sortes de blessures ne peuvent ordinairement se guérir ou se rejoindre que lorsque le cerveau en ayant reçu d'autres plus profondes et qui leur sont opposées, il se fait une forte et continuelle révulsion dans les esprits. Car on ne doit pas croire qu'un préjugé soit entièrement guéri dès qu'on se l'imagine, à cause qu'on n'en est point actuellement frappé. Un préjugé n'est entièrement guéri que lorsque la trace est bien rejointe et non pas dès que les esprits commencent à n'y prendre plus leur cours pour quelque raison particulière.

Je savais donc bien que ceux qui avaient été abattus et renversés par la force et les mouvements de Tertullien, enlevés et éblouis par la grandeur et les beautés de Sénèque, gagnés et corrompus par les manières libres et naturelles de Montaigne, ne changeraient pas de sentiment après la lecture de quelques pages de mon livre. Je jugeais au contraire qu'ils auraient du chagrin de ce que j'aurais tâché de dissiper l'enchantement qui les charme.

121 | Mais, comme j'espérais que ces exemples seraient utiles à mon dessein pour les raisons que je viens de dire, j'ai cru que je devais avoir plus d'égard à l'utilité de plusieurs personnes qui ne sont point préoccupées, qu'au chagrin de quelques particuliers que je jugeais bien devoir critiquer la liberté que j'ai prise. Je considérais qu'il y a peu de

personnes si fort prévenues d'estime pour ces auteurs qu'il n'y ait encore quelque espérance de retour vers la raison. Je jugeais enfin que, n'y ayant peut-être personne de préoccupé à l'égard de tous les trois ensemble, à cause de la diversité du caractère de leurs imaginations, les plus entêtés même trouveraient que j'ai raison en bien des choses.

Je sais le respect que je dois avoir pour les ouvrages de Tertullien, tant à cause des sujets qu'il traite, qu'à cause de l'approbation qu'ils ont eue de plusieurs personnes qui doivent en savoir juger. Et j'ai suffisamment fait connaître cette disposition de mon esprit par les choses que j'en ai dites, et par la qualité du livre *De pallio*, duquel seul j'ai parlé avec liberté, quoiqu'il y en eût d'autres qui eussent peut-être été plus propres à mon dessein.

Mais, après tout, je ne crois pas que le temps doive changer ou grossir les idées des choses, que toutes les antiquités soient vénérables, et que de fausses raisons et des manières extravagantes soient dignes de respect, à cause qu'elles sont au monde longtemps avant nous. Je ne pense pas qu'on doive recevoir des obscurités affectées comme des mystères sacrés, des saillies d'imagination comme des lumières éclatantes, les chaleurs de l'Afrique qui agissent dans un esprit naturellement plein d'ardeur, comme des mouvements de l'esprit prophétique, qui ne peut annoncer que des vérités sublimes.

Je sais bien que ceux mêmes qui ont le plus de respect pour les ouvrages de Tertullien demeurent d'accord de tout ceci, et qu'ils sont trop équitables pour soutenir les dérèglements de l'imagination contre la raison. Mais peut-être qu'ils sont comme ces personnes judicieuses qui aiment extrêmement la vérité, et qui cependant ne laissent pas d'être sensibles aux manières. Car j'en ai vu souvent quelques-uns si enchantés par quelques expressions | fortes, vives, grandes et magni- 122 fiques de Tertullien qu'après leur avoir prouvé que cet auteur était peu judicieux et peu raisonnable, ils ne faisaient que me les répéter comme pour me gagner et pour me surprendre.

J'avoue que Tertullien a des expressions extrêmement fortes et hardies et qu'elles produisent dans l'esprit des images très vives et très animées : et c'est justement à cause de cela que je le prends pour exemple que les imaginations fortes ont beaucoup de pouvoir pour agiter et pour convaincre par impression. Ainsi ceux qui me font ces sortes d'objections confirment mon sentiment, lorsqu'ils le combattent. La préoccupation et l'estime qu'ils ont pour Tertullien justifie ma conduite. Les citations fréquentes et les grands mots qu'ils en allèguent prouvent ce que je dis. Car on ne cite presque jamais dans le discours des raisonnements entiers de cet auteur, mais on en cite souvent des expressions fortes et vives, afin d'éblouir, d'émouvoir, et de convaincre par impression sensible.

On ne doit pas, ce me semble, s'imaginer que je veuille m'ériger en censeur de tant de grands hommes qui citent Tertullien à tous moments, dans la chaire et ailleurs. Ils ont leurs raisons dans l'examen desquelles je n'entre point, et je ne dois point y entrer. Il me semble que ce que j'ai dit de cet auteur est évident. Que chacun tire ses conséquences selon ses lumières, sans m'attribuer des pensées que je n'ai pas. Ceux qui veulent pénétrer dans les desseins des autres se forment souvent des fantômes qui ne ressemblent qu'à eux-mêmes, car nous avons de coutume de répandre, pour ainsi dire, sur les autres la malignité de nos passions. Nous jugeons de tout par rapport à nous et ceux qui me condamnent se jugent peut-être eux-mêmes, quoiqu'ils n'y fassent pas de réflexion. Mais, si on veut que je me déclare sur les citations de Tertullien, je demeure d'accord qu'on a droit de s'en servir pour plusieurs raisons, et même qu'elles sont quelquefois très utiles pour rendre plus sensibles certaines vérités de pratique, qui sont stériles et infructueuses tant qu'elles sont dans le plus secret de la raison, et qu'elles ne nous donnent point de mouvements contraires à ceux que les biens du corps excitent en nous.

123 | Cependant je ne trouve pas fort déraisonnable le sentiment de ceux qui croient qu'on ne doit citer les auteurs par leur nom que lorsqu'ils sont infaillibles, et qu'excepté dans les choses où la raison n'a point de part, ou dans lesquelles l'autorité doit avoir lieu, on ne doit jamais citer personne. Telle était autrefois la coutume des Pères. S. Cyprien n'a jamais cité Tertullien, quoiqu'il ait pris beaucoup de choses de lui. Et, s'il est vrai ce que s. Jérôme rapporte de ce saint Évêque, par ouï dire, que parlant de Tertullien, il l'appelait son

maître [1], il faut que le nom de Tertullien n'eût pas grande autorité, ni ses expressions la force qu'elles ont maintenant sur les esprits, ou que s. Cyprien suivît la coutume de son temps avec une rigueur bien surprenante. Car c'est une chose fort étrange qu'un tel disciple n'ait point parlé de son maître dans aucun de ses ouvrages.

On se sert ordinairement de cette histoire de s. Jérôme pour défendre Tertullien et l'on m'a dit quelquefois que j'avais tort de parler comme j'avais fait d'un homme que s. Cyprien appelait son maître. Mais je ne sais si s. Jérôme n'aurait point été trop facile à ajouter foi à ce qui faisait à l'honneur de Tertullien. Il semble qu'il ait eu un peu trop d'inclination pour lui, puisqu'il a excusé en quelque manière sa chute, en rejetant son hérésie sur l'envie que le clergé de Rome lui portait et sur les mauvais traitements qu'il en avait reçus[*]. Mais, si cette histoire, qui n'est fondée que sur ce que s. Jérôme a ouï dire à une seule personne, est vraie, j'avoue que je ne comprends pas le silence que s. Cyprien observe dans ses écrits à l'égard de Tertullien. Ce silence du disciple cache apparemment quelque mystère qui n'est pas avantageux au maître. Et, si l'histoire aussi bien que les propres ouvrages de Tertullien ne faisaient pas assez connaître qu'il n'est pas tout à fait digne de la grande estime que bien des gens ont pour lui, je ne sais si la conduite de s. Cyprien, son silence, son style, ses manières, ne suffiraient pas pour la diminuer, et pour faire penser que peut-être la réputation de cet auteur n'était pas trop bien établie, dans l'Afrique même, | qui lui devait être plus favorable qu'un pays aussi tempéré **124** qu'est le nôtre.

La France et l'Afrique produisent des esprits bien différents. Le génie des Français étant naturel, raisonnable, ennemi de toutes les manières outrées, il est étrange qu'il y en ait parmi eux de passionnés pour un auteur qui n'étudie et qui ne suit point la nature et qui, au lieu

---

[*] *Invidia postea, et contumeliis clericorum Romanae Ecclesiae, ad Montani dogma delapsus, in multis libris novae prophetiae meminit* (Hieron, *in Catalogo de script. Eccl.*) [*De viris illustribus*, LIII (PL XXIII, 663) : « Plus tard, à cause de l'envie et des outrages du clergé de l'Église Romaine, ayant glissé dans le dogme de Montanus, il rappelle dans de nombreux livres la nouvelle prophétie »].

1. *Liber de viris illustribus*, LIII (PL XXIII, 663).

de consulter la raison, se laisse souvent emporter par ses fougues à des expressions tout à fait obscures, monstrueuses et extravagantes.

Mais c'est peut-être que l'imagination a tant de force qu'elle affaiblit la raison, et qu'elle change même la nature. En effet, un homme passionné nous trouble, et change presque toujours la situation naturelle de notre imagination pour la conformer à la sienne. Et alors il n'y a point de mouvement qui ne paraisse naturel, point d'expression qui ne soit agréable, point de galimatias qui ne convainque, car on n'examine rien sérieusement. Or, comme les passions se justifient, et que les imaginations déréglées ne se plaisent que dans leur dérèglement, on ne peut juger sainement des choses, tant que le cerveau conserve l'impression violente qu'il a reçue. Il n'y a point d'homme passionné qui ne soit incessamment sollicité à justifier la passion qui l'anime; il n'y a point d'homme troublé qui ne se plaise dans son trouble. Car, si ceux qui s'imaginent être devenus coqs, loups, bœufs, se plaisent extrêmement dans les actions que ces animaux ont accoutumé de faire, quoiqu'elles soient tout à fait contraires à la nature de l'homme, on peut bien juger que nous n'avons garde de condamner les manières de ceux qui, par la contagion de leur imagination, nous ont en quelque manière rendus semblables à eux, car, en les condamnant, nous sentons que nous nous condamnerions nous-mêmes.

Il y a une raison fort particulière qui fait que certains savants font gloire d'être partisans de Tertullien, et qu'ils témoignent pour cet auteur un respect extraordinaire. C'est l'obscurité qu'il affecte comme une des principales règles de sa rhétorique.

On appelle présentement galimatias toutes les expressions vides de sens et toutes les manières de parler obscures et embarrassées, 125 | mais il y a eu des gens qui ont regardé l'obscurité comme un des plus grands secrets de l'éloquence; parmi eux l'art de persuader consistait en partie à se rendre inintelligible *.

Si ceux qui parlent en public avaient toujours des idées claires et distinctes des vérités qu'ils prétendent persuader, et s'ils ne parlaient qu'à des personnes capables d'une attention suffisante pour les com-

---

* Voyez Quintilien, *Inst. orat.*, livre VIII, chap. II [*Institutio oratoria*, VIII, II, 21 (Belles Lettres, t. V, p. 59)].

prendre, le précepte d'affecter l'obscurité dans le discours serait extravagant en toutes manières. Mais, quoique ce précepte soit absolument contre la raison, on peut dire qu'il est assez proportionné au génie de la plupart des hommes, non seulement parce qu'il met à couvert l'ignorance de ceux qui parlent, mais encore parce que l'obscurité mystérieuse excite en bien des personnes des sentiments qui les disposent à se soumettre et à se laisser convaincre.

L'expérience fait assez voir que la plupart des hommes estiment ce qu'ils ne comprennent pas, qu'ils révèrent comme des mystères tout ce qui les passe, et qu'ils trouvent qu'un orateur a fait des merveilles, lorsqu'il les a éblouis par des manières éclatantes et par un langage d'imagination dans lequel la raison n'a point de part.

L'inclination que les hommes ont pour la grandeur est plus forte que celle qu'ils ont pour la vérité. Ainsi le galimatias pompeux qui persuade par impression est mieux reçu que de purs raisonnements, qui ne peuvent persuader que par leur évidence. L'évidence ne s'acquiert que par des réflexions qui coûtent toujours quelque peine à ceux qui les font, mais la conviction sensible se répand dans l'âme et la pénètre d'une manière très agréable.

Le bien qui seul est capable de nous satisfaire est tout ensemble infini et inaccessible et les expressions grandes et obscures en portent le caractère. De sorte que, l'obscurité excitant nos désirs, comme la grandeur excite notre admiration et notre estime, ces expressions nous gagnent par les mouvements qu'elles produisent en nous.

Lorsqu'on sait ou qu'on croit savoir un auteur obscur et difficile, on s'estime plus que ceux qui ne le savent pas, on les | regarde **126** quelquefois comme des ignorants. La peine qu'on a prise pour l'entendre nous intéresse dans sa défense. On justifie ses études lorsqu'on le révère et qu'on le fait révérer aux autres. Et, comme on se justifie avec plaisir, on ne doit pas manquer de le louer et de le défendre avec empressement et avec des manières vives et sensibles.

Ces raisons, et quelques autres moins fortes suffisent, ce me semble, pour faire comprendre que l'obscurité de Tertullien ne lui est pas désavantageuse dans l'esprit de quelques personnes, et qu'apparemment ils n'auraient jamais eu tant d'admiration pour lui, si les vérités qui sont répandues dans ses ouvrages y étaient réduites à leurs plus simples et plus claires idées.

On réduit toujours les rapports et les vérités mathématiques à leurs exposants, c'est-à-dire aux termes les plus simples qui les expriment, et on les dégage de tout ce qui peut les embarrasser et les obscurcir, car les géomètres aiment la vérité toute pure : ils ne veulent point convaincre par impression, mais par évidence et par lumière. Que deviendraient beaucoup de pensées de Tertullien, si on les avait réduites à leurs exposants selon les règles des logiciens géomètres, et si on les avait ainsi dépouillées de ce faste sensible qui éblouit la raison ? On en doit faire l'expérience, si on veut juger solidement des raisonnements de cet auteur.

Je ne prétends pas toutefois que Tertullien ait dû écrire en géomètre. Les figures qui expriment nos sentiments et nos mouvements à l'égard des vérités que nous exposons aux autres sont absolument nécessaires. Et je crois que, principalement dans les discours de religion et de morale, l'on doit se servir d'ornements qui fassent rendre à la vérité tout le respect qui lui est dû, et de mouvements qui agitent l'âme et la portent à des actions vertueuses. Mais on ne doit pas couvrir d'ornements un fantôme sans corps et sans réalité ; on ne doit pas exciter des mouvements inutiles ; et, si l'on veut imprimer avec effort dans ceux qui nous écoutent la conviction et la certitude, il faut que cette conviction se rapporte à quelque chose de vrai et de solide. Il ne faut pas convaincre ni se laisser convaincre sans savoir évidemment, distinctement, précisément de quoi on convainc, ou de quoi on est convaincu. Il faut savoir ce qu'on dit, il faut savoir ce qu'on croit. Il ne faut aimer que la vérité et la lumière, et ne pas frapper les autres d'aveuglement, après nous en être laissé frapper nous-mêmes.

Sur la nature des idées
Dans lequel j'explique comment on voit en Dieu toutes choses,
les vérités et les lois éternelles

J'espérais que les choses que j'ai dites de la nature des idées suffiraient pour faire comprendre que c'est Dieu qui nous éclaire ; mais j'ai reconnu par expérience qu'il y a bien des personnes qui ne sont pas capables d'une attention assez forte pour concevoir les raisons que j'ai données de ce principe. Ce qui est abstrait est incompréhensible à la plupart des hommes ; c'est le sensible qui les réveille, et qui fixe et soutient la vue de leur esprit. Ils ne peuvent considérer, et par conséquent ils ne peuvent comprendre ce qui ne tombe point sous les sens ni sous l'imagination. C'est une chose que j'ai dite souvent et que je ne saurais trop répéter.

Il est évident que les corps ne sont point visibles par eux-mêmes, qu'ils ne peuvent agir sur notre esprit, ni se représenter à lui. Cela n'a pas besoin de preuve ; cela se découvre d'une simple vue sans qu'il soit besoin de raisonner, car la moindre attention de l'esprit à l'idée claire de la matière suffit pour le découvrir. Cela est infiniment plus certain qu'il n'est certain que les corps se communiquent de leur mouvement lorsqu'ils se choquent. Mais cela n'est certain qu'à ceux qui font taire leurs sens pour écouter leur raison. Ainsi tout le monde croit, quoique sans preuve solide, que les corps se poussent les uns les autres, parce que les sens le disent ; mais on ne croit pas que les corps sont par eux-mêmes entièrement invisibles et incapables d'agir | dans l'esprit, **128** parce que les sens ne le disent pas et qu'ils semblent dire le contraire.

Il y a cependant quelques personnes dont la raison ferme et assurée s'élève jusqu'aux vérités les plus abstraites : ils les contemplent avec attention, et ils résistent à l'impression de leurs sens et de leur imagination avec beaucoup de courage. Mais, peu à peu, le corps appesantissant l'esprit, ils retombent : ces idées se dissipent, et, l'imagination en ayant excité de plus vives et de plus sensibles, ces premières ne ressemblent plus qu'à des spectres dont on se défie, et dont on appréhende l'illusion.

Nous entrons facilement en défiance des personnes ou des choses qui ne nous sont pas familières, et qui ne nous ont point fait goûter quelque plaisir sensible, car c'est le plaisir qui gagne le cœur, et c'est la familiarité qui ôte le trouble et l'inquiétude de l'esprit. Ainsi ceux qui ne sont point accoutumés aux vérités métaphysiques et abstraites sont extrêmement portés à croire qu'on ne travaille qu'à les séduire, lorsqu'on a dessein de les éclairer. Ils regardent avec défiance et avec une espèce d'horreur ou de dégoût les idées qui n'ont rien d'agréable et de sensible, et l'amour qu'ils ont pour le repos et pour la félicité les délivre bientôt d'une vue qui les trouble, et qui ne paraît pas capable de les contenter.

Si la question que j'examine n'était pas de la dernière conséquence, les raisons que je viens de dire, et quelques autres qu'il n'est pas nécessaire de rapporter, m'obligeraient à n'en pas parler davantage, car je prévois bien que tout ce que je pourrai dire sur ce sujet n'entrera jamais dans l'esprit de certaines gens. Mais ce principe qu'il n'y a que Dieu qui nous éclaire, et qu'il ne nous éclaire que par la manifestation d'une raison ou d'une sagesse immuable et nécessaire, me paraît si conforme à la Religion, que dis-je, si absolument nécessaire pour donner à quelque vérité que ce puisse être un fondement certain et inébranlable, que je me crois indispensablement obligé de l'expliquer et de le soutenir autant qu'il me sera possible. J'aime mieux qu'on m'appelle visionnaire, qu'on me traite d'illuminé, et qu'on dise de moi tous ces bons mots que l'imagination, qui est 129 toujours railleuse | dans les petits esprits, a de coutume d'opposer à des raisons qu'elle ne comprend pas, ou dont elle ne peut se défendre, que de demeurer d'accord que les corps soient capables de m'éclairer, que je sois à moi-même mon maître, ma raison, ma lumière, et que, pour m'instruire solidement de toutes choses, il suffise que je me consulte moi-même, ou des hommes qui peut-être peuvent faire grand bruit à mes oreilles, mais certainement qui ne peuvent répandre la lumière dans mon esprit. Voici donc encore quelques raisons pour le sentiment que j'ai établi dans les chapitres sur lesquels j'écris ceci.

Il n'y a personne qui ne convienne que tous les hommes sont capables de connaître la vérité, et les philosophes même les moins éclairés demeurent d'accord que l'homme participe à une certaine Raison qu'ils ne déterminent pas. C'est pourquoi ils le définissent *animal rationis particeps*, car il n'y a personne qui ne sache, du moins confusément, que la différence essentielle de l'homme consiste dans l'union nécessaire qu'il a avec la Raison universelle, quoiqu'on ne sache pas ordinairement quel est celui qui renferme cette Raison, et qu'on se mette fort peu en peine de le découvrir. Je vois par exemple que 2 fois 2 font 4, et qu'il faut préférer son ami à son chien, et je suis certain qu'il n'y a point d'homme au monde qui ne le puisse voir aussi bien que moi. Or je ne vois point ces vérités dans l'esprit des autres : comme les autres ne les voient point dans le mien. Il est donc nécessaire qu'il y ait une Raison universelle qui m'éclaire, et tout ce qu'il y a d'intelligences[*]. Car si la raison que je consulte n'était pas la même qui répond aux Chinois, il est évident que je ne pourrais pas être aussi assuré que je le suis, que les Chinois voient les mêmes vérités que je vois. Ainsi la Raison que nous consultons quand nous rentrons dans nous-mêmes est une Raison universelle. Je dis quand nous rentrons dans nous-mêmes, car je ne parle pas ici de la raison que suit un homme passionné. Lorsqu'un homme préfère la vie de son | cheval à **130** celle de son cocher, il a ses raisons, mais ce sont des raisons particulières dont tout homme raisonnable a horreur. Ce sont des raisons

* *Si ambo videmus verum esse quod dicis, et ambo videmus verum esse quod dico, ubi quaeso id videmus ? Nec ego utique in te, nec tu in me, sed ambo in ipsa quae supra mentes nostras est incommutabili veritate* (Augustin, *Conf.*, livre XII, chap. XXV) [*Confessions*, XII, XXV, 35 (BA XIV, 402) : « Si tous les deux, nous voyons que ce que tu dis est vrai, et tous les deux que ce que je dis est vrai, où, je te prie, le voyons-nous ? Assurément, je ne le vois pas en toi, ni toi en moi, mais tous les deux, nous le voyons dans la vérité immuable elle-même qui est au dessus de nos esprits »].

qui dans le fond ne sont pas raisonnables, parce qu'elles ne sont pas conformes à la souveraine Raison, ou à la Raison universelle que tous les hommes consultent.

Je suis certain que les idées des choses sont immuables *, et que les vérités et les lois éternelles sont nécessaires : il est impossible qu'elles ne soient pas telles qu'elles sont. Or je ne vois rien en moi d'immuable ni de nécessaire : je puis n'être point, ou n'être pas tel que je suis : il peut y avoir des esprits qui ne me ressemblent pas, et cependant je suis certain qu'il ne peut y avoir d'esprits qui voient des vérités et des lois différentes de celles que je vois, car tout esprit voit nécessairement que 2 fois 2 font 4, et qu'il faut préférer son ami à son chien. Il faut donc conclure que la raison que tous les esprits consultent est une Raison immuable et nécessaire.

De plus, il est évident que cette même Raison est infinie. L'esprit de l'homme conçoit clairement qu'il y a ou qu'il peut y avoir un nombre infini de triangles, de tétragones, de pentagones intelligibles, et d'autres semblables figures. Non seulement il conçoit que les idées des figures ne lui manqueront jamais, et qu'il en découvrira toujours de nouvelles, quand même il ne s'appliquerait qu'à ces sortes d'idées pendant toute l'éternité ; il aperçoit même l'infini dans l'étendue, car il ne peut douter que l'idée qu'il a de l'espace ne soit inépuisable. L'esprit voit clairement que le nombre qui, multiplié par lui-même, produit 5, ou quelqu'un des nombres entre 4 et 9, entre 9 et 16, entre 16 et 25, etc., est une grandeur, un rapport, une fraction dont les termes ont plus de chiffres qu'il ne peut y en avoir d'un pôle du monde à l'autre. Il voit clairement que c'est un rapport tel qu'il n'y a que Dieu qui le puisse comprendre, et qu'il est impossible de l'exprimer exactement parce qu'il faut pour l'exprimer une fraction dont les deux termes soient infinis. Je pourrais apporter beaucoup de semblables exemples, dont on peut conclure, non seulement que l'esprit de

---

* Voyez s. Augustin, *De libero arbitrio*, livre II, chap. VIII, et ceux qui suivent [*De libero arbitrio*, II, VIII, 20 *sq.* (BA VI, 306 *sq.*) ; voir ainsi II, XII, 33 (BA VI, 334-336) : « Quapropter nullo modo negaveris esse incommutabilem veritatem, haec omnia quae incommutabiliter vera sunt continentem ; quam non possis dicere tuam vel meam, vel cujusquam hominis, sed omnibus incommutabilia vera cernentibus, tamquam miris modis secretum et publicum lumen, praesto esse ac se praebere communiter… »].

l'homme est borné, mais que la Raison | qu'il consulte est infinie. Car **131**
enfin l'esprit voit clairement l'infini dans cette souveraine Raison,
quoiqu'il ne le comprenne pas. En un mot, il faut bien que la Raison
que l'homme consulte soit infinie puisqu'on ne la peut épuiser, et
qu'elle a toujours quelque chose à répondre sur quoique ce soit qu'on
l'interroge.

Mais, s'il est vrai que la Raison à laquelle tous les hommes
participent est universelle, s'il est vrai qu'elle est infinie, s'il est vrai
qu'elle est immuable et nécessaire, il est certain qu'elle n'est point
différente de celle de Dieu même, car il n'y a que l'être universel et
infini qui renferme en soi-même une raison universelle et infinie.
Toutes les créatures sont des êtres particuliers ; la raison universelle
n'est donc point créée. Toutes les créatures ne sont point infinies ; la
raison infinie n'est donc point une créature. Mais la raison que nous
consultons n'est pas seulement universelle et infinie ; elle est encore
nécessaire et indépendante, et nous la concevons en un sens plus
indépendante que Dieu même. Car Dieu ne peut agir que selon cette
raison ; il dépend d'elle en un sens : il faut qu'il la consulte et qu'il la
suive. Or Dieu ne consulte que lui-même ; il ne dépend de rien. Cette
raison n'est donc pas distinguée de lui-même : elle lui est donc coéternelle et consubstantielle. Nous voyons clairement que Dieu ne peut
punir un innocent ; qu'il ne peut assujettir les esprits aux corps, qu'il
est obligé de suivre l'ordre. Nous voyons donc la règle, l'ordre, la raison
de Dieu, car quelle autre sagesse que celle de Dieu pourrions-nous voir,
lorsque nous ne craignons point de dire que Dieu est obligé de la suivre ?

Mais, après tout, peut-on concevoir une sagesse qui ne soit point
la sagesse de Dieu ? Salomon, qui parle si bien de la sagesse, en
distingue-t-il de deux sortes ? Ne nous apprend-il pas que celle qui est
coéternelle à Dieu même, et par laquelle il a établi l'ordre que nous
voyons dans ses ouvrages, est celle-là même qui préside à tous les
esprits, et que consultent les législateurs, pour faire des lois justes et
raisonnables. Il suffit de lire le huitième chapitre des Proverbes, pour
être persuadé de cette vérité. Je sais bien que l'Écriture sainte parle
d'une certaine sagesse | qu'elle nomme sagesse du siècle, sagesse des **132**
hommes. Mais c'est qu'elle parle des choses selon l'apparence, ou

selon le sentiment ordinaire, car elle nous apprend ailleurs que cette sagesse n'est que folie et qu'abomination, non seulement devant Dieu, mais devant tous les hommes qui consultent la Raison.

Certainement, si les vérités et les lois éternelles dépendaient de Dieu, si elles avaient été établies par une volonté libre du Créateur, en un mot si la Raison que nous consultons n'était pas nécessaire et indépendante, il me paraît évident qu'il n'y aurait plus de science véritable, et qu'on pourrait bien se tromper si l'on assurait que l'arithmétique ou la géométrie des Chinois est semblable à la nôtre. Car enfin, s'il n'était pas absolument nécessaire que 2 fois 4 fussent 8, ou que les trois angles d'un triangle fussent égaux à deux droits, quelle preuve aurait-on que ces sortes de vérités ne seraient point semblables à celles qui ne sont reçues que dans quelques universités, ou qui ne durent qu'un certain temps? Voit-on clairement que Dieu ne puisse cesser de vouloir ce qu'il a voulu d'une volonté entièrement libre et indifférente? Ou plutôt, voit-on clairement que Dieu n'a pas pu vouloir certaines choses pour un certain temps, pour un certain lieu, pour certaines personnes, ou pour certains genres d'êtres, supposé, comme on le veut, qu'il ait été entièrement libre et indifférent dans cette volonté? Pour moi, je ne puis concevoir de nécessité dans l'indifférence, je ne puis accorder ensemble deux choses si opposées.

Cependant je veux bien supposer que l'on voie clairement que Dieu par une volonté entièrement indifférente a établi pour tous les temps et pour tous les lieux les vérités et les lois éternelles, et qu'à présent elles sont immuables à cause de son décret. Mais où les hommes voient-ils ce décret? Dieu a-t-il créé quelque être représentatif de ce décret? Diront-ils que ce décret est une modification de leur âme? Ils voient clairement ce décret, car ils en ont appris que l'immutabilité est assurée aux vérités et aux lois éternelles; mais où le voient-ils? Certainement, s'ils ne le voient en Dieu, ils ne le voient pas, car ce décret ne peut être qu'en Dieu, et l'on ne le peut voir qu'où il est. Les philosophes ne peuvent donc s'assurer d'aucune chose s'ils
133 ne consultent | Dieu, et si Dieu ne leur répond. Ils ont beau se récrier sur cela : il faut qu'ils se rendent, ou qu'ils se taisent.

Mais au fond ce décret est une imagination sans fondement. Quand on pense à l'ordre, aux lois, et aux vérités éternelles, on n'en cherche point naturellement de cause, car elles n'en ont point. On ne voit point clairement la nécessité de ce décret, on n'y pense jamais d'abord : on aperçoit au contraire, d'une simple vue et avec évidence, que la nature des nombres et des idées intelligibles est immuable, nécessaire, indépendante. On voit clairement qu'il est absolument nécessaire que 2 fois 4 soient 8, et que le carré de la diagonale d'un carré soit double de ce carré. Si l'on doute de la nécessité absolue de ces vérités, c'est que l'on détourne sa vue de leur lumière, que l'on raisonne sur un faux principe et que l'on cherche ailleurs qu'en ces vérités quelle est leur nature, leur immutabilité, leur indépendance. Ainsi le décret de l'immutabilité de ces vérités est une fiction de l'esprit, qui, supposant qu'il ne voit point dans la sagesse de Dieu ce qu'il y aperçoit, et sachant que Dieu est la cause de toutes choses, se croit obligé d'imaginer un décret pour assurer l'immutabilité à des vérités qu'il ne peut s'empêcher de reconnaître pour immuables. Mais on suppose faux, et l'on doit y prendre garde. On ne voit que dans la sagesse de Dieu les vérités éternelles, immuables, nécessaires. On ne peut voir ailleurs que dans cette sagesse l'ordre que Dieu même est obligé de suivre, ainsi que je viens de dire. L'esprit n'est fait que pour cette sagesse, et il ne peut en un sens voir qu'elle. Car, s'il peut voir les créatures, c'est que celui qu'il voit, quoique d'une manière fort imparfaite pendant cette vie, les comprend toutes dans l'immensité de son être, d'une manière intelligible et proportionnée à l'esprit, ainsi que je l'ai dit ailleurs.

Si nous n'avions point en nous-mêmes l'idée de l'infini, et si nous ne voyions pas toutes choses par l'union naturelle de notre esprit avec la Raison universelle et infinie, il me paraît évident que nous n'aurions pas la liberté de penser à toutes choses. Car l'esprit ne peut vouloir s'appliquer qu'aux choses dont il a quelque idée, et il n'est en son pouvoir de penser actuellement qu'aux choses auxquelles il peut vouloir s'appliquer. Ainsi on ôte à l'homme | la liberté de penser à **134** tout, si on sépare son esprit de celui qui renferme tout. De plus, ne pouvant aimer que ce que nous voyons, si Dieu nous donnait seulement des idées particulières, il est évident qu'il déterminerait de telle manière tous les mouvements de notre volonté qu'il serait nécessaire que nous n'aimassions que des êtres particuliers. Car enfin, si nous n'avions pas d'idée de l'infini, nous ne pourrions pas l'aimer; et, si ceux qui assurent positivement qu'ils n'ont point d'idée de Dieu disaient les choses comme elles sont, je ne craindrais point de dire qu'ils n'ont jamais aimé Dieu, car il me paraît très certain qu'on ne peut aimer que ce qu'on voit.

Enfin, si l'ordre et les lois éternelles n'étaient immuables par la nécessité de leur nature, les preuves les plus claires et les plus fortes de la religion seraient ce me semble détruites dans leur principe, aussi bien que la liberté et les sciences les plus certaines. Car il est évident que la religion chrétienne qui nous propose Jésus-Christ pour Médiateur et pour Réparateur suppose la corruption de la nature par le péché originel. Or quelle preuve peut-on avoir de cette corruption ? La chair combat contre l'esprit, dira-t-on, elle se l'assujettit, elle en est maîtresse. J'en demeure d'accord. Mais ce n'est point là un désordre, répondra un libertin. Cela plaît à Dieu; il l'a ordonné ainsi; il est maître de ses décrets; il met l'ordre qu'il lui plaît entre ses créatures. Comment lui prouvera-t-on que c'est un désordre que les esprits soient soumis aux corps, si l'on n'a une idée claire de l'ordre et de sa nécessité, et si l'on ne sait que Dieu même est obligé de le suivre par l'amour nécessaire qu'il se porte à lui-même ? D'ailleurs, si cet ordre dépend d'un décret libre de Dieu, il faudra toujours avoir recours à Dieu pour en être informé; il faudra consulter Dieu malgré l'aversion que certains savants ont de recourir à lui; il faudra se rendre à cette vérité qu'on a besoin de Dieu pour être instruit. Mais ce décret libre qui a causé l'ordre est une fiction de l'esprit, pour les raisons que j'ai déjà dites.

Si ce n'est pas un ordre nécessaire que l'homme soit fait pour son Auteur, et que notre volonté soit conforme à l'ordre qui est la règle essentielle et nécessaire de la volonté de Dieu, s'il n'est pas vrai que les actions sont bonnes ou mauvaises, à cause | qu'elles sont conformes ou contraires à un ordre immuable et nécessaire, et que ce même ordre demande que les premières soient récompensées et les autres punies, enfin si tous les hommes n'ont naturellement une idée claire de l'ordre, mais d'un ordre tel que Dieu même ne peut vouloir le contraire de ce que cet ordre prescrit, parce que Dieu ne peut pas vouloir le désordre, certainement je ne vois plus que confusion partout. Car que peut-on trouver à redire dans les actions les plus infâmes et les plus injustes des païens auxquels Dieu n'avait point donné de lois ? Quelle sera la raison qui osera les juger, s'il n'y a point de raison souveraine qui les condamne, s'il n'y a point d'ordre immuable, de loi indispensable, selon laquelle on les doit juger ?

Un poète a dit qu'il n'est pas possible de discerner ce qui est juste de ce qui est injuste *. Un philosophe a dit que c'est une faiblesse que d'avoir de la honte et de la pudeur pour des actions infâmes **. On dit souvent de semblables paradoxes par une fougue d'imagination, ou dans l'emportement de ses passions. Mais pourquoi condamnera-t-on ces sentiments, s'il n'y a un ordre, une règle, une raison universelle et nécessaire, qui se présente toujours à ceux qui savent rentrer dans eux-mêmes ? Nous ne craignons point de juger les autres ou de nous juger nous-mêmes en bien des rencontres ; mais par quelle autorité le faisons-nous, si la Raison qui juge en nous, lorsqu'il nous semble que nous prononçons des jugements contre nous-mêmes et contre les autres, n'est notre souveraine et celle de tous les hommes ?

Mais, si cette Raison n'était pas présente à ceux qui rentrent dans eux-mêmes, et si les païens mêmes n'avaient eu naturellement quelque union avec l'ordre immuable dont nous parlons, de quel péché ou de quelle désobéissance auraient-ils été coupables, et selon quelle justice Dieu pourrait-il les punir ? Je dis cela parce qu'un prophète *** m'apprend que Dieu même veut bien prendre des hommes pour juges du différend qu'il a avec son peuple, pourvu qu'ils en jugent selon l'ordre immuable et | nécessaire de la justice. Néron a **136**

* *Nec natura potest justo secernere iniquum* (Lucrèce) [Il s'agit en fait d'Horace, *Satires*, I, III, v. 113 (Belles Lettres, p. 56) : « Non, la nature ne peut pas séparer le juste et l'injuste »].

** Diogène [Diogène le Cynique. Voir ainsi Diogène Laërce, *Vie des philosophes*, VI, II, 20 *sq.* (R.D. Hicks (éd.), Cambridge (Mass), Harvard University Press, t. II, p. 22 *sq.*) ; Augustin, *Opus imperfectum contra Julianum*, V, XV, 75 (PL XLIV, 777)].

*** *Nunc ergo habitatores Jerusalem et viri Juda judicate inter me et vineam meam* (Is 53 [lire : 5, 3]) [« Maintenant donc, vous habitants de Jérusalem, et vous hommes de Juda, soyez les juges entre moi et ma vigne [c'est-à-dire Israël] » (Bible de Sacy)].

tué sa mère, il est vrai. Mais en quoi a-t-il mal fait? Il a suivi le mouvement naturel de sa haine. Dieu ne lui a rien prescrit sur cela; la loi des juifs n'était pas pour lui. On dira peut-être que la loi naturelle défend de semblables actions, et que cette loi lui était connue. Mais quelle preuve en a-t-on? Pour moi j'en conviens parce que, en effet, cela prouve invinciblement qu'il y a un ordre immuable et nécessaire, et que tout esprit a une connaissance de cet ordre d'autant plus claire qu'il est plus uni à la raison universelle, et qu'il est moins sensible aux impressions de ses sens et de ses passions, en un mot qu'il est plus raisonnable. Mais il faut que j'explique le plus clairement qu'il me sera possible le sentiment que j'ai touchant l'ordre et la loi divine ou naturelle, car la peine qu'on sent à se rendre à ce que je dis vient peut-être de ce qu'on ne voit pas distinctement ce que je pense.

Il est certain que Dieu renferme en lui-même d'une manière intelligible les perfections de tous les êtres qu'il a créés ou qu'il peut créer, et que c'est par ces perfections intelligibles qu'il connaît l'essence de toutes choses, comme c'est par ses propres volontés qu'il connaît leur existence. Or ces perfections sont aussi l'objet immédiat de l'esprit de l'homme, pour les raisons que j'en ai données. Donc les idées intelligibles, ou les perfections qui sont en Dieu, lesquelles nous représentent[1] ce qui est hors de Dieu, sont absolument nécessaires et immuables. Or les vérités ne sont que les rapports d'égalité ou d'inégalité qui sont entre ces êtres intelligibles, puisqu'il n'est vrai que 2 fois 2 sont 4, ou que 2 fois 2 ne sont pas 5, que parce qu'il y a un rapport d'égalité entre 2 fois 2 et 4 et un d'inégalité entre 2 fois 2 et 5. Donc les vérités sont immuables et nécessaires, aussi bien que les idées. Il a toujours été vrai que 2 fois 2 sont 4, et il est impossible que cela devienne faux. Cela est clair, sans qu'il soit nécessaire *que Dieu comme souverain Législateur ait établi ces vérités*, ainsi que le dit M. Descartes dans sa réponse aux sixièmes objections contre ses *Méditations métaphysiques*[*].

---

[*] Articles 6 et 8 [Voir *Sextae Responsiones*, art. 8, AT VII, 436, 22-25 (AT IX, 236) : « Nec proinde putandum est aeternas veritates pendere ab humano intellectu, vel ab aliis rebus existentibus, sed a solo Deo, qui ipsas ab aeterno, ut summus legislator, instituit »].

[1] L'édition de 1736 (Paris, Ch. David) imprime : « apprennent » (t. IV, p. 219).

On comprend donc assez facilement ce que c'est que la vérité ; | mais on a quelque peine à concevoir ce que c'est que l'ordre immua- **137** ble et nécessaire, ce que c'est que la loi naturelle et divine, ce que Dieu veut nécessairement, et ce que veulent aussi les justes. Car ce qui fait qu'un homme est juste, c'est qu'il aime l'ordre et qu'il y conforme en toutes choses sa volonté, de même que le pécheur n'est tel que parce que l'ordre ne lui plaît pas en toutes choses, et qu'il voudrait bien que l'ordre fût conforme à ce qu'il souhaite. Cependant il me semble qu'il n'y a pas tant de mystère dans ces choses que l'on y en imagine, et je crois que la raison pour laquelle on y trouve tant de difficultés vient de la peine que l'esprit trouve à s'élever à des pensées abstraites et métaphysiques. Voici donc une partie de ce que je pense de l'ordre.

Il est évident que les perfections qui sont en Dieu, lesquelles représentent les êtres créés ou possibles, ne sont pas toutes égales, en tant que représentatives de ces êtres, que celles, par exemple, qui représentent les corps ne sont pas si nobles que celles qui représentent les esprits, et qu'entre celles-là mêmes qui ne représentent que des corps ou que des esprits, il y en a de plus parfaites les unes que les autres à l'infini. Cela se conçoit clairement et sans peine, quoiqu'on trouve beaucoup de difficulté à accorder la simplicité de l'Être divin avec cette variété d'idées intelligibles qu'il renferme dans sa sagesse. Car enfin il est évident que si toutes les idées de Dieu étaient en tout sens égales, il ne pourrait pas voir de différence entre ses ouvrages, puisqu'il ne peut voir ses créatures que dans ce qui est en lui qui les représente, et si l'idée d'une montre qui marque outre les heures tous les différents mouvements des planètes n'était pas plus parfaite que celle d'une montre qui marque seulement les heures, ou que celle d'un cercle ou d'un carré, une montre ne serait pas plus parfaite qu'un cercle. Car on ne peut juger de la perfection des ouvrages que par la perception des idées qu'on en a, et, s'il n'y avait pas plus d'esprit ou de marque de sagesse dans une montre que dans un cercle, il ne serait pas plus difficile de concevoir les machines les plus composées que de concevoir un carré ou un cercle.

S'il est donc vrai que Dieu qui est l'Être universel renferme | en **138** lui-même tous les êtres d'une manière intelligible, et que tous ces êtres intelligibles qui ont en Dieu une existence nécessaire ne soient pas en tout sens également parfaits, il est évident qu'il y aura entre eux un ordre immuable et nécessaire, et que, de même qu'il y a des vérités éternelles et nécessaires, à cause qu'il y a des rapports de grandeur entre les êtres intelligibles, il doit y avoir aussi un ordre immuable et nécessaire, à cause des rapports de perfection qui sont entre les mêmes êtres. C'est donc un ordre immuable que les esprits soient plus nobles que les corps, comme c'est une vérité nécessaire que 2 fois 2 soient 4, ou que 2 fois 2 ne soient pas 5.

Or jusqu'ici l'ordre immuable semble plutôt une vérité spéculative qu'une loi nécessaire. Car, si l'on ne considère l'ordre que comme nous venons de faire, on voit bien, par exemple, que c'est une vérité que les esprits sont plus nobles que les corps, mais on ne voit pas que cette vérité soit en même temps un ordre qui ait force de loi, et que l'on soit obligé de préférer les esprits aux corps. Il faut donc considérer que Dieu s'aime par un amour nécessaire, et qu'ainsi il aime davantage ce qui est en lui qui représente ou qui renferme plus de perfection que ce qui en renferme moins. Si bien que si l'on voulait supposer que l'esprit intelligible fût mille fois plus parfait que le corps intelligible, l'amour par lequel Dieu s'aime lui-même serait nécessairement mille fois plus grand pour l'esprit que pour le corps intelligible, car l'amour de Dieu est nécessairement proportionné à l'ordre qui est entre les êtres intelligibles qu'il renferme, puisqu'il aime invinciblement ses perfections. De sorte que l'ordre qui est purement spéculatif a force de loi à l'égard de Dieu même, supposé, comme il est certain, que Dieu s'aime nécessairement et qu'il ne puisse se démentir. Et Dieu ne peut aimer davantage les corps intelligibles que les esprits intelligibles, quoiqu'il puisse aimer davantage les corps créés que les esprits, comme je le dirai bientôt.

Or cet ordre immuable, qui a force de loi à l'égard de Dieu même, a **139** visiblement force de loi à notre égard. Car Dieu nous | ayant créés à son image et à sa ressemblance, il ne peut pas vouloir que nous aimions davantage ce qui mérite le moins d'être aimé ; il veut que notre volonté soit conforme à la sienne, et qu'ici-bas nous rendions librement et par là méritoirement la justice qu'il leur rend nécessairement.

Sa loi, l'ordre immuable de ses perfections est donc aussi la nôtre, et cet ordre ne nous est pas inconnu, et même notre amour naturel nous excite encore à le suivre, lorsque nous rentrons dans nous-mêmes, et que nos sens et nos passions nous laissent libres, en un mot lorsque notre amour-propre ne corrompt point notre amour naturel. Étant faits pour Dieu et ne pouvant en être entièrement séparés, nous voyons en lui cet ordre, et nous sommes naturellement portés à l'aimer ; car c'est sa lumière qui nous éclaire, et son amour qui nous anime, quoique nos sens et nos passions obscurcissent cette lumière, et déterminent contre l'ordre l'impression que nous recevons pour aimer selon l'ordre. Mais, malgré la concupiscence qui nous cache l'ordre et nous empêche de le suivre, l'ordre est toujours une loi essentielle et indispensable à notre égard, et non seulement à notre égard, mais à l'égard de toutes les intelligences créées, et même à l'égard des damnés. Car je ne crois pas qu'ils soient tellement éloignés de Dieu qu'ils n'aient encore quelque légère idée de l'ordre, qu'ils n'y trouvent encore quelque beauté, et même qu'ils ne soient peut-être près de s'y conformer dans quelques rencontres particulières qui ne blessent point leur amour-propre.

La corruption du cœur consiste dans l'opposition à l'ordre. Ainsi la malice ou la corruption de la volonté n'étant pas égale même parmi les damnés, il est évident qu'ils ne sont pas également opposés à l'ordre, et qu'ils ne le haïssent pas en toutes choses, si ce n'est en consé-quence de la haine qu'ils ont contre Dieu. Car, de même qu'on ne peut haïr le bien, considéré simplement comme tel, on ne peut haïr l'ordre que lorsqu'il paraît contraire à nos inclinations. Mais, quoiqu'il nous paraisse contraire à nos inclinations, il ne laisse pas de nous être une loi qui nous condamne, et même qui nous punit par un ver qui ne meurt jamais [1].

On voit donc peut-être présentement ce que c'est que l'ordre |immuable de la justice, et comment cet ordre a force de loi par l'amour **140** nécessaire que Dieu a pour lui-même. On conçoit comment cette loi est générale pour tous les esprits, et pour Dieu même, pourquoi elle est nécessaire et absolument indispensable. On voit clairement, pourvu qu'on fasse une sérieuse réflexion sur ce que je viens de dire, on voit,

1. Mc 9, 47.

dis-je, que soutenir que les idées qui sont éternelles, immuables, communes à toutes les intelligences, ne sont que des perceptions ou des modifications passagères et particulières de l'esprit, c'est établir le pyrrhonisme et donner lieu de croire que le juste et l'injuste ne sont point nécessairement tels, ce qui est de toutes les erreurs la plus dangereuse. Enfin on conçoit, ou l'on peut facilement concevoir en général, que cette loi, l'ordre immuable, est le principe de toutes les lois divines et humaines, et que c'est selon cette loi, que toutes les intelligences sont jugées, et toutes les créatures disposées, chacune dans le rang qui leur convient.

J'avoue qu'il n'est pas facile d'expliquer en particulier tout ceci, et je ne me hasarde pas aussi de l'entreprendre. Car, si je voulais faire voir la liaison qu'ont certaines lois particulières avec la loi générale, et certaines manières d'agir avec l'ordre, je serais obligé d'entrer dans des difficultés que je ne pourrais peut-être pas résoudre, et qui me conduiraient même extrêmement loin de mon sujet.

Cependant, si on considère que Dieu n'a point et ne peut point avoir d'autre loi que sa sagesse, et l'amour nécessaire qu'il a pour elle, on jugera sans peine que toutes les lois divines en doivent dépendre. Et si l'on prend garde qu'il n'a fait le monde que par rapport à cette sagesse et à cet amour, puisqu'il n'agit que pour lui-même, on ne doutera pas que toutes les lois naturelles ne doivent tendre à la conservation et à la perfection de ce monde, selon l'ordre indispensable, et par dépendance de l'amour nécessaire, car la sagesse et la volonté de Dieu règlent tout.

Il n'est point nécessaire que j'explique maintenant ce principe plus au long. Ce que j'ai dit suffit afin que l'on tire cette | conséquence, que, dans la première institution de la nature, il n'est pas possible que les esprits aient été soumis aux corps. Car Dieu ne pouvant agir sans connaissance et malgré lui, il a fait le monde selon sa sagesse et par le mouvement de son amour ; il a fait toutes choses par son Fils, et dans le Saint-Esprit, comme nous l'enseigne l'Écriture. Or, dans la sagesse de Dieu, les esprits sont plus parfaits que les corps, et, par l'amour nécessaire que Dieu a pour lui-même, il préfère le plus parfait au moins parfait. Donc il n'est pas possible que les esprits aient été soumis aux corps dans la première institution de la nature. Autrement il faudrait dire que Dieu en créant le monde n'aurait pas suivi les règles de sa sagesse éternelle, ni les mouvements de son amour naturel et nécessaire, ce qui ne se conçoit pas, et ce qui même renferme une contradiction manifeste.

Il est vrai qu'à présent l'esprit créé est soumis au corps, mais c'est parce que l'ordre considéré comme loi nécessaire le veut ainsi. C'est parce que Dieu, s'aimant par un amour nécessaire, qui est toujours sa loi inviolable, ne peut aimer des esprits qui lui sont contraires, ni par conséquent les préférer aux corps, dans lesquels il n'y a rien de mauvais, ni rien que Dieu haïsse. Car Dieu n'aime point les pécheurs en eux-mêmes : ils ne subsistent dans l'univers que par Jésus-Christ. Dieu ne les conserve et ne les aime qu'afin qu'ils cessent d'être pécheurs par la grâce de Jésus-Christ, ou que, s'ils demeurent éternellement pécheurs, ils soient éternellement condamnés par l'ordre immuable et nécessaire, et par le jugement de Jésus-Christ, par la force de qui ils subsistent pour la gloire de la Justice divine, car sans Jésus-Christ ils seraient anéantis. Je dis ceci en passant, pour ôter quelques difficultés qui peuvent rester de ce que j'ai dit ailleurs du péché originel, ou de la corruption générale de la nature.

Il est, ce me semble, fort utile de considérer que l'esprit ne connaît les objets qu'en deux manières : par lumière et par sentiment. Il voit les choses par lumière, lorsqu'il en a une idée claire, et qu'il peut, en consultant cette idée, découvrir toutes les propriétés dont elles sont capables. Il voit les choses par sentiment, | lorsqu'il ne trouve point en **142** lui-même d'idée claire de ces choses pour la consulter, qu'il ne peut ainsi en découvrir clairement les propriétés, qu'il ne les connaît que par un sentiment confus, sans lumière et sans évidence. C'est par la lumière et par une idée claire que l'esprit voit les essences des choses, les nombres et l'étendue. C'est par une idée confuse ou par sentiment qu'il juge de l'existence des créatures, et qu'il connaît la sienne propre.

Les choses que l'esprit aperçoit par lumière ou par une idée claire, il les aperçoit d'une manière très parfaite, et il voit même clairement que, s'il y a de l'obscurité ou de l'imperfection dans sa connaissance, c'est à cause de sa faiblesse et de sa limitation, ou faute d'application

de sa part, et non point à cause de l'imperfection de l'idée qu'il aperçoit. Mais ce que l'esprit aperçoit par sentiment ne lui est jamais
clairement connu : non par défaut d'application de sa part, car on
s'applique toujours beaucoup à ce que l'on sent, mais par le défaut de
l'idée qui est extrêmement obscure et confuse.

De là on peut juger que c'est en Dieu ou dans une nature immuable
que l'on voit tout ce que l'on connaît par lumière ou idée claire, non
seulement parce qu'on ne voit par lumière que les nombres, l'étendue
et les essences des êtres, lesquelles ne dépendent point d'un acte libre
de Dieu, ainsi que je l'ai déjà dit, mais encore parce qu'on connaît ces
choses d'une manière très parfaite, et que même on les connaîtrait
d'une manière infiniment parfaite, si la capacité que l'on a de penser
était infinie, puisque rien ne manque à l'idée qui les représente. L'on
doit aussi conclure que c'est en soi-même que l'on voit tout ce qu'on
connaît par sentiment. Ce n'est pas néanmoins que l'on puisse
produire en soi-même quelque nouvelle modification, ou que les sensations ou modifications de notre âme puissent représenter les objets à
l'occasion desquels Dieu les excite en nous ; mais c'est que nos
sensations qui ne sont point distinguées de nous, et qui par conséquent
ne peuvent jamais représenter rien de distingué de nous, peuvent
néanmoins représenter l'existence des êtres, ou plutôt nous faire juger
qu'ils existent. Car Dieu, excitant en nous nos sensations à la présence
143 des objets par une action | qui n'a rien de sensible et que nous n'aper-
cevons pas, nous nous imaginons recevoir de l'objet non seulement
l'idée qui représente son essence, mais encore le sentiment qui nous
fait juger de son existence, car il y a toujours idée pure et sentiment
confus dans la connaissance que nous avons de l'existence des êtres, si
on en excepte celle de Dieu et celle de notre âme. J'excepte l'existence
de Dieu, car on la reconnaît par idée pure ou sans sentiment, son
existence ne dépendant point d'une cause, et étant renfermée dans
l'idée de l'être nécessaire et infini, car, comme je l'ai prouvé* ailleurs,
si l'on y pense, il faut qu'il soit. Et j'excepte aussi l'existence de notre
âme ; parce que nous savons par sentiment intérieur que nous pensons,
que nous voulons, que nous sentons, et que nous n'avons point d'idée

---

* Livre IV, chap. XI.

claire de notre âme, ainsi que je l'ai expliqué suffisamment dans le chapitre septième de la seconde partie du troisième livre, et ailleurs.

Voilà une partie des raisons qu'on peut ajouter à celles que j'avais déjà données pour prouver qu'il n'y a que Dieu qui nous éclaire, et que l'objet immédiat et direct de nos connaissances claires et évidentes est une nature immuable et nécessaire. On fait d'ordinaire quelques objections contre cette opinion ; je vais tâcher de les résoudre.

| **OBJECTIONS CONTRE CE QUI A ÉTÉ DIT QU'IL N'Y A QUE DIEU QUI NOUS ÉCLAIRE, ET QUE L'ON VOIT TOUTES CHOSES EN LUI**

PREMIÈRE OBJECTION

Notre âme pense, parce que c'est sa nature. Dieu en la créant lui a donné la faculté de penser; il n'en faut pas davantage, ou, s'il faut encore quelque autre chose, arrêtons-nous à ce que l'expérience nous apprend de nos sens; nous expérimentons assez qu'ils sont cause de nos idées. C'est mal philosopher que de raisonner contre l'expérience.

Réponse

Je m'étonne que Messieurs les cartésiens, qui ont avec raison tant d'aversion pour les termes généraux de *nature* et de *faculté*, s'en servent si volontiers en cette occasion. Ils trouvent mauvais que l'on dise que le feu brûle par sa nature, et qu'il change certains corps en verre par une faculté naturelle, et quelques-uns d'entre eux ne craignent point de dire que l'esprit de l'homme produit en lui-même les idées de toutes choses par sa nature, et parce qu'il a la faculté de penser. Mais, ne leur en déplaise, ces termes ne sont pas plus significatifs dans leur bouche que dans celle des péripatéticiens. Il est vrai que notre âme est telle par sa nature, qu'elle aperçoit nécessairement ce qui l'affecte, mais Dieu seul peut agir en elle. Lui seul peut l'éclairer, la toucher, la modifier par l'efficace de ses idées.

145 | Je sais bien que l'âme est capable de penser, mais je sais aussi que l'étendue est capable de figures : l'âme est capable de volonté, comme la matière de mouvement. Mais, de même qu'il est faux que la matière,

quoique capable de figure et de mouvement ait en elle-même une force, une faculté, une nature, par laquelle elle se puisse mouvoir, ou se donner tantôt une figure ronde et tantôt une carrée, ainsi, quoique l'âme soit naturellement et essentiellement capable de connaissance et de volonté, il est faux qu'elle ait des facultés par lesquelles elle puisse produire en elle ses idées, ou son mouvement vers le bien *, car elle veut invinciblement être heureuse. Il y a bien de la différence entre être mobile et se mouvoir. La matière de sa nature est mobile et capable de figures ; elle ne peut même subsister sans figure. Mais elle ne se meut pas ; elle ne se figure pas, elle n'a point de faculté pour cela. L'esprit de sa nature est capable de mouvement et d'idées, j'en conviens. Mais il ne se meut pas ; il ne s'éclaire pas : c'est Dieu qui fait tout ce qu'il y a de physique dans les esprits aussi bien que dans les corps. Peut-on dire que Dieu fait les changements qui arrivent dans la matière, et qu'il ne fait pas ceux qui arrivent dans l'esprit ? Est-ce rendre à Dieu ce qui lui appartient que d'abandonner à sa disposition les derniers des êtres ? N'est-il pas également le maître de toutes choses ? N'est-il pas le créateur, le conservateur, le seul véritable moteur des esprits, aussi bien que des corps ?

Mais, si l'on veut ** que les créatures aient des facultés telles qu'on les conçoit ordinairement, que l'on dise que les corps naturels ont une *nature* qui soit le principe de leur mouvement et de leur repos, comme le dit Aristote, et ses sectateurs. Cela renverse toutes mes idées, mais j'en conviendrai plutôt que de dire que l'esprit s'éclaire lui-même. Que l'on dise que l'âme a | la force de remuer diversement les membres 146 de son corps, et de leur communiquer le sentiment et la vie ; que l'on dise, si on le veut, que c'est elle qui donne la chaleur au sang, le mouvement aux esprits, et au reste du corps sa grandeur, sa disposition et sa figure ; mais qu'on ne dise pas que l'esprit se donne à lui-même son mouvement et sa lumière. Si Dieu ne fait pas tout, qu'il fasse du moins ce qu'il y a de plus grand et de plus parfait dans le monde. Et si les créatures font quelque chose, qu'elles meuvent les corps, et

---

* Je ne dis pas vers tels biens. Voyez le I er *Éclaircissement*.

** Voyez le dernier *Éclaircissement* touchant l'efficace des causes secondes [XV].

qu'elles les rangent comme il leur plaira, mais qu'elles n'agissent point sur les esprits.

Disons que les corps se meuvent les uns les autres après s'être mus eux-mêmes, ou plutôt ignorons la cause de ces différentes dispositions de la matière, cela ne nous regarde pas. Mais que nos esprits n'ignorent pas de qui vient la lumière qui les éclaire, quelle est cette Raison à laquelle ils ont un rapport essentiel, Raison dont on parle tant et que l'on connaît si peu. Qu'ils sachent de qui ils reçoivent tout ce qui est capable de les rendre plus heureux et plus parfaits, qu'ils reconnaissent leur dépendance selon toute son étendue, et que tout ce qu'ils ont actuellement, Dieu le leur donne à tous moments, car comme dit un grand saint pour un autre sujet : *c'est un orgueil très criminel que de se servir des choses que Dieu nous donne, comme si elles nous étaient naturelles**. Surtout ne nous imaginons pas que les sens instruisent la raison, que le corps éclaire l'esprit, que l'âme reçoive du corps ce qu'il n'a pas lui-même. Il vaut encore mieux se croire indépendant, que de croire qu'on dépend véritablement des corps. Il vaut mieux être son maître à soi-même, que de chercher un maître parmi des créatures qui ne nous valent pas. Mais il vaut mieux se soumettre à la vérité éternelle qui nous assure dans l'Évangile qu'il n'y a qu'elle qui soit notre maître**, que de croire au rapport de ses sens ou de quelques hommes, qui osent bien nous parler comme nos maîtres. L'expérience, quoi qu'on en dise, ne favorise point les préjugés. Car nos sens ne | sont que des causes occasionnelles de l'action de Dieu en nous. Nos maîtres ne sont que des moniteurs ; ce ne sont aussi que des causes occasionnelles de l'instruction que la sagesse éternelle nous donne dans le plus secret

* *Est quippe superbia et peccatum maximum uti datis tanquam innatis* (s. Bernard, *De diligendo Deo*) [*De diligendo Deo*, II, 4 (PL CLXXXII, 977A-B ; SC CCCXCIII, 70). Le texte dit : « et delictum maximum ». « Assurément, c'est orgueil, c'est le plus grand péché, que d'user des choses qui nous ont été données comme si elles nous étaient naturelles »].

** Mt 23 [8-10] [« Mais, pour vous, ne désirez point qu'on vous appelle maîtres, parce que vous n'avez qu'un seul maître, et que vous êtes tous frères. N'appelez aussi personne sur la terre votre père, parce que vous n'avez qu'un Père, qui est dans les cieux. Et qu'on ne vous appelle points docteurs, parce que vous n'avez qu'un docteur et qu'un maître qui est le Christ »]. Voyez le livre de s. Augustin, *De magistro* [Voir en particulier *De magistro*, XI, 38-XIV, 46 (BA VI, 136-152)].

de notre raison. Mais, parce que cette sagesse nous éclaire par une opération qui n'a rien de sensible, nous nous imaginons que ce sont nos yeux ou les paroles de ceux qui frappent l'air à nos oreilles qui produisent cette lumière, ou qui prononcent cette voix intelligible qui nous instruit intérieurement. C'est pour cela, comme j'ai déjà dit ailleurs, que Jésus-Christ ne s'est pas contenté de nous instruire d'une manière intelligible par sa divinité; il a voulu encore nous instruire d'une manière sensible par son humanité; il a voulu nous apprendre qu'il est notre maître en toutes manières. Et parce que nous ne pouvons sans peine rentrer en nous-mêmes pour le consulter comme Vérité éternelle, ordre immuable, lumière intelligible, il a rendu la vérité sensible par ses paroles, l'ordre aimable par ses exemples, la lumière visible par un corps qui l'accommode à notre faiblesse. Et cependant nous sommes encore assez ingrats, injustes, stupides et insensés pour regarder, contre sa défense expresse, comme nos maîtres, ou comme la cause de nos connaissances, non seulement les autres hommes, mais peut-être même les corps les plus méprisables et les plus vils.

SECONDE OBJECTION

L'âme étant plus parfaite que les corps, pourquoi ne pourra-t-elle pas renfermer en elle ce qui les représente? Pourquoi l'idée de l'étendue ne pourra-t-elle pas être une de ses modifications? Il n'y a que Dieu qui agisse en elle et qui la modifie; nous en convenons. Mais pourquoi verra-t-elle les corps en Dieu, si elle peut les voir dans sa propre substance? Elle n'est point matérielle, il est vrai. Mais Dieu, quoique esprit pur, voit les corps en lui; pourquoi donc l'âme ne les verra-t-elle pas en se considérant, quoiqu'elle soit spirituelle?

| *Réponses*   148

Ne voit-on pas qu'il y a cette différence entre Dieu et l'âme de l'homme, que Dieu est l'être sans restriction, l'être universel, l'être infini, et que l'âme est un genre d'être particulier? C'est une propriété de l'infini d'être en même temps un et toutes choses, composé pour ainsi dire d'une infinité de perfections, et tellement simple que chaque perfection qu'il possède renferme toutes les autres sans aucune distinction réelle, car, comme chaque perfection divine est infinie, elle fait tout l'être divin. Mais l'âme étant un être particulier, un être borné, elle ne peut avoir en elle l'étendue sans devenir matérielle, sans être composée de deux substances. Dieu renferme donc en soi les corps d'une manière intelligible. Il voit leurs essences ou leurs idées dans sa sagesse, et leur existence dans son amour ou dans ses volontés. Il est nécessaire de le dire ainsi, puisque Dieu a fait les corps, et qu'il connaît ce qu'il a fait avant même qu'il y eût rien de fait. Mais l'âme ne peut voir en elle ce qu'elle ne renferme pas; elle ne peut même voir clairement ce qu'elle renferme; elle ne peut que le sentir confusément. J'explique ceci.

L'âme ne renferme pas l'étendue intelligible comme une de ses manières d'être, parce que cette étendue n'est point aperçue comme une manière d'être de l'âme, mais comme un être. On conçoit cette étendue seule sans penser à autre chose, et l'on ne peut concevoir les manières d'être, sans apercevoir le sujet ou l'être dont elles sont les manières. On aperçoit cette étendue sans penser à son esprit; on ne peut même concevoir que cette étendue puisse être une modification de son esprit. Lorsqu'on conçoit des bornes dans cette étendue, on y découvre quelque figure, et les bornes de l'esprit ne peuvent le figurer. Cette étendue ayant des parties se peut diviser dans le même sens qu'elle est étendue, c'est-à-dire en parties intelligibles, et l'on ne voit 149 rien en l'âme qui soit divisible. Cette étendue que l'on voit n'est | donc point une manière d'être de l'esprit, donc il ne peut la voir en lui.

Mais, dira-t-on, Dieu par ces mêmes raisons ne pourrait voir en lui-même ses créatures. Il est vrai si les idées des créatures étaient des modifications de sa substance; mais l'être infini est incapable de modifications*. Les idées que Dieu a des créatures, ne sont, comme dit s. Thomas[1], que son essence, en tant qu'elle en est participable, ou imparfaitement imitable, car Dieu renferme, mais divinement, mais infiniment tout ce qu'il y a de perfection dans les créatures; il est un et il est tout. Ainsi il peut les voir en lui, et il ne peut les voir qu'en lui,

* Voyez ma *Réponse à la 3e lettre posthume de M. Arnauld* [voir en particulier *OC* IX, 950-951].

1. Voir *Summa theologiae*, Ia pars, q. 14, art. 6, et q. 15, art. 2.

car il ne tire que de lui-même ses connaissances. Mais l'âme qui, quoiqu'elle se sente, ne se connaît pas elle-même ni ses propres modifications, elle qui n'est qu'un tel être, un être très limité et très imparfait, certainement elle ne peut voir en elle ce qui n'y est en aucune manière. Comment pourrait-on voir dans une espèce d'être toutes les espèces des êtres, et dans un être particulier et fini un triangle en général et des triangles infinis ? Car enfin l'âme aperçoit un triangle ou un cercle en général, quoiqu'il y ait contradiction que l'âme puisse avoir une modification en général. Les sensations de couleur que l'âme attache aux figures les rendent particulières, parce que nulle modification d'un être particulier ne peut être générale.

Certainement, on peut assurer ce que l'on conçoit clairement. Or on conçoit clairement que l'étendue que l'on voit est une chose distinguée de soi. On peut donc dire que cette étendue n'est point une modification de son être, et que c'est effectivement quelque chose de distingué de soi. Car il faut prendre garde que le soleil, par exemple, que l'on voit, n'est pas celui que l'on regarde. Le soleil, et tout ce qu'il y a dans le monde matériel, n'est pas visible par lui-même ; je l'ai prouvé ailleurs. L'âme ne peut voir que le soleil auquel elle est immédiatement unie, que le soleil qui, comme elle, n'occupe aucun lieu. Or nous voyons clairement, et | nous sentons distinctement que ce soleil **150** est quelque chose de distingué de nous. Donc nous parlons contre notre lumière et contre notre conscience, lorsque nous disons que l'âme voit dans ses propres modifications tous les objets qu'elle aperçoit.

Le plaisir, la douleur, la saveur, la chaleur, la couleur, toutes nos sensations et toutes nos passions, sont des modifications de notre âme. Mais quoi que cela soit, les connaissons-nous clairement ? Pouvons-nous comparer la chaleur avec la saveur, l'odeur avec la couleur ? Pouvons-nous reconnaître le rapport qu'il y a entre le rouge et le vert, et même entre le vert et le vert ? Il n'en est pas de même des figures, nous les comparons les unes avec les autres ; nous en reconnaissons exactement les rapports ; nous savons précisément que le carré de la diagonale d'un carré est double de ce carré. Quel rapport y a-t-il entre ces figures intelligibles, qui sont des idées très claires, avec les modifications de notre âme, qui ne sont que des sentiments confus ? Pourquoi donc prétendre que ces figures intelligibles ne puissent être aperçues de l'âme si elles n'en sont des modifications, puisque l'âme ne connaît par idée claire rien de ce qui lui arrive, mais seulement par conscience ou sentiment intérieur, ainsi que j'ai prouvé ailleurs, et que je prouverai encore dans l'*Éclaircissement* suivant? Si nous ne pouvions voir les figures des corps qu'en nous-mêmes elles nous seraient au contraire inintelligibles, car nous ne nous connaissons pas. Nous ne sommes que ténèbres à nous-mêmes; il faut que nous nous regardions hors de nous pour nous voir, et nous ne connaîtrons jamais ce que nous sommes, jusqu'à ce que nous nous considérions dans celui qui est notre lumière, et en qui toutes choses deviennent lumière. Car ce n'est qu'en Dieu que les êtres les plus matériels sont parfaitement intelligibles; mais hors de lui les substances les plus spirituelles deviennent entièrement invisibles. Car rien n'est intelligible que ce qui peut affecter les intelligences. Certainement il n'y a que Dieu, que sa substance toujours efficace qui puisse toucher, affecter, éclairer, nourrir nos 151 esprits, ainsi que | le dit s. Augustin[1]. Il n'est pas possible que nous puissions, je ne dis pas nous sentir, car nous ne pouvons nous sentir qu'en nous-mêmes, je dis nous connaître clairement, découvrir la nature et les propriétés de notre âme ailleurs que dans notre modèle éternel et divin; c'est-à-dire ailleurs que dans la substance toujours lumineuse de la Divinité, en tant qu'elle est participable par la créature spirituelle, ou en tant qu'elle en est représentative. Nous connaissons clairement la nature et les propriétés de la matière, car l'idée de l'étendue que nous voyons en Dieu est très claire. Mais, comme nous ne voyons point en Dieu l'idée de notre âme, nous sentons bien que nous sommes, et ce qui se passe actuellement en nous. Mais il nous est impossible de découvrir clairement ce que nous sommes, ni aucune des modifications dont nous sommes capables.

TROISIÈME OBJECTION

Il n'y a rien en Dieu de mobile, il n'y a rien en lui de figuré. S'il y a un soleil dans le monde intelligible, ce soleil est toujours égal à lui-

---

1. Voir notamment *Tractatus in Joannis Evangelium*, XXIII, 5 (BAL XXII, 364-366).

même, et le soleil visible paraît plus grand lorsqu'il est proche de l'horizon que lorsqu'il en est fort éloigné. Donc ce n'est pas ce soleil intelligible que l'on voit. Il en est de même des autres créatures. Donc on ne voit point en Dieu les ouvrages de Dieu.

Réponse

Il suffirait de répondre qu'il n'y a rien en Dieu qui soit réellement figuré et par là capable de mouvement, mais qu'il y a en Dieu des figures intelligibles, et par conséquent intelligiblement mobiles. Car on ne peut pas douter que Dieu n'ait l'idée des corps qu'il a créés et qu'il meut sans cesse, qu'il ne peut trouver cette idée que dans sa substance, et que du moins il peut nous en faire part. Mais, afin d'éclaircir cette matière, il faut considérer | que Dieu renferme en lui- **152** même une étendue idéale ou intelligible infinie, car Dieu connaît l'étendue puisqu'il l'a faite, et il ne la peut connaître qu'en lui-même. Ainsi, comme l'esprit peut apercevoir une partie de cette étendue intelligible que Dieu renferme, il est certain qu'il peut apercevoir en Dieu toutes les figures, car toute étendue intelligible finie est nécessairement une figure intelligible, puisque la figure n'est que le terme de l'étendue. De plus, on voit ou l'on sent tel corps, lorsque son idée, c'est-à-dire lorsque telle figure d'étendue intelligible et générale devient sensible et particulière par la couleur, ou par quelque autre perception sensible dont son idée affecte l'âme, et que l'âme y attache, car l'âme répand presque toujours sa sensation sur l'idée qui la frappe vivement. Ainsi il n'est point nécessaire qu'il y ait en Dieu des corps sensibles, ou des figures réelles ou actuelles dans l'étendue intelligible, afin que l'on en voie en Dieu ou afin que Dieu en voie en lui-même. Il suffit que sa substance en tant que participable par la créature corporelle puisse être aperçue en différentes manières.

Si l'on conçoit aussi qu'une figure, pour ainsi dire, d'étendue intelligible rendue sensible par la couleur, soit prise successivement des différentes parties de cette étendue infinie ou si l'on conçoit qu'une figure d'étendue intelligible puisse être aperçue tourner sur son centre, ou s'approcher successivement d'un autre, on aperçoit le mouvement d'une figure sensible ou intelligible sans qu'il y ait de mouvement actuel dans l'étendue intelligible. Car Dieu ne voit point le mouvement actuel des corps dans sa substance, ou dans l'idée qu'il en a en lui-même, mais seulement par la connaissance qu'il a de ses volontés à leur égard. Il ne voit même leur existence que par cette voie, parce qu'il n'y a que sa volonté qui donne l'être à toutes choses. Les volontés de Dieu ne changent rien dans sa substance, elles ne la **153** meuvent pas. En ce sens, l'étendue intelligible est immobile | même intelligiblement. Mais, quoiqu'on suppose que les parties intelligibles de l'idée de l'étendue gardent toujours entre elles le même rapport de distance intelligible, et qu'ainsi elle soit immobile même intelligiblement, cependant, si on conçoit quelque étendue créée qui corresponde à quelque partie de cette étendue comme à son idée, on pourra par l'idée même de l'espace quoique intelligiblement immobile découvrir que les parties de cette étendue créée sont mobiles, puisque l'idée de l'espace quoique supposée intelligiblement immobile représentant nécessairement toutes sortes de rapports de distance, elle fait concevoir que les parties d'un corps peuvent ne pas garder entre elles la même situation. Au reste, quoique nous ne voyions point les corps en eux-mêmes, mais seulement par l'étendue intelligible (que cette étendue soit supposée immobile ou non intelligiblement) nous pouvons par elle voir ou imaginer actuellement des corps en mouvement, parce qu'elle nous paraît mobile, à cause du sentiment de couleur ou de l'image confuse qui reste après le sentiment, laquelle nous attachons successivement à diverses parties de l'étendue intelligible qui nous sert d'idée, lorsque nous voyons ou que nous imaginons le mouvement de quelque corps. Il est plus facile de concevoir tout ceci que de l'expliquer sans équivoque.

On peut comprendre par les choses que je viens de dire pourquoi on peut voir le soleil intelligible, tantôt grand et tantôt petit, quoiqu'il soit toujours le même à l'égard de Dieu. Car il suffit pour cela que nous voyions tantôt une plus grande partie de l'étendue intelligible, et tantôt une plus petite. Comme les parties de l'étendue intelligible sont toutes de même nature, elles peuvent toutes représenter quelque corps que ce soit.

Il ne faut pas s'imaginer que le monde intelligible ait un tel rapport avec le monde matériel et sensible, qu'il y ait par exemple un soleil, un cheval, un arbre intelligible destiné à nous représenter le soleil, un cheval et un arbre, et que tous ceux qui voient le soleil voient nécessairement ce prétendu soleil intelligible. Toute étendue intelligible pouvant être conçue circulaire, | ou avoir la figure intelligible d'un 154 cheval ou d'un arbre, toute étendue intelligible peut servir à représenter le soleil, un cheval, un arbre et par conséquent être soleil, cheval, arbre du monde intelligible, et devenir même soleil, cheval, arbre visible et sensible, si l'âme a quelque sentiment à l'occasion des corps pour attacher à ces idées, c'est-à-dire si ces idées affectent l'âme des perceptions sensibles.

Ainsi, lorsque j'ai dit que nous voyons les différents corps, par la connaissance que nous avons des perfections de Dieu qui les représentent, je n'ai pas prétendu précisément qu'il y eût en Dieu certaines idées particulières qui représentassent chaque corps en particulier, et que nous vissions une telle idée, lorsque nous voyons un tel corps, car il est certain que nous ne pourrions voir ce corps tantôt grand et tantôt petit, tantôt rond, tantôt carré, si nous le voyions par une idée particulière qui serait toujours la même. Mais je dis que nous voyons toutes choses en Dieu par l'efficace de sa substance, et en particulier les objets sensibles, par l'application que Dieu a fait à notre esprit de l'étendue intelligible en mille manières différentes, et qu'ainsi l'étendue intelligible renferme en elle toutes les perfections, ou plutôt toutes les différences des corps, à cause des différentes sensations que l'âme répand sur les idées qui l'affectent à l'occasion de ces mêmes corps. J'ai parlé d'une autre manière, mais on doit juger que ce n'était que pour rendre quelques-unes de mes preuves plus fortes et plus sensibles; et l'on ne doit pas juger, par les choses que je viens de dire, que ces preuves ne subsistent plus. Je dirais ici les raisons des différentes façons dont je me suis expliqué, si cela était nécessaire.

Je n'ose pas m'engager à traiter ce sujet à fond *, de peur de dire des choses trop abstraites ou trop extraordinaires, ou, si on le veut, pour ne

---

* Voyez ma *Réponse aux vraies et fausses idées* [*OC* VI], ma première *lettre touchant la défense* [*OC* VI, 193-274] et surtout ma *Réponse à une 3ᵉ lettre posthume de*

155 pas me hasarder à dire des choses que je ne | sais point, et que je ne suis
point capable de découvrir. Voici seulement quelques passages de
l'Écriture qui semblent contraires à ce que je viens d'établir. Je vais
tâcher de les expliquer.

QUATRIÈME OBJECTION

S. Jean dans son Évangile, et dans la première de ses Épîtres,
dit *que personne n'a jamais vu Dieu. Deum nemo vidit unquam;
unigenitus qui est in sinu patris ipse enarravit* *.

Réponse

Je réponds que ce n'est pas proprement voir Dieu que de voir en lui
les créatures. Ce n'est pas voir son essence que de voir les essences des
créatures dans sa substance, comme ce n'est pas voir un miroir que d'y
voir seulement les objets qu'il représente. Ce n'est pas voir l'essence
de Dieu que de la voir non selon son être absolu, mais relativement aux
créatures, ou en tant qu'elle en est représentative.

Ce n'est pas qu'on ne puisse dire avec s. Paul**, s. Augustin,
s. Grégoire, et plusieurs autres Pères de l'Église, qu'on voit Dieu dès
cette vie, quoique d'une manière fort imparfaite. Voici les paroles de
s. Grégoire dans ses *Morales sur Job* : *A luce incorruptibili caligo nos
nostrae corruptionis obscurat; cumque et videri aliquatenus potest, et
tamen videri lux ipsa sicuti est non potest, quam longe sit indicat.
Quam si mens non cerneret, nec quia longe esset videret. Si autem
perfecte jam cerneret, profecto hanc quasi per caliginem non videret.
Igitur quia nec omnino cernitur, nec rursum omnino non cernitur,
recte dictum est quia a longe Deus videtur****. Quoique s. Grégoire,

---

M. Arnauld et quelques autres endroits qui pourront peut-être lever toutes les difficultés
que les lecteurs les plus attentifs et les plus défiants se pourront former.

* [1] Jn 4, 12 [« Nul n'a jamais vu Dieu » (Bible de Sacy)] ; Jn 1, 18 [« Nul n'a jamais
vu Dieu; le Fils unique qui est dans le sein du Père est celui qui en a donné la
connaissance » (Bible de Sacy)].

** [1] Co 13 [12].

*** Livre XXXI, chap. XX [*Moralia in Job*, XXXI, LI, 101 (PL LXXVI, 629) :
« L'obscurité liée à la corruption de notre nature nous empêche d'être éclairé par la
lumière incorruptible; si l'on peut encore la voir jusqu'à un certain point, on ne peut pas
voir la lumière telle qu'elle est en elle-même, ce qui montre notre éloignement à son

pour expliquer ce passage de Job : *Oculi ejus a longe prospiciunt*[1], dise qu'en cette vie on ne voit Dieu que de loin, ce n'est pas que Dieu ne nous soit très | présent mais c'est que les nuages de notre concupis- **156** cence nous le cachent ; *caligo nos nostrae corruptionis obscurat*. Car en d'autres endroits il compare, après s. Augustin[2], la lumière de Dieu, qui est Dieu même, à la lumière du soleil qui nous environne, et que nous ne voyons point lorsque nous sommes aveugles ou que nous fermons les yeux, à cause que son éclat nous éblouit : *In sole oculos clausos tenemus*[3].

S. Augustin passe encore plus avant que s. Grégoire son fidèle disciple. Car, quoiqu'il demeure d'accord qu'on ne connaît présente-ment Dieu que d'une manière fort imparfaite, il assure cependant en plusieurs endroits que Dieu nous est plus connu que les choses que nous nous imaginons le mieux connaître. *Celui qui a fait toutes choses*, dit-il, *est plus proche de nous que les choses même qu'il a faites, car c'est en lui que nous avons la vie, le mouvement et l'être. La plupart des choses qu'il a faites ne sont point proportionnées à notre esprit, parce qu'elles sont corporelles, et d'un genre d'être distingué de lui*. Et plus bas. *Ceux qui ont connu les secrets de la nature sont condamnés avec justice dans le livre de la Sagesse, car s'ils ont pu pénétrer ce qu'il y a de plus caché aux hommes, avec combien plus de facilité pourraient-ils découvrir l'Auteur et le Souverain de l'univers ? Les fondements de la terre sont cachés à nos yeux, mais celui qui a jeté ces fondements est tout proche de nos esprits*[*]. C'est pour cela que ce

---

égard. Si l'esprit ne la discernait pas, il ne verrait pas non plus combien il en est éloigné. Et, s'il la discernait déjà parfaitement, assurément, il ne verrait pas d'une manière si obscure. Puisque donc on ne le discerne pas totalement, mais qu'il ne nous est pas non plus entièrement caché, c'est à bon droit que l'on dit que Dieu est vu de loin »].

[*] *Propinquior nobis qui fecit, quam multa quae facta sunt*. In illo enim vivimus, movemur et sumus. *Istorum autem pleraque remota sunt a mente nostra propter dissimilitudinem sui generis.* [...] *Recte culpantur in libro Sapientiae inquisitores hujus*

1. Jb 39, 29. « Ses yeux perçants découvrent de loin » (Bible de Sacy).

2. Voir par exemple l'extrait du *Tractatus in Joannis Evangelium*, XXXV, 4 (BA LXXIIIA, 156) cité dans la préface.

3. *Moralia in Job*, XXV, VI, 11 (PL LXXVI, 325) : « Nous tenons nos yeux fermés au soleil ».

saint docteur croit que celui qui a la charité peut connaître mieux Dieu qu'il ne connaît son frère : *Ecce*, dit-il, *jam potest notiorem Deum habere quam fratrem. Plane notiorem, quia praesentiorem : notiorem,*
157 *quia interiorem, notiorem, quia certiorem**. Je n'apporte | pas d'autres preuves du sentiment de s. Augustin. Si l'on en souhaite, l'on en trouvera de toutes sortes dans la savante collection qu'en a faite Ambroise Victor, dans le second volume de sa *Philosophie chrétienne* [1].

Mais, pour revenir au passage de s. Jean : *Deum nemo vidit unquam*, je crois que le dessein de l'évangéliste, lorsqu'il assure qu'on n'a jamais vu Dieu, est de faire remarquer la différence qu'il y a entre l'ancien Testament et le nouveau, entre Jésus-Christ, et les patriarches et les prophètes, desquels il est écrit qu'ils ont vu Dieu. Car Jacob, Moïse, Isaïe, et les autres, n'ont vu Dieu que des yeux du corps, et sous une forme étrangère : ils ne l'ont point vu lui-même, *Deum nemo vidit unquam*. Mais le Fils unique du Père qui est dans son sein, nous a instruits de ce qu'il a vu : *Unigenitus qui est in sinu Patris; ipse enarravit.*

---

saeculi. Si enim tantum, *inquit*, potuerunt valere ut possent aestimare saeculum, quomodo ejus Dominum non facilius invenerunt ? Ignota enim sunt fundamenta oculis nostris et qui fundavit terram, propinquat mentibus nostris (*De Gen. ad litt.*, livre V, chap. XVI) [*De Genesi ad litteram*, V, XVI, 34 (BA XLVIII, 420-422). « Celui qui a fait est plus proche de nous que les multiples choses qu'il a faites. *Car c'est en lui que nous avons la vie, le mouvement et l'être* (Ac 17, 28); la plupart des choses sont au contraire loin de notre esprit, du fait qu'elles en diffèrent par le genre. [...] C'est donc à bon droit que le livre de la Sagesse fait ce reproche à ceux qui sont en quête des choses de ce monde : *Car s'ils ont pu avoir assez de lumière pour connaître l'ordre du monde, comment n'ont-ils pas découvert plus aisément celui qui en est le dominateur ?* (Sg 13, 9). En effet, les fondements de la terre nous sont inconnus, mais celui qui a fondé la terre est proche de nos esprits » (Nous avons repris la traduction de la Bible de Sacy pour les citations scripturaires)].

* *De Trinitate*, livre VIII, chap. VIII [*De Trinitate*, VIII, VIII, 12 (BA XVI, 62) : « Et voilà que Dieu lui est mieux connu que son frère : beaucoup mieux connu parce que plus présent, plus connu parce que plus intérieur, plus connu parce que plus certain ». Voyez la préface des *Entretiens sur la métaphysique* [*OC* XII, 10-20], ou la *Réponse aux vraies et fausses idées*, chap. V et XXI [*OC* VI, 50-54 et 143-150] où je prouve mon sentiment par la doctrine de s. Augustin.

1. *Philosophia christiana*, Paris, P. Promé, 1667, t. II : De existentia et voluntate Dei, chap. XXV-XXVI, p. 194 *sq.*

OBJECTION

S. Paul, écrivant à Timothée[1], dit que Dieu habite une lumière inaccessible, que personne ne l'a jamais vu, et même que personne ne le peut voir. Si la lumière de Dieu est inaccessible, on ne peut voir en elle toutes choses.

Réponse

S. Paul ne peut être contraire à s. Jean[*], qui nous assure que Jésus-Christ est la vraie lumière qui éclaire tous les hommes qui viennent en ce monde. Car l'esprit de l'homme que plusieurs Pères appellent lumière illuminée ou éclairée, *lumen illuminatum*, n'est éclairé que de la lumière de la Sagesse éternelle, que les mêmes Pères appellent pour cela lumière qui éclaire, *lumen | illuminans*[**]. David nous exhorte de **158** nous approcher de Dieu pour en être éclairés : *Accedite ad eum, et illuminamini*[2]. Mais comment en pouvons-nous être éclairés, si nous ne pouvons pas voir la lumière par laquelle nous devons être éclairés ? Ainsi, quand s. Paul dit que cette lumière est inaccessible, il entend à l'homme charnel qui ne rentre point en lui-même pour la contempler[***]. Ou, s'il parle de tous les hommes, c'est qu'il n'y en a point qui

---

[*] Jn 1 [9].

[**] S. Cyrille d'Alexandrie sur ces paroles de s. Jean, *Erat lux vera* [*In Joannis evangelium*, I, VIII, Patrologia graeca (PG), J.-P. Migne (éd.), t. LXXIII, 111-114 (sur Jn 1, 9); voir surtout I, IX, PG LXXIII, 126D : « Lux autem vera est quae illuminat, non quae illuminatur ab alio »]. S. Augustin, *Tr. sur s. Jean* XXIV [*Tractatus in Joannis Evangelium*, XIV, 1 (BA LXXII, 716-718) : « Et de quo lumine testimonium perhiberet? *Erat lux vera*. Quare additum est, *vera*? Quia et homo illuminatus dicitur lux, sed vera lux illa est quae illuminat. Nam et oculi nostri dicuntur lumina, et tamen nisi aut per noctem lucerna accendatur aut per diem sol exeat, lumina ista sine causa patent. Sic ergo et Joannem erat lux, sed non vera lux, quia non illuminatus, tenebrae ; sed illuminatione factus est lux… ». Voir également *Tractatus in Joannis Evangelium*, XXXV, 3 (BA LXXIIIA, 152-154)]. S. Grégoire, chap. XXVII sur Jb, 28 [*Moralia in Job*, XVIII, L, 81 (PL LXXVI, 86C-D) : « Sed illa lumen illuminans, isti lumen illuminatum, sicut scriptum est… »].

[***] *Inaccessibilem dixit sed omni homini humana sapienti. Scriptura quippe sacra omnes carnalium sectatores humanitatis nomine notare solet* (s. Grégoire, chap. XXVIII

---

1. 1 Tm 6, 16.

2. Ps 33, 6. « Approchez-vous de lui, afin que vous en soyez éclairés » (v. 5 dans la Bible de Sacy).

ne soit détourné de la contemplation parfaite de la vérité, à cause que notre corps trouble sans cesse l'attention de notre esprit.

OBJECTION

Dieu répondant à Moïse, qui souhaitait de le voir, lui dit : *Vous ne pouvez me voir en face, car l'homme ne pourra me voir et vivre. Non videbit me homo et vivet* [1].

Réponse

Il est évident que le sens littéral de ce passage n'est point contraire à ce que j'ai dit jusqu'ici, car je ne prétends pas qu'on puisse voir Dieu en cette vie, de la manière dont Moïse souhaitait de le voir. Je réponds cependant qu'il faut mourir pour voir Dieu, car l'âme s'unit à la vérité, à proportion qu'elle se détache du corps. C'est une vérité à laquelle on ne pense point assez. Ceux qui suivent les mouvements de leurs passions, ceux qui ont l'imagination salie par la jouissance des plaisirs, ceux qui ont augmenté l'union et la correspondance de leur esprit avec leur corps, en un mot ceux qui vivent ne peuvent voir Dieu *, car ils ne peuvent | rentrer dans eux-mêmes pour y consulter la vérité. Ainsi heureux ceux qui ont le cœur pur, l'esprit dégagé, l'imagination nette, qui ne tiennent point au monde, et presque point à leur corps ; en un mot, heureux ceux qui sont morts, car ils verront Dieu. La Sagesse l'a dit publiquement sur la montagne **, et elle le dit secrètement à ceux qui la consultent en rentrant en eux-mêmes.

Ceux qui réveillent sans cesse en eux la concupiscence de l'orgueil, qui forment perpétuellement mille desseins ambitieux, qui unissent et même qui assujettissent leur âme non seulement à leur

---

sur Jb, 28) [*Moralia in Job*, XVIII, LIV, 92 (PL LXXVI, 94D) : « Il l'a dit inaccessible, mais à tout homme qui connaît les choses humaines. C'est que la sainte Écriture a l'habitude d'employer le mot humanité pour tous ceux qui suivent les choses charnelles »].

* *Sapientia* [...] *non invenitur in terra suaviter viventium* (Job, 18 [28, 12-13]) [« La sagesse [...] ne se trouve point en la terre de ceux qui vivent dans les délices »].

** Mt 5, 8 [« Bienheureux ceux qui ont le cœur pur, parce qu'ils verront Dieu » (Bible de Sacy)].

1. Ex 33, 20.

corps, mais à tous ceux qui les environnent, en un mot ceux qui vivent non seulement de la vie du corps, mais encore de la vie du monde, ne peuvent voir Dieu, car la sagesse habite dans le plus secret de la raison, et ils se répandent incessamment au-dehors.

Mais ceux qui mortifient incessamment l'activité de leurs sens, qui conservent avec soin la pureté de leur imagination, qui résistent courageusement aux mouvements de leurs passions, en un mot ceux qui rompent tous les liens qui rendent les autres esclaves du corps et de la grandeur sensible, peuvent découvrir une infinité de vérités, et voir cette sagesse qui est *cachée aux yeux de tous les vivants**. Ils cessent en quelque manière de vivre lorsqu'ils rentrent dans eux-mêmes; ils quittent le corps lorsqu'ils s'approchent de la vérité. Car l'esprit de l'homme est tellement situé entre Dieu et les corps, qu'il ne peut quitter les corps[1] sans s'approcher de Dieu, de même qu'il ne peut courir après eux sans s'éloigner de lui. Mais, parce que, avant la mort, on ne peut quitter entièrement le corps, j'avoue qu'on ne peut aussi, avant ce temps, s'unir parfaitement à Dieu. On peut maintenant, selon s. Paul**, voir Dieu confusément et comme en un miroir, mais on ne le peut voir face à | face : *Non videbit me homo, et vivet*. Cependant on le **160** peut voir *ex parte*, c'est-à-dire confusément et imparfaitement.

Il ne faut pas s'imaginer que la vie soit égale dans tous les hommes vivants, ni qu'elle consiste dans un point indivisible. La domination du corps sur l'esprit, laquelle nous empêche de nous unir à Dieu par la connaissance de la vérité, est capable du plus et du moins. L'âme n'est pas dans tous les hommes également unie au corps qu'elle anime par ses sentiments, ni à ceux vers lesquels elle se porte par ses passions; et il y a des personnes qui mortifient tellement en eux la concupiscence des plaisirs et celle de l'orgueil qu'ils ne tiennent presque plus ni à leur

---

* *Abscondita est ab oculis omnium viventium* (Job 28, 2 [en réalité, 21]) [« Elle est cachée aux yeux de tous ceux qui vivent » (Bible de Sacy)].

** *Videmus nunc per speculum in aenigmate, tunc autem facie ad faciem. Nunc cognosco ex parte* (1 Co 13 [12]) [« Nous ne voyons maintenant que comme en un miroir et en des énigmes; mais alors nous verrons Dieu face à face. Je ne connais maintenant Dieu qu'imparfaitement » (Bible de Sacy)].

1. Les *OC* omettent les termes : « qu'il ne peut quitter les corps »; voir l'édition de 1712, t. IV, p. 263.

corps ni au monde ; ainsi ils sont comme morts. S. Paul nous donne un grand exemple de ceci. Il châtiait son corps et le réduisait en servitude[1], et il s'était tellement humilié et anéanti qu'il ne pensait plus au monde, et que le monde aussi ne songeait plus à lui, car le monde était mort et crucifié pour lui, comme il était mort et crucifié pour le monde*. Et c'est pour cela, dit s. Grégoire, qu'il était si sensible à la vérité, et si disposé à recevoir ces lumières divines qui sont renfermées dans ses Épîtres, lesquelles, quelques éclatantes qu'elles soient, ne frappent que ceux qui mortifient comme lui leurs sens et leurs passions. Car, comme il le dit lui-même, l'homme charnel et sensible ne peut comprendre les choses spirituelles**, parce que la science du monde, le goût du siècle, le bel esprit, la délicatesse, la vivacité, la beauté de l'imagination, par laquelle nous vivons pour le monde, et le monde vit pour nous, communique à notre esprit une stupidité et une insensibilité effroyable à l'égard de toutes les vérités, qu'on ne comprend parfaitement que dans le silence de ses sens et de ses passions.

Il faut donc souhaiter la mort qui nous unit avec Dieu, ou pour le 161 moins l'image de cette mort, qui est le sommeil mystérieux | durant lequel, tous nos sens extérieurs étant assoupis, nous pouvons écouter la voix de la vérité intérieure, qui ne se fait entendre que dans le silence de la nuit, lorsque les ténèbres nous cachent les objets sensibles, et que le monde est comme mort à notre égard. *C'est ainsi*, dit s. Grégoire, *que l'épouse avait écouté la voix de son époux comme dans le*

---

* Ga 16, 14 [en réalité 6, 14]. [« Mais, pour moi, à Dieu ne plaise que je me glorifie en autre chose qu'en la croix de notre Seigneur Jésus-Christ, par qui le monde est mort et crucifié pour moi, comme je suis mort et crucifié pour le monde » (Bible de Sacy)].

** *Animalis homo non percipit ea quae sunt spiritus Dei, stultitia enim est illi* (1 Co 2, 14) [« L'homme animal n'est point capable des choses qui sont de l'Esprit de Dieu ; elles lui paraissent une folie » (Bible de Sacy)]. *Ad Moysen dicitur, non videbit me homo et videt ; ac si aperte diceretur : Nullus unquam Deum spiritaliter videt qui mundo carnaliter vivit.* Saint Grégoire, sur le chap. 28 de Job, chap. 28 [*Moralia in Job*, XVIII, LIV, 89 (PL LXXVI, 93A-B) : « Il est dit à Moïse : *nul homme ne me verra sans mourir* (Ex 33, 30). Autrement dit, d'une manière plus explicite : nul ne peut voir Dieu d'une vue spirituelle, qui vit dans le monde d'une manière charnelle » (Nous reprenons la traduction de la Bible de Sacy pour la traduction du verset de l'Exode)].

1. 1 Co 9, 27 : « Je traite rudement mon corps et je le réduis en servitude » (Bible de Sacy).

sommeil, lorsqu'elle disait : je dors et mon cœur veille. *Je dors au-dehors, mais mon cœur veille au-dedans : parce que n'ayant point de vie ni de sentiment par rapport aux objets visibles, je deviens extrêmement sensible à la voix de la vérité intérieure qui me parle dans le plus secret de ma raison. Hinc est quod sponsa in Canticis canticorum sponsi vocem quasi per somnium audierat, quae dicebat* : Ego dormio, et cor meum vigilat. *Ac si diceret, dum exteriores sensus ab hujus vitae sollicitudinibus sopio, vacante mente, vivacius interna cognosco. Foris dormio, sed intus cor vigilat, quia dum exteriora quasi non sentio, interiora solerter apprehendo.* [...] *Bene ergo Eliu ait quod per somnium loquitur Deus* (*Morales* de s. Grégoire sur le chap. XXXIII de Job) [1].

---

1. *Moralia in Job*, XXIII, XX, 38-39 (PL LXXVI, 274B-C) : « C'est ainsi que l'épouse, dans le Cantique des cantiques, avait entendu la voix de son époux comme par un songe : *Je dors, et mon cœur veille* (Ct 5, 2). C'est comme si elle eût dit : tandis que mes sens extérieurs sont assoupis, par un parfait détachement à l'égard de tous les soins de cette vie, mon esprit étant libéré, je connais d'une manière plus vive les choses intérieures. Je dors à l'égard de l'extérieur, mais à l'intérieur mon cœur veille, puisque, tandis que je suis comme insensible aux choses extérieures, j'appréhende d'une manière plus éclairée les choses intérieures. Héliu a donc eu bien raison de dire que Dieu nous parle pendant notre sommeil ».

| ÉCLAIRCISSEMENT XI

Sur le chapitre septième de la seconde partie du troisième livre
Où je prouve : *que nous n'avons point d'idée claire
de la nature ni des modifications de notre âme*

J'ai dit en quelques endroits, et même je crois avoir suffisamment prouvé dans le troisième livre de la *Recherche de la vérité*, que nous n'avons point d'idée claire de notre âme, mais seulement conscience ou sentiment intérieur, qu'ainsi nous la connaissons beaucoup plus imparfaitement que nous ne faisons l'étendue. Cela me paraissait si évident que je ne croyais pas qu'il fût nécessaire de le prouver plus au long. Mais l'autorité de M. Descartes*, qui dit positivement *que la nature de l'esprit est plus connue que celle de toute autre chose*, a tellement préoccupé quelques-uns de ses disciples, que ce que j'en ai écrit n'a servi qu'à me faire passer dans leur esprit pour une personne faible, qui ne peut se prendre et se tenir ferme à des vérités abstraites, et incapables de soulager et de retenir l'attention de ceux qui les considèrent.

J'avoue que je suis extrêmement faible, sensible, grossier, et que mon esprit dépend de mon corps en tant de manières que je ne puis les **164** exprimer. Je le sais, je le sens et je travaille incessamment | à augmenter cette connaissance que j'ai de moi-même. Car, si l'on ne peut

---

* *Réponse* aux Ve objections contre la IIe *Méditation*, vers la fin [*Quintae Responsiones*, de iis quae in secundam Meditationem objecta sunt, § 9 (AT VII, 360, 15-20) : « Unde clare colligitur nullius rei tot attributa cognosci, quam nostrae mentis, quia, quotcunque cognoscuntur in qualibet alia re, tot etiam numerari possunt in mente, ex eo quod illa cognoscat atque ideo ejus natura omnium est notissima »].

s'empêcher d'être misérable, du moins faut-il le savoir et le sentir, du moins faut-il s'humilier à la vue de ses misères intérieures, et reconnaître le besoin qu'on a d'être délivré de ce corps de mort, qui jette le trouble et la confusion dans toutes les facultés de l'âme.

Cependant la question présente est tellement proportionnée à l'esprit, que je ne vois pas qu'il soit besoin d'une grande application pour la résoudre, et c'est pour cela que je ne m'y étais pas arrêté. Car je crois pouvoir dire que l'ignorance où sont la plupart des hommes à l'égard de leur âme, de sa distinction d'avec le corps, de sa spiritualité, de son immortalité et de ses autres propriétés, suffit pour prouver évidemment que l'on n'en a point d'idée claire et distincte.

Nous pouvons dire que nous avons une idée claire du corps, parce qu'il suffit de consulter l'idée qui les représente pour reconnaître les modifications dont il est capable. Nous voyons clairement qu'il peut être rond, carré, en repos, en mouvement. Nous concevons sans peine qu'un carré se peut diviser en deux triangles, deux parallélogrammes, deux trapèzes. Lorsqu'on nous demande si quelque chose appartient ou n'appartient pas à l'étendue, nous n'hésitons pas sur ce que nous avons à répondre, parce que, l'idée de l'étendue étant claire, on voit sans peine et de simple vue ce qu'elle renferme et ce qu'elle exclut.

Mais certainement nous n'avons point d'idée de notre esprit, qui soit telle que nous puissions découvrir, en la consultant, les modifications dont il est capable. Si nous n'avions jamais senti ni plaisir ni douleur, nous ne pourrions point savoir si l'âme serait ou ne serait pas capable d'en sentir. Si un homme n'avait jamais mangé de melon, vu de rouge ou de bleu, il aurait beau consulter l'idée prétendue de son âme, il ne découvrirait jamais distinctement si elle serait ou ne serait pas capable de tels sentiments ou de telles modifications. Je dis plus : quoiqu'on sente actuellement de la douleur, ou qu'on voie de la couleur, on ne peut découvrir de simple vue si ces qualités appartiennent à | l'âme. On s'imagine que la douleur est dans le corps, à **165** l'occasion duquel on la souffre, et que la couleur est répandue sur la surface des objets, quoique ces objets soient distingués de son âme.

Pour s'assurer si les qualités sensibles sont ou ne sont pas des manières d'être de l'esprit, on ne consulte point l'idée prétendue de l'âme; les cartésiens mêmes consultent au contraire l'idée de l'étendue, et ils raisonnent ainsi. La chaleur, la douleur, la couleur ne peuvent être des modifications de l'étendue, car l'étendue n'est capable que de différentes figures et de différents mouvements. Or il n'y a que deux genres d'être : des esprits et des corps. Donc la douleur, la chaleur, la couleur, et toutes les autres qualités sensibles appartiennent à l'esprit.

Puisqu'on est obligé de consulter l'idée qu'on a de l'étendue, pour découvrir si les qualités sensibles sont des manières d'être de son âme, n'est-il pas évident qu'on n'a point d'idée claire de l'âme ? Autrement s'aviserait-on jamais de prendre ce détour ? Lorsqu'un philosophe veut découvrir si la rondeur appartient à l'étendue, consulte-t-il l'idée de l'âme ou quelque autre idée que celle de l'étendue ? Ne voit-il pas clairement, dans l'idée même de l'étendue, que la rondeur en est une modification; et ne serait-il pas extravagant si, pour s'en éclaircir, il raisonnait ainsi : il n'y a que deux sortes d'êtres, des esprits et des corps; la rondeur n'est pas la manière d'être d'un esprit; donc c'est la manière d'être d'un corps ?

On découvre donc de simple vue, sans raisonnement et par la seule application de l'esprit à l'idée de l'étendue, que la rondeur et toute autre figure est une modification qui appartient au corps, et que le plaisir, la douleur, la chaleur, et toute autre qualité sensible, n'en sont point des modifications. On ne peut faire de demande sur ce qui appartient ou n'appartient pas à l'étendue à laquelle on ne puisse répondre facilement, promptement, hardiment, par la seule considération de l'idée qui la représente. Tous les hommes conviennent de ce que l'on doit croire sur ce sujet. Car ceux qui disent que la matière peut penser ne s'imaginent point qu'elle ait cette faculté à cause qu'elle est étendue : ils demeurent d'accord que l'étendue précisément comme telle ne peut penser.

166 | Mais on ne convient point de ce qu'on doit croire de l'âme et de ses modifications. Il y a des personnes qui pensent que la douleur et la chaleur, ou pour le moins la couleur ne lui appartient pas. On se rend même ridicule, parmi quelques cartésiens, si l'on dit que l'âme devient actuellement bleue, rouge, jaune et qu'elle est teinte des couleurs de l'arc-en-ciel, lorsqu'elle le considère. Il y a bien des personnes qui doutent, et encore plus qui ne croient pas que, lorsqu'on sent une charogne, l'âme devienne formellement puante, et que la saveur du sucre, du poivre, du sel soit quelque chose qui lui appartienne. Où est donc l'idée claire de l'âme, afin que les cartésiens la consultent, et qu'ils s'accordent tous sur le sujet, où les couleurs, les saveurs, les odeurs, se doivent rencontrer?

Mais, quand les cartésiens s'accorderaient sur ces difficultés, on ne pourrait conclure de leur accord qu'ils auraient une idée claire de l'âme. Car, s'ils s'accordent enfin que c'est elle qui est actuellement verte ou rouge, lorsqu'on voit du vert et du rouge, ce ne sera que par de grands raisonnements qu'ils le concluront : ils ne le verront jamais d'une simple vue ; ils ne le découvriront jamais en consultant l'idée prétendue de l'âme, mais plutôt en consultant celle du corps. Ils n'assureront que les qualités sensibles appartiennent à l'âme que parce qu'elles n'appartiennent point à l'étendue, dont ils ont une idée claire. Jamais ils ne convaincront sur cela ceux qui, ayant l'esprit petit, sont incapables de perceptions composées ou de raisonnements, ou plutôt ceux qui ne s'arrêtent point à considérer l'idée claire du corps, et qui confondent toutes choses. Il y aura toujours des paysans, des femmes, des enfants, et peut-être des savants et des docteurs qui en douteront. Mais les femmes et les enfants, les savants et les ignorants, les plus éclairés et les plus stupides, conçoivent sans peine par l'idée qu'ils ont de l'étendue, qu'elle est capable de toute sorte de figures. Ils comprennent clairement que l'étendue n'est pas capable de douleur, de saveur, d'odeur, ni d'aucun sentiment, lorsqu'ils consultent fidèlement et avec application l'idée seule qui la représente, car il n'y a aucune qualité sensible renfermée dans l'idée qui représente l'étendue.

| Il est vrai qu'ils peuvent douter si le corps est ou n'est pas capable **167** de sentiment, ou de recevoir quelque qualité sensible. Mais c'est qu'ils entendent par le corps quelque autre chose que de l'étendue, et qu'ils n'ont point d'idée du corps pris en ce sens. Mais, lorsque M. Descartes, ou les cartésiens à qui je parle, assurent que l'on connaît mieux l'âme que le corps, ils n'entendent par le corps que l'étendue. Comment donc peuvent-ils soutenir que l'on connaît plus clairement la nature de l'âme que l'on ne connaît celle du corps, puisque l'idée du

corps ou de l'étendue est si claire que tout le monde convient de ce qu'elle renferme et de ce qu'elle exclut, et que celle de l'âme est si confuse que les cartésiens mêmes disputent tous les jours si les modifications de couleur lui appartiennent.

On connaît, disent ces philosophes après M. Descartes*, *la nature d'une substance, d'autant plus distinctement que l'on en connaît davantage d'attributs. Or il n'y a point de chose dont on connaisse tant d'attributs que de notre esprit, parce que, autant qu'on en connaît dans les autres choses, on en peut autant compter dans l'esprit de ce qu'il les connaît. Et partant sa nature est plus connue que celle de toute autre chose.*

Mais qui ne voit qu'il y a bien de la différence entre connaître par idée claire, et connaître par conscience ? Quand je connais que 2 fois 2 sont 4, je le connais très clairement, mais je ne connais point clairement ce qui est en moi qui le connaît. Je le sens, il est vrai ; je le connais par conscience ou sentiment intérieur. Mais je n'en ai point d'idée claire comme j'en ai des nombres, entre lesquels je puis découvrir clairement les rapports. Je puis compter qu'il y a dans mon esprit trois propriétés, celle de connaître que 2 fois 2 sont 4, celle de connaître que 3 fois 3 sont 9, et celle de connaître que 4 fois 4 sont 16. Et, si on le veut même, ces trois propriétés seront différentes entre elles, et je pourrai ainsi compter en moi une infinité de propriétés. Mais je nie qu'on connaisse clairement la nature des choses que l'on peut compter. Il suffit pour les compter de les sentir.

168   On peut dire que l'on a une idée claire d'un être et que l'on | en connaît la nature, lorsque l'on peut le comparer avec les autres, dont on a aussi une idée claire, ou pour le moins lorsqu'on peut comparer entre elles les modifications dont cet être est capable. On a des idées claires des nombres et des parties de l'étendue, parce qu'on peut comparer ces choses entre elles. On peut comparer 2 avec 4, 4 avec 16, et chaque nombre avec tout autre, on peut comparer un carré avec un

---

* Au lieu que je viens de citer [AT VII, 360, 2-6 : « Sed, quantum ad me, nihil unquam aliud requiri putavi ad manifestandam substantiam, praeter varia ejus attributa, adeo ut, quo plura alicujus substantiae attributa cognoscamus, eo perfectius ejus naturam intelligamus »].

triangle, un cercle avec une ellipse, un carré et un triangle avec tout autre carré et tout autre triangle, et l'on peut ainsi découvrir clairement les rapports qui sont entre ces figures et entre ces nombres. Mais on ne peut comparer son esprit avec d'autres esprits, pour en reconnaître clairement quelque rapport; on ne peut même comparer entre elles les manières de son esprit, ses propres perceptions. On ne peut découvrir clairement le rapport qui est entre le plaisir et la douleur, la chaleur et la couleur, ou, pour ne parler que des manières d'être de même genre, on ne peut déterminer exactement le rapport qui est entre le vert et le rouge, le jaune et le violet, ni même entre le violet et le violet. L'on sent bien que l'un est plus couvert ou plus éclatant que l'autre. Mais on ne sait point avec évidence ni de combien, ni ce que c'est qu'être plus couvert et plus éclatant. L'on n'a donc point d'idée claire ni de l'âme ni de ses modifications, et, quoique je voie ou que je sente les couleurs, les saveurs, les odeurs, je puis dire, comme j'ai fait, que je ne les connais point par idée claire, puisque je ne puis en découvrir clairement les rapports.

Il est vrai que je puis découvrir des rapports exacts entre les sons, que l'octave, par exemple, est double, la quinte comme 3 à 2, la quarte comme 4 à 3. Mais je ne puis connaître ces rapports par le sentiment que j'en ai. Si je sais que l'octave est double, c'est que j'ai appris par expérience qu'une même corde donne l'octave lorsque, l'ayant pincée tout entière, on la pince ensuite après l'avoir divisée en deux parties égales; c'est que je sais que le nombre des vibrations est double en temps égal, ou quelque chose de semblable; c'est que les tremblements de l'air, les vibrations de la corde, et la corde même, sont des choses que l'on peut comparer par des idées claires, et qu'on connaît distinctement | les rapports qui peuvent être entre la corde et ses **169** parties, comme aussi entre les vitesses de différentes vibrations. Mais on ne peut comparer les sons en eux-mêmes, ou en tant que qualités sensibles et modifications de l'âme; on ne peut de cette manière en reconnaître les rapports. Et, quoique les musiciens distinguent fort bien les différentes consonances, ce n'est point qu'ils en distinguent les rapports par des idées claires. C'est l'oreille seule qui juge chez eux de la différence des sons, la raison n'y connaît rien. Mais on ne peut

pas dire que l'oreille juge par idée claire, ou autrement que par sentiment. Les musiciens mêmes n'ont donc point d'idée claire des sons, en
tant que sentiments ou modifications de l'âme. Et par conséquent on
ne connaît point l'âme ni ses modifications par idée claire, mais
seulement par conscience ou sentiment intérieur.

De plus, on ne sait point en quoi consistent les dispositions de
l'âme qui la rendent plus prompte à agir et à se représenter les objets.
On ne peut pas même concevoir en quoi de telles dispositions
pourraient consister. Je dis plus : on ne peut par la raison s'assurer
positivement si l'âme seule séparée du corps, ou considérée sans
rapport au corps, est capable d'habitudes et de mémoire. Mais
comment pouvons-nous ignorer ces choses, si la nature de l'âme est
plus connue que celle du corps ? On voit sans peine en quoi consiste la
facilité que les esprits animaux ont à se répandre dans les nerfs, dans
lesquels ils ont déjà coulé plusieurs fois, ou pour le moins on découvre
sans peine que les tuyaux des nerfs s'élargissant, et leurs fibres se
couchant d'une certaine façon, les esprits peuvent aisément s'y
insinuer. Mais que peut-on concevoir qui soit capable d'augmenter la
facilité de l'âme pour agir ou pour penser ? Pour moi, j'avoue que
je n'y comprends rien. J'ai beau me consulter pour découvrir ces
dispositions, je ne me réponds rien. Je ne puis m'éclairer sur cela,
quoique j'aie un sentiment très vif de cette facilité avec laquelle il
s'excite en moi certaines pensées ; et, si je n'avais de bonnes raisons
qui me portent à croire que j'ai en effet de telles dispositions, quoique
je ne les connaisse point en moi, je jugerais, en ne consultant que le
sentiment intérieur, qu'il n'y a point dans mon âme ni d'habitude ni de
170 mémoire spirituelle. Mais enfin, puisqu'on hésite | sur cela, c'est une
marque certaine qu'on n'est pas si éclairé qu'on le dit, car le doute ne
s'accommode pas avec l'évidence et les idées claires.

Il est certain que l'homme le plus éclairé ne connaît point avec
évidence s'il est digne d'amour ou de haine, comme parle le Sage*. Le

---

* Eccl 9, 1 [« J'ai agité toutes ces choses dans mon cœur, et je me suis mis en peine
d'en trouver l'intelligence. Il y a des justes et des sages, et leurs œuvres sont dans la main
de Dieu, et néanmoins l'homme ne sait s'il est digne d'amour ou de haine » (Bible de
Sacy)].

sentiment intérieur qu'on a de soi-même ne peut rien assurer sur cela. S. Paul* dit bien que sa conscience ne lui reproche rien, mais il n'assure pas pour cela qu'il soit justifié. Il assure au contraire que cela ne le justifie pas, et qu'il n'ose pas se juger lui-même, parce que celui qui le juge c'est le Seigneur. Mais, comme l'on a une idée claire de l'ordre, si l'on avait aussi une idée claire de l'âme par le sentiment intérieur qu'on a de soi-même, on connaîtrait avec évidence si elle serait conforme à l'ordre ; on saurait bien si l'on est juste ou non ; on pourrait même connaître exactement toutes ses dispositions inté-rieures au bien et au mal, lorsqu'on en aurait le sentiment. Mais, si l'on pouvait se connaître tel qu'on est, on ne serait pas si sujet à la présomption. Et il y a bien de l'apparence que s. Pierre n'aurait point dit à son Maître qu'il allait bientôt renier : *Pourquoi ne puis-je pas vous suivre maintenant : je donnerai ma vie pour vous. Animam meam pro te ponam***. Car, ayant sentiment intérieur de ses forces et de sa bonne volonté, il aurait pu voir avec évidence s'il aurait eu la force ou le courage de vaincre la mort, ou plutôt les insultes d'une servante et de quelques valets.

Si la nature de l'âme est plus connue que celle de toute autre chose, si l'idée que l'on en a est aussi claire que celle qu'on a du corps, je demande seulement d'où peut venir qu'il y a tant de gens qui la confondent avec lui ? Est-il possible de confondre deux idées claires entièrement différentes ? Faisons justice à tout le monde. Ceux qui ne sont pas de notre sentiment sont raisonnables aussi bien que nous : ils ont les mêmes idées des choses ; ils participent à la même raison. Pourquoi donc confondent-ils ce que nous distinguons ? Ont-ils jamais confondu en | d'autres occasions les choses dont ils ont des idées claires ? Ont-ils jamais confondu deux nombres différents ? Ont-ils **171** jamais pris le carré pour le cercle ? Néanmoins l'âme est plus diffé-rente du corps que le carré ne l'est du cercle, car ce sont des substances

---

* *Sed neque meipsum judico. Nihil enim mihi conscius sum, sed non in hoc justificatus sum ; qui autem judicat me Dominus est* (1 Co 4, [3-]4]) [« Je n'ose pas même me juger moi-même. Car, encore que ma conscience ne me reproche rien, je ne suis pas justifié pour cela, mais c'est le Seigneur qui est mon juge » (Bible de Sacy)].

** Jn 13, 37.

qui ne conviennent en aucune chose, et cependant ils les confondent. C'est donc qu'il y a quelque difficulté à reconnaître leur différence. C'est que cela ne se découvre pas d'une simple vue, et qu'il faut raisonner pour conclure que l'une n'est pas l'autre. C'est qu'il faut consulter avec application l'idée de l'étendue, et reconnaître que l'étendue n'est point une manière d'être des corps, mais le corps même, puisqu'elle nous est représentée comme une chose subsistante, et comme le principe de tout ce que nous concevons clairement dans les corps, et qu'ainsi les manières dont le corps est capable n'ayant aucun rapport aux qualités sensibles, il faut que le sujet de ces qualités, ou plutôt l'être dont ces qualités sont des manières, soit bien différent du corps. Il est nécessaire de faire de semblables raisonnements pour s'empêcher de confondre l'âme avec le corps. Mais, si l'on avait une idée claire de l'âme, comme l'on en a une du corps, certainement on ne serait point obligé de prendre tous ces détours pour la distinguer de lui : cela se découvrirait d'une simple vue, et avec autant de facilité que l'on reconnaît que le carré n'est pas le cercle.

Je ne m'arrête pas à prouver plus au long * que l'on ne connaît point l'âme ni ses modifications par des idées claires. De quelque côté qu'on se considère soi-même, on le reconnaît suffisamment ; et je n'ajoute ceci à ce que j'en avais déjà dit dans la *Recherche de la vérité* que parce que quelques cartésiens y avaient trouvé à redire. Si cela ne les satisfait pas, j'attendrai qu'ils me fassent reconnaître cette idée claire que je n'ai pu trouver en moi, quelque effort que j'aie fait pour la découvrir.

---

* On peut voir la IXe des *Méditations chrétiennes* [voir en particulier § XV *sq.*, *OC* X, 101 *sq.*].

Sur le chapitre huitième de la deuxième partie du troisième livre
Des termes vagues et généraux qui ne signifient rien de particulier
Comment on les distingue des autres

Afin de comprendre ce que j'ai dit en quelques endroits que l'on ne rend point raison des choses, lorsqu'on les explique par des termes de logique et par des idées générales, il suffit de faire réflexion que, tout ce qui existe se réduisant à l'être ou aux manières d'être, tout terme qui ne signifie aucune de ces choses ne signifie rien, et tout terme qui ne signifie aucune de ces choses distinctement et en particulier ne signifie rien de distinct. Cela me paraît très évident, mais ce qui est évident en soi n'est pas tel pour tout le monde. L'on est accoutumé à se payer de mots, et à en payer les autres. Tous les termes qui ne blessent point l'oreille ont cours parmi les hommes, et la vérité entre si peu dans le commerce du monde, que ceux qui parlent ou qui écoutent n'y ont d'ordinaire aucun égard. Le don de la parole est le plus grand des talents, le langage d'imagination est le plus sûr des moyens, et une mémoire remplie de termes incompréhensibles paraîtra toujours avec éclat, quoique les cartésiens en puissent dire.

Quand les hommes aimeront uniquement la vérité, alors ils prendront bien garde à ce qu'ils disent; ils examineront avec soin ce qu'ils entendent; ils rejetteront avec mépris les termes vides de sens, et ils s'attacheront seulement aux idées claires. | Mais quand sera-ce **174** que les hommes aimeront uniquement la vérité? Ce sera lorsqu'ils ne dépendront plus de leurs corps, qu'ils n'auront plus de rapport nécessaire aux objets sensibles, qu'ils ne se corrompront plus les uns les autres, et qu'ils consulteront fidèlement le maître qui les éclaire dans le plus secret de leur raison; mais cela n'arrivera jamais en cette vie.

Cependant tous les hommes ne sont pas également indifférents pour la vérité. S'il y en a qui prononcent des paroles sans réflexion, qui les reçoivent sans discernement, et qui n'ont d'attention qu'à ce qui les touche, il y en a aussi qui travaillent sérieusement pour s'instruire de la vérité et pour en convaincre les autres. Et c'est principalement à ceux-ci que je parle, car c'est à leurs instances que j'ai pris la résolution de faire ces *Éclaircissements*.

Je dis donc que tout ce qui est, soit qu'il existe actuellement ou non, et par conséquent tout ce qui est intelligible, se réduit à l'être et à la manière de l'être. Par l'être, j'entends ce qui est absolu, ou ce qui se peut concevoir seul et sans rapport à autre chose. Par les manières de l'être, j'entends ce qui est relatif, ou ce qui ne se peut concevoir seul. Or il y a deux espèces de manières d'être : les unes consistent dans le rapport des parties d'un tout à quelque partie de ce même tout; les autres consistent dans le rapport d'une chose à une autre qui ne fait point partie du même tout. La rondeur de la cire est une manière d'être de la première espèce, parce que sa rondeur consiste dans l'égalité d'éloignement qu'ont toutes les parties de la surface à celle qui en est le centre. Le mouvement ou la situation de la cire est une manière d'être de la seconde espèce, car elle consiste dans le rapport qu'a la cire aux corps qui l'environnent. Je ne parle pas du mouvement pris pour la force mouvante, car il est clair que cette force n'est point et ne peut être une manière d'être des corps, puisque, de quelque manière qu'on les conçoive modifiés, on ne les peut concevoir comme ayant en eux une force mouvante.

S'il est certain que tout ce qui est intelligible se réduit aux êtres ou aux manières d'être, il est évident que tout terme qui ne signifie aucune de ces choses ne signifie rien, et que tout terme qui ne signifie 175 point un tel être ou une telle manière d'être | est un terme obscur et confus. Et par conséquent nous ne pouvons concevoir clairement ce que les autres nous disent ni ce que nous leur disons, si nous n'avons des idées distinctes d'être ou de manière d'être, lesquelles répondent à chacun des termes dont ils se servent, ou dont nous nous servons nous-mêmes.

Néanmoins je demeure d'accord qu'on peut, et même qu'on est quelquefois obligé de se servir de termes qui ne réveillent point directement d'idées distinctes. On le peut, parce qu'il n'est pas toujours nécessaire de mettre la définition en la place du défini, et que l'on se sert utilement d'expressions abrégées, quoique confuses en elles-mêmes. Et l'on y est contraint, lorsqu'on est obligé de parler des choses dont on n'a point d'idée claire, et que l'on ne connaît que par le sentiment intérieur qu'on a de soi-même, comme lorsqu'on parle de l'âme et de ses modifications. Il faut seulement observer de ne point se servir de termes obscurs et équivoques lorsqu'on en a de clairs, ou que ceux à qui l'on parle en peuvent prendre une fausse idée. Ces choses s'entendront mieux par quelque exemple.

Il est plus clair de dire que Dieu a créé le monde par sa volonté, que de dire qu'il l'a créé par sa puissance. Ce dernier mot est un terme de logique ; il ne réveille point dans l'esprit d'idée distincte et particulière, et il donne lieu de s'imaginer que la puissance de Dieu peut être autre chose que l'efficace de sa volonté. On parle plus clairement, lorsqu'on dit que Dieu pardonne aux pécheurs en Jésus-Christ, que si l'on disait absolument que Dieu leur pardonne par sa clémence et sa miséricorde. Ces termes sont équivoques ; ils donnent quelque sujet de penser que la clémence de Dieu est peut-être contraire à sa justice, que le péché peut demeurer impuni, que la satisfaction de Jésus-Christ n'est point nécessaire, et autres choses semblables.

On se sert souvent de ces termes vagues et dont la signification n'est point précise, lorsqu'on parle des perfections divines, et cela ne se doit point condamner, car l'exactitude philosophique n'est pas toujours nécessaire. Mais, par une stupidité et une négligence criminelle, l'on fait un tel abus de ces expressions générales, et l'on en tire tant de fausses conséquences, qu'encore que tous les hommes aient la même idée de Dieu, et qu'ils le considèrent tous comme un être infiniment parfait, néanmoins il n'y a presque point d'imperfection qu'on ne lui ait attribuée dans le temps de l'idolâtrie, et l'on en parle même

176 souvent d'une | manière fort indigne, tout cela faute de comparer sérieusement les choses que l'on en dit avec l'idée qui le représente, ou plutôt avec lui-même.

Voici encore un exemple qui me vient dans l'esprit et qui est de conséquence.

Ceux qui prétendent que la délectation prévenante ou la grâce de Jésus-Christ est efficace par elle-même et de sa nature, par rapport au consentement de la volonté, je dis par rapport au consentement de la volonté, car sans doute elle est efficace* par elle-même, par rapport à la volonté; elle a toujours cet effet de la mouvoir et de la porter au bien, puisqu'elle le fait goûter, et qu'en tout temps on veut invinciblement être heureux; ceux, dis-je, qui soutiennent que la grâce du Sauveur est efficace par elle-même, par rapport au consentement de la volonté, répondent quand on leur objecte que ce sentiment détruit la liberté, et qu'il est contraire à la décision du concile de Trente, qui a décidé que le libre arbitre mû par la grâce peut y résister, ou n'y pas consentir s'il le veut**; ils répondent, dis-je, que leur sentiment n'est point contraire à la liberté, et qu'on a le pouvoir de résister à la grâce de Jésus-Christ, mais qu'on n'y résiste jamais ou que ce pouvoir qu'on a de n'y pas consentir n'a jamais d'effet. Ne pouvez-vous pas, disent-ils, si vous le voulez, vous jeter par la fenêtre, vous couper le nez, vous arracher les yeux? Vous avez ces pouvoirs et plusieurs autres, mais il est certain que ni vous ni personne n'usera de ces pouvoirs. Il y a donc bien des pouvoirs qui n'auront jamais aucun effet. Tel est, disent-ils, le pouvoir que la grâce de Jésus-Christ laisse au libre arbitre. Il peut n'y pas consentir s'il le veut, mais il ne le voudra jamais.

---

* Voyez la 1 re des quatre lettres touchant celles de M. Arnauld dans le II e volume du recueil de mes *Réponses* [*OC* VII, 345-375]. Je tâche là, en attachant des idées distinctes et précises aux termes de la question, d'expliquer en quel sens la grâce de Jésus-Christ est efficace par elle-même.

** Sess. 6, can. 4 [Concile de Trente, session 6, janvier 1547, canon 4; voir H. Denzinger, *Enchiridion symbolorum*, n° 1554 : « Si quelqu'un dit que le libre arbitre de l'homme, mû et poussé par Dieu, ne coopère en rien quand il acquiesce à Dieu, qui le pousse et l'appelle à se disposer et préparer à obtenir la grâce de la justification, et qu'il ne peut refuser d'acquiescer, s'il le veut, mais que tel un être inanimé il ne fait absolument rien et se comporte purement passivement: qu'il soit anathème »].

Pour découvrir le faible de cette réponse, il n'y a qu'à éclaircir ce mot, *pouvoir*, et en ôter l'équivoque.

Il est clair qu'on n'a le pouvoir de se jeter par la fenêtre que supposé qu'on ait celui de le vouloir. Or on ne peut rien vouloir sans **177** quelque motif qui intéresse le désir naturel et invincible que nous avons d'être heureux, car vouloir quelque chose n'est que consentir au motif qui nous porte à le vouloir, et il faut connaître ou sentir avant que de consentir. Si donc on n'a pas le pouvoir de rien vouloir sans un motif qui s'accorde avec le désir d'être heureux, on est bien éloigné d'avoir celui de se jeter par la fenêtre, vu le danger qu'il y a de s'estropier et de se tuer, ce qu'on regarde naturellement comme un grand mal. Ainsi, lorsqu'un homme dit qu'il a le pouvoir de se précipiter s'il le veut, ce mot de pouvoir signifie seulement qu'il a le pouvoir de remuer son corps selon ses désirs, et il a véritablement ce pouvoir. Et, lorsqu'il assure, sans hésiter, qu'il ne se jettera jamais par sa fenêtre, il faut entendre qu'il ne le fera jamais de gaieté de cœur, et sans des motifs fort pressants, qu'il ne prévoit pas alors, tel que pourrait être la crainte d'être brûlé vif dans sa chambre, ou poignardé par ses ennemis, parce qu'on ne peut rien vouloir sans motif. Pourrait-on dire que s. Pierre peut encore maintenant renier son Maître s'il le veut, pour en conclure qu'il y a des pouvoirs qui n'ont et n'auront jamais d'effet. Il le peut, s'il le veut, mais il ne peut pas le vouloir, ni même hésiter à ne le pas vouloir, parce qu'il n'a pas pour cela de motifs et qu'il en a d'invincibles pour l'attacher à son cher Maître et à son Dieu.

Mais, maintenant que l'âme est en épreuve dans son corps, que la vie de l'homme est et doit être un combat continuel, parce que c'est le temps d'acquérir des mérites par sa correspondance à la grâce, peut-on dire que, lorsqu'elle nous porte à faire quelque bonne œuvre, la concupiscence ne fournisse pas assez de motifs, pour laisser à l'âme du moins le pouvoir de suspendre son consentement, la liberté de penser, le temps d'examiner, surtout si c'est une bonne œuvre dont on n'ait point l'habitude de la pratiquer. Or, supposé qu'on suspende un quart d'heure, ou plus de temps que ne dure la délectation de la grâce, n'est-il pas évident qu'elle n'aura pas été efficace par elle-même par

rapport au consentement, quoique cette même grâce l'eût fait produire à la volonté, si elle eût suivi promptement le mouvement qu'elle lui inspirait. Quand on propose à un homme de se précipiter et de s'arracher les yeux, quel motif aurait-il de suspendre son consentement pour examiner s'il le fera ? Mais, lorsque la grâce porte quelqu'un de quitter
178 le monde et à se faire religieux, certainement | il ne manque pas de motifs pour suspendre et pour examiner. Celui-ci, quoique mû par la grâce, a donc un vrai pouvoir, et qui n'a que trop souvent son effet ; et l'autre n'en a qu'un imaginaire ; et c'est abuser du terme équivoque de pouvoir, c'est être trompé ou vouloir tromper les autres, que de répondre à la décision claire et évidente du concile, de la manière que je viens de dire.

Je dis que cette décision est claire et évidente, car le pouvoir décidé par le concile, qui est celui de résister ou de ne pas consentir au mouvement actuel de la grâce, à la délectation prévenante qui meut actuellement la volonté, est un pouvoir de former l'acte marqué dans ce pouvoir, marqué, dis-je, fort clairement. Car résister ou ne pas consentir sont des termes relatifs au mouvement actuel que la grâce produit dans la volonté. Certainement on ne peut pas résister à la grâce ou à une tentation dans le sens divisé, c'est-à-dire lorsque la grâce ou la tentation ne meut point actuellement la volonté, car ce serait résister à rien, consentir à rien. Afin que la volonté puisse actuellement résister au mouvement de la grâce, il faut que la grâce la meuve actuellement. Ainsi la décision du concile est claire, sans équivoque, et n'a nul besoin d'explication. Car un pouvoir qui ne peut s'exercer ou former d'acte est un pouvoir qui ne peut rien, et qui par conséquent n'est point. Et dire que le libre arbitre, mû par la grâce, a le pouvoir de n'y pas consentir, mais qu'il y a contradiction qu'il exerce son pouvoir, c'est contredire le concile, et se contredire soi-même.

Si le concile avait dit : « Celui qui consent au mouvement de la grâce a le pouvoir de n'y pas consentir », alors on aurait quelque raison de distinguer et de dire qu'il a ce pouvoir, mais qu'il y a contradiction que ce pouvoir forme son acte de résistance à la grâce, parce que la volonté ne peut y consentir et n'y pas consentir en même temps. Il y a contradiction que Dieu me donne et ne me donne pas une telle grâce en même temps. Il y a aussi contradiction qu'en même temps j'y consente et que je n'y consente pas. Mais il n'y en a aucune que d'un côté Dieu me donne sa grâce, et que moi dans le même temps je n'y consente pas, si ce n'est qu'on suppose que je ne puisse avoir aucun motif de refuser mon consentement, ou que l'acte de mon consentement ne soit point libre et ne dépende point de moi.

| Mais c'est principalement dans les matières de physique qu'on 179 abuse des termes vagues et généraux, qui ne réveillent point d'idées distinctes d'être ou de manières d'être. Par exemple, lorsqu'on dit que les corps tendent à leur *centre*, qu'ils tombent par leur *pesanteur*, qu'ils s'élèvent par leur *légèreté*, qu'ils se meuvent par leur *nature*, qu'ils sont durs ou fluides par eux-mêmes, qu'ils changent successivement de *formes*, qu'ils agissent par leurs *vertus*, *qualités*, *facultés*, etc., on se sert de termes qui ne signifient rien, et toutes ces propositions sont absolument fausses dans le sens que la plupart des philosophes leur donnent. Il n'y a point de *centre* au sens qu'on l'entend d'ordinaire. Ces termes de *pesanteur*, de *forme*, de *nature* et d'autres semblables ne réveillent point l'idée ni d'un être ni d'une manière d'être. Ce sont des termes vides de sens, et que les personnes sages doivent éviter. *Scientia insensati inenarrabilia verba*, dit l'Écriture*. Ces termes ne sont propres qu'à couvrir l'ignorance des faux savants, et à faire croire aux stupides et aux libertins que Dieu n'est point seul la vraie cause de toutes choses.

Il me semble que cela est certain et facile à concevoir. Cependant la plupart des hommes parlent librement de toutes choses, sans se mettre en peine d'examiner si les termes dont ils se servent ont une signification claire et exacte. Il y a même des auteurs, qui ont composé plusieurs volumes, dans lesquels il est plus difficile qu'on ne pense de remarquer quelque endroit où ils aient entendu ce qu'ils ont écrit. Ainsi ceux qui lisent beaucoup, et qui écoutent avec respect des discours vagues et généraux des faux savants, sont dans une ignorance

---

*Eccli 21, 21 [L'édition de 1712 imprime par erreur : « Eccl » ; nous corrigeons d'après les éditions précédentes. « La science de l'insensé est une confusion de paroles mal digérées » (Bible de Sacy)].

très grossière. Et je ne vois pas qu'ils s'en puissent délivrer, s'ils ne font et s'ils ne renouvellent sans cesse la résolution de ne croire jamais personne sur sa parole, et avant que d'avoir attaché des idées distinctes aux termes les plus communs dont les autres se servent. Car ces termes ne sont point clairs comme on se l'imagine ordinairement. Ils ne 180 paraissent clairs qu'à cause de l'usage continuel qu'on en fait, | parce que l'on s'imagine bien comprendre ce qu'on dit, ou ce que l'on entend dire, lorsqu'on écoute ou que l'on dit des choses que l'on a dites cent fois, quoiqu'on ne les ait jamais examinées.

Sur la conclusion des trois premiers livres
Que les médecins et les directeurs nous sont absolument nécessaires, mais
qu'il est dangereux de les consulter et de les suivre en plusieurs occasions

Certainement l'homme avant son péché avait toutes les choses qui lui étaient nécessaires pour conserver son esprit et son corps dans un état parfait, il n'avait besoin ni de directeur ni de médecin : il consultait la vérité intérieure comme la règle infaillible de son devoir, et ses sens étaient si fidèles, qu'ils ne le trompaient jamais dans l'usage qu'il devait faire des corps qui l'environnaient pour conserver le sien propre.

Mais depuis le péché les choses sont bien changées : nous consultons beaucoup plus nos passions que la vérité ou la loi éternelle, et nos sens sont si déréglés qu'en les suivant nous perdons quelquefois la santé et la vie. Les directeurs et les médecins nous sont absolument nécessaires, et ceux qui prétendent être assez habiles pour se conduire en toutes rencontres tombent ordinairement dans des fautes grossières qui leur apprennent, un peu trop tard, qu'ils suivent un maître qui n'est pas trop sage.

Cependant je crois pouvoir dire que le péché n'a point tellement déréglé toutes les facultés de l'âme, qu'on ne puisse en plusieurs occasions se consulter soi-même, et que souvent il arrive qu'on perd la vie de l'âme ou du corps parce qu'on a recours à des médecins peu experts dans leur art, et qui ne connaissent point assez notre tempérament, ou à des directeurs ignorants | dans la religion et dans la morale et qui **182** n'examinent point le fond des consciences pour découvrir les engagements et les dispositions de ceux qui les consultent.

Ce que j'ai dit pour la conclusion des trois premiers livres de la *Recherche de la vérité* a donné sujet à quelques personnes de s'imaginer que je prétendais qu'afin de conserver sa santé et sa vie, l'on devait suivre ses sens et ses passions en toutes choses, et que pour s'instruire de son devoir il était inutile de consulter les autres hommes, puisque nous avons pour maître la Sagesse éternelle, qui nous parle clairement dans le plus secret de notre raison. Et quoique je n'aie point dit, ni même pensé, que les médecins et les directeurs fussent inutiles, certaines personnes, promptes à juger et à conclure, se sont persuadé que c'était assez mon sentiment, à cause peut-être que c'était le leur, et qu'ils ne considèrent point tant l'homme comme il est présentement, que comme il était avant le péché. Voici donc à peu près ce que je pense sur cette question.

On peut considérer l'homme en deux états : dans la santé et dans la maladie. Si on le considère dans une parfaite santé, on ne peut, ce me semble, douter que ses sens ne lui soient beaucoup plus utiles pour la conserver, que sa raison et l'expérience des médecins les plus habiles. Il ne faut point envoyer quérir un médecin pour savoir combien pesant un homme peut porter, s'il doit manger du bois et des pierres, s'il peut se jeter dans un précipice ; ses sens lui apprennent d'une manière courte et incontestable ce qu'il doit faire dans de semblables occasions qui sont les plus ordinaires. Et cela suffit ce me semble pour justifier ce que j'ai dit pour conclusion des trois premiers livres.

Mais cela ne suffit pas pour justifier ce que j'ai pensé, et même ce que j'ai dit ailleurs, *que nos sens s'acquittent admirablement bien de leur devoir, et qu'ils nous conduisent à leur fin, d'une manière si juste et si fidèle, qu'il semble que c'est à tort qu'on les accuse de corruption et de dérèglement**. Car j'ai toujours cru que la justesse, l'exactitude, 183 l'ordre admirable qui se rencontre dans nos sentiments | par rapport à la conservation de la vie n'est point une suite du péché, mais la première institution de la nature.

On objecte que maintenant cet ordre est fort déréglé et que, si nous suivions nos sens, non seulement nous mangerions souvent du poison,

---

* Livre I, chap. V [§ I].

mais que nous prendrions presque toujours de la nourriture beaucoup plus que nous n'en pouvons digérer.

Mais, à l'égard des poisons, je ne pense pas que nos sens nous portassent jamais à en manger, et je crois que, si par hasard nos yeux nous excitaient à en goûter, nous n'y trouverions pas une saveur propre à nous les faire avaler, pourvu néanmoins que ces poisons fussent dans leur état naturel. Car il y a bien de la différence entre des poisons tels qu'ils viennent naturellement et des viandes empoisonnées, entre du poivre cru et des viandes poivrées. Nos sens nous portent à manger des viandes empoisonnées, j'en demeure d'accord. Mais ils ne nous portent pas à manger des poisons ; je ne sais même s'ils nous portent à en goûter, pourvu que ces poisons soient en l'état que Dieu les a produits, car nos sens ne s'étendent qu'à l'ordre naturel des choses, tel que Dieu l'a établi.

Je demeure aussi d'accord que nos sens nous portent maintenant à manger avec excès de certains aliments, mais c'est qu'ils ne sont point en leur état naturel. On ne mangerait peut-être point trop de blé, si on le moulait avec les dents qui sont faites à ce dessein. Mais on le moud et on le blute, on le pétrit et on le cuit, et même quelquefois avec du lait, du beurre, du sucre ; on le mange encore avec des confitures et des ragoûts de plusieurs espèces qui irritent l'appétit. Ainsi il ne faut pas s'étonner si nos sens nous portent à des excès, lorsque la raison et l'expérience se sont jointes ensemble pour les surprendre et pour les corrompre.

Il en est de même de la chair, elle fait horreur aux sens lorsqu'elle est crue et pleine de sang, comme on la voit après que l'animal est mort de lui-même. Mais les hommes se sont avisés de tuer des bêtes, d'en faire sortir le sang, d'en mettre cuire la chair, et de l'assaisonner, et après cela ils accusent leurs sens de corruption et de désordre. Puisqu'ils se servent de leur raison, pour se préparer d'autres aliments que ceux que la nature leur | fournit, j'avoue qu'il est nécessaire qu'ils **184** se servent aussi de leur même raison pour se modérer dans leur repas ; et, si les cuisiniers ont trouvé l'art de nous faire manger de vieilles savates en ragoût, nous devons aussi faire usage de notre raison et nous défier de ces viandes falsifiées qui ne sont point telles que Dieu les a faites, car Dieu ne nous a donné des sens que par rapport à l'ordre naturel des choses.

Il faut encore observer que notre imagination et nos sens sont dans la défiance, lorsque nous prenons des aliments qui ne sont point ordinaires. Car, si un homme n'avait jamais mangé ni vu manger d'un certain fruit, et qu'il en rencontrât, il aurait d'abord quelque aversion et quelque sentiment de crainte en le goûtant. Son imagination et ses sens seraient naturellement très attentifs au goût qu'il ressentirait. Quelque faim qu'il eût, il en mangerait peu la première fois ; et, si ce fruit avait quelque qualité dangereuse, elle ne manquerait pas d'exciter en lui quelque horreur. Ainsi sa machine se disposerait de telle manière qu'il n'en mangerait pas une autre fois, et, l'horreur qu'il en aurait s'exprimant sensiblement par l'air de son visage, il empêcherait même les autres d'en manger. Tout cela se ferait, ou se pourrait faire en lui, sans que la raison y eût de part, car je ne parle point ici des secours que la raison et l'instruction peuvent donner. Mais, comme nos amis prennent de mauvaises nourritures, du moins par rapport à notre tempérament, nous faisons comme eux, car nous vivons d'opinion et l'exemple nous rassure. Nous n'examinons point l'effet que ces aliments produisent en nous, et nous ne craignons point d'en prendre avec excès. Mais nos sens n'ont point tant de part à cet excès que nous le croyons.

Il est vrai qu'il se peut faire qu'il y ait dans le monde des fruits dont le goût trompe les personnes les plus attentives aux rapports de leurs sens, mais cela est assurément fort rare. On ne doit pas conclure absolument de ces cas particuliers que nos sens sont tout corrompus et qu'ils nous trompent ordinairement dans les choses mêmes qui regardent le bien du corps. Peut-être que ces fruits trompent notre goût parce que nous en avons altéré l'organe par une nourriture qui n'est point naturelle, et dont | nous nous servons souvent, car il est certain que les viandes de haut goût, dont nous nous nourrissons, blessent par leurs parties trop pénétrantes les fibres de notre langue et lui ôtent sa délicatesse et son discernement. L'exemple de ceux qui ne trouvent plus de goût que dans les ragoûts est une preuve de ce que je dis, car si nous ne trouvons point de saveur dans du blé, ni dans de la chair crue, c'est que notre langue est devenue insensible pour des parties dont les mouvements sont modérés.

Mais, supposé même qu'il y ait des fruits dont le goût soit capable de tromper les sens les plus délicats, et qui sont encore dans leur perfection naturelle, on ne doit point croire que cela vienne du péché, mais seulement de ce qu'il est impossible qu'en vertu des lois très simples de la nature, un sens ait assez de discernement pour toutes sortes de viandes. De plus, le défaut de ce sens ne serait point sans remède, parce que, lorsque les mères ont de l'aversion pour des fruits dangereux, elles la communiquent à leurs enfants, non seulement quand ils sont dans leur sein, mais encore bien davantage lorsqu'elles les ont mis au monde. Car les enfants ne mangent que ce qui leur est donné par leurs mères et elles impriment en eux machinalement, et par l'air de leur visage, l'horreur qu'elles ont pour les fruits qui ne sont point bons à manger. De sorte que Dieu a suffisamment pourvu par nos sens à la conservation de notre vie, et il ne se peut rien de mieux. Comme l'ordre veut que les lois de l'union de l'âme avec le corps soient très simples, elles doivent être très générales et Dieu ne devait pas établir des lois particulières pour des cas qui n'arrivent presque jamais. La raison dans ces rencontres doit venir au secours des sens, car on se peut servir de sa raison en toutes choses. Mais les sens sont déterminés à certains jugements naturels, qui sont les plus utiles que l'on puisse concevoir, ainsi que je l'ai prouvé dans le premier livre. Néanmoins ces jugements nous trompent quelquefois, parce qu'il est impossible que cela arrive autrement, sans multiplier les lois très simples de l'union de l'âme et du corps.

Si l'on considère présentement l'homme dans l'état de la maladie, il faut avouer que ses sens le trompent souvent, dans les | choses **186** mêmes qui ont rapport à la conservation de sa vie. Car, l'économie de son corps étant troublée, il est impossible qu'à proportion du trouble dans lequel il est, il ne s'excite dans son cerveau beaucoup de mouvements irréguliers. Cependant ses sens ne sont point encore si corrompus qu'on le croit ordinairement et Dieu a si sagement pourvu à la conservation de la vie par les lois de l'union de l'âme et du corps, qu'encore que ces lois soient très simples, elles suffisent souvent pour nous rendre notre santé, et il est beaucoup plus sûr de les suivre, que de nous servir de notre raison, ou de certains médecins qui ne consultent pas avec soin l'état où se trouvent leurs malades. Car, de même qu'une plaie se referme et se rétablit d'elle-même, lorsqu'on a soin de la tenir nette, rejointe et bandée, et peut-être de la lécher, comme font les animaux lorsqu'ils sont blessés, les maladies ordinaires se dissipent bientôt, lorsqu'on demeure dans l'état, et qu'on observe exactement la manière de vivre que ces maladies nous inspirent comme par instinct ou par sentiment.

Un homme, par exemple, qui a la fièvre trouve que le vin est amer, aussi le vin lui est-il nuisible alors : ce même homme le trouve agréable au goût quand il est en santé, et pour lors le vin lui fait du bien. Il arrive même souvent que le vin est très utile aux malades qui le trouvent bon, pourvu que le goût qu'ils en ont ne soit point un effet de l'habitude qu'ils ont d'en boire, et que le désir qui s'excite en eux ait pour cause la disposition présente de leur corps. Ainsi on ne peut douter qu'il ne faille interroger ses sens pour savoir même dans la maladie le moyen de rétablir leur santé. Et voici ce que je crois qu'il faut faire.

Il faut que les malades soient extrêmement attentifs à certains désirs secrets que la disposition actuelle de leur corps excite quelquefois en eux, et surtout qu'ils prennent garde que ces désirs ne soient point une suite de quelque habitude précédente. Ils doivent pour cela laisser aller leur imagination nonchalamment, pour ainsi dire, ou sans penser à rien qui la détermine, observer à quoi ils se sentent portés, et examiner si leur inclination présente s'excite en eux à cause de la disposition où ils se trouvent. Cela étant ainsi, ils doivent la suivre, 187 mais avec beaucoup de | retenue, car il est extrêmement difficile de s'assurer si ces inclinations secrètes viennent de la disposition où se trouve le corps ; et il est quelquefois utile de consulter sur cela quelque personne d'expérience. Si, le malade laissant aller son imagination, ainsi que je viens de le dire, rien ne se présente à son esprit, il doit demeurer en repos et faire diète, car apparemment la diète excitera en lui quelque désir, ou dissipera les humeurs qui le rendent malade. Mais, si la maladie augmente, quoiqu'il fasse diète et qu'il demeure en repos, alors il est nécessaire d'avoir recours à l'expérience et aux médecins. Il faut donc représenter exactement toutes choses à quelque médecin expert et qui connaisse s'il se peut notre tempérament ; il faut lui expliquer clairement le commencement et la suite de sa maladie, et l'état où l'on se trouvait avant que d'y tomber, afin qu'il consulte son expérience et sa raison par rapport à celui qu'il prétend guérir. Et, quoique le médecin ordonne des médecines amères, et qui sont véritablement des espèces de poison, il les faut prendre, parce qu'on a expérience que d'ordinaire ces poisons ne demeurent pas dans le corps, et qu'ils chassent quelquefois avec eux les mauvaises humeurs qui causent nos maladies. Alors il faut que la raison, ou plutôt l'expérience, l'emporte sur les sens, pourvu que l'horreur qu'on a de la médecine qui nous est présentée ne soit point nouvelle. Car, si cette aversion s'était excitée en nous en même temps que la maladie nous est survenue, ce serait une marque que cette espèce de médecine serait de même nature que les mauvaises humeurs qui causent cette maladie, et qu'ainsi elle ne ferait peut-être que les augmenter.

Néanmoins je crois qu'avant que de se hasarder à prendre des médecines fortes ou dont on a beaucoup d'horreur, il serait à propos de commencer par des remèdes plus doux ou plus naturels, comme pourrait être de boire beaucoup d'eau, ou de prendre quelque léger vomitif, si l'on a perdu l'appétit, et que l'on n'ait point trop de difficulté à se faire vomir. L'eau prise avec excès peut rendre fluides les humeurs trop épaisses par la chaleur, faciliter la circulation du sang dans toutes les parties | du corps, noyer les ferments qui causent la **188** maladie, dessaler le sang et les humeurs, ou en ôter l'âcreté. Et les vomitifs nettoyant l'estomac font que la nourriture que l'on prend ne s'y corrompt plus, et n'entretient plus les fièvres intermittentes ; je ne dois pas m'arrêter à prouver la bonté de ces remèdes. Je crois donc qu'il faut suivre le conseil des médecins sages, qui ne vont point trop vite, qui n'espèrent point trop de leurs remèdes, et qui ne sont point trop faciles à laisser des ordonnances, car, lorsqu'on est malade, pour un remède qui fait du bien, il y en a toujours plusieurs qui font du mal. Comme ceux qui souffrent sont impatients, et qu'il n'est point avantageux à l'honneur des médecins, ni au profit des apothicaires, de voir des malades sans leur rien ordonner, les médecins ne visitent point assez, et ordonnent trop. Ainsi, lorsqu'on est malade, on doit prier son médecin de ne rien hasarder, de suivre la nature et de la fortifier s'il le peut. Il faut lui faire connaître qu'on a assez de raison et de patience, pour ne point trouver mauvais de ce qu'il nous voit souvent sans nous soulager, car, dans ces rencontres, c'est quelquefois beaucoup, lorsqu'on ne gâte rien.

Je crois donc qu'il faut avoir recours aux médecins et ne pas refuser de leur obéir, si l'on veut conserver sa vie. Car, encore qu'ils ne puissent point nous assurer de nous rendre la santé, ils y peuvent quelquefois contribuer beaucoup, à cause des expériences conti-nuelles qu'ils font dans différentes maladies. Ils savent peu de chose avec exactitude, mais ils en savent toujours plus que nous ; et, pourvu qu'ils se mettent en peine de connaître notre tempérament, qu'ils observent avec soin tous les accidents du mal, et qu'ils aient beaucoup égard au sentiment intérieur que nous avons de nous-mêmes, nous devons espérer d'eux tout le secours que nous pouvons raisonna-blement espérer des hommes.

On peut dire à peu près des directeurs ce qu'on vient de dire des médecins. Il est absolument nécessaire de les consulter en quelques rencontres, et d'ordinaire cela est utile. Mais il arrive souvent qu'il est très inutile et quelquefois même très dangereux de les consulter. J'explique et je prouve ces choses.

189 | On dit ordinairement que la raison de l'homme est sujette à l'erreur, mais il y a en cela un équivoque auquel on ne prend point assez garde, car il ne faut pas s'imaginer que la Raison que l'homme consulte soit corrompue, ni qu'elle le trompe jamais, lorsqu'il la consulte fidèlement. Je l'ai dit, et je le redis encore, il n'y a que la souveraine Raison qui nous rende raisonnables ; il n'y a que la souveraine Vérité qui nous éclaire ; il n'y a que Dieu qui nous parle clairement et qui sache nous instruire. Nous n'avons qu'un véritable Maître Jésus-Christ notre Seigneur, la Sagesse éternelle, le Verbe du Père, en qui sont tous les trésors de la sagesse et de la science de Dieu, et c'est une impiété que de dire que cette Raison universelle à laquelle tous les hommes participent, et par laquelle seule ils sont raisonnables,

soit sujette à l'erreur, ou capable de nous tromper. Ce n'est point la raison de l'homme qui le séduit, c'est son cœur; ce n'est point sa lumière qui l'empêche de voir, ce sont ses ténèbres; ce n'est point l'union qu'il a avec Dieu qui le trompe, ce n'est pas même en un sens celle qu'il a avec son corps, c'est la dépendance où il est de son corps, ou plutôt c'est qu'il veut se tromper lui-même; c'est qu'il veut jouir du plaisir de juger, avant que de s'être donné la peine d'examiner; c'est qu'il veut se reposer avant que d'être arrivé au lieu où la vérité repose. J'ai expliqué plus exactement la cause de nos erreurs en plusieurs endroits de la *Recherche de la vérité*, et je suppose ici ce que j'en ai dit.

Cela étant ainsi, je dis qu'il est inutile de consulter les directeurs, lorsqu'il est certain que la Vérité nous parle; et il est certain que la Vérité nous parle, lorsque l'évidence se rencontre dans les réponses qui se font à nos demandes, ou à l'attention de notre esprit. Je dis l'évidence, qu'on y prenne garde, et l'évidence que la lumière produit, et non cette fausse évidence que produit en nous l'imagination ou la passion. Ainsi, lorsque rentrant en nous-mêmes, nous entendons dans le silence de nos sens et de nos passions, une parole si claire et si intelligible qu'il nous est impossible d'en douter, il faut nous y soumettre sans nous | soucier de ce qu'en pensent les hommes. Il ne faut point **190** considérer la coutume, écouter ses inclinations secrètes, avoir trop de respect pour les réponses de ceux mêmes qu'on appelle savants. Il ne faut pas se laisser séduire par l'apparence d'une fausse piété, ni se laisser abattre par les oppositions de ceux qui ne connaissent point l'esprit qui les anime; mais il faut souffrir leurs insultes avec patience, sans condamner leurs intentions, et sans mépriser leur personne. Il faut se réjouir avec simplicité à la lumière de la Vérité qui nous éclaire, et, quoique ses réponses nous condamnent, il faut les préférer à toutes ces distinctions subtiles que l'imagination invente pour justifier les passions.

Tout homme, par exemple, qui sait rentrer en lui-même, et qui fait cesser le bruit qu'excitent ses sens et ses passions, découvre clairement que tout le mouvement d'amour que Dieu met en nous doit se terminer vers lui, et que Dieu même ne peut pas nous dispenser de l'obligation que nous avons de l'aimer en toutes choses. Il est évident que Dieu ne peut pas cesser d'agir pour lui, créer ou conserver notre volonté pour vouloir autre chose que lui, ou pour vouloir autre chose que ce qu'il veut lui-même. Car je ne vois pas comment on peut s'imaginer que Dieu soit capable de vouloir qu'on aime le plus ce qui est le moins aimable, ou qu'on aime souverainement, ou comme sa fin, ce qui n'est point souverainement aimable.

Je sais bien que les hommes qui consultent leurs passions au lieu de consulter l'ordre peuvent facilement s'imaginer que Dieu n'a point d'autre règle de ses volontés que ses volontés mêmes, et que, si Dieu suit un ordre, c'est précisément parce qu'il l'a voulu, et qu'il a fait ce même ordre par une volonté libre et indifférente en toutes manières. Il y a des gens qui pensent qu'il n'y a point d'ordre immuable et nécessaire par sa nature, et que l'ordre ou la sagesse de Dieu, selon laquelle il a fait toutes choses, quoique la première des créatures est elle-même une créature faite par une volonté libre de Dieu, et non point engendrée de sa substance par la nécessité de son être. Mais ce sentiment qui ébranle tous les fondements de la morale, en ôtant à l'ordre et aux lois éternelles qui en dépendent, leur immutabilité, et qui renverse tout 191 l'édifice de la religion chrétienne, en dépouillant Jésus-Christ | ou le Verbe de Dieu de sa divinité, ne répand point encore assez de ténèbres dans l'esprit pour lui cacher cette vérité que Dieu veut l'ordre. Ainsi, soit que les volontés de Dieu fassent l'ordre, ou qu'elles le supposent, on voit clairement, lorsqu'on rentre en soi-même, que le Dieu que nous adorons ne peut point faire ce qui nous paraît évidemment contraire à l'ordre. De sorte que, l'ordre voulant que notre temps, ou la durée de notre être, soit pour celui qui nous conserve, que tout le mouvement de notre cœur tende sans cesse vers celui qui l'imprime sans cesse en nous, que toutes les puissances de notre âme ne travaillent que pour celui par la vertu de qui elles agissent, Dieu ne peut pas nous dispenser du commandement qu'il nous a fait par Moïse dans la Loi[1], et qu'il nous a réitéré par son Fils dans l'Évangile : *Vous aimerez le*

---

1. Dt 6, 5.

Seigneur votre Dieu de tout votre cœur, de toute votre âme, de tout votre esprit, et de toutes vos forces*.

Mais, parce que l'ordre veut que tout juste soit heureux, et tout pécheur malheureux, que toute action conforme à l'ordre, ou tout mouvement d'amour vers Dieu, soit récompensé, et que toute action contraire à l'ordre, ou tout mouvement d'amour qui ne tend point vers Dieu, soit puni, il est évident que tout homme qui veut être heureux, doit tendre à Dieu sans cesse, et qu'il doit rejeter avec horreur tout ce qui l'arrête dans sa course, ou qui diminue son mouvement vers son vrai bien. Il n'est point nécessaire qu'il consulte pour cela de directeur, car, lorsque Dieu parle, il faut que les hommes se taisent ; et, lorsque nous sommes absolument certains que nos sens et nos passions n'ont point de part aux réponses que nous entendons dans le plus secret de notre raison, nous devons toujours écouter ces réponses avec respect et nous y soumettre.

Voulons-nous savoir si nous irons au bal et à la comédie, si nous pouvons en conscience passer une grande partie du jour au jeu et à des entretiens inutiles, si certains commerces, | certaines études, certains **192** emplois, sont conformes à nos obligations ? Rentrons en nous-mêmes ; faisons taire nos sens et nos passions, et voyons à la lumière de Dieu si nous pouvons faire pour lui une telle action. Interrogeons celui qui est la voie, la vérité et la vie, pour savoir si le chemin que nous suivons ne nous conduit point à la mort, et, si Dieu étant essentiellement juste, et nécessairement obligé de punir tout ce qui n'est point conforme à l'ordre, et de récompenser tout ce qui y est conforme, nous avons sujet de croire que nous allons augmenter ou assurer notre félicité par l'action que nous prétendons faire.

Si c'est l'amour de Dieu qui nous porte à aller au bal, allons-y ; si nous devons jouer pour gagner le Ciel, jouons nuit et jour ; si nous avons en vue la gloire de Dieu dans notre emploi, exerçons-le ; faisons toutes ces choses avec joie, car notre récompense sera grande dans le Ciel. Mais, si, après avoir examiné avec soin nos obligations essentielles, nous reconnaissons clairement que notre être ni sa durée ne

---

* *Diliges Dominum Deum tuum ex toto corde tuo, et ex tota anima tua, et ex tota mente tua, et ex tota virtute tua* (Mc 12, 30).

sont point à nous, et que nous faisons une injustice, que Dieu ne peut s'empêcher de punir, lorsque nous ne travaillons qu'à passer le temps agréablement, si notre Maître et notre Seigneur Jésus-Christ, qui nous a acquis par son sang, nous reproche d'une manière très claire et très intelligible notre infidélité et notre ingratitude, à cause que nous vivons selon la chair et selon le monde, que nous menons une vie molle et voluptueuse, que nous suivons l'opinion et la coutume, rendons-nous à sa voix ; n'endurcissons point nos cœurs, ne cherchons point de directeurs qui nous consolent de ces reproches, qui nous assurent contre ces menaces, et qui couvrent de nuages agréables cette lumière qui nous blesse et qui nous pénètre.

Lorsqu'un aveugle en conduit un autre, ils tombent tous deux dans le précipice, dit l'Évangile [1]. Mais, si l'aveugle qui se laisse conduire, tombe avec celui qui le conduit, si Dieu ne l'excuse pas, excusera-t-il celui qui voit clair, et qui se laisse mener par un aveugle, à cause que cet aveugle le conduit agréablement, et qu'il l'entretient par le chemin selon ses inclinations ? Ces aveugles volontaires doivent savoir que Dieu, qui ne trompe jamais, permet qu'il y ait de ces séducteurs, pour punir les cœurs corrompus qui cherchent des séducteurs, que l'aveuglement est une peine du péché, quoique souvent il en soit la cause, et 193 qu'il est juste que celui qui n'a pas voulu écouter la | Sagesse éternelle, qui ne lui parlait que pour son bien, se laisse enfin corrompre par des hommes qui le trompent d'autant plus dangereusement qu'ils le flattent plus agréablement.

Il est vrai qu'il y a de la difficulté à rentrer en soi-même, à faire taire ses sens et ses passions, à discerner quand c'est Dieu ou notre corps qui nous parle, car l'on prend très souvent des preuves de sentiment pour des raisons évidentes, et c'est pour cela qu'il est souvent nécessaire de consulter des directeurs. Mais il faut préférer notre Maître à des moniteurs. Il faut toujours commencer par consulter Dieu, et il n'est pas toujours nécessaire de consulter des directeurs, car on voit dans la dernière évidence et avec une entière certitude ce qu'on doit faire en bien des rencontres. Et alors il est même dangereux de les consulter, si on ne le fait avec une entière sincérité, et par un esprit

1. Mt 15, 14.

d'humilité et d'obéissance, car ces dispositions obligent Dieu à ne pas permettre qu'on nous trompe, ou à ne pas permettre que nous nous laissions tromper d'une manière qui nous nuise.

Lorsqu'il est à propos de consulter un directeur, il faut en choisir un qui sache la religion, qui respecte l'Évangile, qui connaisse l'homme : il faut prendre garde que l'air du monde ne l'ait point corrompu, que l'amitié ne l'ait point rendu mou ni complaisant, et qu'il ne craigne et n'espère rien de nous ; il faut en choisir un entre mille, dit sainte Thérèse[1], qui, comme elle le rapporte elle-même, pensa se perdre par la faute d'un directeur ignorant.

Le monde est plein de trompeurs, je dis de trompeurs de bonne foi aussi bien que d'autres. Ceux qui nous aiment nous séduisent par complaisance ; ceux qui sont au-dessous de nous nous flattent par respect ou par crainte ; ceux qui sont au-dessus de nous ne s'appliquent point à nos besoins par mépris ou par négligence. D'ailleurs tous les hommes nous donnent des conseils selon le rapport que nous leur faisons de ce qui se passe en nous, et nous ne manquons jamais de nous flatter nous-mêmes, car nous mettons insensiblement la main sur notre plaie, lorsqu'elle nous fait honte. Nous trompons souvent ceux qui nous dirigent, | afin de nous tromper nous-mêmes, car nous prétendons **194** être en sûreté lorsque nous les suivons. Ils nous conduisent où nous avons dessein d'aller, et nous tâchons de nous persuader, malgré notre lumière et les reproches secrets de notre raison, que c'est l'obéissance qui nous détermine. Nous nous trompons et Dieu le permet ; mais nous ne trompons pas celui qui pénètre le fond des cœurs et, quoique nous fermions les oreilles le plus exactement que nous pouvons à la voix de la vérité intérieure, nous sentons assez, par les reproches que cette souveraine Vérité nous fait en nous abandonnant à nous-mêmes, qu'elle éclaire nos ténèbres, et qu'elle découvre toutes les souplesses de notre amour-propre.

Il est donc évident qu'il faut consulter la Raison pour la santé de son âme, comme il faut consulter ses sens pour la santé de son corps, et

---

1. Il s'agit en fait de Jean d'Avila ; voir son *Avis pour vivre d'une manière chrétienne*, § 10, dans *Œuvres du bienheureux Jean d'Avila*, trad. fr. Arnauld d'Andilly, Paris, P. Le Petit, 1673, p. 502.

que, lorsque la Raison ne répond pas clairement, après qu'on l'a consultée avec toute l'attention dont on est capable, il faut nécessairement recourir aux directeurs, comme il faut recourir aux médecins, lorsque nos sens nous manquent. Mais il le faut faire avec discernement, car les directeurs peu éclairés peuvent quelquefois donner la mort à notre âme, comme les médecins peu experts la donnent à notre corps.

Comme je n'explique pas à fond les règles que l'on peut donner à l'égard du choix et de l'usage qu'on doit faire des directeurs et des médecins, je demande qu'on interprète mes sentiments avec équité, et qu'on ne s'imagine pas que je veuille empêcher qu'on tire des autres hommes les secours qu'on en peut tirer. Je sais qu'il y a une bénédiction particulière de soumettre ses sentiments à des personnes sages et éclairées, et je veux même croire que cette règle générale, qu'il faut mourir dans les formes, est plus sûre pour le commun des hommes, que celles que je pourrais établir pour la conservation de la vie.

Mais, parce qu'il est toujours utile de rentrer en soi-même, et de consulter l'Évangile, d'écouter Jésus-Christ, soit qu'il parle immédiatement à notre esprit ou à notre cœur, soit qu'il parle par la foi à nos oreilles ou à nos yeux, j'ai cru que je pouvais dire ce que j'ai dit, car nos directeurs mêmes nous trompent, lorsqu'ils nous disent le
195 contraire de ce que la foi et la raison | nous enseignent. Et, comme c'est rendre honneur à Dieu que de croire que ses ouvrages ont ce qui leur est nécessaire pour leur conservation, j'ai cru que je pouvais faire sentir aux hommes que la machine de leur corps est construite d'une manière si admirable qu'il trouve plus facilement et souvent plus sûrement par lui-même ce qui lui est nécessaire pour sa conservation, que par la science, et même par l'expérience des médecins les plus habiles.

Sur le troisième chapitre du cinquième livre
Que l'amour est différent du plaisir et de la joie

L'esprit confond assez souvent des choses fort différentes, lorsqu'elles arrivent dans le même temps, et qu'elles ne sont point contraires. J'en ai apporté plusieurs exemples dans cet ouvrage, parce que c'est en cela principalement que consistent nos erreurs à l'égard de ce qui se passe en nous. Comme nous n'avons point d'idée claire de ce qui constitue la nature ou l'essence de notre esprit, ni d'aucune des modifications dont il est capable, il arrive souvent, qu'afin que nous confondions des choses tout à fait différentes, il suffit qu'elles se passent en nous dans un même temps, car on confond aisément ce que l'on ne connaît point par une idée claire et distincte.

Non seulement il est impossible de connaître clairement en quoi consiste la différence des choses qui se passent en nous dans le même temps, il est même difficile de connaître qu'il y ait quelque différence entre elles, car pour cela il faut se tourner vers soi-même, et rentrer en soi-même, non pour se considérer par rapport au bien ou au mal, ce qui se fait volontiers, mais pour se considérer d'une vue abstraite et stérile, ce qui ne se fait qu'avec beaucoup de distraction et de peine.

On conçoit sans peine que la rondeur d'un corps est différente de son mouvement et, quoiqu'on sache par expérience qu'une boule étant sur un plan, on ne puisse la pousser sans la remuer, | et qu'ainsi le **198** mouvement et la rondeur se trouvent jointes ensemble, néanmoins on ne les confond point l'un avec l'autre, parce qu'on connaît le mouvement et la figure par des idées très claires et très distinctes. Mais il n'en est pas de même du plaisir et de l'amour, on les confond presque toujours. Notre esprit devient, pour ainsi dire, mobile par le plaisir, comme une boule par sa rondeur et parce qu'il n'est jamais sans impression vers le bien, il se met incontinent en mouvement vers l'objet qui cause ou semble causer ce plaisir. De sorte que ce mouvement d'amour arrivant à l'âme dans le même temps qu'elle sent ce plaisir, cela suffit afin qu'elle confonde son plaisir avec son amour, à cause qu'elle n'a point d'idée claire ni de son amour ni de son plaisir, comme elle en a d'une figure et d'un mouvement. C'est pour cela que quelques personnes croient que le plaisir et l'amour ne sont point différents, et que je distingue trop de choses dans chacune de nos passions.

Mais, afin de faire voir clairement que le plaisir et l'amour sont deux choses fort différentes, je distingue deux sortes de plaisirs. Il y en a qui préviennent la raison, comme sont les sentiments agréables, et on les appelle ordinairement plaisirs du corps. Il y en a d'autres qui ne préviennent ni les sens ni la raison, et on les appelle plaisirs de l'âme : telle est la joie qui s'excite en nous ensuite de la connaissance claire ou du sentiment confus que nous avons qu'il nous est arrivé ou qu'il nous arrivera quelque bien.

Par exemple, un homme, goûtant d'un fruit qu'il ne connaît pas, sent du plaisir à le manger, si ce fruit est bon pour sa nourriture. Ce plaisir est prévenant, car, puisqu'il le sent avant que de savoir si ce fruit lui est bon, il est évident que ce plaisir prévient sa raison. Un chasseur affamé s'attend de trouver, ou trouve actuellement de quoi manger : il sent actuellement de la joie. Or cette joie est un plaisir qui suit de la connaissance qu'il a de son bien présent ou futur.

Il est peut-être évident par cette distinction de plaisir qui suit la 199 raison et de plaisir qui la prévient, qu'il n'y en a aucun | d'eux qui ne diffère de l'amour. Car le plaisir qui précède la raison précède certainement l'amour, puisqu'il précède toute connaissance, et que l'amour en suppose quelqu'une. Et la joie au contraire ou le plaisir qui suppose la connaissance suppose aussi l'amour, puisque la joie suppose le sentiment confus, ou la connaissance claire qu'on possède ou qu'on possédera ce qu'on aime, car, si on possédait une chose pour laquelle on n'a aucun amour, on n'en recevrait aucune joie. Ainsi le plaisir est bien différent de l'amour, puisque le plaisir qui prévient la raison prévient et cause l'amour, et que le plaisir qui suit la raison suppose nécessairement l'amour, comme l'effet suppose la cause.

Quoiqu'on ne puisse pas clairement connaître ce que c'est que le plaisir prévenant, puisqu'on n'a point d'idée claire ni de son âme ni de ses modifications, si néanmoins on fait attention au sentiment intérieur qu'on en a, on verra bien que cette sorte de plaisir n'est qu'une perception agréable de quelque objet, perception que produit dans l'âme l'idée qui l'affecte. Or il y a bien de la différence entre les perceptions de l'âme, et ses mouvements et son amour. Celui qui touche un charbon ardent ne souffre de la douleur que parce que, quand son doigt se brûle, l'idée de son doigt affecte son âme d'une perception désagréable. Mais l'aversion qu'excite cette perception en est toujours fort différente, quoique cette aversion suive naturellement cette perception. Ainsi l'amour naturel est bien différent du plaisir prévenant, quoiqu'il l'accompagne toujours.

À l'égard de l'amour libre, cela est encore bien plus évident. Car, si le plaisir prévenant était la même chose que l'amour, il n'y aurait jamais de plaisir sans amour, ni d'amour sans plaisir, car une chose ne peut être sans elle-même. Cependant un chrétien aime librement son ennemi, et un enfant bien élevé aime son père, quelque déraisonnable et quelque fâcheux qu'il puisse être. La vue de leur devoir, la crainte de Dieu, l'amour de l'ordre et de la justice, fait qu'ils aiment non seulement sans plaisir, mais même avec une espèce d'horreur des personnes qui ne leur | sont point agréables. J'avoue qu'ils sentent quelquefois du **200** plaisir ou de la joie, lorsqu'ils pensent qu'ils font leur devoir, ou lorsqu'ils espèrent d'être récompensés comme ils le méritent. Mais ce plaisir est visiblement bien différent de l'amour qu'ils ont pour leur père, quoiqu'il en soit le motif. Pour ce qui est de l'amour habituel, il est encore bien certain qu'il est différent du plaisir, car cet amour demeure en nous pendant les distractions et pendant le sommeil ; mais certainement le plaisir ne subsiste dans l'âme qu'autant qu'il se fait sentir à elle. Ainsi, l'amour ou la charité habituelle demeurant en nous sans plaisir ou sans délectation, on ne peut pas soutenir que le plaisir et l'amour ne soient qu'une même chose.

Comme le plaisir et la douleur sont les deux contraires, si le plaisir était la même chose que l'amour, la douleur ne serait pas différente de la haine. Or il est évident que la douleur est différente de la haine, car la douleur subsiste souvent sans la haine. Un homme, par exemple, qui s'est blessé sans y prendre garde souffre une douleur très réelle et très cuisante, mais il n'a point de haine, car il ne connaît pas même la cause de sa douleur ou l'objet de sa haine, ou bien la cause de sa douleur n'étant pas digne de haine, elle n'en peut pas exciter. Ainsi il ne hait point cette cause de sa douleur, quoique sa douleur le porte ou le dispose à la haine. Il est vrai que cet homme hait sa douleur, car la douleur est digne de haine. Mais la haine de la douleur n'est pas la douleur, elle la suppose. La haine de la douleur n'est pas digne de haine comme la douleur, elle est au contraire très agréable, car on se plaît à haïr la douleur, comme on se déplaît à la souffrir. La douleur n'est donc pas la haine, et le plaisir qui est contraire à la douleur n'est pas l'amour qui est contraire à la haine. Et par conséquent le plaisir qui 201 prévient la raison n'est | point la même chose que l'amour. Je prouve de même que la joie, ou le plaisir qui suit la raison, est distinguée de l'amour.

Comme la joie et la tristesse sont les deux contraires, si la joie était la même chose que l'amour, la tristesse ne serait pas différente de la haine. Or il est évident que la tristesse est différente de la haine, car la tristesse subsiste quelquefois sans la haine. Par exemple, un homme se trouve par hasard privé des choses qui lui sont nécessaires : cela suffit pour lui causer de la tristesse, mais cela ne peut exciter de haine en lui, soit parce qu'il n'y a point de cause qui le prive de ce qui lui est nécessaire, soit parce que cette cause n'étant pas digne de haine, elle n'en peut point exciter. Il est vrai que cet homme hait la privation du bien qu'il aime, mais il est visible que cette espèce de haine est véritablement amour. Car cet homme ne hait la privation du bien que parce qu'il aime le bien, et, puisque fuir la privation du bien, c'est tendre vers le bien, il est évident que le mouvement de sa haine n'est point différent de celui de son amour. Ainsi sa haine, s'il en a, n'étant point contraire à son amour, et la tristesse étant toujours contraire à la joie, il est visible que sa tristesse n'est point sa haine, et par conséquent la joie est différente de l'amour. Enfin il est évident que, lorsqu'on est touché de tristesse, c'est à cause de la présence de quelque chose que l'on hait, ou plutôt c'est à cause de l'absence de quelque chose que l'on aime. Ainsi la tristesse suppose la haine ou plutôt l'amour, mais elle est bien différente de ces deux choses.

Je sais bien que s. Augustin assure que la douleur est une aversion que l'âme conçoit, de ce que le corps n'est pas disposé comme elle le souhaite [1] et que souvent il confond la délectation avec la charité, le plaisir avec la joie, la douleur avec la tristesse, le plaisir et la joie avec l'amour, la douleur et la tristesse avec l'aversion ou la haine [2]. Mais il y a bien de l'apparence que ce saint docteur a parlé de tout ceci selon le langage ordinaire du commun des hommes, qui confondent la plupart des choses qui se passent en eux dans un même temps, ou peut-être il n'a | pas examiné ces choses d'une manière assez exacte ou assez **202** philosophique. Cependant je crois pouvoir et devoir dire qu'il me paraît nécessaire de distinguer exactement ces choses, pour s'expliquer clairement et sans équivoque sur beaucoup de questions que s. Augustin a traitées. Car ceux mêmes qui ont entre eux des sentiments tout contraires ont de coutume de s'appuyer sur l'autorité de ce grand homme, à cause des divers sens que fournissent ses expressions, qui ne sont pas toujours assez exactes pour accorder des personnes qui ont peut-être plus d'envie de disputer que de s'accorder.

1. Voir *De civitate Dei*, XIV, XV, 2 (BA XXXV, 422) : « Sed dolor carnis tantum modo offensio est animae ex carne et quaedam ab ejus passione dissensio, sicut animi dolor, quae tristitia nuncupatur, dissensio est ab his rebus, quae nobis nolentibus acciderunt ».

2. Sur cette liaison entre la *delectatio* et l'amour (*dilectio*, *caritas*, ou *amor*), voir par exemple *De peccatorum meritis et remissione*, II, XVII, 27 (PLCLIV, 168), ou encore *Enarrationes in Psalmos*, IX, 15 (CCSL XXXVIII, 66-67).

| ÉCLAIRCISSEMENT XV

Sur le chapitre troisième de la seconde partie du sixième livre
touchant l'efficace attribuée aux causes secondes

Depuis le péché du premier homme, l'esprit se répand incessamment au-dehors; il s'oublie soi-même, et celui qui l'éclaire et qui le pénètre; et il se laisse tellement séduire par son corps et par ceux qui l'environnent, qu'il s'imagine trouver en eux sa perfection et son bonheur. Dieu, qui seul est capable d'agir en nous, se cache maintenant à nos yeux; ses opérations n'ont rien de sensible, et, quoiqu'il produise et conserve tous les êtres, l'esprit qui cherche avec tant d'ardeur la cause de toutes choses, a de la peine à le reconnaître, bien qu'il le rencontre à tous moments. Quelques philosophes aiment mieux imaginer une nature et certaines facultés, comme cause des effets qu'on appelle naturels, que de rendre à Dieu tout l'honneur qui est dû à sa puissance; et, quoiqu'ils n'aient point de preuve ni même d'idée claire de cette nature ni de ces facultés, comme j'espère le faire voir, ils aiment mieux parler sans savoir ce qu'ils disent, et respecter une puissance purement imaginaire, que de faire quelque effort d'esprit pour reconnaître la main de celui qui fait tout en toutes choses.

Je ne puis m'empêcher de croire qu'une des suites les plus déplorables du péché originel, c'est qu'on n'a plus de goût ni de sentiment 204 pour Dieu, ou qu'on ne le goûte et qu'on ne le rencontre | qu'avec une espèce d'horreur ou de frayeur. On devrait voir Dieu en toutes choses, sentir sa force et sa puissance dans tous les effets naturels, admirer sa sagesse dans l'ordre merveilleux des créatures, en un mot, n'adorer que lui, ne craindre et n'aimer que lui dans tous ses ouvrages. Mais il y a présentement une secrète opposition entre l'homme et Dieu. L'homme se sentant pécheur se cache, il fuit la lumière, il appréhende la rencontre de Dieu, et il aime mieux imaginer dans les corps qui l'environnent une puissance ou une nature aveugle avec laquelle il puisse se familiariser, et qu'il puisse sans remords faire servir à ses desseins bizarres et déréglés, que d'y rencontrer la puissance terrible d'un Dieu saint et juste, qui connaît tout et qui fait tout.

J'avoue qu'il y a bien des personnes qui, par un principe différent de celui des philosophes païens, suivent leur sentiment sur la nature et sur les causes secondes. Mais j'espère qu'on reconnaîtra par la suite de ce discours qu'ils ne donnent dans cette opinion, que par un préjugé dont il est presque impossible de se délivrer, sans les secours que l'on tire des principes d'une philosophie qui n'a pas toujours été assez connue. Car c'est apparemment ce qui les a empêchés de se déclarer en faveur de l'opinion que je crois devoir soutenir.

Il y a bien des raisons qui m'empêchent d'attribuer aux causes secondes ou naturelles une force, une puissance, une efficace pour produire quoi que ce soit. Mais la principale est que cette opinion ne me paraît pas même concevable. Quelque effort que je fasse pour la comprendre, je ne puis trouver en moi d'idée qui me représente ce que ce peut être que la force ou la puissance qu'on attribue aux créatures. Et je ne crois pas même faire de jugement téméraire d'assurer que ceux qui soutiennent que les créatures ont en elles-mêmes de la force et de la puissance avancent ce qu'ils ne conçoivent point clairement. Car enfin, si les philosophes concevaient clairement que les causes secondes ont une véritable force pour agir et pour produire leur semblable, étant homme aussi bien qu'eux, et participant comme eux à la souveraine Raison, je pourrais apparemment découvrir l'idée qui leur | représente cette force. Mais, quelque effort d'esprit que je fasse, **205** je ne puis trouver de force, d'efficace, de puissance, que dans la volonté de l'Être infiniment parfait.

D'ailleurs, quand je pense aux différentes opinions des philosophes sur ce sujet, je ne puis douter de ce que j'avance. Car, s'ils voyaient clairement ce que c'est que la puissance des créatures, ou ce qu'il y a en elles de véritablement puissant, ils conviendraient sur cela de sentiment. Lorsque des personnes ne peuvent s'accorder, n'y ayant point de raison d'intérêt qui les en empêche, c'est une marque certaine qu'ils n'ont point d'idée claire de ce qu'ils disent, et qu'ils ne s'entendent pas les uns les autres, principalement s'ils disputent sur des sujets qui ne sont point composés ou de difficile discussion, comme est la question dont il s'agit, car il n'y aurait point de difficulté à la résoudre, si les hommes avaient quelque idée claire d'une force ou d'une puissance créée. Voici donc quelques-uns de leurs sentiments, afin que l'on voie combien peu ils s'accordent.

Il y a des philosophes[*] qui assurent que les causes secondes agissent par leur matière, leur figure et leur mouvement, et ceux-ci ont raison en un sens; d'autres, par une *forme substantielle*. Plusieurs, par les *accidents* ou les *qualités*, quelques-uns par la *matière* et la *forme*; ceux-ci, par la *forme* et les *accidents*; ceux-là par certaines *vertus* ou *facultés* distinguées de tout ceci. Il y en a[1] qui soutiennent que la forme substantielle produit les formes, et l'accidentelle les accidents[2]; d'autres, que les formes produisent les autres formes et les accidents; d'autres enfin, que les accidents seuls sont capables de produire des accidents et même des formes[3]. Mais il ne faut pas s'imaginer que 206 ceux, par exemple, qui disent que les accidents peuvent produire | des formes par la vertu qu'ils ont reçue de la forme à laquelle ils sont joints, l'entendent de la même manière. Les uns veulent que ces acci-

---

[*] Pour les plus extraordinaires de ces opinions, voyez la *Métaph.* de Suárez, d. XVIII, sect. 2 et 3; Scot, *In IV Sent.*, d. 12, 1; d. 37, 2; d. 17; Paludanus, *In IV Sent.*, d. 12, q. 1, art. 1; Pererius, *Phys.*, livre VIII, chap. 3; les Conimbres, *Sur la Phys. d'Aristote*, et plusieurs autres que cite Suárez.

1. On peut penser, avec G. Rodis-Lewis (voir la note 109 des *OC*), que Malebranche reprend ici l'exposé de Pereyra (B. Pererius), *De Communibus omnium rerum naturalium principiis et affectionibus*, VIII (*De causis*), chap. X à XIV, Rome, F. Zanetti, B. Tosi, 1576, p. 283-289.

2. Il s'agit de la première thèse envisagée par Pereyra, qui fait référence dans cette optique à Duns Scot, Guillaume d'Occam, et Durand de Saint-Pourçain, pour qui « accidens nullo modo habere vim producendi substantiam », « nullum agens potest agere ultra virtutem suam, ergo accidens, cum fit imperfectius substantia, non potest eam producere », voir *De communibus...*, VIII, chap. XI, p. 284D.

3. Voir Pereyra, *De communibus...*, VIII, chap. XIII-XIV, p. 286-289; Pereyra estime cette thèse la plus probable : « Tertia opinio est, quae nobis videtur probabilior, accidens sua virtute posse substantiam producere » (p. 286D).

dents ne soient mêmes que la force ou la vertu de la forme substan-
tielle; les autres, qu'ils reçoivent en eux l'influence de la forme, et
qu'ils n'agissent ainsi que par sa vertu; quelques-uns enfin, qu'ils ne
sont que des causes instrumentelles. Mais ces derniers ne sont pas
encore tout à fait d'accord entre eux de ce qu'il faut entendre par cause
instrumentelle, ni quelle est la vertu qu'elle reçoit de la cause principale. Les philosophes ne conviennent pas même de l'action par
laquelle les causes secondes produisent leurs effets*. Il y en a qui
prétendent que la *causalité* ne doit point être produite, puisque c'est
elle qui produit. Les autres veulent qu'elles agissent véritablement par
leur action; mais ils trouvent de si grandes difficultés à expliquer ce
que c'est précisément que cette action, et il y a sur cela tant de
différents sentiments, que je ne puis me résoudre à les rapporter.

Voilà une grande variété de sentiments, quoique je n'aie point
rapporté ceux des philosophes anciens, ou qui sont nés dans des pays
fort éloignés. Mais on peut assez juger qu'ils ne sont pas tout à fait
d'accord entre eux sur le sujet des causes secondes, non plus que ceux
dont je viens de parler. Avicenne, par exemple, ne croit pas que les
substances corporelles puissent produire autre chose que des accidents. Et voici son système au rapport de Ruvio**. Il prétend que Dieu
produit immédiatement une substance spirituelle très parfaite; que
celle-ci en produit une autre moins parfaite; et celle-ci une troisième;
et ainsi de suite jusqu'à la dernière, laquelle produit toutes les
substances corporelles, et les substances corporelles produisent les
accidents. Mais Avicembrom ne pouvant comprendre comment des

* Voyez la *Métaphy.* de Fonseca, q. 13, sect. 3 [*In libros Metaphysicorum*, livre V,
chap. II, q. 13, s. 3, Francfort, J. T. Schönwetter, 1599, t. II, col. 192-193; voir également
la q. 5, s. 3, col. 94-96, sur l'*actio*], celle de Soncinas et de Javelle sur la même question
[Voir ainsi Suárez, *Disputationes Metaphysicae*, XVIII, s. 10, § 2, Opera omnia, éd.
C. Berton, t. XXV, Paris, 1866, p. 680b].

** Ruvio, *Physic.*, livre II, traité IV, q. 2 [Antonio Rubio, *Commentarii in octo libros
Aristotelis de physico auditu*, II, IV, q. 2 («An secundae causa veram efficientiam
habeant»), § 19, Lyon, J. Caffin, F. Plaignart, 1640, p. 225 : « Sic ait esse dispositum ordinem rerum naturalium, ut a prima causa una sola substantia spiritualis perfectissima
immediate procedat, et ab ea procedat secunda, et ab hac tertia usque ad infimam, haec
vero infima intelligentia inducit omnes formas substantiales in materiam a causis
corporeis dispositam, et ita ab ea fiunt omnes corporeae substantiae »].

substances corporelles, qui ne peuvent se pénétrer, seraient capables
207 de s'altérer, veut qu'il n'y ait que les esprits qui soient capables | d'agir
dans les corps, parce qu'il n'y a qu'eux qui les puissent pénétrer*. Car
ces messieurs n'admettant pas le vide, ni les atomes de Démocrite, et
la matière subtile de M. Descartes ne leur étant point assez connue, ils
ne pensaient pas, comme les gassendistes et les cartésiens, qu'il y eût
des corps assez petits pour entrer dans les pores de ceux qui paraissent
les plus durs et les plus solides.

Il me semble que cette diversité de sentiments nous donne droit
de penser que les hommes parlent souvent des choses qu'ils ne
connaissent point, et que, la puissance des créatures étant une fiction
de l'esprit, de laquelle nous n'avons point naturellement d'idée,
chacun se l'est imaginée à sa fantaisie.

Il est vrai que dans tous les siècles cette puissance a été reconnue
pour réelle et véritable de la plupart des hommes; mais il est certain
que ç'a été sans preuve, je ne dis pas sans preuve démonstrative, je dis
sans preuve qui soit capable de faire quelque impression sur un esprit
attentif. Car les preuves confuses, qui ne sont appuyées que sur le
témoignage trompeur des sens et de l'imagination, ne doivent pas être
reçues de ceux qui font usage de leur raison.

Aristote parlant de ce qu'on appelle *nature*, dit qu'il est ridicule de
vouloir prouver que les corps naturels ont un principe intérieur de leur
mouvement et de leur repos, parce que, dit-il, c'est une chose connue
d'elle-même**. Il ne doute point aussi qu'une boule qui en choque une
autre, n'ait la force de la mettre en mouvement. Cela paraît tel aux
yeux, et c'en est assez pour ce philosophe, car il suit presque toujours
le témoignage des sens, et rarement celui de la raison; que cela soit
intelligible ou non, il ne s'en met pas fort en peine.

---

* Voyez Suárez, *Disp.* XVIII, sect. I [*Disputationes metaphysicae*, XVIII, § 3,
p. 593b : « Secunda sententia negat creaturas corporales posse quidquam efficere, sed de
spiritualibus id concedit. Hanc refert d. Thomas citatis locis ex Avicebron, in lib. *Fontis
vitae*, qui dicebat nullum corpus esse activum, sed quamdam virtutem spiritualis substantiae intime existentem in corporibus efficere omnes actiones quae per corpora fieri
videntur »; voir en outre Rubio, *Commentarii in octo libros Aristotelis de physico auditu*,
II, IV, q. 2, § 15, p. 223].
** Chap. I du livre II de sa *Physique* [193a2-3].

Ceux qui combattent le sentiment de quelques théologiens, qui ont écrit contre les causes secondes, disent, comme Aristote, que les sens nous convainquent de leur efficace; c'est là leur première et leur principale preuve. Il est évident, disent-ils*, que le feu brûle, que le soleil éclaire, que l'eau rafraîchit; | il faut être fou pour en douter. **208** Les auteurs de l'opinion contraire, dit le grand Averroès, avaient la cervelle renversée[1]. Il faut, disent presque tous les péripatéticiens, convaincre par des preuves sensibles ceux qui nient cette efficace, et les obliger ainsi d'avouer qu'on est capable d'agir en eux et de les blesser. C'est un jugement qu'Aristote** a déjà prononcé contre eux, on devrait l'exécuter.

Mais cette prétendue démonstration fait pitié. Car elle fait connaître la faiblesse de l'esprit humain, et que les philosophes même sont infiniment plus sensibles qu'ils ne sont raisonnables. Elle fait connaître que ceux qui font gloire de rechercher la vérité ne savent pas même qui ils doivent consulter pour en apprendre des nouvelles; si c'est la souveraine Raison qui ne trompe jamais, et qui dit toujours les choses comme elles sont en elles-mêmes, ou si c'est le corps qui ne parle que par intérêt, et qui ne dit les choses que par rapport à la conservation et à la commodité de la vie. Car enfin quels préjugés ne justifiera-t-on pas, si l'on prend pour juges les sens, auxquels presque tous les préjugés doivent leur naissance, ainsi que j'ai fait voir dans la *Recherche de la vérité*?

* Voyez Fonseca, Ruvio, Suárez et les autres déjà cités [Voir en effet Rubio, *Commentarii in octo libros Aristotelis de physico auditu*, II, IV, q. 2, § 16, p. 224 : « evidenti experientia […] videmus solem illuminare, ignem calefecare, et aquam infrigidare… »; Suárez, *Disputationes metaphysicae*, XVIII, I, § 6, éd. cit., p. 594b : « […] probatur primo experientia; quid enim sensu notius quam quod sol illuminet, ignis calefaciat, aqua refrigeret? »; voir également *Commentarii collegii Conimbricensis in octo libros Physicorum, prior pars*, II, q. 11, a. 2, Lyon, J. Cardon et P. Cavellat, 1625, p. 185].

** Livre I des *Top.*, chap. I [Il s'agit sans doute du chapitre anciennement IX; voir *Topiques*, I, XI, 105a2-8].

1. Voir *Commentarii collegii Conimbricensis in octo libros Physicorum, prior pars*, II, q. 11, a. 2, Lyon, J. Cardon et P. Cavellat, 1625, p. 185 : « Merito stultitiae nomine coarguitur a s. Thoma, *in II*, d. 1, q. 1, art 4 et Averroe, IX *Metaph.*, comm. 7 et ejus auctores debile cerebrum habuisse dicuntur ».

Quand je vois une boule qui en choque une autre, mes yeux me disent, ou semblent me dire, qu'elle est véritablement cause du mouvement qu'elle lui imprime, car la véritable cause qui meut les corps ne paraît pas à mes yeux. Mais, quand j'interroge ma raison, je vois évidemment que les corps ne pouvant se remuer eux-mêmes, et que leur force mouvante n'étant que la volonté de Dieu qui les conserve successivement en différents endroits*, ils ne peuvent communiquer une puissance qu'ils n'ont pas, et qu'ils ne pourraient pas même communiquer quand elle | serait en leur disposition. Car l'esprit ne concevra jamais qu'un corps, substance purement passive, puisse transmettre dans un autre la puissance qui le transporte, quoi que ce puisse être.

Quand j'ouvre les yeux, il me paraît évident que le soleil est tout éclatant de lumière ; que non seulement il est visible par lui-même, mais qu'il rend visibles tous les corps qui l'environnent ; que c'est lui qui couvre la terre de fleurs et de fruits, qui donne la vie aux animaux, et qui pénétrant même par sa chaleur jusque dans les entrailles de la terre, y produit les pierres, les marbres et les métaux. Mais, quand je consulte la Raison, je ne vois rien de tout cela, et, lorsque je la consulte fidèlement, je reconnais clairement que mes sens me séduisent, et que c'est Dieu qui fait tout en toutes choses. Car, sachant que tous les changements qui arrivent dans les corps n'ont point d'autre principe que les différentes communications des mouvements, qui se font dans les corps visibles ou invisibles, je vois que c'est Dieu qui fait tout, puisque c'est sa volonté qui cause, et sa sagesse qui règle toutes ces communications.

Je suppose que le mouvement local est le principe des générations, corruptions, altérations et généralement de tous les changements qui arrivent dans les corps ; c'est maintenant une opinion qui est assez reçue parmi les savants. Mais, quelque sentiment qu'on ait sur cela, il n'importe pas. Car il semble encore plus facile de concevoir qu'un corps en pousse un autre lorsqu'il le rencontre, qu'il n'est facile de

---

* J'ai prouvé cette vérité plus au long dans le VIIe *Entretien sur la métaphysique* [*OC* XII, 147-172] et ailleurs. Voyez aussi la Ve et la VIe des *Méditations chrétiennes* [*OC* X, 46-68].

comprendre que le feu produise la chaleur et la lumière, et qu'il tire de la puissance de la matière une substance qui n'y était pas auparavant. Et, s'il est nécessaire de reconnaître qu'il n'y a que Dieu qui soit la véritable cause des différentes communications des mouvements, on doit à plus forte raison juger qu'il n'y a que lui qui puisse créer et anéantir des[1] qualités réelles, et des formes substantielles. Je dis | créer **210** et anéantir, parce qu'il me semble qu'il est pour le moins aussi difficile de tirer de la matière une substance qui n'y était pas, ou de l'y faire rentrer sans qu'elle y soit, que de la créer ou de l'anéantir. Mais je ne m'arrête pas aux termes ; je me sers de ceux-là, parce qu'il n'y en a point d'autres, que je sache, qui expriment clairement et sans équivoque les changements que les philosophes supposent arriver à tous moments par la force des causes secondes.

J'ai quelque peine à rapporter ici les autres preuves que l'on donne ordinairement de la force et de l'efficace des causes naturelles, car elles paraissent si faibles à ceux qui résistent aux préjugés, et qui préfèrent leur raison à leurs sens, qu'il ne paraît pas vraisemblable qu'elles aient pu persuader des gens raisonnables. Cependant je les rapporte et j'y réponds, puisqu'il y a bien des philosophes qui s'en servent.

---

1. L'édition de 1712 imprime «les»; nous rétablissons le texte des premières éditions, voir l'édition de 1700, t. III, p. 314, et la variante c des *OC*.

PREMIÈRE PREUVE

Si les causes secondes ne faisaient rien, disent Suárez, Fonseca, et quelques autres*, on ne pourrait pas distinguer les choses vivantes de celles qui ne vivent point, car ni les unes ni les autres n'auraient point de principe intérieur de leurs actions.

Réponse

Je réponds que les hommes auraient toujours les mêmes preuves sensibles qui les ont convaincus de la distinction qu'ils mettent entre les choses vivantes et celles qui ne vivent point. Ils verraient toujours les animaux faire certaines actions, comme manger, croître, crier, courir, sauter, etc. Ils ne remarqueraient rien de semblable dans les pierres. Et c'est cela seul qui fait croire aux philosophes ordinaires que les bêtes vivent, et que les pierres ne vivent pas. Car il ne faut pas 212 s'imaginer qu'ils sachent, par | une vue claire et distincte de l'esprit, ce que c'est que la vie d'un chien; ce sont leurs sens qui règlent leurs décisions sur cette question.

S'il était nécessaire, je prouverais ici que le principe de la vie d'un chien n'est pas fort différent de celui du mouvement d'une montre.

---

* Dans sa *Métaph.*, disp. XVIII, sect. 1, assert. 2 [Suárez, *Disputationes metaphysicae*, XVIII, I, § 6, p. 594b-595a : « Secundo, argumentor ab incommodis, nam juxta illam sententiam non possunt viventia a non viventibus distingui, quia non magis haberent res quaedam principium suarum actionum quam aliae »]. *In Metaph. Aristote.*, quest. 7, sect. 2 [Fonseca, *In libros Metaphysicorum*, livre V, chap. II, q. 7, s. 2, col. 115B-D].

Car la vie des corps, quels qu'ils soient, ne peut consister que dans le mouvement de leurs parties; et il n'est pas difficile de juger que la même matière subtile qui fait dans un chien la fermentation du sang et des esprits animaux, et qui est le principe de sa vie, n'est pas plus parfaite que celle qui donne le mouvement au ressort des montres, ou qui cause la pesanteur dans les poids des horloges, laquelle est le principe de leur vie, ou pour parler comme les autres, de leur mouvement.

C'est aux péripatéticiens à donner à ceux qu'ils nomment cartésiens une idée claire de ce qu'ils appellent *vie des bêtes*, *âme corporelle*, *corps qui aperçoit et qui désire*, *qui voit*, *qui sent*, *qui veut*, et ensuite on résoudra clairement leurs difficultés, si après cela ils continuent de les faire.

DEUXIÈME PREUVE

On ne pourrait pas reconnaître les différences ni les vertus des éléments; il se pourrait faire que le feu rafraîchirait comme fait l'eau; la nature de chaque chose ne serait point fixe et arrêtée [1].

Réponse

Je réponds que la nature demeurant telle qu'elle est, c'est-à-dire que les lois de la communication des mouvements subsistant toujours les mêmes, il y a contradiction que le feu ne brûle pas, ou ne sépare pas les parties de certains corps. Le feu ne peut rafraîchir comme de l'eau, s'il ne devient eau, car, le feu n'étant que du bois, dont les parties ont été agitées d'un mouvement | violent par une matière invisible qui les **213** environne, ainsi qu'il est facile de le démontrer[*], il est impossible que

---

[*] Voyez l'*Éclaircissement* qui suit.

1. Suárez, *Disputationes metaphysicae*, XVIII, I, § 6, p. 595a: «Deinde frustra natura dedisset diversis rebus varias qualitates et virtutes quas in eis experimur. Immo neque ex actione possemus huiusmodi qualitatum varietatem in elementis colligere, et consequenter neque in aliis rebus. Nam, si ignis non calefacit, sed Deus ad praesentiam ignis, aeque naturaliter posset calefacere ad praesentiam aquae; ergo ex illa actione non possumus magis colligere ignem esse calidum quam aquam. Si enim Deus aeque consentanee ad rerum naturas potuit pacisci de calefaciendo ad praesentiam aquae, ponamus id fecisse, tunc non liceret ex calefactione colligere aquam esse calidam; ergo nec nunc possumus inferre esse frigidam aut ignem calidum».

ces parties ne communiquent de leur mouvement aux corps qu'ils rencontrent. Or, comme ces lois sont constantes, la nature du feu, ses vertus et ses qualités ne changent pas. Mais cette nature et ces vertus ne sont que des suites de la volonté générale et efficace de Dieu, qui fait tout en toutes choses. De sorte que l'étude de la nature est fausse et vaine en toutes manières, lorsqu'on y cherche d'autres véritables causes que les volontés du Tout-Puissant, ou que les lois générales selon lesquelles il agit sans cesse.

J'avoue qu'il ne faut pas recourir à Dieu ou à la cause universelle, lorsqu'on demande la raison des effets particuliers. Car on se rendrait ridicule, si l'on disait, par exemple, que c'est Dieu qui sèche les chemins, ou qui glace l'eau des rivières. Il faut dire que l'air sèche la terre, parce qu'il agite et qu'il enlève avec lui l'eau qui la trempe, et que l'air ou la matière subtile glace la rivière en hiver, parce que, en ce temps, elle cesse de communiquer assez de mouvement aux parties dont l'eau est composée pour la rendre fluide. En un mot, il faut donner, si on le peut, la cause naturelle et particulière des effets dont il est question. Mais, comme l'action de ces causes ne consiste que dans la force mouvante qui les agite, et que cette force mouvante n'est que la volonté de Dieu, on ne doit pas dire qu'elles aient en elles-mêmes de force ou de puissance pour produire quelques effets. Et lorsque, en raisonnant, on est enfin venu à un effet général dont on cherche la cause, c'est encore fort mal philosopher, que d'en imaginer quelque autre que la générale. Il ne faut point feindre une certaine *nature*, un **214** *premier mobile*, une *âme universelle*, | ou quelque semblable chimère, dont on n'a point d'idée claire et distincte; ce serait raisonner en philosophe païen. Par exemple, quand on demande d'où vient qu'il y a des corps en mouvement, ou d'où vient que l'air agité communique son mouvement à l'eau, ou plutôt d'où vient que les corps se poussent les uns les autres; comme le mouvement et sa communication est un effet général dont tous les autres dépendent, il est nécessaire, je ne dis pas pour être chrétien, mais pour être philosophe, de recourir à Dieu, qui est la cause universelle, car c'est sa volonté qui est la force mouvante des corps, et qui fait aussi la communication de leurs mouvements. S'il avait voulu ne rien produire de nouveau dans le monde, il n'en aurait point mis les parties en mouvement. Et s'il veut quelque jour rendre incorruptibles quelques-uns des êtres qu'il a formés, nos corps, par exemple, après la résurrection, il cessera de vouloir certaines communications des mouvements à l'égard de ces êtres.

TROISIÈME PREUVE

Il serait inutile de labourer, d'arroser et de donner de certaines dispositions pour préparer les corps à ce qu'on souhaite qu'il leur arrive*. Car Dieu n'a pas besoin de préparer les sujets sur lesquels il agit.

Réponse

Je réponds que Dieu peut absolument faire tout ce qui lui plaît, sans trouver de dispositions dans les sujets sur lesquels il agit. Mais il ne le peut faire sans miracle, ou par les voies naturelles, c'est-à-dire selon les lois générales de la communication des mouvements qu'il a établies, et selon lesquelles il agit presque | toujours. Dieu ne multiplie **215** pas ses volontés sans raison; il agit toujours par les voies les plus simples; et c'est pour cela qu'il se sert de la rencontre des corps pour les mouvoir, non que leur choc soit absolument nécessaire à leur mouvement, comme nos sens nous le disent, mais parce que, le choc étant l'occasion de la communication des mouvements, il ne faut que très peu de lois naturelles pour produire tous les effets admirables que nous voyons.

Il est nécessaire d'arroser une plante afin qu'elle croisse, parce que, selon les lois de la communication des mouvements, il n'y a guère que les parties de l'eau, qui par leur mouvement et à cause de leur figure, puissent se glisser et monter entre les fibres des plantes, enlever avec elles quelques sels et d'autres petits corps, et en se figeant ou s'attachant diversement les unes avec les autres, prendre la figure nécessaire pour les nourrir. La matière subtile que le soleil répand sans

---

*Suárez au même lieu [*Disputationes metaphysicae*, XVIII, I, § 7, p. 595a: « Praeterea, juxta illam sententiam superfluae sunt terrae dispositiones, pluviae, orationes, caelorum motus, etc., si haec omnia nihil agunt; sed sufficeret adesse triticum, ut Deus ad praesentiam ejus triticum generaret, et sic de rebus aliis »].

cesse peut, en agitant l'eau, l'élever dans les plantes; mais elle n'a pas assez de mouvement pour élever les parties grossières de la terre. Cependant la terre et même l'air sont nécessaires à l'accroissement des plantes; la terre pour conserver l'eau à leur racine, et l'air pour exciter dans la même eau une fermentation modérée. Mais, l'action du soleil, de l'air et de l'eau ne consistant que dans le mouvement de leurs parties, il n'y a que Dieu qui agisse à proprement parler. Car, comme je viens de dire, il n'y a que lui qui, par l'efficace de ses volontés, et par l'étendue infinie de ses connaissances, puisse faire et régler les communications infiniment infinies des mouvements, lesquelles se font à chaque instant, et conservent dans l'univers toutes les beautés qu'on y remarque.

216 | QUATRIÈME PREUVE

On ne combat pas contre soi-même; on ne se résiste pas à soi-même. Les corps se rencontrent, se choquent, se résistent. Donc Dieu n'agit point en eux, si ce n'est par son concours. Si Dieu produisait et conservait seul le mouvement dans les corps, il les détournerait avant leur choc, car il sait bien qu'ils sont impénétrables. Pourquoi pousser des corps pour les faire rejaillir, les faire avancer pour les faire reculer, produire et conserver des mouvements inutiles? N'est-ce pas une chose extravagante que de dire que Dieu combat contre lui-même, et qu'il détruit ses ouvrages, lorsqu'un taureau combat contre un lion[1], qu'un loup dévore une brebis, et qu'une brebis mange l'herbe que Dieu fait croître? Donc il y a des causes secondes.

Réponse

Donc les causes secondes font tout, et Dieu ne fait aucune chose. Car Dieu ne peut pas agir contre lui-même, et concourir, c'est agir. Concourir à des actions contraires, c'est donner des concours contraires, et faire par conséquent des actions contraires. Concourir à l'action des créatures qui se résistent, c'est agir contre soi-même. Concourir à des mouvements inutiles, c'est agir inutilement. Or Dieu

1. Voir Fonseca, *In libros Metaphysicorum*, livre V, chap. II, q. 7, s. 2, col. 115E.

ne fait rien inutilement; il ne fait point d'actions contraires; il ne combat point contre lui-même. Donc il ne concourt point à l'action des créatures, qui souvent se détruisent les unes les autres et font des actions ou des mouvements inutiles. Voilà où conduit cette preuve des causes secondes. Mais voici ce que la raison nous apprend.

Dieu fait tout en toutes choses, et rien ne lui résiste. Il fait tout en toutes choses, car ce sont ses volontés qui font et qui règlent tous les mouvements; et rien ne lui résiste, parce qu'il fait tout ce qu'il veut; mais voici comment cela se doit concevoir. Ayant résolu de produire par les voies les plus simples, | comme plus conformes à l'ordre 217 immuable de ses attributs, cette variété infinie de créatures que nous admirons, il a voulu que les corps se mûssent en ligne droite, parce que cette ligne est la plus simple. Mais, les corps étant impénétrables, et leurs mouvements se faisant selon des lignes opposées, ou qui s'entre-coupent, il est nécessaire qu'ils se choquent et qu'ils cessent par conséquent de se mouvoir de la même façon. Dieu a prévu ceci, et cependant il a voulu positivement la rencontre ou le choc des corps, non parce qu'il se plaît à combattre contre lui-même, mais parce qu'il avait dessein de se servir de ce choc des corps comme d'une occasion pour établir la loi générale de la communication des mouvements, par laquelle il prévoyait qu'il se devait produire une infinité d'effets admirables. Car je suis persuadé que ces deux lois naturelles qui sont les plus simples de toutes, savoir que tout mouvement se fasse ou tende à se faire en ligne droite, et que dans le choc les mouvements se communiquent à proportion et selon la ligne de leur pression, suffisent, les premiers mouvements étant sagement distribués, pour produire le monde tel que nous le voyons; je veux dire le ciel, les étoiles, les planètes, les comètes, la terre et l'eau, l'air et le feu, en un mot, les éléments, et tous les corps qui ne sont point organisés ou vivants, car les corps organisés dépendent de la première construction de ceux dont ils naissent, et il y a bien de l'apparence qu'ils ont été formés dès la création du monde, non pas néanmoins tels qu'ils paraissent à nos yeux, et qu'ils ne reçoivent plus par le temps que l'accroissement nécessaire pour se rendre visibles. Néanmoins il est certain qu'ils ne reçoivent cet accroissement que par les lois générales de la nature, selon lesquelles tous les autres corps sont formés, ce qui fait que leur accroissement n'est pas toujours régulier et qu'il s'en engendre de monstrueux.

Je dis donc que Dieu par la première des lois naturelles veut **218** positivement, et fait par conséquent le choc des corps, et qu'il | se sert ensuite de ce choc qui l'oblige à varier son action, à cause que les corps sont impénétrables, comme d'une occasion pour établir la seconde loi naturelle, qui règle la communication des mouvements, et qu'ainsi le choc actuel est cause naturelle ou occasionnelle de la communication actuelle des mouvements, par laquelle Dieu, sans changer de conduite, produit une infinité d'ouvrages admirables.

Si l'on considère bien ceci, on reconnaîtra visiblement qu'il ne se peut rien de mieux. Mais, supposé que Dieu ne l'eût point ordonné ainsi, et qu'il détournât les corps qui sont prêts à se choquer, comme s'il y avait du vide pour les recevoir, premièrement les corps ne seraient point sujets à cette vicissitude continuelle qui fait la beauté de l'univers, car la génération de certains corps ne se fait que par la corruption de quelques autres : c'est la contrariété de leurs mouvements qui produit leur variété. Secondement, Dieu n'agirait point par les voies les plus simples, car, afin que les corps prêts à se choquer continuassent leur mouvement sans se choquer, il faudrait qu'ils décrivissent des lignes courbes d'une infinité de façons différentes, et par conséquent il faudrait admettre en Dieu des volontés différentes pour déterminer leurs mouvements. Enfin, s'il n'y avait point d'uniformité dans l'action des corps naturels, et si leur mouvement ne se faisait point en ligne droite, il n'y aurait point de principe certain pour raisonner dans la physique, ni pour se conduire dans plusieurs actions de la vie.

Ce n'est point un désordre que les lions mangent les loups, et les loups les brebis, et les brebis l'herbe dont Dieu prend un si grand soin qu'il lui a donné toutes les choses nécessaires pour sa propre conservation, et même une semence pour la conservation de son espèce. Cela ne prouve pas plus l'efficace des causes secondes, que la pluralité des causes ou la contrariété des principes du bien et du mal, que les manichéens avaient imaginés pour rendre raison de ces effets. Mais c'est une marque certaine | de la grandeur, de la sagesse et de la magni- **219** ficence de Dieu*. Car Dieu ne fait que des ouvrages dignes d'une sagesse infinie, et il les fait avec une profusion qui marque assez sa puissance et sa grandeur. Tout ce qui se détruit se répare par la même loi qui le détruit, tant est grande la sagesse, la puissance et la fécondité de cette loi. Dieu n'empêche point la destruction des êtres par une nouvelle volonté, non seulement parce que la première suffit pour les réparer, mais principalement parce que ses volontés valent beaucoup mieux que la réparation de ces êtres. Elles valent même beaucoup mieux que tout ce qu'elles produisent. Et, si Dieu a fait ce monde visible, quoique indigne en lui-même de l'action par laquelle il est produit, c'est qu'il a eu des vues qui ne sont pas connues aux philosophes, et qu'il sait s'honorer lui-même en Jésus-Christ d'un honneur que les créatures ne sont pas capables de lui rendre.

Lorsqu'une maison écrase un homme de bien, il arrive un plus grand mal que lorsqu'une bête en dévore une autre, ou que lorsqu'un corps est obligé de rejaillir par le choc de celui qu'il rencontre, mais Dieu ne multiplie pas ses volontés pour remédier aux désordres vrais ou apparents qui sont des suites nécessaires des lois naturelles. Dieu ne doit pas corriger ni changer ces lois, quoiqu'elles produisent quelquefois des monstres. Il ne doit pas troubler l'uniformité de sa conduite et la simplicité de ses voies. Il doit négliger les petites choses ; je veux dire qu'il ne doit pas avoir des volontés particulières pour produire des effets qui ne les valent pas, ou qui sont indignes de l'action de celui qui les produit. Dieu ne fait des miracles que lorsque l'ordre qu'il suit toujours le demande ; j'entends l'ordre immuable de la justice qu'il veut rendre à ses attributs. Et cet ordre veut qu'il agisse par les voies les plus simples, et ** qu'il n'y ait des exceptions dans ses volontés que lorsque cela est absolument nécessaire à ses desseins, que lorsque la simplicité et l'uniformité de sa conduite n'honorent pas tant son immutabilité et sa prescience, qu'une conduite miraculeuse honorerait sa sagesse, sa justice, sa bonté, ou quelque autre de ses attributs,

---

*Voyez les *Entretiens sur la métaphysique* [IX-XIII, *OC* XII, 197-332] où j'explique la providence divine.

**Voyez la VIIe des *Méditations chrétiennes* [*OC* X, 69-81].

220 | que dans certaines occasions, en un mot, qui nous sont entièrement inconnues. Quoique nous soyons tous unis à l'ordre ou à la sagesse de Dieu, nous n'en connaissons pas toutes les règles. Nous voyons en elle ce que nous devons faire, mais nous ne comprenons pas en elle tout ce que Dieu doit vouloir, et nous ne devons pas faire trop d'effort pour le comprendre.

On a un grand exemple de ce que je viens de dire dans la damnation d'un nombre infini de personnes que Dieu a laissé périr dans les siècles de l'erreur. Dieu est infiniment bon, il aime tous ses ouvrages, il veut que tous les hommes soient sauvés et qu'ils viennent à la connaissance de la vérité, car il les a faits pour jouir de lui, et cependant le plus grand nombre se damne, le plus grand nombre vit et meurt dans l'aveuglement, et y demeurera durant toute l'éternité. N'est-ce point à cause que Dieu agit par les voies les plus simples et qu'il suit l'ordre*? On a fait voir que, selon l'ordre, Dieu ne devait pas prévenir par des plaisirs indélibérés la volonté du premier homme, dont la chute a causé le désordre de la nature**. Il était à propos que tous les hommes vinssent d'un seul, non seulement parce que cette voie est simple, mais encore pour des raisons trop théologiques et trop abstraites pour être déduites ici. Enfin, on doit croire que cela est conforme à l'ordre que Dieu suit, et à la sagesse qu'il consulte toujours dans la formation et dans l'exécution de ses desseins. Le péché du premier homme a produit une infinité de maux, il est vrai. Mais certainement l'ordre demandait que Dieu le permît, et qu'il mît l'homme en état de pouvoir pécher, ainsi que je l'ai prouvé ailleurs***.

Dieu, voulant réparer son ouvrage, ne donne que rarement de ces grâces victorieuses qui surmontent la malice des plus grands pécheurs.
221 Il donne souvent des grâces inutiles à la conversion | de ceux qui les reçoivent, quoiqu'il en prévoie l'inutilité à leur égard. Il en répand quelquefois en grand nombre qui ne produisent néanmoins que très

---

* Voyez l'*Éclaircissement* sur le chap. IV de la IIe partie de la Méthode [Il s'agit de la première version du XVIe *Éclaircissement* (voir *infra*, p. 446 *sq.*); la référence a subsisté malgré son retrait des éditions de 1700 et 1712].

** Voyez le deuxième *Éclaircissement* sur le chapitre V [Ve *Écl.*].

*** Voyez le IIe Entretien des *Conversations chrétiennes* de l'édition de Paris en 1702, p. 60 *sq.* [*OC* IV, 43 *sq.*].

peu d'effet par rapport à notre salut. Pourquoi tous ces détours, ou ces voies indirectes? Il n'a qu'à vouloir positivement la conversion du pécheur pour la produire d'une manière efficace et invincible. N'est-il pas visible que c'est qu'il agit par les voies les plus simples, et que l'ordre le veut, quoique nous ne le voyions pas toujours? Car Dieu ne peut agir qu'avec ordre et qu'avec sagesse, quoique son ordre et sa sagesse soient souvent des abîmes impénétrables à l'esprit humain. Il y a de certaines lois très simples dans l'ordre de la grâce*, selon lesquelles Dieu agit ordinairement, car cet ordre a ses règles aussi bien que celui de la nature, quoique nous ne les connaissions pas, comme nous voyons celles des communications des mouvements. Suivons seulement les conseils que nous a donnés dans l'Évangile celui qui connaissait parfaitement les lois de la grâce.

Je dis ceci pour satisfaire aux injustes plaintes des pécheurs qui méprisent les conseils de Jésus-Christ, et qui se prennent à Dieu de leur malice et de leurs désordres. Ils veulent que Dieu fasse des miracles en leur faveur, et qu'il ne suive point les lois ordinaires de la grâce. Ils vivent dans les plaisirs, ils recherchent les honneurs : ils rouvrent à tous moments les plaies que les objets sensibles ont faites dans leur cerveau, ils en reçoivent souvent de nouvelles, et ils veulent que Dieu les guérisse par miracle, semblables à des blessés qui dans l'excès de leur douleur, déchirent leur appareil, renouvellent leurs plaies, et puis, dans la vue d'une mort prochaine, se plaignent de la cruauté de ceux qui les pansent. Ils veulent que Dieu les sauve, parce que, disent-ils, Dieu est bon, sage, puissant : il ne tient qu'à lui de nous rendre heureux ; il ne doit pas nous avoir faits pour nous perdre. Qu'ils sachent que Dieu veut les sauver, et qu'il a fait pour cela tout ce qui se devait selon l'ordre de la justice qu'il doit à | ses attributs. Nous ne devons pas **222** croire qu'il nous abandonne, puisqu'il nous a donné son propre Fils pour être notre médiateur et notre victime. Oui, Dieu veut nous sauver, et nous sauver tous, mais par des voies que nous devons étudier avec soin, et suivre avec exactitude. Dieu ne doit pas consulter nos passions dans l'exécution de ces desseins. Il ne doit consulter que sa sagesse, il ne doit suivre que l'ordre, et l'ordre veut que nous imitions Jésus-

---

* Voyez le IIe Discours du *Traité de la nature et de la grâce* [*OC* V, 65-116].

Christ, et que nous suivions ses conseils pour nous sanctifier et pour nous sauver. Que si Dieu n'a pas prédestiné tous les hommes à être conformes à l'image de son Fils, qui est le modèle et l'exemplaire des élus, c'est qu'en cela Dieu agit par les voies les plus simples par rapport à ses desseins, qui tendent tous à sa gloire ; c'est que Dieu est une cause universelle, et qu'il ne doit pas agir comme les causes particulières, qui ont des volontés particulières pour tout ce qu'elles font : c'est que sa sagesse qui n'est en cela qu'abîmes pour nous, le veut ainsi. Enfin c'est que cette conduite est plus digne de Dieu, qu'une autre qui serait plus favorable aux réprouvés. Car les réprouvés sont condamnés par un ordre aussi digne de nos adorations, que celui par lequel les élus sont sanctifiés et sauvés, et il n'y a que l'ignorance de l'ordre et l'amour-propre qui fassent condamner une conduite que les anges et les saints admireront éternellement. Je réponds ailleurs [*] plus amplement aux difficultés qu'on fait contre la providence divine. Mais revenons aux preuves de l'efficace des causes secondes.

CINQUIÈME PREUVE

Si les corps n'avaient point une certaine nature ou force pour agir, et si Dieu faisait toutes choses, il n'y aurait rien que de surnaturel dans **223** les effets même les plus ordinaires. La distinction | de naturel et de surnaturel, qui est si bien reçue dans le monde, et qui est établie par le consentement universel des savants serait chimérique et extravagante.

Réponse

Je réponds que cette distinction est extravagante dans la bouche d'Aristote, car la nature que ce philosophe a établie est une pure chimère. Je dis que cette distinction n'est point claire dans la bouche du commun des hommes, qui jugent des choses par l'impression qu'elles font sur leurs sens, car ils ne savent point précisément ce qu'ils veulent dire, lorsqu'ils assurent que le feu brûle par sa nature. Je

---

[*] Voyez les *Entretiens sur la métaphysique*, le *Traité de la nature et de la grâce*, et les *Réponses à M. Arnauld*, surtout la réponse à sa dissertation sur les miracles de l'Ancien Testament [*Réponse à la dissertation de M. Arnauld sur un éclaircissement du Traité de la nature et de la grâce*, *OC* VII, 477 sq.].

dis que cette distinction se peut souffrir dans la bouche des théologiens, s'ils entendent que les effets naturels sont ceux qui sont des suites des lois générales que Dieu a établies pour la production et pour la conservation de toutes choses, et que les effets surnaturels sont ceux qui ne dépendent point de ces lois. Cette distinction est véritable en ce sens. Mais la philosophie d'Aristote jointe à l'impression des sens, la rend, ce me semble, dangereuse, parce que cette distinction peut détourner de Dieu ceux qui ont trop de respect pour les opinions de ce misérable et pitoyable philosophe, ou qui consultent leurs sens au lieu de rentrer en eux-mêmes pour y consulter la vérité. Ainsi on ne devrait point se servir de cette distinction sans l'expliquer. S. Augustin, s'étant servi du terme de *fortune*, s'en est rétracté *, quoiqu'il y eût peu de gens qui s'y pussent tromper. S. Paul ** parlant des viandes immolées, avertit que les idoles ne sont rien. Si la *nature* de la philosophie païenne est une chimère, si cette nature n'est rien, il faut en avertir, car il y a bien des gens qui s'y trompent. Il y en a plus qu'on ne pense, qui lui attribuent inconsidérément les ouvrages de Dieu, qui s'occupent de cette idole, ou de cette fiction de l'esprit humain, et qui lui rendent des honneurs qui ne sont dus qu'à | la divinité. Ils veulent **224** bien que Dieu soit auteur des miracles et de certains effets extraordinaires qui en un sens sont peu dignes de sa grandeur et de sa sagesse, et ils rapportent à la puissance de leur nature imaginaire, ces effets constants et réglés que les sages seuls savent admirer. Ils prétendent même que cette disposition si merveilleuse qu'ont tous les corps vivants pour se conserver et pour engendrer leur semblable, est une production de leur nature, car, selon ces philosophes, c'est le soleil et l'homme qui engendrent les hommes [1].

On peut encore distinguer l'ordre surnaturel du naturel en plusieurs manières. Car on peut dire que le surnaturel a rapport aux biens futurs; qu'il est établi en vue des mérites de Jésus-Christ, qu'il est le premier et le principal dans les desseins de Dieu, et

---

* Livre I des *Rétract.* [*Retractationes*, I, I, 2 (BA XII, 274-276)].
** 1 Co 10, 19.

1. Voir par exemple Aristote, *Physique*, II, II, 194b13.

d'autres choses suffisantes pour conserver une distinction dont l'on appréhende peut-être sans sujet la destruction.

Sixième preuve

La principale preuve que les philosophes apportent pour l'efficace des causes secondes se tire de la volonté de l'homme et de sa liberté. L'homme veut, il se détermine par lui-même, et vouloir et se déterminer, c'est agir. Il est certain que c'est l'homme qui commet le péché. Dieu n'en est point l'auteur, non plus que de la concupiscence et de l'erreur. Donc l'homme agit par son efficace propre.

Réponse

J'ai expliqué suffisamment en plusieurs endroits de la *Recherche de la vérité* ce que c'est que la volonté et la liberté de l'homme, et principalement dans le premier chapitre du premier Livre, et dans le premier *Éclaircissement* sur ce même chapitre ; il est inutile que je le
225 répète. J'avoue que l'homme veut, et qu'il se | détermine lui-même ; mais c'est parce que Dieu le fait vouloir, en le portant incessamment vers le bien. Il se détermine ; mais c'est que Dieu lui donne toutes les idées et tous les sentiments qui sont les motifs par lesquels il se détermine. J'avoue aussi que l'homme commet seul le péché. Mais je nie qu'il fasse en cela quelque chose, car le péché, l'erreur, et même la concupiscence, ne sont rien. Ce ne sont que des défauts. Je me suis assez expliqué sur cela dans le premier *Éclaircissement*.

L'homme veut, mais ses volontés sont impuissantes en elles-mêmes, elles ne produisent rien, elles n'empêchent point que Dieu ne fasse tout, puisque c'est Dieu même qui fait en nous nos volontés, par l'impression qu'il nous donne vers le bien en général, car sans cette impression nous ne pourrions rien vouloir. L'homme n'a de lui-même que l'erreur et le péché qui ne sont rien*.

Il y a bien de la différence entre nos esprits et les corps qui nous environnent. Notre esprit veut, il agit, il se détermine ; je n'en doute

---

Nemo habet de suo nisi mendacium et peccatum (Concil. Araus., 2, can. 22) [2ᵉ concile d'Orange (année 529), canon 22, voir H. Denzinger, *Enchiridion symbolorum*, n° 392. « Nul n'a de soi que le mensonge et le péché »].

nullement. Nous en sommes convaincus par le sentiment intérieur que nous avons de nous-mêmes. Si nous n'avions point de liberté, il n'y aurait ni peines, ni récompenses futures, car sans liberté il n'y a ni bonnes ni mauvaises actions; de sorte que la religion serait une illusion et un fantôme. Mais, que les corps aient de la force pour agir, c'est ce qu'on ne voit pas clairement, c'est ce qui paraît incompréhensible; et c'est aussi ce qu'on nie, lorsqu'on nie l'efficace des causes secondes.

L'esprit même n'agit pas autant qu'on se l'imagine. Je sais que je veux et que je veux librement; je n'ai aucune raison d'en douter, qui soit plus forte que le sentiment intérieur que j'ai de moi-même. Je ne le nie pas aussi. Mais je nie que ma volonté soit la cause véritable du mouvement de mon bras*, des idées | de mon esprit, et des autres **226** choses qui accompagnent mes volontés, car je ne vois aucun rapport entre des choses si différentes. Je vois même très clairement qu'il ne peut y avoir de rapport entre la volonté que j'ai de remuer le bras et entre l'agitation des esprits animaux, c'est-à-dire de quelques petits corps dont je ne sais ni le mouvement ni la figure, lesquels vont choisir certains canaux des nerfs entre un million d'autres que je ne connais pas, afin de causer en moi le mouvement que je souhaite par une infinité de mouvements que je ne souhaite point. Je nie que ma volonté produise en moi mes idées, car je ne vois pas même comment elle pourrait les produire, puisque ma volonté ne pouvant agir ou vouloir sans connaissance, elle suppose mes idées et ne les fait pas. Je ne sais même précisément ce que c'est qu'idée. Je ne sais si on les produit de rien, et si elles rentrent dans le néant dès qu'on cesse de les voir. Je parle selon le sentiment de quelques personnes.

Je produis, dira-t-on, mes idées par la faculté que Dieu m'a donnée de penser. Je remue mon bras à cause de l'union que Dieu a mise entre mon esprit et mon corps. Faculté, union, ce sont termes de logique, ce sont des mots vagues et indéterminés. Il n'y a point d'être en particulier, ni de manière d'être qui soit une faculté ou une union; on doit expliquer ces termes. Si l'on dit que l'union de mon esprit avec mon

---

* Selon le sens expliqué dans le chapitre sur lequel je fais cet *Éclaircissement* [*OC* II, 315-318].

corps consiste en ce que Dieu veut que, lorsque je voudrai que mon bras soit mû, les esprits animaux se répandent dans les muscles dont il est composé, pour le remuer en la manière que je le souhaite, j'entends clairement cette explication, et je la reçois. Mais c'est dire justement ce que je soutiens, car, ma volonté déterminant la volonté pratique de Dieu, il est évident que mon bras sera mû, non par ma volonté qui est impuissante en elle-même, mais par celle de Dieu qui ne peut jamais manquer d'avoir son effet.

Mais si l'on dit que l'union de mon esprit avec mon corps consiste en ce que Dieu m'a donné la force * de remuer mon bras, comme il a donné aussi à mon corps la force de me faire sentir | du plaisir et de la douleur, afin de m'appliquer à ce corps et de m'intéresser dans sa conservation, certainement on suppose ce qui est en question, et l'on fait un cercle. On n'a point d'idée claire de cette force que l'âme a sur le corps, ni de celle que le corps a sur l'âme : on ne sait pas trop bien ce qu'on dit, lorsqu'on l'assure positivement. On est entré dans ce sentiment par préjugé ; on l'a cru ainsi étant enfant, et dès qu'on a été capable de sentir ; mais l'esprit, la raison, la réflexion n'y ont point de part. Cela paraît assez par les choses que j'ai dites dans la *Recherche de la vérité*.

Mais, dira-t-on, je connais par le sentiment intérieur de mon action que j'ai véritablement cette force ; ainsi je ne me trompe point de le croire. Je réponds que, lorsqu'on remue son bras, on a sentiment intérieur de la volonté actuelle par laquelle on le remue ; et l'on ne se trompe point de croire qu'on a cette volonté. On a de plus sentiment intérieur d'un certain effort qui accompagne cette volonté, et l'on doit croire aussi qu'on fait cet effort. Enfin je veux qu'on ait sentiment intérieur que le bras est remué dans le moment de cet effort ** ; et, cela

---

* J'entends toujours une force véritable et efficace.

** Il me paraît évident que l'esprit ne connaît pas même par sentiment intérieur ou par conscience le mouvement du bras qu'il anime. Il ne connaît par conscience que son sentiment, car l'âme n'a conscience que de ses seules pensées. C'est par sentiment intérieur ou par conscience que l'on connaît le sentiment qu'on a du mouvement de son bras ; mais ce n'est point par conscience que l'on est averti du mouvement de son bras, de la douleur qu'on y souffre, non plus que des couleurs que l'on voit sur les objets. Ou, si l'on n'en veut pas convenir, je dis que le sentiment intérieur n'est point infaillible, car l'erreur

supposé, je consens aussi que l'on dise, que le mouvement du bras se fait dans l'instant qu'on sent cet effort, ou que l'on a une volonté pratique de le remuer. Mais je nie que cet effort qui n'est qu'une modification ou un sentiment de l'âme, qui nous est donné pour nous faire comprendre notre faiblesse, et nous donner un sentiment obscur et confus de notre force, soit par lui-même capable de donner du mouvement aux esprits animaux, ni de les déterminer. | Je nie qu'il y ait **228** rapport entre nos pensées et les mouvements de la matière. Je nie que l'âme ait la moindre connaissance des esprits animaux, dont elle se sert pour remuer le corps qu'elle anime. Enfin, quand même l'âme connaîtrait exactement les esprits animaux, et quand elle serait capable de les mouvoir, ou de déterminer leur mouvement, je nie qu'avec tout cela elle pût choisir les tuyaux des nerfs, dont elle n'a aucune connaissance, afin de pousser en eux les esprits et remuer ainsi le corps avec la promptitude, la justesse et la force que l'on remarque dans ceux mêmes qui connaissent le moins la structure de leur corps.

Car, supposé même que nos volontés soient véritablement la force mouvante des corps, quoique cela paraisse incompréhensible, comment peut-on concevoir que l'âme remue son corps ? Le bras, par exemple, ne se remue que parce que les esprits enflent quelques-uns des muscles qui le composent. Or, afin que le mouvement que l'âme imprime aux esprits qui sont dans le cerveau se pût communiquer à ceux qui sont dans les nerfs, et ceux-ci aux autres qui sont dans les muscles du bras, il faudrait que les volontés de l'âme se multipliassent, ou changeassent à proportion des rencontres ou des chocs presque infinis, qui se feraient dans les petits corps qui composent les esprits, car les corps ne peuvent par eux-mêmes remuer ceux qu'ils rencontrent, comme je crois l'avoir suffisamment prouvé. Mais cela ne se peut concevoir si l'on n'admet dans l'âme un nombre infini de volontés au moindre mouvement du corps, puisqu'il est nécessaire, pour le remuer, qu'il se fasse un nombre infini de communications de mouvements. Car enfin l'âme étant une cause particulière, et qui ne peut savoir exactement la grosseur ni l'agitation d'un nombre infini de

se trouve presque toujours dans ces sentiments, lorsqu'ils sont composés. Je l'ai suffisamment prouvé dans le premier livre de la *Recherche de la vérité*.

petits corps qui se choquent, lorsque les esprits se répandent dans les muscles, elle ne pourrait ni établir une loi générale de la communication des mouvements de ces esprits, ni la suivre exactement si elle l'avait établie. Ainsi il est évident que l'âme ne pourrait remuer son bras, quand même elle aurait le pouvoir de déterminer le mouvement des esprits animaux qui sont dans le cerveau. Ces choses sont trop claires pour s'y arrêter davantage.

229 | Il en est de même de la faculté que nous avons de penser. Nous connaissons par sentiment intérieur que nous voulons penser à quelque chose, que nous faisons effort pour cela, et que, dans le moment de notre désir et de notre effort, l'idée de cette chose se présente à notre esprit. Mais nous ne connaissons point par sentiment intérieur que notre volonté ou notre effort produise notre idée. Nous ne voyons point par la raison que cela se puisse faire. C'est par préjugé que nous croyons que notre attention ou nos désirs sont cause de nos idées ; c'est que nous éprouvons cent fois le jour qu'elles les suivent ou qu'elles les accompagnent. Comme Dieu et ses opérations n'ont rien de sensible, et que nous ne sentons point d'autre chose qui précède la présence des idées que nos désirs, nous ne pensons point qu'il puisse y avoir d'autre cause de ces idées que nos désirs. Mais prenons-y garde. Nous ne voyons point en nous de force pour les produire, la raison ni le sentiment intérieur que nous avons de nous-mêmes ne nous disent rien sur cela.

Je ne crois pas devoir rapporter toutes les autres preuves, dont se servent les défenseurs de l'efficace des causes secondes, parce que ces preuves me paraissent si faibles, qu'on pourrait s'imaginer que j'aurais en cela dessein de les rendre ridicules, et je me rendrais moi-même ridicule si j'y répondais sérieusement. Un auteur, par exemple, dit fort sérieusement, en faveur de son opinion : *Les êtres créés sont de véritables causes matérielles, formelles, finales ; pourquoi ne seront-ils pas aussi causes efficientes ou efficaces*[1] ? Il me semble que je ne contenterais pas fort le monde, si, pour satisfaire à la demande de cet auteur, je m'arrêtais à éclaircir un équivoque si grossier, et à faire voir

---

1. Fonseca, *In libros Metaphysicorum*, livre V, q. 7, s. 2, col. 116C : « Res creatae sunt verae causae materiales, formales, et finales ; cur igitur non efficientes etiam ? ».

la différence qu'il y a entre la cause efficace, et celle qu'il a plu aux philosophes d'appeler matérielle. Ainsi je laisse de semblables preuves pour venir à celles que l'on tire de la sainte Écriture.

SEPTIÈME PREUVE

Ceux qui soutiennent l'efficace des causes secondes apportent d'ordinaire les passages suivants pour appuyer leur sentiment : | *Germinet terra herbam virentem.* [...] *Producant aquae reptile* **230** *animae viventis et volatile.* [...] *Producat terra animam viventem**. Donc la terre et l'eau ont reçu par la parole de Dieu la puissance de produire des plantes et des animaux. Dieu commande ensuite aux oiseaux et aux poissons de multiplier : *Crescite et multiplicamini, et replete aquas maris, avesque multiplicentur super terram***. Donc il leur a donné la puissance d'engendrer leur semblable.

Jésus-Christ, dans le quatrième chapitre de s. Marc***, dit que la semence qui tombe en bonne terre rend jusqu'au centuple, et que *la terre produit d'elle-même premièrement l'herbe, ensuite l'épi, puis le blé dans l'épi.* Enfin il est aussi écrit, dans le livre de la Sagesse****, que le feu avait comme oublié en faveur du peuple de Dieu la *force* qu'il a de brûler. Il est donc certain par l'Ancien et le Nouveau Testament, que les causes secondes ont pour agir une force véritable.

Réponse

Je réponds que, dans l'Écriture sainte, il y a aussi plusieurs passages qui attribuent à Dieu la prétendue efficace des causes secondes. En voici quelques-uns.

---

* Gn 1 [11 ; 20 ; 24] [« Que la terre produise de l'herbe verte [...]. Que les eaux, produisent les animaux vivants qui nagent dans l'eau, et des oiseaux [...]. Que la terre produise des animaux vivants » (Bible de Sacy)].

** Là même [Gn 1, 22 : « Croissez et multipliez-vous, et remplissez les eaux de la mer, et que les oiseaux se multiplient sur la terre » (Bible de Sacy)].

*** *Ultro enim terra fructificat primum herbam, deinde spicam, deinde plenum frumentum in spica* [Mc 4, 28].

**** *Etiam sua virtutis oblitus est.* Sg 16 [23] [« Elle [la flamme] oubliait sa propre force » (Bible de Sacy)].

Ego sum Dominus faciens omnia, extendens coelos solus, stabiliens terram, et nullus mecum (Is 44, 24)[1]. *Manus tuae fecerunt me et plasmaverunt me totum in circuitu* (Jb 10, 8)[2]. *Nescio qualiter in utero meo apparuistis* [...] *Singulorum membra non ego ipsa compegi, sed enim mundi creator qui hominis formavit nativitatem, etc.* (2 M 7, 22-23)[3]. *Cum ipse (Deus) det omnibus vitam, inspirationem, et omnia* (Ac 17, 25)[4]. *Producens foenum jumentis, et herbam servituti hominum, ut educas panem de terra* (Ps 103 et 148)[5]. Il y a une infinité de semblables passages ; mais ceux-ci suffisent.

231 | Lorsqu'un auteur semble se contredire, et que l'équité naturelle ou une raison plus forte nous oblige à l'accorder avec lui-même, il me semble qu'on a une règle infaillible pour découvrir son véritable sentiment. Car il n'y a qu'à observer quand cet auteur parle selon ses lumières, et quand il parle selon l'opinion commune. Lorsqu'un homme parle comme les autres, cela ne signifie pas toujours qu'il soit de leur sentiment. Mais, lorsqu'il dit positivement le contraire de ce qu'on a coutume de dire, quoiqu'il ne le dise qu'une seule fois, on a raison de juger que c'est son sentiment, pourvu qu'on sache qu'il parle sérieusement, et après y avoir bien pensé.

Par exemple, un auteur parlant des propriétés des animaux dira en cent endroits que les bêtes sentent, que les chiens connaissent leur maître, qu'ils l'aiment et le craignent, et ne dira qu'en deux ou trois endroits que les bêtes ne sentent point, que les chiens sont incapables de connaissance, qu'ils ne craignent et n'aiment rien. Comment accordera-t-on cet auteur avec lui-même, car il paraît se contredire ? Ramassera-t-on tous les passages qui sont pour et contre, et jugera-t-on de son sentiment par le plus grand nombre ? Si cela est, je ne crois

---

1. « Je suis le Seigneur qui fais toutes choses, c'est moi seul qui ai étendu les cieux, et personne ne m'a aidé quand j'ai affermi la terre » (Bible de Sacy).

2. « Ce sont vos mains, Seigneur, qui m'ont formé, ce sont elles qui ont arrangées toutes les parties de mon corps » (Bible de Sacy).

3. « Je ne sais comment vous avez été formé dans mon sein. Car ce n'est point moi [...] qui ai joint tous vos membres pour en faire un corps, mais le Créateur du monde, qui a formé l'homme dans sa naissance » (Bible de Sacy).

4. « lui qui donne à tous la vie, la respiration et toutes choses » (Bible de Sacy).

5. Ps 103, 14 : « Vous produisez le foin pour les bêtes, et l'herbe pour servir à l'usage de l'homme. Vous faites sortir le pain de la terre » (v. 15 et 16 dans la Bible de Sacy).

pas qu'il y ait d'homme à qui, par exemple, on puisse attribuer le sentiment que les animaux n'ont point d'âme, car les cartésiens mêmes disent à tous moments qu'un chien sent quand on le frappe, et il leur arrive très rarement de dire qu'il ne sent pas. Et, quoique j'attaque moi-même une infinité de préjugés dans cet ouvrage, on en peut tirer plusieurs passages, par lesquels, si on ne reçoit la règle que j'explique, on prouvera que je les établis tous, et même que je tiens l'opinion de l'efficace des causes secondes que je réfute maintenant ; ou peut-être qu'on en conclura que la *Recherche de la vérité* est un livre plein de contradictions visibles et grossières, ainsi que font quelques personnes, qui n'ont peut-être pas assez d'équité et de pénétration pour s'établir juges des ouvrages d'autrui.

L'Écriture sainte, les Pères, les plus gens de bien parlent plus souvent des biens sensibles, des richesses, des honneurs selon | l'opi- 232 nion commune, que selon les véritables idées qu'ils en ont. Jésus-Christ fait dire par Abraham au mauvais riche : *Fili recepisti bona in vita tua*[1], vous avez reçu des *biens* pendant votre vie, c'est-à-dire, des richesses et des honneurs. Ce que nous appelons par préjugé du *bien*, notre bien, c'est-à-dire, notre or et notre argent, est appelé dans l'Écriture en cent endroits notre *soutien* ou notre *substance*, et même notre *honnêteté*, ou ce qui nous honore. *Paupertas et honestas a Deo sunt*[*]. Ces manières de parler de l'Écriture sainte et des personnes les plus vertueuses nous feront-elles croire qu'ils se contredisent eux-mêmes, ou que les richesses et les honneurs sont véritablement des biens à notre égard, et que nous devons les aimer et les rechercher ? Non, sans doute, parce que ces manières de parler s'accordant avec les préjugés, elles ne signifient rien, et que nous voyons d'ailleurs que Jésus-Christ a comparé les richesses aux épines, qu'il a dit qu'il y faut renoncer, qu'elles sont trompeuses, et que tout ce qui est grand et éclatant dans le monde est en abomination devant Dieu. Il ne faut donc point ramasser les passages de l'Écriture ou des Pères pour juger de leur sentiment par

---

[*] Eccli 11, 14 [L'édition de 1712 imprime par erreur : « Eccl 1, 14 ». « La pauvreté et les richesses viennent de Dieu » (Bible de Sacy)].

1. Lc 16, 25. « Mon fils, souvenez-vous que vous avez reçu vos biens dans votre vie » (Bible de Sacy).

le plus grand nombre de ces passages, si l'on ne veut à tous moments leur attribuer les préjugés les plus déraisonnables.

Cela supposé, nous voyons que l'Écriture sainte dit positivement que c'est Dieu qui fait tout jusqu'à l'herbe des champs, que c'est lui qui pare les lys de ces ornements, que Jésus-Christ préfère à ceux qu'avait Salomon dans toute sa gloire*. Il y a, non deux ou trois, mais une infinité de passages, qui attribuent à Dieu la prétendue efficace des causes secondes, et qui détruisent la nature des péripatéticiens.

D'ailleurs on est porté par un préjugé comme naturel à ne point penser à Dieu dans les effets ordinaires, et à attribuer de la force et de l'efficace aux causes naturelles; il n'y a ordinairement que les miracles qui fassent penser à Dieu; l'impression sensible engage dans l'opinion des causes secondes. Les philosophes tiennent cette opinion, 233 parce que, disent-ils, les sens en | convainquent; c'est là leur plus forte preuve. Enfin cette opinion est reçue de tous ceux qui suivent le jugement des sens. Or le langage s'est formé sur ce préjugé, et l'on dit aussi communément que le feu a la force de brûler, que l'on appelle l'or et l'argent son bien. Donc les passages que l'on tire de l'Écriture ou des Pères pour l'efficace des causes secondes ne prouvent pas plus, que ceux qu'un ambitieux ou qu'un avare choisirait pour justifier sa conduite. Mais il n'en est pas de même des passages que l'on peut apporter pour prouver que Dieu fait tout. Car, ce sentiment étant contraire aux préjugés, ces passages doivent être entendus à la rigueur, par la même raison qu'on doit croire que le sentiment d'un cartésien est que les bêtes ne sentent point, quoiqu'il ne l'ait dit que deux ou trois fois, et qu'il dise au contraire à tous moments dans le discours familier qu'elles sentent, qu'elles voient, qu'elles entendent.

Dans le premier chapitre de la Genèse, Dieu commande à la terre de produire les plantes et les animaux; il ordonne aussi aux eaux de

---

* Mt 6, 28-30 [« Pourquoi aussi vous inquiétez-vous pour le vêtement? Considérez comment croissent les lys des champs; ils ne travaillent point, ils ne filent point; et cependant je vous déclare que Salomon, même dans toute sa gloire, n'a jamais été vêtu comme l'un d'eux. Si donc Dieu a soin de vêtir de cette sorte une herbe des champs, et qui sera demain jetée dans le four, combien aura-t-il plus de soin de vous vêtir, ô hommes de peu de foi! » (Bible de Sacy)].

produire les poissons. Et par conséquent, disent les péripatéticiens, l'eau et la terre ont reçu une vertu capable de produire ces effets.

Je ne vois pas que cette conclusion soit certaine. Et, quand même on serait obligé d'expliquer ce chapitre par lui-même, et sans avoir recours à d'autres passages de l'Écriture, il n'y aurait point de nécessité de recevoir cette conséquence. Cette manière d'expliquer la création est accommodée à notre manière de parler de la production des choses. Ainsi il n'est point nécessaire de la prendre à la lettre. On ne s'en doit point servir pour appuyer les préjugés. Comme les animaux et les plantes sont sur la terre, que les oiseaux vivent dans l'air, et les poissons dans l'eau, Dieu, pour nous faire comprendre que c'est par son ordre qu'ils sont dans ces lieux, les y a produits. C'est de la terre qu'il a formé les animaux et les plantes ; non que la terre soit capable de rien engendrer, et que Dieu lui ait donné pour cela une force ou une vertu qui subsiste encore présentement, car on demeure assez d'accord que la terre n'engendre point les chevaux ni les bœufs ; mais parce que c'est de la terre que les corps de ces animaux ont été formés, comme il est dit dans le chapitre suivant : *Formatis | igitur Dominus Deus de* **234** *humo cunctis animantibus terrae et universis volatilibus coeli**. Les animaux ont été formés de la terre, *formatis de humo*, et non pas produits par la terre. Aussi, après que Moïse a rapporté comment les animaux et les poissons ont été produits en vertu du commandement que Dieu avait fait à la terre et à l'eau de les produire, il ajoute que *c'est Dieu même qui les a faits*, afin qu'on n'attribue pas à la terre et à l'eau leur production. *Creavitque Deus cete grandia ; et omnem animam viventem atque motabilem quam produxerant aquae in species suas, et omne volatile secundum genus suum*[1]. Et plus bas, après avoir parlé de la formation des animaux, il ajoute : *Et fecit Deus bestias terrae juxta species suas, et jumenta et omne reptile terrae ; in genere suo*[2].

* [Gn 2] 19 [« Le Seigneur Dieu ayant donc formé de la terre tous les animaux terrestres, et tous les oiseaux du ciel… »].

1. Gn 1, 21. « Dieu créa donc les grands poissons, et tous les animaux qui ont la vie et le mouvement, que les eaux produisirent chacun selon son espèce ; et il créa aussi tous les oiseaux selon leur espèce » (Bible de Sacy).
2. Gn 1, 25. « Dieu fit donc les bêtes sauvages de la terre selon leurs espèces, les animaux domestiques et tous les reptiles chacun selon leur espèce » (Bible de Sacy).

On peut remarquer en passant qu'où il y a dans notre Vulgate : *Germinet terra herbam* […] *Producant aquae reptile animae viventis et volatile super terram*[1], expressions qui pourraient porter à croire que la terre et les eaux ont reçu quelque puissance véritable de produire les animaux et les plantes, les termes de l'original éloignent de cette pensée. Ils signifient simplement que Dieu dit que la terre soit couverte de plantes, que les eaux fourmillent de poissons, et que les oiseaux volent dans l'air. Les verbes et les noms ont une même racine dans ces passages, ce qui ne se peut traduire dans les autres langues. C'est comme s'il y avait que la terre *verdoie de verdure*, que les eaux *poissonnent de poissons*, que les *volatiles volent*. La Vulgate a aussi omis le mot *vole* : ce qui a fait croire à quelques personnes, que les oiseaux avaient été tirés des eaux, mais il y a dans l'hébreu : *et volatile volitet*. Ce dernier mot omis fait voir que les oiseaux n'ont point été produits par une vertu qui fût dans l'eau. Le dessein de Moïse n'est donc point ici de prouver, que les eaux eussent reçu une véritable
235 puissance de produire des poissons | et des oiseaux, mais seulement de marquer le lieu destiné à chaque chose par l'ordre de Dieu, soit pour y vivre, soit pour y être produit ; *et volatile volitet super terram*[2]. Car d'ordinaire, lorsqu'on dit que la terre produit les arbres et les plantes, on prétend seulement faire connaître qu'elle fournit l'eau et les sels qui sont nécessaires pour faire germer les graines et les faire croître. Je ne m'arrête pas à expliquer les autres passages de l'Écriture, qui, pris à la lettre favorisent les causes secondes, car on n'est point obligé, et il est même fort dangereux de prendre à la lettre les expressions qui sont appuyées sur les jugements ordinaires, selon lesquelles le langage se forme ; le commun des hommes parlant de toutes choses selon les impressions des sens, et les préjugés de l'enfance, l'esprit de Dieu s'est souvent accommodé à leur faiblesse pour instruire les simples,

---

1. Gn 1, 11 et 20. « Que la terre produise de l'herbe verte […]. Que les eaux produisent les animaux vivants qui nagent dans l'eau, et des oiseaux […] sur la terre » (Bible de Sacy).
2. « et des oiseaux qui volent sur la terre » (Bible de Sacy).

aussi bien que les personnes plus éclairées. *Inclinavit Scripturas Deus usque ad infantium et lactentium capacitatem*, dit s. Augustin*.

La même raison qui oblige à prendre à la lettre les passages de l'Écriture directement opposés aux préjugés, nous donne encore juste sujet de penser que les Pères n'ont jamais eu de dessein formé de soutenir l'efficace des causes secondes, ni la nature d'Aristote. Car, encore qu'ils parlent souvent d'une manière qui favorise les préjugés et les jugements des sens, ils s'expliquent quelquefois d'une manière qui découvre assez la disposition de leur esprit et de leur cœur. S. Augustin, par exemple, fait assez connaître qu'il croit que la volonté de Dieu est la force ou la nature de chaque chose, lorsqu'il parle ainsi. *Nous avons coutume de dire que les prodiges sont contre la nature, mais cela n'est pas vrai. Car la volonté du Créateur étant la nature de chacune des créatures, comment ce qui se fait par la volonté de Dieu | serait-il contraire à la nature ? Les miracles ou les prodiges ne sont* **236** *donc point contre la nature, mais contre ce qui nous est connu de la nature***.

Il est vrai que s. Augustin parle en plusieurs endroits selon les préjugés. Mais je soutiens que cela ne prouve rien, car on ne doit expliquer à la lettre que les passages qui sont contraires aux préjugés. Je viens d'en rapporter les raisons.

Si s. Augustin dans tous ses ouvrages n'avait jamais rien dit contre l'efficace des causes secondes, et qu'il eût toujours favorisé cette

---

* *In Ps.*, VIII [*Enarrationes in Psalmos*, VIII, 8 (CCSL XXXVIII, 52, 9-10. « Dieu a incliné les Écritures pour les mettre à la portée des enfants et des nourrissons »].

** *Omnia quippe portenta contra naturam dicimus esse, sed non sunt. Quomodo enim est contra naturam quod Dei fit voluntate, cum voluntas tanti utique conditoris conditae rei cujusque natura sit? Portentum ergo fit non contra naturam, sed contra quam est nota natura* (S. Augustin, *De civitate Dei*, livre XXI, chap. VIII) [*De civitate Dei*, XXI, VIII, 2 (BA XVII, 412) : « Nous disons que tous les prodiges sont contraires à la nature, mais ils ne le sont pas. Comment en effet peut être contre la nature, ce qui se produit par la volonté de Dieu, dès lors que c'est la volonté même d'un si grand Créateur qui fait la nature de chaque chose créée ? Le prodige ne s'opère donc pas contre la nature, mais contre la nature connue »]. Voyez aussi ce même ouvrage, livre V, chap. XI [BA XXXIII, 688-690], et sa lettre CCV à Consentius, nombre 17 [*Epistulae*, CCV, III, 17 (PL XXXIII, 948) : « *Quomodo enim negare poterimus Deum etiam nunc operari cuncta quae creantur, cum Dominus dicat : Pater meus usque nunc operatur* (Jn 5, 17)? […] *Cum ergo natura rerum a Creatore administratur* […], *Deus usque nunc operatur* »].

opinion, on pourrait peut-être se servir de son autorité pour l'établir. Mais, s'il ne paraissait point qu'il eût examiné sérieusement cette question, on aurait toujours droit de penser, qu'il n'aurait point eu de sentiment fixe et arrêté sur ce sujet, et qu'il aurait peut-être été comme entraîné par l'impression des sens à croire sans réflexion une chose, qui paraît certaine jusqu'à ce qu'on l'examine avec quelque soin.

Il est certain, par exemple, que s. Augustin a toujours parlé des bêtes comme si elles avaient une âme ; je ne dis pas une âme corporelle, car ce saint docteur savait trop bien distinguer l'âme d'avec le corps, pour penser qu'il pût y avoir des âmes corporelles ; je dis une âme spirituelle, car la matière est incapable de sentiment. Cependant je crois qu'il est plus raisonnable de se servir de l'autorité de s. Augustin pour prouver que les bêtes n'ont point d'âme, que pour prouver qu'elles en ont, car, des principes qu'il a soigneusement examinés et fortement établis *, il suit manifestement qu'elles n'en ont

237 point, ainsi que | le fait voir Ambroise Victor dans son 6ᵉ vol. de la *Philosophie chrétienne* [1]. Mais, le sentiment que les bêtes ont une âme, ou qu'elles sentent de la douleur lorsqu'on les frappe, étant conforme aux préjugés, car il n'y a point d'enfant qui ne le croie, on a toujours droit de penser que s. Augustin a parlé sur cela selon l'opinion commune, qu'il n'a point examiné sérieusement cette question, et que, s'il eût commencé d'en douter et d'y faire réflexion, il n'aurait point dit une chose qui est si contraire à ses principes.

Ainsi, quand les Pères auraient toujours favorisé l'efficace des causes secondes, peut-être qu'on ne serait point obligé d'avoir égard à

---

* Quelques-uns de ces principes de s. Augustin sont : que ce qui n'a jamais péché ne peut point souffrir de mal, or selon lui-même la douleur est le plus grand des maux, et les bêtes en souffrent ; que le plus noble ne peut avoir pour sa fin le moins noble, or selon lui l'âme des bêtes est spirituelle et plus noble que les corps et néanmoins elles n'ont point d'autre fin que les corps ; que ce qui est spirituel est immortel ; et l'âme des bêtes, quoique spirituelle, est sujette à la mort. Il y a bien d'autres semblables principes dans les ouvrages de s. Augustin, dont on peut conclure que les bêtes n'ont point d'âme spirituelle telle qu'il l'admet en elles. Voyez s. Augustin, *De anima et ejus origine*, chap. XXII et XXIII [*De natura et origine animae*, IV, XXIII, 37- XXIV, 38 (BA XXII, 658-666)].

1. Ambrosius Victor (André Martin), *Philosophia christiana*, t. VI : De anima bestiarum, Saumur, F. Ernou, 1671.

leur sentiment, s'il ne paraissait qu'ils eussent examiné avec soin cette question, et que ce qu'ils en auraient dit n'aurait point été une suite du langage, lequel se forme et s'établit sur les préjugés. Mais c'est assurément le contraire, car les Pères et les personnes les plus saintes et les plus éclairées dans la religion ont ordinairement fait connaître par quelques endroits de leurs ouvrages quelle était la disposition de leur esprit et de leur cœur à l'égard de la question dont nous parlons.

Les plus éclairés, et même le plus grand nombre des théologiens, voyant d'un côté que l'Écriture sainte était contraire à l'efficace des causes secondes, et de l'autre que l'impression des sens, la voix publique, et principalement la philosophie d'Aristote, qui était en vénération parmi les savants, l'établissait, car Aristote croit que Dieu ne se mêle point du détail de ce qui se passe sous le *concave* du ciel de la lune, que cette application est indigne de sa grandeur, et que la nature qu'il suppose dans tous les corps suffit pour produire tout ce qui se fait ici-bas. Les théologiens, dis-je, ont trouvé ce tempérament pour accorder la foi avec la philosophie des païens, et la raison avec les sens, que les causes secondes ne feraient rien, si Dieu ne leur prêtait son concours. Mais, parce que ce concours immédiat, par lequel Dieu agit avec les causes secondes, renferme de grandes difficultés, quelques philosophes l'ont rejeté, prétendant qu'afin qu'elles agissent, il suffit que Dieu les conserve avec la vertu qu'il leur a donnée en les créant. Et comme cette opinion est tout à fait conforme aux préjugés, à cause que | l'opération de Dieu dans les causes secondes n'a rien de sensible, elle **238** est ordinairement reçue du commun des hommes, et de ceux qui se sont plus appliqués à la médecine et à la physique des anciens qu'à la théologie et à la méditation de la vérité. La plupart des hommes s'imaginent que Dieu a créé d'abord toutes choses, et qu'il leur a donné toutes les qualités ou facultés nécessaires pour leur conservation, qu'il a, par exemple, donné le premier mouvement à la matière, et qu'ensuite il l'a laissé à elle-même produire par la communication de ses mouvements, cette variété de formes que nous admirons. On suppose ordinairement que les corps se peuvent mouvoir les uns les autres, et l'on attribue même cette opinion à M. Descartes, contre ce qu'il dit expressément dans les articles 36 et 37 de la seconde partie de ses *Principes de philosophie* [1]. Les hommes ne pouvant s'empêcher de reconnaître que les créatures dépendent de Dieu, ils diminuent cette dépendance autant qu'il leur est possible, soit par une secrète aversion pour Dieu, soit par une stupidité et par une insensibilité effroyable à l'égard de son opération. Mais comme ce sentiment n'est ordinairement reçu que de ceux qui n'ont pas fort étudié la religion, et qui suivent plutôt leurs sens et l'autorité d'Aristote, que leur raison et l'autorité des livres saints, on n'a pas sujet de craindre qu'il s'établisse trop dans l'esprit de ceux qui ont quelque amour pour la vérité et pour la religion : car pour peu qu'on s'applique à examiner ce sentiment, on en découvre facilement la fausseté. Mais l'opinion du *concours immédiat* de Dieu à chaque action des causes secondes, semble s'accommoder avec les passages de l'Écriture, qui attribue souvent un même effet à Dieu et aux créatures. Je prouverai dans le dernier *Éclaircissement* (nombre 43) que Dieu seul peut donner à l'âme les perceptions des objets, et que nulle créature, nulle intelligence finie, quelque puissance qu'elle ait, ne peut en ce cas être prête à agir et à exiger le concours de Dieu.

Il faut donc considérer qu'il y a des endroits dans l'Écriture où il 239 est dit que c'est Dieu seul qui agit : *Ego sum Dominus*, dit | Isaïe*, *faciens omnia, extendens coelos solus, stabiliens terram, et nullus mecum*. Une mère animée de l'esprit de Dieu, dit à ses enfants que ce n'est point elle qui les a formés : *Nescio qualiter in utero meo apparuistis, singulorum membra non ego ipsa compegi, sed mundi Creator, etc.***. Elle ne dit pas, comme Aristote et l'École des péripatéticiens, que c'est à elle et au soleil qu'ils doivent leur naissance***, mais au Créateur de l'univers. Or ce sentiment qu'il n'y a que Dieu qui agisse

* Is 44, 24 [« Je suis le Seigneur qui fais toutes choses, c'est moi seul qui ai étendu les cieux, et personne ne m'a aidé quand j'ai affermi la terre » (Bible de Sacy)].

** 2 M 7, 22-23 [« Je ne sais comment vous avez été formé dans mon sein. Car ce n'est point moi [...] qui ai joint tous vos membres pour en faire un corps, mais le Créateur du monde, qui a formé l'homme dans sa naissance... » (Bible de Sacy)].

*** *Sol et homo generant hominem* (Aristote, *Phys. ausc.*, livre II, chap. II). Voyez s. Thomas sur ce texte [Aristote, *Physique*, II, II, 194b13. « Le soleil et l'homme engendrent l'homme ». Voir Thomas d'Aquin, *Commentaria in octo libros Physicorum*,

1. AT VIII, 61-63 = IX-2, 83-85.

et qui forme les enfants dans le sein de leur mère n'est point conforme aux opinions communes ou aux préjugés*. Il faut donc, selon le principe que j'ai établi auparavant, expliquer à la lettre ces passages. Mais, au contraire, le sentiment de l'efficace des causes secondes étant conforme à l'opinion commune et à l'impression sensible, quand même on trouverait des passages qui diraient expressément que les causes secondes agissent seules, ils n'auraient aucune force étant comparés à ceux-ci. Le concours ne suffit donc pas pour accorder les différents passages de l'Écriture sainte; il faut mettre toute la force, la puissance, l'efficacité du côté de Dieu.

Mais, quand même le concours immédiat de Dieu avec les causes secondes, serait propre pour accorder les différents passages de l'Écriture sainte, je ne sais si avec tout cela il faudrait le recevoir. Car les Livres saints n'ont pas été faits uniquement pour les théologiens de ce temps-ci, mais aussi pour le peuple juif. De sorte que, si les juifs n'étaient point autrefois assez éclairés ou assez subtils pour s'imaginer un concours, tel qu'on l'admet dans la théologie scolastique, et pour demeurer d'accord d'une chose que les plus habiles théologiens ont bien de la peine à expliquer, il s'ensuit, ce me semble, que l'Écriture sainte | qui attribue à Dieu, et même à Dieu seul, la production et la **240** conservation de toutes choses, les aurait jetés dans l'erreur, et que les auteurs des Livres saints auraient parlé aux hommes un langage non seulement inconnu, mais trompeur. Car, en leur disant que Dieu fait tout, ils auraient seulement prétendu dire que Dieu donne son concours pour toutes choses, et apparemment les juifs ne pensaient pas seulement à ce concours, ceux d'entre les juifs qui ne sont point trop

texte 26, lectio 4, § 10, *Opera omnia iussu Leonis XIII P. M. edita*, t. II, Rome, Ex Typographia Polyglotta S.C. de Propaganda Fide, 1884, p. 64 et 66].

* Nec qui concumbit, nec qui seminat est aliquid, sed qui format Deus [...]. Ipse namque operatione qua nunc usque operatur, facit ut numeros suos explicent semina et a quibusdam latentibus atque invisibilibus involucris in formas visibiles hujus quod aspicimus decoris evolvant (Augustin, *De civitate Dei*, livre XX, chap. XXIV, n. 2) [*De civitate Dei*, XX, XXIV, 2 (BA XXXVII, 662) : « Ni celui qui s'unit, ni celui qui procrée n'est quelque chose, mais celui qui donne la forme, Dieu [...]. Lui-même en effet, par l'opération en vertu de laquelle il opère jusqu'à présent, fait que les semences développent leurs nombres, et, des voiles cachés et invisibles qui les recouvrent, les dégagent en formes visibles pleines de beauté à nos yeux »].

philosophes croyant que c'est Dieu qui fait tout, et non pas que Dieu concourt à tout.

Mais, afin de faire porter un jugement plus assuré sur le concours, il serait à propos d'expliquer avec soin les différents systèmes que les scolastiques en ont faits. Car, outre les obscurités impénétrables, qui sont communes à toutes les opinions qu'on ne peut expliquer et soutenir que par des termes vagues et indéterminés, il y a sur cette matière une si grande variété de sentiments, que l'on n'aurait pas de peine à en découvrir la cause. Mais je ne veux pas m'engager dans une discussion qui serait trop ennuyeuse et pour moi et pour la plupart de ceux qui liront ceci. J'aime mieux au contraire tâcher de faire voir que mes sentiments se peuvent accorder en quelque chose avec ceux du plus grand nombre des théologiens scolastiques, quoique je ne doive pas dissimuler que leur langage me paraît fort équivoque et fort confus. Je m'explique.

Je crois, comme j'ai déjà dit ailleurs, que les corps, par exemple, n'ont point la force de se remuer eux-mêmes, et qu'ainsi leur force mouvante n'est que l'action de Dieu, ou, pour ne me point servir d'un terme qui ne signifie rien de distinct, leur force mouvante n'est que la volonté de Dieu, toujours nécessairement efficace, laquelle les conserve successivement en différents endroits. Car je ne crois pas que Dieu crée de certains êtres pour en faire la force mouvante des corps, non seulement parce que je n'ai point d'idée de ce genre d'être, et que je ne vois pas qu'ils pussent remuer les corps, mais encore parce que ces êtres auraient eux-mêmes besoin de quelques autres qui les remuassent, et ainsi à l'infini. Car il n'y a que Dieu qui soit véritablement immobile et moteur tout ensemble.

Cela étant, lorsqu'un corps en choque et en meut un autre, je puis 241 dire qu'il agit par le concours de Dieu, et que ce concours | n'est pas distingué de son action propre. Car un corps ne meut celui qu'il rencontre que par son action ou sa force mouvante, qui n'est au fond que la volonté de Dieu, laquelle conserve ce corps successivement en plusieurs endroits, le transport d'un corps n'étant point son action ou sa force mouvante, mais l'effet de sa force mouvante. Presque tous les théologiens disent aussi que l'action des causes secondes n'est point différente de l'action par laquelle Dieu concourt avec elles. Car, quoiqu'ils l'entendent diversement, ils prétendent que Dieu agit dans les créatures par la même action que les créatures. Et ils sont, ce me semble, obligés de parler ainsi, car, si les créatures agissaient par une action que Dieu ne fît point en elles, leur action comme action efficace serait, ce semble, indépendante; or ils croient, comme ils le doivent, que les créatures dépendent immédiatement de Dieu, non seulement quant à leur être, mais aussi quant à leur opération.

De même à l'égard des causes libres, je crois que Dieu donne sans cesse à l'esprit une impression vers le bien en général, et qu'il détermine même cette impression vers les biens particuliers par des idées ou des sentiments qu'il met en nous, ainsi que je l'ai expliqué dans le premier *Éclaircissement*, et c'est ce que croient aussi les théologiens, qui assurent que Dieu meut et prévient nos volontés. Ainsi la force qui met nos esprits en mouvement, c'est la volonté de Dieu qui nous anime et qui nous porte vers le bien, car Dieu ne crée point des êtres pour en faire les forces mouvantes des esprits, par les mêmes raisons qu'il ne crée point d'êtres pour en faire la force mouvante des corps. Les volontés de Dieu étant efficaces par elles-mêmes, il suffit qu'il veuille pour faire, et il est inutile de multiplier les êtres sans nécessité. D'ailleurs tout ce qu'il y a de réel dans les déterminations naturelles de nos mouvements vient aussi uniquement de l'action de Dieu en nous, car je ne parle pas ici de notre consentement à ces déterminations. Cela est clair par le premier *Éclaircissement*. Or nous n'agissons et nous ne produisons rien que par nos volontés, je veux dire par l'impression de la volonté de Dieu qui est notre force mouvante. Car nos volontés ne sont efficaces, qu'en tant qu'elles sont de Dieu, de même que les corps | mus ne poussent les autres qu'en tant **242** qu'ils ont une force mouvante qui les transporte. Donc nous n'agissons que par le concours de Dieu*, et notre action considérée comme efficace et capable de produire quelque effet n'est point différente de

----

* Voyez Suárez, *De concursu Dei cum voluntate*, livre I, chap. IV [*De concursu et efficaci auxilio Dei ad actus liberi arbitrii necessario*, I, IV, § 5, *Opera omnia*, t. XI, p. 20a : « Unica actione in creaturae effectum Deus influit et creaturae ». Voir également *Disputationes metaphysicae*, XXII].

celle de Dieu ; c'est comme le disent la plupart des théologiens, toute la même action : *eadem numero actio*[1].

Or tous les changements qui arrivent dans le monde n'ont point d'autre cause naturelle que les mouvements des corps et les volontés des esprits. Car, selon les lois générales de la communication des mouvements, les corps invisibles qui environnent les visibles, produisent par leurs mouvements divers toutes les variétés, dont la cause ne paraît point à nos yeux, et, selon les lois de l'union de l'âme et du corps, lorsque les corps qui nous environnent agissent sur le nôtre, ils produisent dans notre âme une infinité de sentiments, d'idées et de passions. De même notre esprit, en conséquence des mêmes lois, excite en lui-même par ses volontés une infinité de perceptions différentes, car ce sont nos volontés qui appliquent et qui modifient notre esprit comme causes naturelles, dont l'efficace néanmoins vient des lois que Dieu a établies. Et, lorsque notre esprit agit dans notre corps, il y produit plusieurs changements, toujours en vertu des lois de son union avec lui, et par le moyen de notre corps ; il produit encore, dans ceux qui nous environnent, un très grand nombre de changements en vertu des lois de la communication des mouvements. De sorte que tous les effets naturels n'ont point d'autre cause naturelle ou occasionnelle que les mouvements des corps et les volontés des esprits. C'est une chose dont on conviendra facilement, pour peu que l'on s'y applique. Car je suppose que l'on ne soit point prévenu par ceux qui parlent sans savoir ce qu'ils disent, qui imaginent à tous moments des êtres dont ils n'ont point d'idées claires, et qui prétendent expliquer des choses qu'ils n'entendent point par des choses qui sont absolument incompré-
243 hensibles. Ainsi, ayant fait voir que Dieu | exécute par son concours, ou plutôt par sa volonté efficace, tout ce que les mouvements des corps et les volontés des esprits font comme causes naturelles ou occasionnelles, il n'y a rien que Dieu ne fasse par la même action que celle de sa créature, non que les créatures aient par elles-mêmes aucune action efficace, mais parce que la puissance de Dieu leur est en quelque sorte communiquée par les lois naturelles que Dieu a établies en leur faveur.

---

1. « la même action numériquement ».

Voilà tout ce que je puis faire pour accorder ce que je pense avec le sentiment des théologiens, qui soutiennent la nécessité du concours immédiat, et que Dieu fait tout en toutes choses par la même action que celle des créatures. Car, pour les autres théologiens, je crois que leurs opinions sont insoutenables en toutes manières, et principalement celle de Durand*, et celle de quelques anciens que réfute s. Augustin** qui niaient absolument la nécessité du concours, et qui voulaient que les causes secondes fissent toutes choses par une puissance que Dieu leur eût donnée en les créant, sans qu'il s'en mêlât davantage. Car, encore que cette opinion soit moins embarrassée que celle des autres théologiens, elle me paraît si opposée à l'Écriture, et si conforme aux préjugés pour ne rien dire davantage, que je ne crois pas qu'elle se puisse soutenir.

J'avoue que les scolastiques qui disent que le concours immédiat de Dieu est la même action que celle des créatures, ne l'entendent pas tout à fait comme je l'explique; et, qu'excepté peut-être Biel et le cardinal d'Ailly***, tous ceux que j'ai lus pensent que l'efficace qui

* Voyez Durand, *In II [Sent.]*, d. 1, q. 5 et d. 37 [Malebranche tient sans doute cette référence de Suárez, qui la rapprochait similairement du *De civitate Dei* d'Augustin; voir en effet *Disputationes metaphysicae*, XXII, I, § 2 : « Non defuerunt ergo theologi qui negaverint Deum per se et immediate concurrere ad actiones secundarum causarum. Cujus erroris praecipuus defensor censetur Durandus, *In II*, d. 1, q. 5, et d. 37, q. 1, quamquam illa sententia antiquior fuerit; illam enim referunt Albertus, Henricus, et alii. Immo d. August., V *Genes. ad litter.*, c. 20, his verbis : Sunt qui arbitrantur tantummodo mundum ipsum factum a Deo, caetera jam fieri ab ipso mundo sicut ille ordinavit et jussit, Deum autem ipsum nihil operari »].

** *De Genesi ad litt.*, livre V, chap. XX [*De Genesi ad litteram*, V, XX, 40 (BA XLVIII, 430)].

*** *In IV Sent.*, d. 1, quest. 1. De Aliaco, *ibid.* [Voir par exemple Suárez, *Disputationes metaphysicae*, XVIII, I, § 1, éd. cit., p. 593a : « Solet etiam haec opinio tribui Petro Aliacensi, *In IV*, d. 1, a. 1, in fine; ibi tamen aperte fatetur causas secundas vere ac proprie agere virtute propria et ex natura rei, ac non sola voluntate Dei; addit tamen simul verum esse creaturam nihil facere nisi ex voluntate Dei, et ipso etiam faciente, immo et faciente ut ipsa faciat, et consequenter plus etiam Deo faciente quam si solus faceret, quae pertinent ad necessitatem divini concursus et possunt verum et falsum sensum habere, ut postea in propria disputatione videbimus; magis autem favet huic opinioni Gabr., *In IV*, d. 1, q. 1, a. 3, dub. 3, ubi hanc sententiam reputat probabilem »; voir également Rubio, *Commentarii in octo libros Aristotelis de physico auditu*, II, IV, q. 2, § 14, p. 223 : « Haec sententia attribui solet Petro Aliacensi, *In IV*, d. 1, q. 1, a. 1, quamvis non videatur eis

produit les effets, vient de la cause seconde aussi bien que de la première. Mais, comme je tâche d'observer cette loi, de ne dire que ce que je conçois clairement, et de prendre toujours le parti qui s'accommode le mieux avec la religion, je crois qu'on ne trouvera pas mauvais que je quitte un sentiment qui paraît à bien des gens d'autant plus incompréhensible qu'on fait plus d'effort pour le comprendre, et que j'en établisse un autre qui s'accorde parfaitement non seulement avec

244 | la raison, mais encore avec la sainteté de la religion et de la morale chrétienne. C'est une vérité que j'ai déjà prouvée dans le chapitre sur lequel je fais cette remarque, mais il est à propos que j'en dise encore quelque chose pour justifier pleinement tout ce que j'ai dit sur la question présente.

La raison et la religion nous convainquent que Dieu veut être aimé et respecté de ses créatures : aimé comme bien, craint et respecté comme puissance ; c'est une vérité dont on ne peut douter sans impiété et sans folie. Pour aimer Dieu comme il le veut et comme il mérite d'être aimé, il faut selon le premier commandement de la Loi et de l'Évangile, et même selon la raison, comme je l'ai fait voir ailleurs *, l'aimer de toutes ses forces ou selon toute la capacité que l'on a d'aimer. Il ne suffit pas de le préférer à toutes choses ; il faut encore l'aimer en toutes choses. Autrement notre amour n'est point aussi parfait qu'il le doit être ; et nous ne rendons pas à Dieu tout l'amour qu'il imprime en nous, et qu'il n'imprime en nous que pour lui, puisqu'il n'agit que pour lui. Pour rendre aussi à Dieu tout le respect qui lui est dû, il ne suffit pas de l'adorer comme la souveraine puissance, et de le craindre plus que ses créatures ; il faut encore le craindre et l'adorer dans toutes ses créatures ; il faut que tous nos respects tendent vers lui, car l'honneur et la gloire ne sont dus qu'à lui. C'est ce que Dieu nous a commandé par ces paroles : *Diliges Dominum Deum tuum ex toto corde tuo, et ex tota anima tua, et ex tota fortitudine tua* **.

---

negare omnem causalitatem, eam tamen, ut probabilem defendit Gabriel, *In IV*, d. 3, q. 1, a. 3… »].

* Livre IV, chap. I [*OC* II, 12].

** Dt 5 [Dt 6, 5 : « Vous aimerez le Seigneur votre Dieu de tout votre cœur, de toute votre âme, et de toutes vos forces » (Bible de Sacy)].

Et par celles-ci : *Dominum Deum tuum timebis, et illi soli servies*[1]. Ainsi la philosophie qui nous apprend que l'efficace des causes secondes est une fiction de l'esprit, que la *nature* d'Aristote et de quelques autres philosophes, est une chimère, qu'il n'y a que Dieu d'assez fort et d'assez puissant non seulement pour agir dans notre âme, mais encore pour donner le moindre mouvement à la matière ; cette philosophie, dis-je, s'accommode parfaitement avec la religion, dont la fin est de nous unir à Dieu de la manière la plus étroite.

Nous n'aimons ordinairement que les choses qui sont capables | de **245** nous faire quelque bien, cette philosophie n'autorise donc que l'amour de Dieu, et condamne absolument l'amour de toute autre chose ; nous ne devons craindre que ce qui est capable de nous faire quelque mal, cette philosophie n'approuve donc que la crainte de Dieu et condamne absolument toutes les autres. Ainsi elle justifie tous les mouvements de l'âme qui sont justes et raisonnables, et condamne tous ceux qui sont contraires à la raison et à la religion. Car on ne justifiera jamais par cette philosophie l'amour des richesses, la passion pour la grandeur, l'emportement de la débauche, puisque l'amour des corps paraît extravagant et ridicule selon les principes que cette philosophie établit.

C'est une vérité incontestable, c'est un sentiment naturel, c'est même une notion commune que l'on doit aimer la cause de son plaisir, et qu'on la doit aimer à proportion de la félicité dont elle nous fait jouir, ou dont elle peut nous faire jouir. Non seulement il est juste, il est même comme nécessaire que la cause de notre bonheur soit l'objet de notre amour. Ainsi suivant cette philosophie, nous ne devons aimer que Dieu, car elle nous apprend qu'il n'y a que lui qui soit cause de notre bonheur. Selon cette philosophie, les corps qui nous environnent n'agissent point sur celui que nous animons ; à plus forte raison n'agissent-ils point sur notre esprit. Ce n'est point le soleil qui nous éclaire et qui nous donne le mouvement et la vie. Ce n'est point lui qui couvre la terre de fruits et de fleurs et qui nous fournit notre nourriture. Cette philosophie nous enseigne, comme l'Écriture, que c'est *Dieu seul qui donne les pluies et qui règle les saisons, qui donne à nos corps*

---

1. Dt 6, 13 : « Vous craindrez le Seigneur votre Dieu ; vous ne servirez que lui seul » (Bible de Sacy).

*leur nourriture, et qui remplit nos cœurs de joie, qu'il n'y a que lui qui soit capable de nous faire du bien, et qu'il n'a jamais cessé de rendre par là témoignage de ce qu'il est, quoique dans les siècles passés il ait laissé marcher toutes les nations dans leurs voies**. Suivant le langage
246 de cette philosophie, | il ne faut point dire que c'est la nature qui nous comble de biens**** : il ne faut point dire que c'est Dieu et la nature. Il faut dire que c'est Dieu seul, et parler ainsi sans équivoque, pour ne pas tromper les simples. Car on doit reconnaître distinctement l'unique cause de son bonheur, si l'on en veut faire l'unique objet de son amour.

C'est encore une vérité incontestable qu'on doit craindre les choses qui sont capables de nous faire du mal, et qu'on doit les craindre à proportion du mal qu'elles peuvent nous faire. Mais cette philosophie nous apprend qu'il n'y a que Dieu qui puisse nous faire du mal, que c'est lui, comme dit Isaïe, *qui crée les ténèbres aussi bien que la lumière, qui fait le mal comme le bien*, et même qu'il n'arrive point de mal qu'il ne fasse, comme dit un autre prophète ***. Ainsi on ne doit

---

* *In praeteritis generationibus dimisit omnes gentes ingredi vias suas. Et quidem non sine testimonio semetipsum reliquit benefaciens de coelo, dans pluvias et tempora fructifera, implens cibo et laetitia corda nostra* (Ac 14, 15 et 16) [« Qui dans les siècles passés a laissé marcher toutes les nations dans leurs voies. Et néanmoins il n'a point cessé de rendre toujours témoignage de ce qu'il est, en faisant du bien aux hommes, en disposant les pluies du ciel, et les saisons favorables pour les fruits, en nous donnant la nourriture avec abondance, et remplissant nos cœurs de joie » (Bible de Sacy)].

** *Ergo nihil agis, ingratissime mortalium, qui te negas Deo debere, sed naturae, quia nec natura sine Deo est, nec Deus sine natura, sed idem, est utrumque, nec distat. Officium si quod a Seneca accepisse, Annaeo te diceres debere, vel Lucio, non creditorem mutares, sed nomen* (Sénèque, *Des bienfaits*, livre IV, chap. VIII) [*De beneficiis*, IV, VIII, 2-3 (Belles Lettres, t. I, p. 105) : « Tu ne gagnes donc rien, toi le plus ingrat des mortels, qui dis n'être pas redevable à Dieu, mais à la nature, puisqu'il n'y a pas de nature sans Dieu, ni de Dieu sans nature, qu'ils ne sont qu'une même chose : l'un et l'autre sont, sans se distinguer. Si le service que tu as reçu de Sénèque, tu disais en être redevable à Annaeus ou à Lucius, tu ne changerais pas le créancier, mais le nom ». Malebranche suit l'édition Schott ; le texte retenu en Belles Lettres diffère légèrement].

*** *Ego Dominus, et non est alter, formans lucem et creans tenebras, faciens pacem et creans malum ; Ego Dominus faciens omnia haec* (Is 45, 7 [6-7]) [« Je suis le Seigneur, et il n'y en a point d'autre. C'est moi qui forme la lumière et qui forme les ténèbres, qui fais la paix et qui crée les maux ; je suis le Seigneur qui fais toutes choses » (Bible de Sacy)] ; Am 3, 6 [« Y arrivera-t-il quelque mal qui ne vienne pas du Seigneur ? » (Bible de Sacy)].

craindre que lui. Il ne faut craindre ni la peste, ni la guerre, ni la famine, ni nos ennemis, ni les démons même; c'est Dieu seul qu'il faut craindre. On doit fuir une épée dont on nous veut percer, on doit éviter le feu, on doit éviter une maison qui est prête à nous écraser; mais on ne doit point craindre ces choses. On peut fuir les corps qui sont causes occasionnelles ou naturelles du mal; mais on ne doit craindre que Dieu, comme cause véritable de tous les malheurs des méchants; et l'on ne doit haïr que le péché, qui oblige la cause de tous les biens à devenir la cause de tous nos maux. En un mot, tous les mouvements de l'esprit ne doivent se rapporter qu'à Dieu, car il n'y a que Dieu au-dessus de l'esprit; et les mouvements de notre corps peuvent se rapporter à ceux qui nous | environnent. Voilà ce que nous apprend la 247 philosophie, qui ne reçoit point l'efficace des causes secondes.

Mais, l'efficace des causes secondes étant supposée, il me semble qu'on a quelque sujet de craindre et d'aimer les corps, et que, pour régler son amour selon sa raison, il suffit de préférer Dieu à toutes choses, la cause première et universelle aux causes secondes et particulières. Il ne paraît point nécessaire d'aimer Dieu de toutes ses forces : *Ex tota mente, ex toto corde, ex tota anima, ex totis viribus*, comme il est dit dans l'Écriture [1].

Cependant, lorsqu'on se contente de préférer Dieu à toutes choses, et de l'adorer par un culte et par un amour de préférence, sans faire continuellement effort pour l'honorer et l'aimer en toutes choses, il arrive souvent qu'on se trompe, que la charité se perd et se dissipe, et que l'on s'occupe davantage des biens sensibles que du souverain bien. Car, si l'on demandait aux plus grands pécheurs, et peut-être même aux idolâtres, s'ils ne préfèrent pas la cause universelle aux particulières, ils ne craindraient peut-être point de nous répondre, au milieu de leurs débauches et de leur égarement, qu'ils ne manquent pas à un devoir si essentiel, et qu'ils savent bien ce qu'ils doivent à Dieu. J'avoue qu'ils se trompent, mais, l'efficace des causes secondes étant nulle, ils n'ont nul prétexte vraisemblable pour justifier leur conduite, et, cette efficace étant supposée, voici ce qu'ils peuvent dire

1. Mc 12, 30 : « Vous aimerez le Seigneur votre Dieu de tout votre cœur, de toute votre âme, et votre esprit, et de toutes vos forces » (Bible de Sacy)].

en eux-mêmes, lorsque leurs passions les aveuglent, et qu'ils écoutent les rapports de leurs sens.

Je suis fait pour être heureux ; je ne puis pas m'empêcher de le vouloir être. Je dois donc m'occuper l'esprit de tout ce qui peut me donner ce que je souhaite invinciblement, et mon cœur doit s'y attacher. Pourquoi donc n'aimerai-je pas les objets sensibles, s'ils sont les véritables causes du bonheur que je trouve dans leur jouissance ? Je reconnais l'être souverain comme seul digne du souverain culte ; je le 248 préfère à tout. Mais, ne | voyant pas qu'il souhaite rien de moi, je jouis des biens qu'il me donne par le moyen des causes secondes auxquelles il m'a soumis ; et je ne m'occupe point de lui inutilement. Comme il ne me fait aucun bien immédiatement et par lui-même, ou pour le moins sans que les créatures y aient part, c'est une marque qu'il ne veut pas que mon esprit et mon cœur s'appliquent immédiatement à lui-même ; ou pour le moins c'est qu'il veut que ses créatures partagent avec lui les sentiments de mon esprit et de mon cœur. Puisqu'il a fait part au soleil de sa puissance et de sa gloire, qu'il l'a environné d'éclat et de majesté, qu'il l'a établi le souverain de tous ses ouvrages, et que c'est par l'influence de ce grand astre que nous recevons tous les biens nécessaires à la vie, pourquoi n'emploierons-nous pas une partie de cette vie à nous réjouir à sa lumière, et à lui témoigner le sentiment que nous avons de sa grandeur et de ses bienfaits ? Ne serait-ce pas la dernière des ingratitudes de recevoir de cette excellente créature l'abondance de toutes choses, et de n'avoir pour elle aucun sentiment de reconnaissance ? Et ne serait-ce pas un aveuglement et une stupidité effroyable de n'avoir aucun mouvement de respect et de crainte pour celui dont l'absence nous glace et nous tue, et qui en s'approchant de nous, peut nous brûler et nous détruire ? Je le redis encore, il faut préférer Dieu à toutes choses, l'estimer infiniment plus que ses créatures ; mais il faut aussi craindre et aimer ses créatures. C'est par là qu'on honore légitimement celui qui les a faites ; c'est par là qu'on mérite ses bonnes grâces ; c'est par là qu'on oblige Dieu à de nouveaux bienfaits. Il est visible qu'il approuve l'honneur qu'on rend à ses créatures, puisqu'il leur a communiqué sa puissance, et que toute puissance mérite de l'honneur. Mais, comme l'honneur doit être proportionné à la puissance, et que la puissance du soleil et des autres objets sensibles est telle que nous en recevons toutes sortes de biens, il est juste que nous les honorions de toutes nos forces, et que nous leur consacrions après Dieu, tout ce que nous sommes.

C'est ainsi qu'on raisonne naturellement, lorsqu'on suit le préjugé | de l'efficace des causes secondes. Et c'est apparemment de cette **249** manière qu'ont raisonné les premiers auteurs de l'idolâtrie. Voici ce qu'en pense celui qui est estimé le plus savant d'entre les juifs. Il* commence ainsi un traité qu'il a fait de l'idolâtrie : *Au temps d'Énos les hommes tombèrent dans d'étranges égarements, et les Sages de ce siècle perdirent tout à fait le sens et la raison. Énos lui-même fut du nombre de ces personnes abusées.* Voici leurs erreurs : *Puisque Dieu,* disaient-ils, *a créé les astres et leurs cieux pour régir le monde, qu'il les a mis dans un lieu élevé, qu'il les a environnés d'éclat et de gloire, et qu'il s'en sert pour exécuter ses ordres, il est juste que nous les honorions et leur rendions nos respects et nos hommages. C'est la volonté de notre Dieu, que nous rendions honneur à ceux qu'il a élevés et comblés de gloire ; de même qu'un prince veut que l'on honore ses ministres en sa présence, parce que l'honneur qu'on leur rend, rejaillit sur lui.* […] *Après que cette pensée leur fut venue en l'esprit, ils commencèrent à édifier des temples à l'honneur des astres, à leur sacrifier, à faire des discours à leur louange et même à se prosterner devant eux, s'imaginant par là se rendre favorable celui qui les a créés*[1]. Voilà l'origine de l'idolâtrie.

Il est si naturel et si juste d'avoir des sentiments de reconnaissance à proportion des biens que l'on reçoit, que presque** tous les peuples ont adoré le soleil, parce qu'ils jugeaient tous qu'il était cause des biens dont ils jouissaient. Et si les Égyptiens ont adoré non seulement le soleil, la lune et le fleuve du Nil, dont le débordement cause la

---

* R. Moses Maimonides.
** Voyez Vossius, *De idololatria*, livre II [Gérard Jean Vossius, *De theologia gentili et physiologia christiana sive de origine ac progressu idololatriae*, livre II, chap. II *sq.*, Amsterdam, J. et C. Blaeu, 1641, t. I, p. 309 *sq.*].

1. Maïmonide, *De idolatria liber cum interpretatione latina et notis Dionysii Vossii*, Amsterdam, J. et C. Blaeu, 1641, chap. I, § I et II, p. 1-2, 5-6.

fertilité de leur pays, mais encore jusqu'aux plus vils des animaux, c'est, au rapport de Cicéron*, à cause de quelque utilité qu'ils en recevaient. Ainsi comme on ne peut pas, et comme on ne doit pas même bannir de l'esprit des hommes l'inclination qu'ils ont naturellement pour les véritables causes de leur bonheur, il est évident qu'il y a du moins quelque danger de soutenir l'efficace des causes secondes, 250 quoiqu'on | y joigne la nécessité du concours immédiat, qui a je ne sais quoi d'incompréhensible, et qui vient comme après coup pour justifier nos préjugés et la philosophie d'Aristote.

Mais il n'y a aucun danger de ne dire que ce qu'on voit, et de n'attribuer qu'à Dieu la puissance et l'efficace, puisqu'on ne voit que ses volontés qui aient une liaison absolument nécessaire et indispensable avec les effets naturels. J'avoue que présentement les hommes sont assez éclairés pour ne pas tomber dans les erreurs grossières des païens et des idolâtres; mais je ne crains point de dire que souvent notre esprit est tourné, ou plutôt que notre cœur est souvent disposé comme celui des païens, et qu'il y aura toujours dans le monde quelque espèce d'idolâtrie, jusqu'au jour auquel Jésus-Christ *remettra son Royaume à Dieu son Père, après avoir détruit tout empire, toute domination et toute puissance, afin que Dieu soit tout en tous***. Car n'est-ce pas une espèce d'idolâtrie que de faire un Dieu de son ventre, ainsi que parle s. Paul***? N'est-ce pas être idolâtre du Dieu des richesses que de travailler sans cesse pour acquérir du bien? Est-ce rendre à Dieu le culte qui lui est dû; est-ce l'adorer en esprit et en

---

* *Ipsi qui irridentur Aegyptii, nullam belluam nisi ob aliquam utilitatem, quam ex ea caperent, consecraverant (De natura deorum*, livre I) [Cicéron, *De natura deorum*, I, XXXVI (H. Rackham (éd.), Cambridge (Mass.), Harvard University Press, 1979, p. 98) : « Les Égyptiens eux-mêmes, que l'on tourne en ridicule, n'avaient considéré comme sacrées aucune bête, sinon pour quelque utilité qu'ils en retiraient »]. Voyez Sextus Empiricus, livre VIII, chap. II [*Adversus mathematicos*, IX, E. Bekker (éd.), Berlin, G. Reimer, 1842, p. 394].

** 1 Co 15, 24.

*** *Quorum Deus venter est* (Ph 13, 9) [en réalité 3, 19 : « […] qui font leur Dieu de leur ventre » (Bible de Sacy)]. *Omnis fornicator, aut immundus, aut avarus, quod est idolorum servitus* (Ép 5, 5) [« […] nul fornicateur, nul impudique, nul avare, ce qui est une idolâtrie… » (Bible de Sacy). Les *OC* impriment par erreur : « *ornicator* »].

vérité*, que d'avoir le cœur tout plein de quelque beauté sensible, et l'esprit ébloui par l'éclat de quelque grandeur imaginaire ?

Les hommes pensant recevoir des corps qui les environnent les plaisirs dont ils jouissent dans leur usage ils s'y unissent par toutes les puissances de leur âme ; ainsi le principe de leur désordre vient de la conviction sensible qu'ils ont de l'efficace des causes secondes. Il n'y a que la raison qui leur dise que c'est Dieu seul qui agit en eux. Mais outre que cette raison parle si bas qu'ils ne l'entendent presque point, et que les sens qui lui contredisent | crient si haut que leur bruit les 251 étourdit, on les confirme encore dans leur préjugé par des manières et par des preuves d'autant plus dangereuses, qu'elles portent extérieurement des marques sensibles de la vérité.

Les philosophes et principalement les philosophes chrétiens devraient combattre sans cesse les jugements des sens ou les préjugés, et particulièrement des préjugés aussi dangereux que celui de l'efficace des causes secondes ; et cependant, je ne sais par quel principe, des personnes que j'honore extrêmement et avec raison tâchent de confirmer ce préjugé, et même de faire passer pour superstitieuse et extravagante une doctrine aussi sainte, aussi pure et aussi solide qu'est celle qui soutient qu'il n'y a que Dieu qui soit cause véritable. Ils ne veulent pas qu'on aime et qu'on craigne Dieu en toutes choses, mais qu'on aime, disent-ils, et qu'on craigne toutes choses par rapport à Dieu. On doit, disent-ils, aimer les créatures, puisqu'elles sont bonnes ; on doit aimer et respecter son père, rendre honneur à son prince et à son supérieur, puisque Dieu le commande. Je ne le nie pas, mais je nie qu'il faille aimer les créatures comme nos biens, quoiqu'elles soient bonnes ou parfaites en elles-mêmes. Je nie qu'on puisse rendre du service et du respect à des hommes comme à ses maîtres. Ou, pour m'expliquer plus clairement, je dis qu'il ne faut point servir son maître, obéir à son père et à son prince dans d'autre dessein que de servir Dieu et de lui obéir. Voici ce que dit s. Paul, qui s'était fait *tout à tous et qui était complaisant en toutes choses* pour le salut de ceux à

---

* *In spiritu et veritate oportet adorare* (Jn 4, 24) [« Il faut que (ceux qui l'adorent l') adorent en esprit et en vérité » (Bible de Sacy)].

qui il prêchait*. *Servi, obedite Dominis carnalibus cum timore et tremore in simplicitate cordis vestris sicut Christo; non ad oculum servientes quasi hominibus placentes, sed ut servi Christi facientes voluntatem Dei ex animo, cum bona voluntate servientes sicut* 252 *Domino et non | hominibus***. Et dans une autre Épître : *Non ad oculum servientes quasi hominibus placentes, sed in simplicitate cordis Deum timentes. Quodcumque facitis ex animo operamini sicut Domino et non hominibus****. Il faut donc obéir à son père, servir son prince, rendre honneur à ses supérieurs, *comme à Dieu et non à des hommes*, *sicut Domino et non hominibus*. Cela et clair et ne peut jamais avoir de mauvaises suites. Les supérieurs en seront toujours plus honorés et mieux servis. Mais je crois pouvoir dire qu'un maître qui voudrait être honoré et servi, comme ayant en lui-même une autre puissance que celle de Dieu, serait un démon, et que ceux qui le serviraient dans cet esprit, seraient des idolâtres, car je ne puis m'empêcher de croire que l'honneur et l'amour qui ne se rapportent point à Dieu, sont des espèces d'idolâtrie. *Soli Deo honor et gloria*[1].

---

* 1 Co 9, 22; 10, 33.

** Ép 6, 6 [plus précisément, 5-7] [« Vous, serviteurs, obéissez à ceux qui sont vos maîtres selon la chair, avec crainte et avec respect, dans la simplicité de votre cœur, comme à Jésus-Christ même. Ne les servez pas seulement lorsqu'ils ont l'œil sur vous, comme si vous ne pensiez qu'à plaire aux hommes; mais faites de bon cœur la volonté de Dieu, comme étant serviteurs de Jésus-Christ. Et servez-les avec affection, regardant en eux le Seigneur et non les hommes » (Bible de Sacy)].

*** Col 3, 22[-23] [« [...] ne les servant pas seulement lorsqu'ils ont l'œil sur vous, comme si vous ne pensiez qu'à plaire aux hommes, mais avec simplicité de cœur et crainte de Dieu. Faites de bon cœur tout ce que vous ferez, comme le faisant pour le Seigneur, et non pour les hommes » (Bible de Sacy)]. *Nos si hominem patrem vocamus, honorem aetati deferimus, non Auctorem vitae nostrae ostendimus* (Hier., *In Matth.*, chap. XXIII) [s. Jérôme, *Commentaria in Evangelium Matthaei*, IV, XXIII (PL XXVI, 169C) : « Nous, si nous appelons un homme père, c'est par égard pour son âge; ce n'est pas l'Auteur de notre vie que nous désignons »].

1. 1 Tm 1, 17. « À l'unique Dieu soit honneur et gloire » (Bible de Sacy).

Quoique le discours qui suit se trouve en partie dans les *Mémoires* de l'Académie Royale des Sciences, on a cru le devoir joindre à cet ouvrage ; non seulement parce qu'il peut servir d'éclaircissement à ce que j'y dis de la lumière et des couleurs, mais encore parce qu'on en a imprimé à Londres quelque chose, il y a environ dix ans, à la fin de la dernière traduction anglaise de la *Recherche de la vérité* [2]. J'appréhende que cette traduction ne représente pas mon sentiment avec assez d'exactitude, non par la faute de M. Taylor qui en est l'auteur, mais par le défaut du manuscrit qui lui est tombé entre les mains. Il serait à souhaiter que Messieurs les traducteurs voulussent bien s'enquérir des auteurs, quelles sont les éditions les plus exactes des ouvrages qu'ils ont dessein de traduire ; leur travail serait plus utile au public. C'est en partie pour cela que j'ai mis une liste des meilleures éditions de mes livres après la préface de cet ouvrage, parce que j'ai appris qu'on les a traduits sur des exemplaires assez imparfaits.

1. Ce XVIe *Éclaircissement*, intégré à la *Recherche* en 1700, reprend un mémoire présenté en 1699 à l'Académie des sciences. L'édition de 1700 le place après la *Réponse à Regis* et les Lois du mouvement. Il est compté comme le XVIe *Éclaircissement* dans l'édition de 1712.

2. *Father Malebranche His Treatise Concerning the Search after Truth*, the Whole Work Complete, to which is added the Author's Treatise of Nature and Grace...., all translated by T. Taylor ; the second edition, corrected with great exactness, with the addition of a short discourse upon light and colours...., Londres, W. Bowyer, T. Bennet, T. Leigh, D. Midwinter, 1700.

| ÉCLAIRCISSEMENT XVI

*Sur la lumière et les couleurs, sur la génération du feu et sur plusieurs
autres effets de la matière subtile*

I. Pour expliquer le sentiment que j'ai sur les causes naturelles
de la lumière et des couleurs, concevons un grand ballon comprimé
au-dehors par une force comme infinie, et rempli d'une matière fluide,
dont le mouvement soit si rapide que non seulement elle tourne toute
avec beaucoup de vitesse autour d'un centre commun, mais encore
que chaque partie, pour remplir tout son mouvement, c'est-à-dire pour
se mouvoir autant qu'elle en a de force, soit encore obligée de tourner
sur le centre d'une infinité de petits tourbillons, et de couler entre eux,
et tout cela avec une rapidité extraordinaire. Concevons en un mot la
matière contenue dans ce ballon, telle à peu près que M. Descartes a
décrit celle de notre tourbillon, excepté que les petites boules de son
second élément, qu'il suppose dures ne sont elles-mêmes que de petits
tourbillons, ou du moins qu'elles n'aient de dureté que par la
compression de la matière qui les environne. Car, si ces petites boules
étaient dures par elles-mêmes, ce que je crois avoir suffisamment
prouvé n'être pas vrai*, elles ne pourraient pas, comme on le verra
dans la suite, transmettre la lumière et les différentes couleurs par le
256 |même point où les rayons se croisent. Mais enfin, si cette supposition**
fait de la peine à imaginer, il suffit maintenant de concevoir un ballon
plein d'eau, ou plutôt d'une matière infiniment fluide, et de plus extrê-

* Chapitre dernier de la *Recherche de la vérité*.
** On verra ci-dessous la preuve de cette supposition.

mement comprimées. Le cercle A, B, C, est la section par le centre de ce ballon.

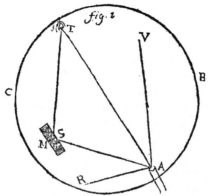

II. Cela supposé, si l'on fait dans ce ballon un petit trou comme en A, je dis que toutes les parties de l'eau, comme celles, par exemple, qui sont en R, S, T, V, tendront vers le point A, par des lignes droites RA, SA, etc., car toutes ses parties, qui étaient également pressées, cessant de l'être du côté qui répond au trou A, elles doivent tendre vers là, puisque tout corps pressé doit tendre à se mouvoir par le côté où il trouve moins de résistance.

| Mais, si l'on met un piston à l'ouverture A, et qu'on le pousse **257** promptement en dedans, les mêmes parties R, S, T, V, etc. tendront toutes à s'éloigner du trou par les mêmes lignes droites AR, AS, etc., parce que, dans l'instant que le piston avance, elles sont plus pressées par le côté qui lui répond directement que par tout autre.

Enfin, si l'on conçoit que le piston avance et recule fort promptement, toutes les parties de la matière fluide qui remplit exactement le ballon, dont je suppose que le ressort soit fort grand, ou qu'il ne prête ou ne s'étende que très difficilement, recevront une infinité de secousses que j'appelle *vibrations de pression*. Appliquons ceci à la lumière et aux couleurs.

Puisque tout est plein, nos yeux, quoique fermés ou dans les ténèbres, sont actuellement comprimés. Mais cette compression du nerf optique n'excite point de sensation de couleurs, parce que ce nerf est toujours également comprimé, par la même raison que nous ne sentons point le poids de l'air qui nous environne, quoique autant pesant que vingt-huit pouces de vif-argent. Mais, si l'on conçoit un œil en T, ou partout ailleurs, tourné vers un flambeau A, les parties de la flamme, étant dans un mouvement continuel, presseront sans cesse plus fortement que dans les ténèbres, et par des secousses ou vibrations très promptes, la matière subtile de tous côtés, et par conséquent à cause du plein elles la presseront jusqu'au fond de l'œil, et le nerf optique plus comprimé qu'à l'ordinaire, et secoué par les vibrations, excitera dans l'âme une sensation de lumière ou de blancheur vive et éclatante.

Si l'on suppose en S un corps noir, M, la matière subtile n'en étant point réfléchie vers l'œil tourné de ce côté-là, et n'ébranlant point le nerf optique, l'on verra du noir, comme lorsqu'on regarde vers le soupirail d'une cave, ou dans le trou de la prunelle d'un œil.

Si le corps M est tel que la matière subtile qu'ébranle le flambeau soit réfléchie de ce corps vers l'œil et y produise des vibrations également promptes, ce corps paraîtra blanc, et | d'autant plus blanc, qu'il y aura plus de rayons réfléchis. Il paraîtra même lumineux comme la flamme du flambeau, si, le corps M étant poli, les rayons se réfléchissent tous ou une grande partie dans le même ordre, parce que l'éclat vient de la force des vibrations, et la couleur de leur promptitude. Mais, si le corps M est tel que la matière subtile réfléchie excite dans l'œil des vibrations plus ou moins promptes dans certains degrés, que je ne crois pas qu'on puisse déterminer exactement, on aura quelqu'une des couleurs simples homogènes ou primitives, comme le rouge, le jaune, le bleu, etc., et l'on aura les autres couleurs composées, et même la blancheur qui est la plus composée de toutes, selon les divers mélanges des rayons dont les vibrations auront diverses promptitudes. Je dis que la blancheur est la plus composée de toutes parce qu'elle est composée de l'assemblage des vibrations différentes en promptitude, que produit dans la matière subtile chaque partie différente de la flamme. Comme tout est plein et infiniment comprimé, chaque rayon conserve dans toute sa longueur la même promptitude

258

de vibration qu'a la petite partie de la flamme qui le produit. Et, parce que les parties de la flamme ont un mouvement varié, les rayons des couleurs ont nécessairement des vibrations et font des réfractions différentes. Mais il faudrait voir sur cela les expériences qu'on trouvera dans l'excellent ouvrage de M. Newton [1].

Voilà ce que j'ai voulu dire lorsque j'ai avancé dans quelques-uns de mes livres, que la lumière et les couleurs ne consistaient que dans diverses secousses ou vibrations* de la matière éthérée, ou que dans des vibrations de pression plus ou moins promptes**, que la matière subtile produisait sur la rétine.

Cette simple exposition de mon sentiment le fera peut-être | paraître assez vraisemblable, du moins à ceux qui savent la philo- **259** sophie de M. Descartes, et qui ne sont pas contents de l'explication que ce savant homme donne des couleurs. Mais, afin que l'on puisse juger plus solidement de mon opinion, il ne suffit pas de l'avoir exposée, il faut en donner quelque preuve.

III. Pour cela il faut remarquer d'abord :

1) Que le son ne se fait entendre que par le moyen des vibrations de l'air qui ébranlent le nerf de l'oreille, car, lorsqu'on a tiré autant qu'on l'a pu l'air de la machine pneumatique, le son ne s'y transmet plus lorsqu'il est médiocre, ou d'autant moins que l'air y est plus raréfié.

2) Que la différence des tons ne vient point de la force des vibrations de l'air, mais de leur promptitude plus ou moins grande, comme tout le monde sait.

3) Que, quoique les impressions que les objets font sur les organes de nos sens ne diffèrent quelquefois que du plus et du moins, les sentiments que l'âme en reçoit diffèrent essentiellement. Il n'y a point de sensations plus opposées que le plaisir et la douleur. Cependant tel qui

* II [e] partie de la Méthode, chap. IV.
** *Entretiens sur la métaphysique*, XII [e] Entretien, n. I [*OC* XII, 279-280].

1. La traduction latine de l'*Optique* de Newton, due à Samuel Clarke, a paru en 1706. Nous citerons ce texte d'après la traduction française, due à Pierre Coste : *Traité d'optique sur les réflexions, réfractions, inflexions, et les couleurs, de la lumière*, Paris, Montalant, 1722, rééd. Paris, Gauthier-Villars, 1955; voir en l'occurrence le livre I, I [re] partie, II [e] proposition, théorème II, p. 26 *sq.*, qui présente dix expériences.

se gratte avec plaisir sent de la douleur s'il se gratte un peu plus fort, parce que le plus et le moins de mouvement dans nos fibres diffère essentiellement par rapport au bien du corps, et que nos sens ne nous instruisent que de ce rapport. Il y a bien de l'apparence que le doux et l'amer qui causent des sensations si opposées ne diffèrent souvent que du plus et du moins, car il y a des gens qui trouvent amer ce que les autres trouvent doux. Il y a des fruits qui aujourd'hui sont doux et demain seront amers; peu de différence dans les corps les rend donc capables de causer des sensations fort opposées. En un mot, c'est que les lois de l'union de l'âme et du corps sont arbitraires, et qu'il n'y a rien dans les objets qui soit semblable aux sensations que nous en avons.

IV. Il est certain que les couleurs dépendent naturellement de l'ébranlement de l'organe de la vision. Or cet ébranlement ne peut être 260 que fort et faible, ou que prompt et lent. Mais l'expérience | apprend que le plus et le moins de la force ou de la faiblesse de l'ébranlement du nerf optique ne change point l'espèce de la couleur, puisque le plus et le moins de jour, dont dépend le plus et le moins de cette force, ne fait point voir ordinairement les couleurs d'une espèce différente et tout opposée. Il est donc nécessaire de conclure que c'est le plus et le moins de promptitude dans les vibrations du nerf optique, ou dans les secousses des esprits qui y sont contenus, laquelle change les espèces des couleurs, et par conséquent que la cause de ces sensations vient primitivement des *vibrations plus ou moins promptes de la matière subtile* qui compriment la rétine.

Ainsi il en est de la lumière et des diverses couleurs comme du son et des différents tons. La grandeur du son vient du plus et du moins de force des vibrations de l'air grossier, et la diversité des tons du plus et du moins de promptitude de ces mêmes vibrations comme tout le monde en convient. La force ou l'éclat des couleurs vient donc aussi du plus et du moins de force des vibrations, non de l'air, mais de la matière subtile, et les différentes espèces de couleurs du plus et du moins de promptitude de ces mêmes vibrations.

V. Comme l'air n'est comprimé que par le poids de l'atmosphère, il faut un peu de temps, afin que chaque partie d'air remue sa voisine. Ainsi le son se transmet assez lentement. Il ne fait qu'environ cent quatre-vingts toises dans le temps d'une seconde. Mais il n'en est pas de même de la lumière, parce | que toutes les parties de la matière **261** éthérée se touchent, qu'elles sont très fluides, et surtout parce qu'elles sont comprimées par le poids, pour ainsi dire, de tous les tourbillons qui sont eux-mêmes comprimés par une force infinie qui répond à la puissance infinie du Créateur, ou du moins par une force comme infinie. De sorte que les vibrations de pression, ou l'action du corps lumineux, se doit communiquer de fort loin en un instant ou en très peu de temps. Et, si la compression des parties qui composent notre tourbillon était infinie, il faudrait que les vibrations de pression se fissent en un instant.

M. Huygens, dans son traité *De la lumière**, conclut par les éclipses des satellites de Jupiter, que la lumière se transmet environ six cent mille fois plus vite que le son. Aussi le poids ou la compression de toute la matière céleste est sans comparaison plus grande que celle que produit sur la terre le poids de l'atmosphère. Je crois avoir bien prouvé ailleurs** que la dureté des corps dépend de la compression de la matière subtile. Et, si cela est, il faut qu'elle soit extrêmement grande, puisqu'il y a des corps si durs, qu'il faut employer une très grande force pour en séparer les moindres parties. Il me paraît que le rapport du poids de l'éther à celui de l'atmosphère est beaucoup plus grand que de six cent mille à un, et qu'on peut même le regarder comme infini, car M. Cassini a observé des éclipses des satellites de Jupiter en différents éloignements de la terre, lesquelles ne s'accordent point avec la conclusion de M. Huygens.

VI. Supposons donc maintenant que toutes les parties de l'éther ou de la matière subtile et invisible de notre tourbillon soient comprimées avec une force comme infinie par ceux qui l'environnent, et que

* Page 9. [Malebranche fait référence à l'édition de Leyde, 1690. Voir *Traité de la lumière*, chap. I, *Œuvres complètes* de Christian Huygens, La Haye, Nijhoff, 1888-1950, t. XIX, p. 468].

** *De la recherche de la vérité*, chapitre dernier. On verra la preuve ci-dessous.

262 chacune de ses parties soit très fluide, et | n'ait de dureté que par le mouvement de celles qui l'environnent et qui la compriment de tous côtés. Et voyons comment, dans le système que je propose, il est possible que les impressions d'une infinité de rayons ou de couleurs différentes se communiquent sans se confondre. Voyons comment dix mille rayons, qui se croisent en un point physique ou sensible, transmettent par ce même point toutes leurs différentes vibrations, puisque je viens de prouver que la différence des couleurs ne peut venir que du plus ou du moins de promptitude de ces mêmes vibrations. Apparemment le système du monde qui peut éclaircir cette grande difficulté sera conforme à la vérité.

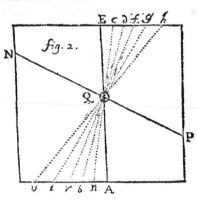

Soit APEN la section d'une chambre peinte d'une infinité de couleurs, et que même elles soient les plus tranchantes qui se puissent, c'est-à-dire qu'il y ait en A, du blanc proche du noir *n*, du bleu *b*, proche du rouge *r*, du jaune *i*, proche du violet *u*. Si de tous ces points A, *n*, *b*, *r*, *i*, *u*, on tire des lignes droites qui se coupent en un point comme en Q, et qu'on place l'œil au-delà comme en E, *c*, *d*, *f*, *g*, *h*, on
263 verra toutes ces | couleurs différentes par l'entremise du point d'intersection Q. Et, comme cette figure ne représente qu'un rang de couleurs, au lieu qu'on en doit imaginer autant qu'il y a de parties que l'œil peut distinguer dans une sphère, le point d'intersection Q doit recevoir et transmettre un très grand nombre d'impressions différentes, sans qu'elles se détruisent les unes les autres.

VII. Si le point physique ou la petite boule Q était un corps dur comme le suppose M. Descartes, il serait impossible que l'œil en E vît du blanc en A, et qu'un autre œil en *c* vît du noir en *n*. Car, lorsqu'un corps est parfaitement dur, si quelque partie de ce corps avance quelque peu, ou tend directement vers le nerf optique de A, par exemple, vers E, il est nécessaire que toutes les autres parties de ce même corps y tendent aussi. Donc on ne pourra pas seulement voir du noir et du blanc dans le même temps par des rayons qui se croisent en Q.

M. Descartes prétend encore que le rouge se fait par le tournoiement des petites boules, qui se communique de l'une à l'autre dans tout le rayon depuis l'objet jusqu'à l'œil. Cette opinion est insoutenable pour bien des raisons. Mais il suffit pour la détruire, de considérer que si la petite boule Q tourne sur l'axe PN, de *r* où il y a du rouge, en *f* où est l'œil, elle ne pourra pas tourner en même temps sur l'axe *rf*, de N où je suppose encore du rouge, en P où je suppose un autre œil.

Au reste, quand je dis que les rayons se coupent dans la petite boule ou dans le petit tourbillon Q, je ne prétends pas que ces petits tourbillons soient exactement sphériques, ni que les rayons visibles n'aient d'épaisseur que celle d'une petite boule du second élément ou d'un petit tourbillon. Je ne détermine point quelle doit être la grosseur de ces rayons, afin qu'ils puissent suffisamment ébranler le nerf optique pour faire voir les couleurs. Mais ce que j'ai dit d'une seule boule, il faut l'entendre de mille ou d'un million, si un rayon pour être sensible doit être aussi étendu que mille ou qu'un million de boules ou de tourbillons.

VIII. Il n'est donc pas possible que la petite boule Q, ou ses semblables, puissent transmettre l'action de la lumière propre à | faire **264** voir toutes sortes de couleurs, supposé que ces boules soient dures. Mais, si on les conçoit infiniment fluides ou molles, ainsi que l'idée simple de la matière représente tous les corps, puisque le repos n'a point de force, qu'il est indifférent à chaque partie d'un corps d'être ou de n'être pas auprès de sa voisine, et qu'elle doit s'en séparer aisément, si quelque force, c'est-à-dire, quelque mouvement ne la retient, car on ne conçoit point dans les corps d'autre force que leur mouvement; si, dis-je, l'on conçoit ces boules ou très molles, ou plutôt, ce que je crois véritable, comme de petits tourbillons composés d'une matière comme infiniment fluide et extrêmement agitée*, elles seront susceptibles d'une infinité d'impressions différentes, qu'elles pourront communiquer aux autres, sur lesquelles elles appuient, et avec lesquelles elles sont comme infiniment comprimées. C'est ce qu'il faut tâcher d'expliquer et de prouver.

IX. Pour cela, il est nécessaire de bien comprendre que la réaction qui comme l'action se communique d'abord en ligne directe est ici nécessairement égale à l'action, par cette raison, essentielle à l'effet dont il est question, que notre tourbillon est comme infiniment comprimé, et que par conséquent il ne peut y avoir de vide. Si, par exemple, on pousse sa canne contre un mur inébranlable, la main et la canne seront repoussées avec la même force qu'elles auront été poussées. La réaction sera égale à l'action. Or, quoique les rayons ne soient pas durs comme des bâtons, il arrive la même chose à l'égard de la réaction, à cause de la compression et de la plénitude de notre tourbillon. Car, si l'on suppose un tonneau plein d'eau, ou un ballon de la première figure plein d'air, et qu'y ayant adapté un tuyau l'on pousse dans ce tuyau un piston; ce piston sera autant repoussé qu'il sera poussé. Et, si l'on fait de plus au milieu de ce piston un petit trou par où l'eau puisse glisser et sortir du tonneau, et que l'on pousse ce piston, toute l'eau qui en sera comprimée tendra en même temps à cause de sa fluidité à s'éloigner de chaque point de ce piston par l'action, et par la réaction 265 elle s'approchera | du trou qui est au milieu. Car, si l'on poussait le piston avec assez de violence et de promptitude, le tonneau crèverait dans l'endroit le plus faible de quel côté qu'il fût, marque certaine que par l'action du piston l'eau presserait le tonneau partout, et, pour peu que l'on poussât le piston, l'eau rejaillirait aussitôt par le petit trou en conséquence de la réaction. Tout cela parce que la réaction est égale à l'action dans le plein, et que l'eau ou la matière subtile est assez molle ou assez fluide, afin que chaque partie se figure ou s'arrange de manière qu'elle satisfasse à toutes sortes d'impressions.

---

* On en verra ci-dessous la preuve et les conséquences.

X. Il faut remarquer que, plus on pousse fortement le piston troué dans le tonneau, plus aussi l'eau, quoique poussée vers la surface concave du tonneau, est repoussée fortement vers le piston, et rejaillit par son ouverture avec plus de force. D'où il est facile de juger qu'un point noir sur du papier blanc doit être plus visible que sur du papier bleu, parce que le blanc repoussant la lumière plus fortement que toute autre couleur, non seulement il ébranle beaucoup le nerf optique, mais il est cause que la matière subtile tend par la réaction vers le point noir avec plus de force. Mais, si la matière éthérée n'était pas infiniment molle ou fluide, il est clair que les petites boules qui transmettent l'impression du blanc étant dures, elles empêcheraient celle du noir, parce que ces boules se soutenant les unes les autres, elles ne pourraient pas tendre vers le point noir. Et, si cette matière éthérée n'était pas comprimée, il n'y aurait point de réaction.

Ce que je viens de dire du blanc et du noir se doit appliquer aux autres couleurs. Mais il serait fort difficile de le faire dans le détail, et de répondre aux difficultés que bien des gens pourraient former sur ce sujet, car on peut aisément faire des objections sur des matières obscures. Mais tous ceux qui sont capables de faire des objections ne sont pas toujours en état de comprendre tous les principes dont dépend la résolution de leurs objections. Il n'est pas impossible de concevoir comment un point sensible de matière infiniment fluide et comprimé de tous côtés, reçoit en même temps un nombre comme infini d'impressions | différentes, lorsqu'on prend garde à ces deux choses : 266 1) que la matière est divisible à l'infini, et que la plus petite sphère peut correspondre à toutes les parties d'une grande ; 2) que chaque partie tend et avance du côté qu'elle est moins pressée ; et qu'ainsi tout corps mou et inégalement comprimé, reçoit tous les traits du moule, pour ainsi dire, qui l'environne, et les reçoit d'autant plus promptement qu'il est plus fluide et plus comprimé. Je laisse donc le détail des conséquences qui suivent des principes que je viens d'expliquer, par lesquelles conséquences on peut, ce me semble, ou lever, ou du moins diminuer cette difficulté étonnante, que les rayons des couleurs différentes devraient confondre leurs vibrations en se croisant. Et cette difficulté me paraît telle qu'il n'y a que le vrai système de la nature de la matière subtile qui la puisse entièrement éclaircir. Quoi qu'il en soit, je crois avoir clairement prouvé que les diverses couleurs ne consistent que dans la différente promptitude des vibrations de pression de la matière subtile, comme les différents tons de la musique ne viennent que de la diverse promptitude des vibrations de l'air grossier, ainsi que l'apprend l'expérience, lesquelles vibrations se croisent aussi sans se détruire. Et je ne pense pas qu'on puisse rendre la raison physique de la manière dont toutes ces vibrations se communiquent, si l'on ne suit les principes que je viens de marquer.

Au reste, il ne faut pas s'imaginer que ce que j'ai dit des petites boules du second élément, que, loin de croire dures, je regarde plutôt comme de petits tourbillons d'une matière fluide, doive renverser la physique de M. Descartes. Au contraire, mon sentiment peut servir à réformer et perfectionner ce qu'il y a de général dans son système. Car, si mon opinion peut servir à expliquer la lumière et les couleurs, elle [1] me paraît aussi très propre à résoudre, conformément aux principes et à la méthode de ce philosophe, les questions les plus générales de la physique, comme par exemple, à expliquer la génération et les effets surprenants du feu, ainsi que je vais tâcher de le faire voir.

267 | *De la génération du feu*

XI. Comme les corps ne peuvent naturellement acquérir de mouvement s'il ne leur est communiqué par quelques autres, il est clair que le feu ne peut s'allumer que par la communication du mouvement de la matière subtile aux corps grossiers. M. Descartes, comme l'on sait, prétend qu'il n'y a que le premier élément qui communique son mouvement au troisième, dont les corps grossiers sont composés, et qui les mette en feu. Selon lui, lorsqu'on bat le fusil, on détache avec force une petite partie du caillou. (Je croirais que c'est plutôt la partie arrachée de l'acier qui s'allume, car, lorsqu'on regarde avec le microscope les étincelles de feu qu'on a ramassées, l'on voit que c'est l'acier qui a été fondu et réduit ou en boules, ou en petits serpenteaux ; et je n'ai point remarqué qu'il y eût de changement dans les petits éclats détachés du caillou. Mais cela ne fait rien au fond). Cette petite partie

---

1. Les éditions de 1700 et de 1712 imprimaient : « il » ; les *Errata* invitent à corriger.

détachée du fer pirouettant donc avec force chasse les petites boules du second élément, et fait refluer sur elle le premier, qui, l'environnant de tous côtés, lui communique une partie de son mouvement rapide qui la fait paraître en feu. Voilà à peu près le sentiment de M. Descartes sur la génération du feu. On le peut voir expliqué plus au long dans la IVe partie de ses *Principes*, nombre 80 et dans les suivants. Mais, si les petites boules sont dures, et se touchent toutes, comme il le suppose, pour expliquer les couleurs ; on a de la peine à comprendre comment le premier élément pourrait refluer vers la partie détachée du fer, et cela avec assez d'abondance pour l'environner et la mettre en feu, non seulement elle, mais toute la poudre d'un canon ou d'une mine, dont les effets sont si violents. Car le premier élément qui peut refluer ne peut être au plus qu'une portion très petite de la matière subtile, qui remplit les petits espaces triangulaires et concaves, que les boules qui se touchent déjà laissent entre elles, mais de plus la force qui ferait refluer le premier élément en pressant le second n'est pas assez grande, comme il est facile de le prouver. Voici donc comme j'explique la génération du feu et | ses effets violents, dans la supposition que **268** les petites boules du second élément ne sont en effet que des petits tourbillons d'une matière fluide et très agitée.

XII. Mais il faut remarquer d'abord que, bien que l'air ne soit point nécessaire pour exciter quelque petite étincelle de feu, cependant faute d'air le feu s'éteint aussitôt, et ne peut se communiquer même à la poudre à canon, quoique fort facile à s'enflammer. Lorsqu'on débande un pistolet bien amorcé dans la machine du vide, l'expérience apprend que faute d'air l'amorce ne prend point feu, et qu'il est même très difficile d'en remarquer quelque étincelle. Enfin, tout le monde sait que le feu s'éteint faute d'air, et qu'on l'allume en soufflant. Cela supposé, voici comme j'explique la génération du feu, et son effet prompt dans les mines.

Si l'on bat le fusil dans le vide, l'on arrache par la force du coup, une petite partie du fer ou de l'acier. Cette petite partie pirouettant, et frappant promptement sur quelques petits tourbillons du second élément, qui se contrebalancent tous nécessairement les uns les autres, rompt aisément leur équilibre, car il ne faut pour le rompre que très peu de force, et il détermine par conséquent leurs parties à l'environner, et ensuite à l'agiter et la mettre en feu. Mais la matière de ces tourbillons qu'on ne saurait imaginer trop agitée, après avoir eu en un instant quantité de mouvements irréguliers, se remet promptement en partie en de nouveaux tourbillons, à cause de la résistance qu'elle trouve à son mouvement, et en partie s'échappe dans les intervalles des tourbillons environnants, lesquels intervalles deviennent plus grands, lorsque ces tourbillons s'approchent de la partie détachée du fer, et ces derniers tourbillons ne sont point rompus, à cause que la partie du fer arrondie, ou à peu près cylindrique, tournant sur son centre, ou sur sa longueur, ne choque plus les tourbillons environnants d'une manière propre à les rompre. Tout cela se fait comme en un instant, lorsque le fer et le caillou se choquent dans un endroit vide d'air, et l'étincelle alors n'est presque pas visible, et ne dure pas.

269 | XIII. Mais, lorsqu'on bat le fusil en plein air, la partie arrachée du fer, en pirouettant fortement, rencontre et ébranle non seulement quelques petits tourbillons, mais beaucoup de parties d'air, qui étant branchues rencontrent, et rompent par conséquent par leur mouvement beaucoup plus de tourbillons que la petite partie seule du fer. De sorte que la matière subtile de ces tourbillons venant à environner le fer et l'air, elle leur donne assez de divers mouvements pour repousser fortement les autres tourbillons, et exciter en nous un sentiment vif de lumière. Ainsi les étincelles doivent être bien plus éclatantes dans l'air que dans le vide ; elles doivent aussi durer plus de temps, et avoir assez de force pour allumer la poudre à canon. Et cette poudre ne peut manquer de matière subtile qui la mette en feu ou en mouvement, quelque quantité de poudre qu'il y ait, puisque ce n'est pas seulement la matière du premier élément, comme l'a cru M. Descartes, mais beaucoup plus celle du second, ou des petits tourbillons rompus, qui produit le mouvement extraordinaire du feu dans les mines. Si l'on fait réflexion sur ce qui arrive au feu lorsqu'on le souffle, c'est-à-dire lorsqu'on pousse contre lui beaucoup d'air, on ne doutera pas que les parties de l'air ne soient très propres à rompre quantité de tourbillons du second élément, et par conséquent à déterminer la matière subtile à communiquer au feu une partie de son mouvement. Car ce n'est que de cette matière dont le feu peut tirer sa force ou son mouvement, puisqu'il est certain qu'un corps ne peut se mouvoir que par l'action de ceux qui l'environnent ou qui le choquent. Les effets prodigieux des grands miroirs ardents prouvent assez que la matière subtile est la véritable cause du feu. Les rayons de lumière se croisant au foyer de ces miroirs, les petits tourbillons de la matière éthérée dont ces rayons sont composés doivent changer leur mouvement circulaire en divers sens, et tendre à se mouvoir tous dans le même sens, c'est-à-dire selon l'axe du cône de lumière réfléchie, et percer et ébranler ainsi les parties du corps qu'ils rencontrent.

Ce qui suit jusqu'à la fin de l'ouvrage n'était point dans les éditions précédentes.

| *Preuve de la supposition que j'ai faite, que la matière subtile ou*   **270**
éthérée est nécessairement composée de petits tourbillons ; et qu'ils
sont les causes naturelles de tous les changements qui arrivent
à la matière ; ce que je confirme par l'explication des effets
les plus généraux de la physique, tels que sont la dureté des
corps, leur fluidité, leur pesanteur, leur légèreté, la
lumière et la réfraction et réflexion de ses rayons

XIV. La supposition que j'ai faite, que la matière subtile ou éthérée n'est composée que d'une infinité de petits tourbillons, qui tournent sur leurs centres avec une extrême rapidité, et qui se contrebalancent les uns les autres, comme les grands tourbillons que M. Descartes a expliqués dans ses *Principes de philosophie*, cette supposition, dis-je, n'est point arbitraire. Et comme je suis persuadé que c'est le vrai principe de la physique générale dont dépendent les effets particuliers, je crois la devoir prouver, et en déduire l'explication de quelques vérités de conséquence. Mais je prie le lecteur qu'il supplée par son attention les principes que je suppose connus aux vrais physiciens, et qu'il suspende son jugement jusques à ce qu'il ait lu et réfléchi quelque temps sur mes preuves.

La rapidité du mouvement de la matière subtile se prouve évidemment par les effets du tonnerre, ou plutôt par ceux de la poudre à canon. Car il est évident qu'un corps n'est mû que parce qu'il est

poussé, et qu'il ne le peut être que par celui qui le touche immédiatement. Ainsi le boulet ne sort du canon que parce qu'il est poussé par
la poudre à canon ; et cette poudre n'est mise en feu ou en mouvement
que par la matière subtile qui la touche et qui la pénètre*. Et par
conséquent la matière subtile se meut avec une extrême rapidité,
puisqu'elle est la cause primitive du mouvement violent du boulet.

Il est de plus nécessaire qu'elle se mette, et se meuve en petits
tourbillons, qui se contrebalancent les uns les autres par leurs forces
centrifuges, et qu'ils fassent entre eux une espèce d'équilibre, en sorte
qu'ils soient tous également pressés ou comprimés. Car tout corps
allant du côté vers lequel il est moins pressé, si quelque partie de
l'éther était moins pressée que les autres, il est clair que les autres
271 retomberaient sur elle. On voit bien | que, si toute la matière éthérée
n'était pas également comprimée, les diverses couleurs ou diverses
vibrations de pression ne pourraient pas se transmettre par des espaces
immenses, et en un instant sans changement dans la promptitude de
leurs vibrations**.

Il me paraît donc certain, par ce que je viens de dire, et par d'autres
raisons que je ne crois pas nécessaire de rapporter, que tout le mouvement qu'a la matière éthérée n'est pas employé dans le cours à peu près
circulaire ou elliptique des grands tourbillons, qui entraînent les
planètes principales autour du soleil, et leurs satellites autour du soleil
et de la planète à l'entour de laquelle ils circulent. Toutes les petites
parties de cette matière ont encore des mouvements très rapides. Et,
parce que l'univers est comprimé par une force infinie ou comme
infinie, et qu'il n'y a point de vide, ces parties de la matière subtile se
résistant réciproquement par leurs mouvements divers et particuliers,
il est nécessaire qu'elles se divisent sans cesse, et forment de petits
tourbillons, et dans ceux-ci d'autres encore plus petits, et même encore
d'autres moins durables dans les intervalles concaves que laissent
entre eux les tourbillons qui se touchent. Tout cela parce que la matière
est divisible à l'infini, et que chaque partie ne fait par elle-même nulle
résistance à être divisée, puisque le repos n'a point de force, et que la

* Voyez l'article ci-dessus de la génération du feu.
** Ci-dessus, nombre III.

dureté des corps ne vient que du mouvement de ceux qui les compriment, ainsi que je l'ai prouvé fort au long dans le dernier chapitre de la Méthode.

Il me paraît donc évident que la matière subtile, dont la rapidité est extrême, se met et se meut ainsi en petits tourbillons, et que ces tourbillons se contrebalancent les uns les autres. Car, si cette matière se mouvait en même sens, tous les corps qu'elle environne seraient transportés dans son cours avec plus de vitesse que la foudre, car la vitesse de la foudre, aussi bien que celle du boulet de canon, a pour cause primitive celle de la matière éthérée, et cela par la même raison que la terre, l'air, les villes, etc. sont emportés en vingt-quatre heures par le grand tourbillon qui nous environne. Mais, comme ces petits tourbillons sont nécessités par leur mutuelle résistance de s'ajuster ensemble, et de se contrebalancer de manière qu'ils puissent remplir leurs mouvements, en se mettant entre eux dans une espèce d'équilibre, | ils ne font que comprimer les parties des corps grossiers les 272 unes contre les autres, lorsque les parties de ces corps se touchent immédiatement : et par là ils les rendent durs, de manière que pour briser ces corps, ou en séparer les parties, il faut employer une force, c'est-à-dire un mouvement (car la force des corps n'est que leur mouvement*), qui puisse vaincre la force centrifuge de ces tourbillons, qui compriment entre elles les parties des corps durs.

Ainsi les tourbillons de la matière éthérée qui sont mêlés avec la poudre du canon, et qui l'environnent, étant en équilibre entre eux, ils n'y causent aucun changement : ils en compriment les parties bien loin de les mouvoir et de les séparer. Mais, lorsque le feu y est mis, c'est-à-dire lorsque l'équilibre des tourbillons a été rompu, et que les parties de la poudre sont enveloppées et nagent dans les cours ou petits torrents nouveaux de la matière de plusieurs tourbillons rompus, ainsi qu'il a été déjà expliqué et, je crois, suffisamment prouvé**, alors ces parties de la poudre en reçoivent quelque peu de leur mouvement, dont elles ne communiquent encore au boulet que la sixième partie, supposé que la meilleure poudre dont le canon a été chargé n'occupe

* Dernier chapitre de la Méthode.
** Nombre XII.

dans son noyau que la longueur du diamètre de son calibre, puisque la surface creuse cylindrique contre laquelle agit la poudre est égale à six plans circulaires du diamètre du calibre. J'ai dit que la poudre ne reçoit que quelque peu du mouvement de la matière qui l'environne, non seulement parce que toute la poudre ne prend pas feu, ni dans le même instant, mais encore parce qu'elle ne nage dans le cours de la matière qui l'entraîne que très peu de temps. Car, lorsqu'un corps n'est mû que par la communication du mouvement du fluide qui l'environne, il ne reçoit pas dans un instant autant de mouvement que le fluide, mais de plus les petits torrents de la matière subtile étant variés en tous sens, ils se résistent mutuellement.

273 | XV. Il est donc évident que le mouvement de la matière éthérée est d'une rapidité effroyable, puisqu'un boulet fort pesant, qui n'en reçoit qu'une fort petite partie, sort d'un canon avec tant de vitesse. Or, comme il est démontré* que la force centrifuge des corps est égale au carré de leur vitesse divisé par le diamètre du cercle dans lequel ils sont contraints de circuler, on ne doit pas être surpris que la dureté de l'acier soit l'effet de la compression des petits tourbillons de la matière subtile, surtout si on les suppose extrêmement petits, tels, par exemple, que plusieurs millions des diamètres de ces tourbillons égaleraient à peine une ligne de longueur. Or il faut bien qu'il y en ait qui soient très petits, puisqu'ils traversent aisément les pores non seulement du verre, pour transmettre l'action de la lumière, peut-être cent ou mille dans chaque pore, mais aussi ceux de l'acier. Car, puisqu'il n'y a point d'autre force dans les corps que leur mouvement, une épée ne résiste lorsqu'on la ploie, et ne fait ressort pour se redresser, que parce que les petits tourbillons de l'éther qui sont dans ses pores n'ont pas la liberté de faire leur mouvement circulaire, la courbure de l'épée changeant nécessairement en elliptique la figure ronde des pores où ils sont contraints de circuler. Si donc on multiplie par elle-même la vitesse étonnante de la matière subtile, et qu'ensuite on la divise par la grandeur comme infiniment petite du diamètre de la circulation de ces petits tourbillons, on trouvera une quantité de force centrifuge pour ainsi

* La démonstration est à la fin de l'ouvrage pour ceux qui ne savent pas.

dire, infiniment grande par rapport aux autres forces de même nature, une force telle, qu'on cessera peut-être d'être surpris de la dureté du diamant, qui certainement ne peut être que l'effet de la compression de l'éther, ainsi que je l'ai prouvé de la dureté de tous les corps.

XVI. Si l'on veut comparer la force centrifuge des petits tourbillons à celle des grands, pour juger par là si la première de ces forces peut être la cause de la dureté des corps et de leur ressort, on peut comparer la force centrifuge qu'a une très petite partie ou un point physique d'un petit tourbillon, pour s'éloigner de son centre, avec la force centrifuge qu'a une semblable partie de la terre, pour s'éloigner du soleil qui est le centre de sa circulation, | ou avec une semblable **274** partie du volume de la matière éthérée qui fait équilibre avec la terre, et qui la contraint par une force centrifuge égale à la sienne, à demeurer dans la même distance du soleil.

Pour cela, supposons que la vitesse d'un point physique d'un petit tourbillon n'est que dix fois plus grande que celle d'un boulet qui sort d'un canon. C'est assurément diminuer de beaucoup la vitesse de l'éther, cela est évident par ce que je viens de dire. Supposons aussi qu'un point physique de la terre qui tourne en un an autour du soleil, a mille fois plus de vitesse qu'un boulet. C'est peut-être en augmenter le mouvement. On en peut faire le calcul, car on sait à peu près l'espace que parcourt un boulet en une seconde de temps, et par là celui qu'il parcourrait en un jour ou en un an. Et l'on sait aussi que la distance de la terre au soleil est au moins de dix mille diamètres de la terre, et par là l'espace que la terre parcourt en un jour ou en un an. On peut donc découvrir à peu près le rapport de ces deux vitesses, celle de la terre autour du soleil, à celle du boulet, et par conséquent avec celle de la matière subtile, qu'on a prouvé être au moins dix fois plus grande que celle du boulet.

Supposant donc que la vitesse d'un point physique du petit tourbillon soit $\frac{1}{100}$ de la vitesse d'un point physique du grand tourbillon. Le carré de $\frac{1}{100}$ sera $\frac{1}{10000}$. Cherchons maintenant le rapport des diamètres des circulations. Celui de la révolution de la terre est au moins de vingt mille diamètres de la terre; et chaque diamètre contient au moins

6.000.000 toises. Il en contient 6.538.594, selon la mesure faite par Messieurs de l'Académie. Mais je néglige les cinq cents et tant de mille toises; quoique ce nombre augmente de beaucoup le rapport de la force centrifuge des petits tourbillons à celle des grands. Et enfin chaque toise contient au moins autant de pores ou de petits tourbillons. Ceux qui font usage des bons microscopes n'en douteront pas. Car il y a des animaux si petits, qu'un seul œil de papillon en contiendrait vingt-quatre à vingt-cinq millions*. On en doutera encore moins si l'on fait attention aux parties organiques des insectes, ou plutôt des
275 germes, dont ils naissent, car leurs | petits organes ne peuvent recevoir leur figure et leur diverse consistance que par la pression des petits tourbillons qui les environnent. De sorte que je pourrais avec raison diminuer encore de plusieurs millions de millions les diamètres des petits tourbillons; en un mot, leur donner une petitesse indéfinie, ce qui augmenterait leur force centrifuge à l'infini.

Ainsi dans la supposition qu'une toise contient seulement 6.000.000 fois le diamètre d'un petit tourbillon, pour trouver combien de fois ce diamètre est contenu dans celui de la révolution de la terre autour du soleil, c'est-à-dire, suivant la supposition, dans 20.000 fois 6.000.000 toises; il faut multiplier 6.000.000 par lui-même; et le produit par 20.000, et l'on verra que le diamètre d'un petit tourbillon sera à celui du grand comme 1 à 720.000.000.000.000.000. Or la force centrifuge des corps est égale au carré de leur vitesse divisée par le diamètre du cercle dans lequel ils sont comprimés et contraints de circuler. Donc en divisant $\frac{1}{10000}$ carré de la vitesse du petit tourbillon comparé à celle du grand, par $\frac{1}{720\,000\,000\,000\,000\,000}$ diamètre du petit tourbillon comparé à celui du grand, on aura 72.000.000.000.000 pour la force centrifuge d'un point physique du petit tourbillon, qui sera à celle d'un point physique du grand, comme ce grand nombre est à l'unité. Ce calcul, quoique peu exact, peut donner quelque idée de l'excessive force centrifuge des petits tourbillons, qui seule est la cause de la dureté des corps, et qui résiste à l'effort qu'on fait pour les rompre.

* Lettre de M. de Puget, p. 121 [Louis de Puget, *Observations sur la structure des yeux de divers insectes et sur la trompe des papillons, contenues en deux lettres au R. P. Lamy*, Lyon, L. Plaignart, 1706].

XVII. À l'égard de la fluidité des corps, de l'eau par exemple, on voit bien sans qu'il soit nécessaire de s'y arrêter, que les petits tourbillons peuvent leur communiquer cette qualité. Car non seulement ils environnent et compriment de tous côtés les petites parties dont les corps fluides sont composés, car ce ne peut être que leur pression qui donne à ces petites parties leur figure et leur consistance, selon ce que je viens de dire ; mais encore ils les tiennent séparées, et les font glisser les unes sur les autres, en quoi consiste leur fluidité. Et, comme elles sont aussi environnées d'air, et qu'elles sont pesantes, elles glissent entre elles sans se séparer entièrement qu'avec quelque temps.

On comprend aussi par la génération du feu, comment en mêlant | ensemble diverses liqueurs, il se fait des fermentations fort diffé- **276** rentes. Car les acides se mêlant avec les alcalis, ils rompent plus ou moins de petits tourbillons, et par conséquent ils causent des mouvements ou des fermentations plus ou moins grandes. Mais les raisons particulières de chaque fermentation ne se peuvent clairement expliquer. Laissons donc les conjectures, et venons à la pesanteur dont la cause paraît si cachée.

XVIII. Plusieurs philosophes n'ayant pas bien pris le sentiment de M. Descartes, ou plutôt l'ayant pris dans ses lettres qu'on a publiées après sa mort[1], au lieu de le prendre dans ses *Principes de philosophie**, qu'il a publiés de son vivant, attribuent la pesanteur des corps à la force centrifuge que la matière subtile tire de son mouvement circulaire autour de la terre. Mais il faudrait, comme il a été prouvé par plusieurs personnes, et par ceux mêmes qui sont de ce sentiment ou qui le veulent soutenir ; il faudrait, dis-je, que cette matière tournât environ dix-sept fois aussi vite que la terre, sans changer la direction perpendiculaire de la chute d'une plume, et sans faire la moindre

---

* IVe partie, art. 27 [Les *OC* omettent cette note, que les *Errata* de l'édition de 1712 demandaient d'ajouter].

1. Huygens, *Discours de la cause de la pesanteur* (*Œuvres complètes* de Christian Huygens, La Haye, Nijhoff, 1888-1950, t. XIX) fait référence à la *lettre à Mersenne* du 16 octobre 1639 (lettre XXXII du t. II de l'éd. Clerselier des lettres de Descartes ; AT II, 587 *sq.*), ainsi que celle du 30 juillet 1640 (lettre 40, t. II de l'éd. Clerselier ; AT III, 134-135).

résistance à un homme qui se promènerait à contresens de son mouvement, quoiqu'elle fasse beaucoup de résistance à l'effort que l'on fait
pour s'élever de terre, ce qui paraît renfermer une contradiction manifeste. Car, si la matière subtile tournant dix-sept fois aussi vite que la
terre passait au travers d'une plume sans rien changer dans sa chute
perpendiculaire, c'est-à-dire sans lui rien communiquer de son mouvement, il me paraît que les corps, jetés en haut, ne devraient pas
retomber, la matière subtile pouvant passer au travers sans les
repousser, et sa force centrifuge n'étant pas même comparable à sa
vitesse. Je crois au contraire qu'il est évident que les corps qui sont
enveloppés dans un fluide plein, ou qui remplit tout un espace, et qui
nagent dans ce fluide, de quelque nature qu'il soit, doivent en recevoir
l'impression, et aller même après quelque temps presque aussi vite
que le fluide. Autrement la génération du feu serait impossible : les
effets de la poudre à canon et ceux du tonnerre seraient miraculeux ou
surnaturels. Car la poudre qui pousse le boulet serait mue sans être
poussée par le cours de la matière subtile, laquelle est le seul corps
extrêmement mû qui touche immédiatement la poudre, ce qui est
277 contre la loi naturelle qu'un corps ne peut être mû que par celui | qui le
touche. Je crois au contraire que les planètes ne tournent sur leur centre
que par le mouvement qu'elles reçoivent du fluide qui les environne ;
je veux dire que, si Dieu ne les avait pas créées en mouvement, mais
seulement la matière subtile qui les environne et qui les pénètre qu'au
bout de quelques mois ou de quelques années, elles tourneraient
comme elles tournent présentement. Je ne parle point de quelques
autres objections qu'on a faites contre cette explication de la pesanteur, comme celle-ci, que les corps devraient tomber perpendiculairement sur l'axe de la terre, et non pas directement vers son centre, à
laquelle on a répondu avec beaucoup d'esprit et de subtilité. Je laisse,
dis-je, les autres objections contre cette opinion sur la pesanteur, voici
la mienne. Je suppose qu'on fasse beaucoup d'attention à la force
centrifuge des petits tourbillons qui se pressent et se contrebalancent
de tous côtés.

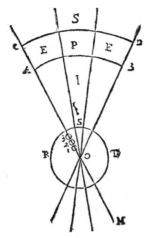

| Concevons une pierre P environnée de tous côtés de l'éther E, E. **278**
Il est évident que celui qui est au-dessous de la ligne AB, concentrique
à la surface de la terre, aussi bien que celui qui est au-dessus de la ligne
CD, est dans un parfait équilibre, car, étant de même nature, composé
de petits tourbillons, toutes ses parties se pressent et se contrebalancent également par leur force centrifuge. Mais la matière éthérée qui
est entre les lignes AB et CD n'est point en équilibre avec la pierre,
parce que les parties de la pierre n'ont point de mouvement circulaire
ou de force centrifuge, par laquelle elles agissent et tendent à s'échapper de tous côtés comme font les petits tourbillons. Ainsi l'éther doit
prendre le dessus de la pierre, et la faire descendre pour deux raisons :
l'une parce que les petits tourbillons peuvent apparemment être plus
au large au-dessus qu'au-dessous, puisque la vitesse de l'éther est plus
grande au-dessous qu'au-dessus, ses diverses distances du centre étant
entre elles réciproquement comme le carré de sa vitesse dans ses
distances, ce que l'on verra bientôt. Mais l'autre raison, que je crois la
principale et la véritable, c'est que la réaction que souffrent les petits
tourbillons est beaucoup plus grande du côté du centre du grand
tourbillon de la terre que de tout autre côté. Voilà pourquoi les corps

grossiers tombent directement vers le centre de la terre, comme je vais tâcher de le démontrer.

Il est certain que la terre RST, ou son centre O, est autant pressé en dessous qu'en dessus, à droite qu'à gauche, par rapport à son propre tourbillon, qui la comprime également de tous côtés. Ainsi l'action de la force centrifuge de tous les petits tourbillons qui sont en dessus rangés sur la ligne AO retombe sur eux-mêmes, à cause de l'immobilité ou de la résistance du centre O également poussé par les tourbillons qui sont en dessous. Si l'on conçoit deux petits tourbillons marqués 1, 2, appuyés l'un sur l'autre, et comprimés par ceux qui les environnent de tous côtés, l'action de la force centrifuge du premier, par laquelle il tend à s'échapper vers O, retombera sur lui tout entière à cause de l'immobilité du centre O. Le second tourbillon sera encore plus repoussé du centre que le premier, car, outre que son action propre retombera sur lui selon la ligne OA, il sera encore poussé par la réaction du premier. Et, si l'on en met un troisième, il sera encore plus repoussé que le second, et ainsi de suite. Mais il faut remarquer que ces 279 nouvelles augmentations diminuent à proportion | qu'elles se partagent à un plus grand nombre de tourbillons en s'éloignant du centre, de sorte qu'à certaine distance du centre, ces augmentations cessent, ou plutôt deviennent presque nulles.

Que si on conçoit maintenant, au lieu d'un vingtième tourbillon, un petit corps solide sans aucun mouvement, ou sans une force centrifuge qui puisse retomber sur lui, il sera bien repoussé vers le haut par les dix-neuf tourbillons qui sont au-dessous de lui, et qui sont en équilibre avec les dix-neuf qui sont à côté, mais il ne sera pas repoussé autant que le vingtième, puisqu'il n'a pas comme ce vingtième une force centrifuge qui puisse retomber sur lui et l'éloigner du centre de la terre.

Il suit donc de là que tous les petits tourbillons au-dessous de la ligne AB et au-dessus de CD à égale distance du centre O, sont en équilibre et souffrent la même réaction de bas en haut. Mais ceux qui sont entre les lignes AB et CD n'y sont pas. Car, comme il y a plus de tourbillons dans l'espace E, E que dans la pierre P, l'éther qui est en E, E, est plus poussé vers le haut par la réaction qu'il souffre, que la pierre à proportion qu'il y a plus de tourbillons que dans la pierre. Ainsi l'éther étant plus poussé vers le haut que la pierre et comprimé de tous côtés, il se répand sur la pierre, à cause de sa fluidité et mobilité extrême, et il la pousse vers le centre de la terre; et cela par la même raison que l'eau étant plus poussée de haut en bas que du bois, elle glisse sous le bois et le fait monter.

Concevons maintenant que le grand tourbillon de la matière subtile qui environne la terre, étant également comprimé de tous côtés, presse vers la terre cette matière qu'il contient, et qu'au lieu d'être composée de petits tourbillons, il n'y ait que des petites boules infiniment dures et solides, et par conséquent sans ressort et sans force centrifuge; les petites boules 1, 2, 3, etc. porteront le poids, qui les comprime également d'un côté et de l'autre du centre de la terre, ; mais elles ne rejailliront point, puisqu'elles n'ont point de ressort. Car on a vu, dans l'explication des lois du mouvement, que c'est le ressort qui fait rejaillir les corps; et l'on vient de voir que la force des ressorts que font les corps ne consiste que dans la force centrifuge des petits tourbillons qui sont dans leurs pores. Or s'ils ne rejaillissent point, la pierre P demeurera en équilibre avec l'éther E, E qui l'environne.

| Examinons encore si la pesanteur de la pierre ne vient point de ce **280** que la matière subtile circule autour de la terre beaucoup plus vite que la pierre, et qu'ainsi, tendant à prendre le dessus par la force centrifuge qui résulte de sa grande vitesse, elle pousse la pierre vers la terre. Mais, pour rendre cet examen plus utile et plus agréable, cherchons d'abord quelle est la cause de la pesanteur des planètes qui les oblige de circuler autour du soleil, pour voir si c'est la même qui fait tomber ici-bas les corps pesants.

Je suppose: 1) que la matière comprise dans le grand tourbillon dont le soleil est le centre, et qui entraîne toutes les planètes principales et leurs tourbillons, est extrêmement agitée, et qu'elle n'est contrainte de circuler, que parce qu'elle est également comprimée de tous côtés par la matière qui l'environne; 2) que cette compression extérieure étant supposée égale, elle presse également toute la matière du tourbillon vers le soleil qui en est le centre; 3) que la matière comprimée contrebalance, par la force centrifuge qu'elle tire de la vitesse

de son mouvement, la force de la compression qui la pousse vers le soleil. Cette compression ou cette espèce de pesanteur de la matière subtile est égale à la force centrifuge. Car toutes les parties de l'univers sont en équilibre ou tendent à s'y mettre; par ce principe général de la physique, que tout corps moins pressé d'un côté que d'un autre, se meut jusqu'à ce qu'il le soit également de tous côtés. Cela supposé, et faisant abstraction des difficultés qu'on peut faire contre ces supposi-tions, concevons que toute la matière céleste de ce grand tourbillon, ou seulement celle qui est dans le plan de l'écliptique dont les planètes ne s'écartent guère, soit divisée en couches, depuis la surface du tourbil-lon jusqu'au soleil. Toutes ses couches sphériques[1] seront entre elles comme les carrés de leurs diamètres ou de leurs distances du soleil. D'où il suit, par le principe général des mécaniques, ou cette notion commune qu'il n'y a d'équilibre que lorsque les forces contraires sont égales; d'où, dis-je, il suit qu'afin que toutes ces couches supérieures et inférieures soient en équilibre et portent également non par leur simple vitesse, mais par la force centrifuge qui résulte de leur vitesse,
281 la pesanteur ou le | poids de leur compression vers le soleil, il faut [comme on le démontrera dans la suite, que leurs circonférences soient entre elles][2] en raison réciproque des carrés de leurs vitesses. Car la force centrifuge de chaque point de ces couches n'est pas égale à sa vitesse : mais elle est égale au carré de sa vitesse divisé par le diamètre de sa révolution. On en verra la preuve à la fin de ce volume si on en a besoin. Il faut donc que la vitesse des couches, augmentant réciproquement comme les racines des couches, ou des diamètres, ou enfin des distances du soleil, car les circonférences ou les couches sont en même proportion que leurs rayons ou leurs diamètres; il faut, dis-je, que la vitesse de la matière éthérée proche du soleil ait une rapidité

1. L'édition de 1712 avait d'abord imprimé : « circulaire » ; mais une feuille de « correction », ajoutée, dans certains exemplaires, après les *Errata* demande de remplacer ce terme par celui de « sphérique » : « les tourbillons célestes ne sont pas réellement composés de couches circulaires et concentriques, mais de couches sphériques, … », voir à ce sujet la variante a de la p. 286 des *OC*.

2. L'édition de 1712 imprimait : « il faut qu'elles soient entre elles en raison… » ; l'opuscule des « additions » (p. 10) demande de le remplacer par le texte que nous intégrons entre crochets.

effroyable. Car, supposé que la distance d'ici au centre du soleil soit de trente millions de lieues, et que celle qui est à la surface du soleil soit à trente mille de son centre ; il est nécessaire pour conserver l'équilibre, que la vitesse de la matière subtile proche du soleil, soit à celle qui environne la terre, comme la racine de trente millions, à la racine de trente mille[1]. Cependant la matière céleste est partout en équilibre jusqu'à la surface du soleil, où l'équilibre se rompt, parce que la surface du soleil ne tourne qu'en vingt-sept jours et demi, laquelle devrait tourner en trois heures ou environ, pour conserver l'équilibre comme les couches supérieures du tourbillon dont il est le centre. Ainsi la matière subtile n'a pas à la surface du soleil la deux centième partie de la vitesse circulaire, nécessaire pour soutenir par sa force centrifuge la compression ou la pesanteur du tourbillon, car on peut appeler pesanteur tout ce qui pousse la matière sur le centre autour duquel elle circule. On peut voir la supputation de la vitesse circulaire que la matière céleste devrait avoir à la surface du soleil pour y conserver l'équilibre, dans le VIᵉ chapitre du *Nouveau système* de M. Villemot[2], ouvrage qui marque dans l'auteur beaucoup de force et d'étendue d'esprit.

Il suit, ce me semble, de ce que je viens de dire, que le soleil n'est qu'un feu, c'est-à-dire qu'un amas de tourbillons rompus, | et que, ne **282** pouvant, par la seule force centrifuge qui naîtrait de la vitesse circulaire de la matière dont il est composé, soutenir le poids ou la pesanteur du tourbillon, il le soutient en repoussant les couches voisines de lui, non par une pression uniforme, semblable à celle des couches supérieures, pression qui conserverait seulement l'équilibre dans la matière du tourbillon, et qui n'y produirait ni chaleur ni lumière, car le seul équilibre ne produit rien, mais il le soutient ce poids par des vibrations très promptes, qui animent, pour ainsi dire, toute la matière dont

1. L'édition de 1712 ajoutait ici les lignes suivantes : « et par conséquent plus de 5.000 fois plus grande qu'elle n'est ici, et plus de 50.000 plus grande qu'elle n'est à Saturne, qui n'est pas apparemment fort près de l'extrémité du tourbillon ». L'opuscule des « additions » (p. 10) recommandait toutefois d'ôter ces lignes : « elles ne contiennent qu'un calcul inutile et où il y a erreur ».

2. Philippe Villemot, *Nouveau système, ou nouvelle explication du mouvement des planètes*, Lyon, L. Declaustre, 1707.

les différents corps sont composés, et qui produisent tous ces changements que nous voyons dans différentes saisons, mais cela n'est pas de
mon sujet.

Il est donc certain par le principe des mécaniques que toutes les
couches sphériques, depuis la surface du soleil jusqu'à l'extrémité du
tourbillon, ne peuvent être en équilibre, et porter également par leurs
seules forces centrifuges la compression ou la pesanteur qui pousse
tout vers le centre, que les inférieures ne soient aux supérieures en
raison réciproque du carré de leurs vitesses. Il est encore certain par les
observations des astronomes que les carrés des temps de la circulation
des planètes principales autour du soleil, et surtout des satellites de
Jupiter et de Saturne autour de ces deux planètes, sont entre eux
comme les cubes des distances du centre de leur révolution. D'où il
suit que les observations astronomiques s'accordent parfaitement avec
ce qu'on vient de prouver par la raison. Car, si dans la proportion que
donnent les observations, on met au lieu des temps leurs valeurs, c'est-
à-dire les révolutions des planètes divisées par leurs vitesses, on trouvera la même proportion que celle qui est nécessaire selon la raison,
pour conserver l'équilibre dans les couches de la matière subtile. J'en
donnerai bientôt l'opération particulière. On voit par là que les
planètes ont la même vitesse que les couches qui les environnent, ou
plutôt qu'elles achèvent leur révolution entière dans le même temps.
Je dis leurs révolutions entières, car les planètes doivent aller quelque
peu moins vite, lorsque leurs couches augmentent leurs vitesses, et
quelque peu plus vite, lorsque leurs couches vont plus lentement dans
283 diverses parties de leur révolution. Mais elles l'achèvent entière | en
même temps que leurs couches, car autrement elles ne se trouveraient
pas après leurs révolutions dans la même distance du soleil, ni les
satellites dans la même distance de leurs planètes.

On voit donc que la vraie pesanteur des planètes et des couches
sphériques, celle qui les pousse vers le centre du tourbillon, celle qui
les contraint de circuler, celle enfin à laquelle elles résistent par la
force centrifuge qui naît de leur vitesse, ne vient point du centre du
tourbillon, mais de sa compression extérieure. La pesanteur, au
contraire, des corps proche de la terre ou proche des planètes vient de

la réaction, que cette même compression extérieure souffre au centre du tourbillon également pressé en sens contraire de tous les côtés. Cette pesanteur vient, ainsi que je l'ai expliqué ci-dessus, de la force centrifuge des petits tourbillons, qui comme autant de petits ressorts bandés par la compression qu'ils souffrent à cause de l'immobilité de la planète ou de la terre, prennent le dessus des corps grossiers dénués en partie de ces ressorts, car les petits tourbillons peuvent être considérés comme des ressorts, puisque sans eux rien ne fait ressort.

Il faut donc observer avec soin que lorsque les couches inférieures ne résistent aux supérieures, ou ne portent le poids de la compression du tourbillon que par leurs forces centrifuges, il est nécessaire pour conserver l'équilibre que la règle de Kepler soit exactement observée. Cela est évident par la raison, et certain par les observations astronomiques. Or, lorsque les couches sont trop éloignées du centre du tourbillon, la réaction qui résulte de la compression qui s'y fait, s'affaiblissant et se dissipant à mesure qu'elle s'en éloigne, ne monte point jusqu'à ces couches trop éloignées, et ne concourt point ou que très peu avec leurs forces centrifuges pour soutenir la pesanteur des couches supérieures. Ainsi les satellites de Jupiter et les couches qui les entraînent doivent suivre la règle de Kepler.

Par la même raison, si la couche de la matière subtile qui environne la terre soutenait uniquement par sa force centrifuge la compression du tourbillon, ou, ce qui revient au même, si c'était par cette espèce de force centrifuge qu'elle causât la pesanteur, il est certainement démontré que cette couche de matière subtile aurait environ seize fois plus de vitesse que l'équateur de la terre. Mais la réaction qui résulte de la compression au centre immobile | concourt seize fois autant que **284** la force centrifuge de cette couche, pour soutenir le poids des couches supérieures et conserver l'équilibre, et c'est ce concours et cette réaction qui est la cause de la vraie pesanteur des corps grossiers. Car, puisqu'il est nécessaire que la couche de la matière subtile qui nous environne, ait selon la règle de Kepler dix-sept fois autant de vitesse que la terre pour conserver l'équilibre par sa force centrifuge, il s'ensuit que, si elle tourne moins vite, il lui faut ajouter une autre force égale à celle qui lui manque ; autrement l'équilibre serait rompu. La tendance de la matière subtile du centre à la circonférence, ou la résistance qu'elle fait ici-bas aux couches supérieures, étant donc la même, soit qu'elle tourne ou ne tourne pas dix-sept fois aussi vite que la terre, puisqu'il est nécessaire que l'équilibre soit gardé et que les couches supérieures soient soutenues, il s'ensuit qu'on ne peut rien conclure de certain sur la vitesse de la matière subtile, ni par comparaison à la vitesse de la lune, ni en suivant la règle de Kepler.

Il faut remarquer que la règle de Kepler n'a que les deux preuves que j'ai données ; l'une tirée du principe des mécaniques, et elle est très certaine. Mais c'est qu'elle suppose que les couches célestes ne se résistent ou ne se contrebalancent mutuellement que par leurs forces centrifuges. Or certainement cela n'est pas vrai à l'égard des couches qui sont proche des centres des tourbillons. L'autre, qui est tirée des observations astronomiques, est encore fort bonne par rapport aux planètes et aux couches éloignées qui les entraînent. Mais il est évident qu'il ne peut pas même y avoir des observations qui nous apprennent quelle est la vitesse des couches célestes qui sont tout proche des planètes. Au contraire, les observations nous apprennent que ni le soleil, ni la terre, ni Jupiter ne tourne aussi vite que l'exige la règle de Kepler ; preuve selon ma pensée assez bonne pour juger que la matière subtile qui les environne immédiatement ne l'observe pas. Mais il y a tant d'autres preuves convaincantes que la matière ne tourne pas dix-sept fois aussi vite que la terre, et il est si aisé de les découvrir que je craindrais d'ennuyer le lecteur si je m'arrêtais à les rapporter.

Pour faire encore mieux concevoir que la vitesse et la force centrifuge des petits tourbillons est le principe général des effets naturels, ce que j'ai principalement en vue dans cet écrit, je vais tâcher de bien 285 prouver que certaines propriétés de la lumière | en dépendent uniquement, et principalement celle qu'elle a de réfléchir et de souffrir réfraction à la surface, ou plutôt proche de la surface des corps ; après néanmoins que j'aurai donné la démonstration que je viens de promettre, et que je n'ai pas mise à sa place, parce que quelques lecteurs n'en ont pas besoin, et que la plupart ne pourront l'entendre, ou ne la voudront pas lire. Voici cette démonstration.

*Preuve de ce que je viens de dire que, si dans la proportion connue des
temps de la circulation des planètes à leurs distances du soleil,
on met au lieu des temps leur valeur, on trouvera la même
proportion que celle qui conserve l'équilibre dans
les couches célestes du tourbillon*

Les observations astronomiques apprennent que les carrés
des temps des révolutions des planètes sont entre eux comme les
cubes de leurs distances du centre commun de leur révolution. Ainsi
$tt. \mathrm{TT}.:: d^3. \mathrm{D}^3.$ en prenant t pour le temps de la révolution de la planète
inférieure, et d pour sa distance du centre, et de même T et D pour la
supérieure.

Cela posé, nommant v la vitesse d'un point B du cercle ou de l'arc
inférieur AB, et x celle d'un point D de l'arc supérieur CD, le temps
t de la révolution du point B à l'entour de la planète ou du soleil S sera
$\frac{c}{v}$ et le carré tt sera $\frac{cc}{vv}$, en nommant c l'arc ou le cercle AB, car le temps
est égal à l'espace divisé par la vitesse. Et par la même raison on aura
| $\mathrm{TT} = \frac{CC}{XX}$, en nommant C l'arc ou le cercle supérieur CD. Donc les **286**
planètes tournant avec la même vitesse, ou faisant leur révolution
entière en même temps que le fluide qui les environne et qui les trans-
porte; on aura $tt. \mathrm{TT}.$ ou $\frac{cc}{vv}. \frac{CC}{XX} :: d^3. \mathrm{D}^3.$, ou, en mettant les diamètres
pour les circonférences qui leur sont proportionnelles, $\frac{dd}{vv}. \frac{\mathrm{DD}}{\mathrm{XX}} :: d^3. \mathrm{D}^3.$
Donc $\frac{d}{xx} = \frac{\mathrm{D}}{vv}$. Il faut donc nécessairement selon les observations que d
soit à D, ou c à C, comme xx à vv, c'est-à-dire que le carré de la vitesse
du point B, ou de l'arc AB, qui va de même vitesse, soit au carré de
celle de l'arc CD, comme l'arc CD à l'arc AB, c'est-à-dire en raison
réciproque des arcs, ou des cercles, ou des diamètres, ce qui cause
l'équilibre dans la matière céleste.

Mais, si les astronomes n'avaient point reconnu par leurs observations le rapport des temps des révolutions des planètes, à leurs distances du centre commun de leurs révolutions, on pourrait le découvrir de la manière qui suit par la connaissance qu'on a des forces centrifuges. Car il est nécessaire dans un tourbillon que les sphères dont il est composé se contrebalancent et soient en équilibre, parce que, si la sphère que représente l'arc AB n'était pas en équilibre avec celle de l'arc CD, elle s'y mettrait par le principe que tout corps va du côté qu'il est moins pressé. Or, afin que la couche sphérique inférieure AB soit en équilibre avec la supérieure CD, ou porte également le poids de la compression du tourbillon, il est nécessaire, par le principe général des

287 mécaniques, | que leurs forces centrifuges soient avec elles en raison réciproque. Ainsi la force centrifuge d'un point de la matière éthérée, qui compose la couche inférieure AB, étant par la démonstration* des forces centrifuges $\frac{vv}{d}$, celle de la couche sphérique entière[1] sera $\frac{vvc^2}{d}$, et celle de la couche supérieure sera $\frac{XXC^2}{D}$. Or, ces deux forces devant être égales pour résister également à la compression du tourbillon, on aura l'équation $\frac{vvc^2}{d} = \frac{XXC^2}{D}$, ou $vvc = XXC$, puisque $\frac{c}{d} = \frac{C}{D}$, dans laquelle, mettant pour v et X leurs valeurs[2], savoir les circonférences divisées par le temps des révolutions, ou, à la place des circonférences, les diamètres qui sont en même proportion que les circonférences, on aura

---

* Cette démonstration est à la fin de ce volume.

1. Nous suivons ici le texte corrigé de l'opuscule des « additions » (p. 10). L'édition de 1712 avait d'abord imprimé : « celle de l'arc ou du cercle entier sera $\frac{vvc}{d}$. Et celle de l'arc CD sera $\frac{xxc}{D}$, ou l'une sera vv et l'autre XX, puisque $\frac{c}{d}$ est égal à $\frac{C}{D}$. On aura donc $vv.XX. :: D.d$. Et mettant dans cette proportion, pour x et v leurs valeurs, savoir… » (t. IV, p. 502).

2. Un feuillet de « correction », distingué des *Errata*, avait d'abord corrigé : « Or, afin que la couche sphérique inférieure AB soit en équilibre avec la supérieure CD, ou porte également le poids de la compression du tourbillon, il est nécessaire, par le principe général des mécaniques, que leurs forces centrifuges soient avec elles en raison réciproque. Ainsi la force centrifuge d'un point de la matière éthérée, qui compose la couche inférieure AB, étant par la démonstration* des forces centrifuges $\frac{vv}{d}$, celle de la couche entière sera $\frac{vvcc}{d}$. Et, par la même raison, celle de la couche supérieure sera $\frac{XXCC}{D}$. Or, ces deux forces devant être égales pour résister également à la compression du tourbillon, on aura l'équation $\frac{vvcc}{d} = \frac{XXCC}{D}$, ou $vvc = XXC$, à cause que $\frac{c}{d}$ est égal à $\frac{C}{D}$, ou enfin $vvd = XXD$. Et, mettant dans cette dernière équation, pour v et X leurs valeurs, … ».

$\frac{\mathrm{D}^3}{\mathrm{TT}} = \frac{d^3}{tt}$ ou $tt.\,\mathrm{TT}.::d^3.\,\mathrm{D}^3.$, qui est précisément ce que les astronomes ont découvert par leurs observations. Ainsi la raison s'accorde en ceci avec l'expérience, parce que toute la matière céleste est dans un parfait équilibre, ou tend à s'y mettre. Je viens aux propriétés de la lumière.

XIX. Lorsqu'un rayon de lumière AC est dans une matière rare ou subtile comme l'air, et qu'il rencontre obliquement la surface MN d'un corps transparent plus dense et pesant que l'air, comme de l'eau ou du verre, l'expérience apprend que ce rayon ou son action ou pression se partage selon deux lignes, dont l'une entre dans le verre, et en y entrant se détourne vers la ligne TC perpendiculaire à la ligne MN, qui sépare l'air de l'eau, et l'autre se réfléchit selon une ligne, qui fait avec la même perpendiculaire | un angle de réflexion égal à l'angle **288** d'incidence ACL. L'expérience apprend :

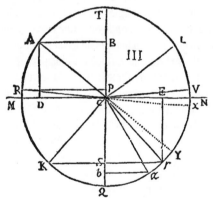

1) Que si un rayon de lumière, passant par exemple par le point R tout proche de la surface de l'eau, la rencontre au point C, dont on ait décrit le cercle RTVQ, ce rayon se rompra et passera par un point comme r, et qu'il se réfléchira aussi en partie en rasant la ligne MN.

2) Il faut remarquer que le sinus RP de l'angle d'incidence RCT, ou le demi-diamètre RC, est au sinus rs, que fait le rayon rompu rC du rayon rasant RC, comme le sinus de tout autre angle d'incidence comme AB, au sinus ab de son angle de réfraction, c'est-à-dire que, si RC est à rS, comme 4 à 3, AB sera à ab, comme 4 à 3.

3) Mais, si un rayon ou son action allait de l'eau vers l'air selon la ligne *r*C, il se romprait au point C, et, rasant la ligne MN, il passerait par le point R. Il se réfléchirait aussi en partie vers K, et ferait dans l'eau même un angle de réflexion, égal à celui de son incidence *r*CS, et son sinus KS serait égal à celui de l'angle rompu du rayon, rasant RC

289 qui entrait de l'air dans l'eau. En | un mot, les rayons qui passent d'un milieu dans d'autres suivent le même chemin en retournant qu'en allant. Ceux qui traitent de l'optique* mettent même cela au nombre des axiomes, car il n'y a point d'expérience de dioptrique qui ne le confirme, et l'on en verra la raison.

4) De cet axiome qui est le fondement de la dioptrique, que les rayons qui passent d'un milieu dans d'autres suivent exactement le même chemin en retournant qu'en allant, il s'ensuit que tous les rayons qui de l'air rencontrent la surface de l'eau, quelque rasants qu'ils soient, quand même l'angle que le rayon rasant RC fait avec la surface ne serait que d'une seconde ou d'une tierce, y entrent presque tous; et qu'aucun de ceux qui tendent de l'eau vers l'air n'y entre, tant que l'angle qu'ils font avec la surface est plus petit que 41 degrés 25 minutes, qui est la valeur de l'angle *r*CE[1], la réfraction de l'eau par rapport à celle de l'air étant comme 3 à 4. Que si les rayons sortaient du verre pour entrer dans l'air, aucun des rayons n'y entrerait, tant que l'angle qu'il ferait avec la surface serait plus petit que 49 D 5°. La réfraction du verre par rapport à celle de l'air étant comme 20 à 31.

5) Il faut remarquer que, si on augmente l'angle de l'obliquité *r*CE de la lumière, qui de l'eau tombe sur la surface de l'air de quelque peu, comme d'un degré, alors presque tous les rayons y entrent, et selon ce qui paraît aussi abondamment que si on augmentait cet angle dix fois davantage.

---

* M. Newton, p. 5 de son *Optique* [Malebranche fait référence à la traduction latine, due à S. Clarke : *Optice, sive de Reflexionibus, refractionibus, inflexionibus et coloribus lucis libri tres*, Londres, L. Smith et B. Walford, 1706 ; voir l'axiome III, trad. fr. P. Coste, éd. cit., p. 5 : « Si un rayon rompu est renvoyé directement au point d'incidence, il sera rompu dans la ligne déjà décrite par le rayon incident »].

1. L'édition de 1712 (t. IV, p. 506), suivie par les *OC*, avait d'abord imprimée : *r*CS ; les *Errata* corrigent.

6) Il faut enfin remarquer que, plus les corps transparents sont denses ou pesants, plus la réfraction des rayons qui y entrent est grande. Ces expériences supposées, cherchons-en maintenant les raisons physiques.

Il ne faut pas s'imaginer que la réflexion des rayons se fasse comme celle des corps durs à ressort mus, contre une surface plane. Comme tout est plein et infiniment comprimé, les rayons se réfléchissent et transmettent leur action sans que les petits tourbillons de l'éther changent de place. Il n'y a là que de la pression sans mouvement, si ce n'est celui qu'on conçoit nécessaire aux vibrations de pression, et c'est selon la ligne droite des | diverses déterminations de **290** pression que les rayons sont diversement ou réfléchis ou rompus.

On croit ordinairement que les rayons ne réfléchissent que parce qu'ils choquent les parties solides du verre qui leur résistent. Mais cette opinion si naturelle et si vraisemblable est insoutenable pour plusieurs raisons.

1) Il n'y a nulle apparence que les rayons les plus obliques sur la surface de l'eau ou du verre et qui la rasent y pussent entrer facilement et la plus grande partie sans trouver de parties grossières qui les fassent réfléchir, et qu'aucun des rayons qui tendent à sortir du verre pour entrer dans l'air ne le pût, que l'angle de leur obliquité ne soit fort grand. Car peut-on croire que l'air, qui transmet si aisément la lumière, ait sans comparaison plus de parties grossières qui la fassent réfléchir, que l'eau et le verre, et qu'il n'y ait du moins quelques rayons qui à la sortie du verre trouvent quelque endroit par où ils puissent passer dans l'air ou y transmettre leur action, l'angle de l'obliquité étant de 39 degrés ou plus petit ?

2) Peut-on concevoir que des rayons qui tendent à sortir de l'eau ou du verre, aucun ne puisse entrer dans l'air, lorsque l'angle de leur obliquité est plus petit que 40 degrés, par cette raison que les parties grossières de l'air les obligent à réfléchir, et que pour peu que l'angle de l'obliquité augmente, ils y entrent presque tous, et autant apparemment lorsque l'angle est augmenté d'un degré, que s'il l'était de vingt ? Cela ne marque-t-il pas évidemment une autre cause de la réflexion

des rayons, qui ne se fait qu'à la surface de l'air, que la rencontre de ses parties grossières ? Mais voici encore une preuve plus démonstrative.

Si l'on fait un petit trou à une carte, qu'on l'expose au soleil, ou au grand jour, et qu'on mette dessous un verre sur lequel tombe le rayon intercepté, on verra deux petits cercles éclairés, dont l'un se voit par la lumière qui réfléchit à la surface du verre, et l'autre par celle qui est réfléchie à la surface inférieure de l'air, lorsque le rayon y entre. Voici **291** le chemin qu'il suit supposant le verre plan et d'égale épaisseur. |

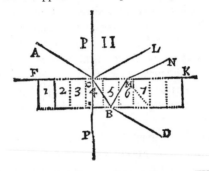

Le rayon intercepté AC, rencontrant le verre FK au point C, réfléchit en L, et, diminué de la lumière réfléchie, il entre dans le verre et se rompt vers B ; de B il se rompt encore vers D, et, diminué de la lumière directe, il réfléchit en M ; et enfin, diminué de la lumière réfléchie vers 7 par la 2e rencontre de l'air, il se rompt vers N, et la ligne MN qui, selon les lois de l'optique et selon l'expérience, se trouve parallèle à CL, est celle du rayon qui fait voir le petit cercle le moins éclairé, et il ne tire sa lumière que de celle qui se réfléchit du rayon CB à son passage du verre dans l'air qui est dessous. Or on ne peut pas dire que ce soit la surface inférieure du verre qui réfléchisse le rayon BMN : ce ne peut être ou que la matière subtile ou les parties grossières de l'air. L'expérience apprend que ce ne sont point les parties grossières de l'air. Car, lorsqu'on a appliqué un verre à la machine du vide et qu'on en a pompé l'air grossier autant qu'il se peut, cela n'a apporté aucun changement sensible dans la force du rayon réfléchi de dessous le verre. Or, quoiqu'on ne puisse pas pomper tout l'air, il n'en reste pas, selon M. Boïle, la dix millième partie. Il en reste si peu qu'une plume y tombe aussi vite en apparence que du plomb, et il est certain que la lenteur de la chute d'une plume ne vient que de la résistance de l'air. Il est donc évident que la réflexion des rayons ne vient point de la rencontre des parties grossières du verre, de l'eau, de l'air, ni, comme je le crois, d'aucun autre corps grossier, comme on le verra dans la suite.

| Mais que deviennent donc les rayons qui rencontrent les petites **292** parties solides dont le verre et tous les autres corps sont composés ? Je crois qu'ils s'éteignent. Voici comment et pourquoi. Les rayons ne consistant que dans des vibrations de pression en ligne droite dans les petits tourbillons, qui sont tous en équilibre et qui se résistent mutuellement par leurs forces centrifuges, ils ne sont pas repoussés, lorsqu'ils tombent sur une petite partie solide du verre qui n'a point de force centrifuge. C'est comme s'ils tombaient sur une petite partie molle. Il est vrai qu'elle est dure ; mais, comme elle n'est telle que par la compression de la force centrifuge des petits tourbillons qui l'environnent, et qui lui donnent, comme à toutes les petites parties dont les corps sont composés, sa figure et sa consistance, la pression de chaque vibration qui tombe sur cette petite partie, et qui l'ébranle quelque peu, se répand irrégulièrement sur les tourbillons qui la compriment. Or cela éteint le rayon, car il ne consiste que dans des vibrations de pression en ligne droite ; et cela excite seulement peu à peu de la chaleur, car les corps chauds ne sont tels que par l'ébranlement des petites parties dont ils sont composés. Aussi voit-on que les corps noirs exposés au soleil s'échauffent beaucoup plus que les corps blancs qui réfléchissent les rayons, et que les transparents qui les transmettent presque tous.

À l'égard de la cause de la réfraction, on en a publié divers sentiments dont le plus vraisemblable est que, l'air étant plus grossier que la matière subtile qui remplit les pores des corps transparents, les rayons en y entrant devaient être repoussés par l'air grossier qui leur résistait, et se rompre vers la perpendiculaire. Mais l'expérience précédente et quelques autres qu'on a faites ne peuvent s'accorder avec ce sentiment. Et en effet les rayons qui rencontrent les parties grossières de l'air, et qui les ébranlent, s'éteignent comme je viens de dire, ou ils n'en sont point repoussés, du moins de la manière nécessaire pour en continuer ou transmettre les vibrations, ni avec assez de force pour rompre les rayons aussi fort qu'ils le sont à la surface du verre ou du diamant dont la réfraction est environ comme 5 à 2*. Car même ici-bas, où l'air est comprimé par le poids de l'atmosphère, dans un volume composé d'air et de matière subtile, l'air grossier n'en occupe pas la dix millième partie.

293 | Puisque la réflexion et la réfraction des rayons ne sont point produites par l'action de l'air ni du verre dans leur passage de l'un dans l'autre, il est donc nécessaire que la cause s'en tire de l'action même de la matière subtile, puisqu'il n'y a là que de l'air, du verre et de la matière subtile.

Pour expliquer la manière dont cela se fait, il faut remarquer que toutes les parties de l'éther, ou tous les petits tourbillons, dont je crois avoir démontré qu'il est composé, sont également comprimés, et en équilibre entre eux, ou qu'ils tendent sans cesse à s'y mettre. Car, comme tout corps se meut actuellement du côté qu'il est moins pressé, si quelque partie de l'éther était moins pressée que les autres, il est clair que les autres tomberaient sur elle, et la comprimeraient autant qu'elles le sont elles-mêmes. Sans cet équilibre et égalité de pression où se mettent les petits tourbillons, par leurs forces centrifuges, leurs diverses vibrations produites par les mouvements variés des petites parties dont les étoiles sont composées, et dont l'une paraît d'une lumière tirant sur le bleu et l'autre d'une lumière rougeâtre, ne pourraient pas se transmettre jusqu'à nous et en un instant. La vue qu'on en a pourrait bien être interrompue par l'interruption des vibrations de pression qui la causent, et être interrompue plus longtemps qu'elle ne l'est, lorsque quelque petit corps qui voltige dans l'air traverse la ligne de leurs rayons vers nos yeux. Car, à cause du grand éloignement des étoiles, qui est tel qu'elles ne paraissent que comme un point lumineux avec les télescopes mêmes qui augmentent si fort les planètes, l'assemblage de tous leurs rayons a si peu d'épaisseur que les plus petites parties grossières, différentes de l'éther, en traversant à

---

* Selon M. Newton, p. 232 de son *Optique* [livre II, IIIe p., proposition X, trad. fr., P. Coste, éd. cit., p. 320, qui indique 100 à 41].

tous moments leurs rayons, interrompent leur action et les rendent étincelantes.

Supposant donc que tous les petits tourbillons de l'éther sont également et comme infiniment comprimés, et qu'ils se contrebalancent tous par leurs forces centrifuges, dès que les petites parties du corps lumineux pressent les petits tourbillons qu'ils rencontrent, leur pression se communique à tous les autres jusqu'à nous, et cela en un instant à cause qu'il n'y a point de vide. Ces petites parties du corps lumineux par leurs mouvements divers repressant par secousses les tourbillons qui leur résistent, causent en eux des vibrations de pression. Or toutes ces vibrations de pression se font en ligne droite, tant qu'elles sont dans l'éther. Car tous les tourbillons se contrebalançant par leurs | forces centrifuges, les rayons ou vibrations de **294** pression sont autant pressés à droite qu'à gauche. Ainsi les rayons ne peuvent changer de direction. Mais, lorsqu'ils rencontrent obliquement la surface du verre, ils y souffrent réfraction et se détournent vers la perpendiculaire à cette surface, et cette réfraction est d'autant plus grande que les corps où ils entrent sont plus pesants ou plus denses, que ceux dont ils sortent. On en voit déjà la raison, mais il faut l'expliquer plus distinctement.

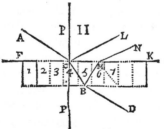

Supposant que FK représente la surface d'un verre, et que 1, 3, 5, 7, marquent les parties solides de cette surface, et que 2, 4, 6, marquent les pores remplis des petits tourbillons de l'éther. Supposons la même chose pour la surface inférieure de ce même verre, et que le rayon ou la ligne des vibrations de pression AC tombe obliquement sur le verre, il est évident qu'il doit se détourner vers la perpendiculaire. Car, y ayant plus de tourbillons dans l'air que dans le verre, il y a plus de forces centrifuges, et, le rayon n'étant plus également pressé par les forces centrifuges des tourbillons environnants, il faut que la direction des vibrations de pression se détourne du côté le plus faible. Or, comme il y a le même rapport entre la force centrifuge des tourbillons qui sont dans l'air au-dessus et au-dessous du verre à celle qui est aux deux surfaces du verre, le rayon se détourne autant de la perpendiculaire au point de la surface dont il est sorti du verre, qu'en y entrant. Mais, si la **295** surface inférieure du verre | trempait dans l'eau, comme il y a moins de tourbillons dans l'eau que dans l'air, et plus que dans le verre, puisque l'eau pèse plus que l'air, et moins que le verre, le rayon en entrant du verre dans l'eau doit bien s'éloigner encore quelque peu de la perpendiculaire au point B, mais d'autant moins que s'il entrait dans l'air, qu'il y a moins de tourbillons et de force centrifuge dans l'eau que dans l'air. Enfin, si l'on applique à la surface inférieure d'un verre plan un autre convexe qui le touche en un point sensible, comme serait l'objectif d'un télescope, les rayons qui passent par le point touchant, n'y sont ni rompus ni réfléchis, y ayant égalité de tourbillons et de force centrifuge dans les deux verres. Le verre objectif paraîtra troué au point d'attouchement. Enfin, dans l'expérience dont j'ai déjà parlé, d'un rayon intercepté par un petit trou fait dans une carte, et reçu sur un verre qui fait deux réflexions fort sensibles, si l'on trempe dans l'eau la surface inférieure du verre où se fait la seconde réflexion, on l'affaiblira de telle manière qu'on aura de la peine à voir sa faible lumière. Faible, dis-je, par rapport à celle de la première réflexion, et d'autant plus faible qu'il y a moins de tourbillons dans l'eau que dans l'air.

Il suit évidemment de tout ceci que la réflexion et la réfraction des rayons, ou le détour de la ligne des pressions de la lumière, n'étant point produit par les parties grossières de l'air qui sont dans l'éther, ni par celles qui composent le verre, ce détour ne peut venir que de la force centrifuge des tourbillons de la matière subtile, par laquelle ils se compriment entre eux et tous les corps qu'ils environnent, pour conserver l'équilibre entre les forces contraires selon la loi naturelle que tout corps se meut vers le côté qu'il est moins pressé.

Mais, afin qu'on conçoive encore plus distinctement la vérité de mon sentiment, je vais en déduire que le rapport des sinus des angles d'incidence et de réflexion doit être constant, et toujours le même dans toutes les obliquités différentes que les rayons rencontrent la surface du verre.

Concevons d'abord que le cercle RTVQ représente une boule de verre, le rayon RC ne se rompra point au point C, ni ailleurs, si le verre est partout d'une égale densité. Mais, si l'on suppose que la demi-sphère supérieure soit retranchée, et qu'au-dessus de la ligne MN de la surface du verre, il n'y ait que des tourbillons avec très peu d'air grossier, et qu'à la surface du verre | même MN, il n'y ait aussi que des **296** tourbillons avec très peu d'air, mais avec beaucoup de parties grossières dont le verre est composé ; et qu'un rayon de lumière coupe obliquement ces deux rangs de matière inégaux en tourbillons, et par conséquent en force, il est évident qu'à son passage de l'air dans le verre, il sera détourné vers la perpendiculaire à ces deux rangs ou surface de force inégale, et cela à proportion qu'il coupera plus obli-quement la ligne MN, car, s'il tombait perpendiculairement, il serait en entrant dans le verre également pressé ou dirigé de côté et d'autre de la perpendiculaire.

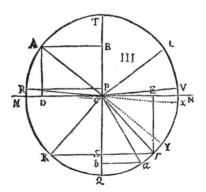

Pour avoir encore une idée plus distincte de ce que je viens de dire, et de ce que je dirai dans la suite, imaginons-nous que la figure MTNQ représente un de ces petits tourbillons, qui transmettent, non par leur mouvement, mais par leur pression, l'action du corps lumineux, et que ce petit tourbillon est entre les 2 rangs de matière de force inégale dont je viens de parler. Si le rayon incident ou la ligne de sa pression est AC, il est évident que le rang supérieur, celui où il y a plus de tourbillons, et par conséquent plus de force centrifuge, pressera plus que l'autre rang **297** le petit tourbillon selon la perpendiculaire TC. Or cette | pression perpendiculaire selon TC n'appuie pas tout entière sur le rayon ou la ligne des pressions, selon AC, mais la pression entière selon TC est à la partie de cette même pression qui appuie sur le rayon AC, comme TC est à la perpendiculaire tirée du point T sur AC, laquelle est égale à AB, l'une et l'autre étant également le sinus de l'angle d'incidence ACT. Il en est de même à l'égard de tout autre rayon. Le sinus RP, par exemple, de l'angle d'incidence RCT du rayon rasant RC exprimera la force de la pression par laquelle le rang où il y a plus de tourbillons le comprime. Ainsi les sinus des angles d'incidence de divers rayons, exprimant les diverses forces, dont la force totale qui cause[1] le détour et qui n'est que l'excès de la force centrifuge des petits tourbillons qui sont dans l'air sur ceux qui sont dans le verre, force qui demeure toujours la même et qui est exprimée par la perpendiculaire CT, appuie sur ces rayons et les presse, il s'ensuit que, les détours de ces rayons devant être entre eux comme les forces qui les causent, les sinus des angles de réfraction de divers rayons doivent nécessairement avoir le même rapport avec les sinus de leurs angles d'incidence, c'est-à-dire que RP.AB :: rS.ab. Et RP.rS :: AB.ab. Et comme le sinus RP du rayon rasant peut être pris pour le demi-diamètre, tous les sinus des angles d'incidence sont à ceux de réfraction comme le demi-diamètre est au sinus de l'angle de réfraction du rayon rasant, c'est-à-dire comme MC est à CE, égal à Sr.

On voit donc que la force centrifuge des petits tourbillons, et l'équilibre où ils tendent sans cesse à se mettre, donne aisément la raison physique d'une vérité qui est le fondement de toute l'optique, et de la construction admirable de nos yeux, que j'expliquerai dans l'*Éclaircissement* qui suit.

---

1. L'édition de 1712 imprimait : « la force totale qui demeure toujours.... » (t. IV, p. 523-524); nous suivons le texte tel que corrigé dans les *Errata*.

À l'égard de la réflexion des rayons, je crois avoir démontré que ce ne sont point les parties grossières des corps qu'on appelle transparents, et qui le sont en effet beaucoup plus que tous les autres, comme le verre, l'eau et l'air, qui les font réfléchir. Je dis qu'on appelle transparents, car tous les corps fort minces le sont, puisqu'ils ont tous des pores par lesquels certaines vibrations de pression des petits tourbillons se continuent au-dehors, | l'or même qui est le plus dense et **298** le plus [1] pesant de tous les métaux. Car il réfléchit certains rayons, et donne passage à d'autres. Il réfléchit les rayons dont les vibrations de pression font voir une couleur jaune, et, lorsqu'il est réduit en feuilles très minces, il laisse passer ceux dont les vibrations font voir une couleur bleue. Mais quand même on ne verrait aucune couleur au travers des feuilles d'or, on n'en devrait pas conclure qu'il n'y a point de rayons qui les traversent, mais seulement qu'il y en a si peu qu'ils ne sont pas suffisants pour ébranler assez fort la rétine et le cerveau pour occasionner à l'âme quelque sensation. Car la matière qui tourne autour de l'aimant y passe aussi librement que dans l'air, et l'eau même lorsqu'elle est trop comprimée dans une bouteille d'or, elle le traverse comme une sueur et s'amasse en gouttes. Il est donc évident que les petits tourbillons, dont la plupart du moins sont plus petits que les petites parties dont l'or et composé, puisque ce sont eux qui donnent à ces petites parties leur consistance par leur force centrifuge ; il est, dis-je, évident que ces tourbillons, du moins quelques-uns, peuvent continuer leurs vibrations en ligne droite, et que tous les corps de très peu d'épaisseur sont transparents. Cela soit dit en passant ; venons à la réflexion des rayons sans laquelle nous ne verrions que les corps lumineux.

J'ai prouvé suffisamment, ce me semble, que ni les parties grossières dont le verre et les autres corps sont composés, ni l'air qui les environne, n'était point la vraie cause de la réflexion des rayons ; d'où on doit conclure qu'elle se trouve dans les forces centrifuges des tourbillons mêmes.

Comme l'on sait assez pourquoi une boule très dure ou à ressort parfait, tombant obliquement sur un plan, rejaillit de manière par la

---

1. Les *OC* impriment « plus le » ; nous rectifions.

résistance du plan que l'angle de réflexion est égal à son angle d'incidence, je crois que, pour expliquer la réflexion de lumière, il suffit de marquer les différences de ces réflexions, sans répéter ce qu'on sait assez.

1) Les tourbillons ne sont point en mouvement comme la boule. Car la réflexion d'un rayon de lumière n'est qu'une nouvelle détermination dans la ligne de pression des petits tourbillons qui demeurent en leur place.

2) La réflexion des rayons ne se fait pas au point où le rayon et les **299** tourbillons touchent les parties solides du verre qui n'ont | point de force centrifuge, mais sur les tourbillons qu'ils pressent et qui sont détournés vers la perpendiculaire par le plus grand nombre des tourbillons qui sont au-dessus du verre, ainsi que je l'ai expliqué.

3) La réflexion des rayons, c'est-à-dire la pression des tourbillons ne réfléchit pas entière ; la plus grande pression se fait dans le verre et le traverse. La pression réfléchie ne venant que de la réaction des tourbillons pressés par l'action de ceux qui sont au-dessus du verre et qui les détournent vers la perpendiculaire, le rayon réfléchi est beaucoup plus faible que le rompu.

4) Le ressort qui fait rejaillir la boule ne vient que de la force centrifuge des petits tourbillons qui sont dans ses pores. Le ressort qui fait rejaillir les rayons n'est que la force centrifuge des petits tourbillons mêmes, dont le rayon est composé.

Enfin l'angle d'incidence du rayon est égal à celui de réflexion, par une raison semblable à celle de la boule à ressort parfait. Voilà ce que je pense de la réflexion des rayons, et qui me paraît suivre des propriétés de la lumière que j'ai tâché d'expliquer et de prouver.

Je crois qu'on voit maintenant les raisons physiques, c'est-à-dire les raisons qui dépendent de ce principe incontestable, que tout tend à l'équilibre, ou que tout corps se meut dès qu'il est inégalement pressé ; je crois, dis-je, qu'on voit clairement :

1) Pourquoi les rayons qui souffrent réfraction en passant par divers milieux suivent le même chemin en retournant qu'en allant, et que, si on transporte l'objet lumineux ou éclairé à son foyer, j'entends

au lieu où son image paraît, on verra la même image au même lieu d'où on l'a transporté.

2) Pourquoi les sinus des angles d'incidence de tous les rayons, quoique diversement inclinés, ont tous le même rapport avec les sinus de leurs angles rompus, et pourquoi les sinus des rayons incidents sont égaux à ceux des rayons réfléchis.

3) Pourquoi les corps durs principalement souffrent ordinairement une réfraction exactement proportionnée à leur pesanteur, la réfraction et la pesanteur venant de la même cause, de ce qu'il y a plus de tourbillons, et par conséquent plus de force centrifuge dans l'air que dans les corps plus pesants et plus durs. Il est vrai que la réfraction n'est pas si exactement proportionnée à la pesanteur dans les corps fluides, dont la pesanteur | est presque la même. L'eau par exemple, **300** quoique quelque peu plus pesante que l'esprit de vin, ne souffre pas autant de réfraction, selon les expériences qu'on en a faites ; dont une des principales raisons est apparemment que, quoique les petites parties des corps fluides n'aient pas autant de force centrifuge que les petits tourbillons, elles ont quelque force, puisqu'elles ont, comme fluides, quelque mouvement. Ainsi elles peuvent résister plus ou moins aux tourbillons environnants, selon la variété de leurs mouvements. Or, comme la différence de la pesanteur de l'eau d'avec celle de l'esprit de vin, ni par conséquent celle de la force des petits tourbillons qui environnent ces deux liqueurs, n'est pas fort grande ; la différence des mouvements variés des petites parties de l'eau et de l'esprit de vin peut être telle, qu'elle troublera la proportion de la pesanteur à la réfraction. On peut en concevoir encore d'autres causes, mais apparemment j'en ai dit la principale. Car il faut remarquer que la même eau ne fait pas toujours la même réfraction ; chaude, elle en fait moins que froide, parce que, alors, non seulement elle est moins pesante qu'elle n'était, mais encore parce que les parties dont elle est composée sont plus en mouvement. Mais, lorsque, de deux verres objectifs d'un télescope, également bien travaillés, et dans le même bassin, l'un est excellent, et l'autre ne vaut rien, cela vient uniquement de la densité ou pesanteur inégale des parties du verre, laquelle cause l'inégalité dans la réfraction.

Comme il est certain que tous les rayons de diverses couleurs se croisent sans cesse sans se confondre et se détruire les uns les autres, il est évident que leur action ne consiste point dans le mouvement direct des petits tourbillons, mais uniquement dans la pression qu'ils reçoivent des objets lumineux et éclairés, et qu'ils leur rendent promptement par leur force centrifuge. Car un tourbillon ne peut se mouvoir en même temps de tous côtés, mais il peut presser et être pressé de tous côtés en même temps.

Supposé donc que la variété des couleurs ne vienne que de la promptitude différente des vibrations de pression, ainsi que je crois l'avoir suffisamment prouvé, on peut voir clairement la raison pourquoi tous les rayons simples, qui sont le rouge, l'orangé, le jaune, le vert, le bleu, l'inde ou bleu obscur, et le violet, ne changent point leur couleur ou la promptitude de leurs vibrations, et que leurs réfractions ont toujours le même rapport les unes avec les autres, ce que **301** M. Newton a prouvé par plusieurs | expériences décisives. Car, n'y ayant point de vide, et tout étant plein et comme infiniment comprimé, un rayon ne peut presser par un bout, qu'il ne presse en même temps partout jusqu'au nerf optique, où il s'éteint ou s'affaiblit, après l'avoir ébranlé, et par lui le cerveau de la manière nécessaire pour occasionner à l'âme une telle sensation de couleur.

Il est vrai que, lorsqu'un rayon jaune presse quelque fibre de la rétine conjointement avec un rayon bleu, cela fait voir une couleur verte. Mais cette couleur, quoique semblable en tant que sensation à celle que produit le rayon vert simple, elle a une cause fort différente. Car, si on fait passer le rayon vert simple par des prismes de verre, il demeurera toujours vert ; mais l'autre en y passant deviendra jaune et bleu ; le jaune faisant moins de réfraction que le bleu, ces deux rayons se sépareront. Il ne faut pas juger par la sensation de la cause qui la produit. Il est aisé de concevoir comment deux ou plusieurs vibrations inégales, appuyant conjointement sur une même fibre du nerf optique, peuvent ébranler la partie principale du cerveau de la même manière que des vibrations moyennes. Il n'y a point, par exemple, de rayon blanc qui soit simple. Tout rayon très blanc est composé de tous les simples, rouge, jaune, bleu, etc., qui tous font des vibrations et des réfractions différentes; et toutes les différentes couleurs dont les objets paraissent couverts ne viennent que des divers mélanges des rayons simples, ou transmis ou réfléchis des petites parties transparentes des corps opaques.

Il y a bien de l'apparence que c'est à la sortie du soleil, dans lequel rien n'est en équilibre, et où toute la matière qui le compose repousse par des mouvements variés la couche sphérique des petits tourbillons qui est en équilibre avec les couches supérieures, ainsi que j'ai dit en parlant de la pesanteur des planètes; il y a, dis-je, bien de l'apparence qu'à la sortie du soleil les petits tourbillons sont contraints de s'accorder à faire leurs vibrations en des instants, commensurables entre eux, quoique causés par les mouvements irréguliers des parties du soleil, et que, cet accord fait, ou cette espèce d'équilibre acquis, chaque rayon conserve ensuite la même promptitude dans ses vibrations. D'où il suit qu'il n'y a qu'un nombre déterminé de rayons simples, et qui, conservant toujours la même promptitude dans leurs vibrations, souffrent toujours la même quantité de réfraction, ce qui est certain par les expériences de M. Newton. Car, de même que lorsqu'on divise harmoniquement une octave, c'est-à-dire | de 302 manière que les différents tons qu'il contient soient commensurables, ou que les vibrations de l'air qui les causent s'accordent et recommencent ensemble le plus tôt qu'il se peut, sans se détruire, il ne peut y en avoir qu'un nombre déterminé de tons; il ne peut aussi y avoir qu'un nombre déterminé de rayons simples. Aussi M. Newton, dans l'expérience qu'il a faite, page 104, pour déterminer exactement la quantité particulière de la réfraction de chaque rayon simple, a trouvé que le rang des couleurs simples était harmoniquement divisé[1]. Il avait séparé fort exactement ces couleurs simples par le moyen de divers prismes, comme on le peut voir dans son excellent ouvrage. Je crois donc qu'on peut conclure de là, avec beaucoup de vraisemblance, que le rayon rouge, qui a le plus de force, puisqu'il souffre moins de réfraction que les autres rayons, n'est pas repoussé si promptement, ou recommence ses vibrations moins souvent que ceux qui le suivent, et que le violet, qui est le dernier et le plus faible, est celui de tous dont les

---

1. 7ᵉ expérience, trad. fr. P. Coste, éd. cit., p. 142.

vibrations sont les plus petites et les plus promptes, ou recommencent plus souvent.

Lorsqu'on met sous un verre plan un verre convexe, on voit par réflexion un petit cercle noir au point touchant de ces deux verres, et plusieurs couronnes concentriques de diverses couleurs fort sensibles, surtout lorsque le verre convexe l'est très peu. Mais, lorsqu'on regarde au travers, on voit blanc ce qu'on voyait noir, rouge ce qu'on voyait bleu, violet ce qu'on voyait jaune. En un mot, on voit ordinairement par la réflexion et par la réfraction les couleurs les plus tranchantes et les plus opposées. Cela marque bien, ce me semble, que la promptitude des vibrations ne change point, et que la ligne des pressions d'un rayon, a partout le même ébranlement, et qu'on ne voit les objets chacun de telle couleur, que parce que, de la lumière qui renferme toutes les simples, il ne se réfléchit que certains rayons dont les divers mélanges font toutes les diverses couleurs.

Au reste je crois devoir avertir qu'on ne doit regarder que comme des conjectures ou des vues générales insuffisamment prouvées, ce que je viens de dire dans ces derniers articles, pour rendre raison des principales expériences que M. Newton, ce savant géomètre et si renommé en Angleterre et partout, a faites avec une exactitude telle que je ne puis douter de la vérité. Car ma principale vue dans cet *Éclaircissement* a été de faire voir que toute la physique dépend de la connaissance de la matière | subtile, que cette matière n'est composée que de petits tourbillons, qui, par l'équilibre de leurs forces centrifuges, font la consistance de tous les corps, et, par la rupture de leur équilibre qu'ils tendent sans cesse à rétablir, tous les changements qui arrivent dans le monde. Ma principale vue a été de prouver que le repos n'a point de force, que tout se fait par le mouvement, et que la source du mouvement n'est que dans cette matière invisible, que quelques personnes, très savantes d'ailleurs, comptent pour rien, ou ne regardent, lorsqu'elle est en équilibre, et ne se fait point sentir, que comme une matière inefficace et sans action.

On pourrait encore tirer bien des conséquences de ce que j'ai dit auparavant pour rendre raison de la pesanteur. Qu'une plume, par exemple, doit tomber perpendiculairement sur la surface de la terre, et cela aussi bien sous les pôles que sous l'équateur. Que dans la zone tempérée les parties de la surface de la terre tournent précisément de la même vitesse que l'éther qui répond à la surface, et partout ailleurs, d'une vitesse dont la différence ne doit pas être fort sensible. Que la pesanteur doit être sensiblement égale sous l'équateur et sous les pôles, et par conséquent que la terre doit être ronde. Que toutes les planètes doivent être environnées de grands tourbillons, et des petits dont je viens de parler, car sans eux il n'y aurait point de pesanteur, ni par conséquent d'amas de matière grossière, différente de l'éther. Que, la matière éthérée étant composée de petits tourbillons en équilibre, et d'une petitesse et d'une fluidité extrême, on ne doit point sentir qu'elle fasse de résistance dans le mouvement horizontal. Que la vitesse dans la chute des corps n'est pas proportionnée à leur pesanteur, qu'ils tomberaient tous également vite, sans la résistance de l'air, et qu'une plume dans le vide d'air doit tomber aussi vite que du plomb. Que la pesanteur des corps durs doit être précisément égale à leur masse, c'est-à-dire à ce qu'ils ont de matière propre et sans mouvement, leurs pores remplis de tourbillons n'étant point comptés. Mais, si j'entrais dans le détail des preuves de ces conséquences, et de toutes celles qu'on peut tirer de la supposition que j'ai faite pour expliquer la transmission de la lumière et des couleurs et la génération du feu, savoir que la matière éthérée n'est composée que de petits tourbillons, infiniment comprimés, qui se contrebalancent les uns les autres par leurs forces centrifuges ; si, dis-je, j'entrais dans le détail de ces conséquences, cela me mènerait bientôt | dans un pays où je crains de faire **304** un trop long voyage, et où je ne manquerais pas de m'égarer. Il suffit que j'aie prouvé ma supposition par la rapidité étonnante de la matière éthérée, et par la résistance qu'elle trouve dans le plein qui oblige ses parties mues en tous sens à se mettre en tourbillons, et que j'aie confirmé mes preuves par les effets les plus généraux de la physique, tels que sont la transmission de la lumière et des couleurs, la production du feu et ses effets, la pesanteur des corps, leur dureté et leur fluidité, dont dépendent tous les effets naturels, et dont les physiciens cherchent les causes ; mais certainement ils ne les trouveront jamais que dans la matière éthérée, par cette raison évidente, que c'est elle qui est la source de tous les mouvements, et que rien ne se fait que par le mouvement.

Il serait bien plus à propos, ou du moins beaucoup plus utile pour les lecteurs, de s'étendre ici sur la sagesse infinie du Créateur, qui, dans la création de l'univers, a tellement distribué et déterminé le mouvement aux diverses portions de la matière, qu'il en a formé un ouvrage dont toutes les parties ont entre elles une dépendance mutuelle ; un ouvrage qui se conserve et se renouvelle sans cesse uniquement par cette loi générale et la plus simple qu'on puisse concevoir, que tout corps soit mû du côté vers lequel il est plus pressé, et à proportion qu'il l'est davantage ; loi, dis-je, qu'on y prenne garde, qui ne tire point son efficace de la matière, substance purement passive, et dont la force qui la meut n'est rien qui lui appartienne et qui soit en elle, ainsi que je l'ai prouvé dans le quinzième *Éclaircissement* et ailleurs, mais loi qu'a faite et qu'observe exactement le Tout-Puissant dans le cours ordinaire de sa providence générale sur l'arrangement des corps, non seulement pour faire porter à sa conduite le caractère de ses attributs, dans lesquels il trouve sa loi et ses motifs, ainsi que je l'ai prouvé ailleurs, mais encore pour donner aux hommes et aux animaux mêmes des règles certaines pour se conserver et pour se conduire. Car, si Dieu ne suivait pas régulièrement cette loi, qu'il a établie après en avoir prévu toutes les suites, et réglé par rapport à elle les premiers mouvements avec une sagesse et une bonté infinie, s'il agissait comme les causes particulières et les intelligences bornées, il n'y aurait rien de certain dans la physique, nul principe d'expérience ; en un mot tout retomberait à notre égard, dans un chaos, où l'on ne pourrait rien comprendre. Mais Dieu, par l'observation exacte de cette 305 loi, produit, comme je viens | de l'expliquer, la lumière par laquelle il nous unit, non seulement entre nous, mais encore à des espaces immenses. Car éteignez la lumière, ou que les petits tourbillons qui nous environnent cessent de porter le poids des autres et d'être en équilibre avec ceux qui sont dans les cieux, et par là qu'ils cessent d'en recevoir les vibrations de pression en conséquence de la loi, et il n'y aura plus de société parmi les hommes, plus cette variété de couleurs qui nous fait discerner les objets. La terre ne sera plus cultivée, et, quoique cultivée, elle ne produira rien, par le défaut de cette chaleur qui suit de la lumière ou des vibrations de ses rayons. Or celui qui a dit : *Que la lumière soit faite* [1], est celui-là même qui a formé les yeux aux hommes et aux animaux. Car toutes les parties dont l'œil est composé ont un rapport si juste et si sagement proportionné à l'action de la lumière, comme on le verra bientôt, que la lumière et les yeux sont visiblement faits l'un pour l'autre et partent d'une même main, de celle du Tout-Puissant, dont la sagesse et la bonté n'a point de bornes. Si l'on fait de même quelques réflexions sur les utilités du soleil, du feu, de la pesanteur des corps, de leurs diverses duretés et fluidités, qualités nécessaires à la formation et à la génération de toutes choses, et que tout cela dépend de la force mouvante par laquelle Dieu anime, pour ainsi dire, la matière, par rapport à une infinité de desseins qu'il exécute par une même loi, on comprendra sans peine que la sagesse du Créateur n'a point de bornes. Mais dans l'*Éclaircissement* qui suit, j'exposerai plus en détail le merveilleux de la Providence dans la construction des yeux et dans l'usage des parties dont il est composé.

Si ce que je viens de dire dans cette addition, sur le principe général de la physique, est exactement vrai, et appuyé sur un principe certain, ce que je laisse à la discussion des lecteurs attentifs et éclairés, il y aurait encore quelques endroits à corriger dans l'abrégé que j'ai donné de la physique de M. Descartes, dans le chap. IV de la IIe partie du VIe livre. Mais, mon principal dessein dans ce quatrième chapitre étant de faire sentir la différence de sa manière de philosopher d'avec celle d'Aristote, je n'ai pas cru devoir réformer entièrement son système sur celui que je viens de proposer, qui n'est pas tout à fait conforme au sien, quoique dans le fond il en dépende. C'est aux lecteurs à faire cette réforme, s'ils ont assez de loisir, et que cette matière leur paraisse agréable, et mériter leur attention, et s'ils jugent que ce que je viens d'écrire soit suffisamment démontré.

1. Gn 1, 3.

| [ÉCLAIRCISSEMENT SUR L'OPTIQUE]
| DERNIER ÉCLAIRCISSEMENT

Contenant la description des parties dont l'œil est composé, et les principales raisons de leur construction pour servir à l'intelligence de ce qui est dit dans le premier livre, touchant les erreurs de la vue [1]

J'avais supposé dans le premier livre que le lecteur aurait du moins quelque légère connaissance de l'optique, ou qu'il voudrait bien s'en instruire en consultant quelque ouvrage sur cette matière, comme la *Dioptrique* de M. Descartes que je lui avais indiquée, car, si les auteurs voulaient s'arrêter à expliquer les principes même les plus généraux de toutes les sciences qui ont rapport au sujet qu'ils traitent, et ne rien supposer de connu aux lecteurs, outre qu'ils ennuieraient et choqueraient même par là les savants, ils ne pourraient jamais rien approfondir, sans faire des ouvrages immenses. Ainsi j'avais cru être dispensé de redire ce que tant d'autres ont dit, et que l'on pouvait voir ailleurs, touchant la construction et l'usage des parties dont l'œil est composé. Cependant, pour contenter ceux qui ne savent rien de l'optique, sans ennuyer ceux qui en sont instruits, j'ai cru devoir ajouter à la fin de ce volume ce qui suit. Car ceux qui ne savent pas l'optique n'auront pas la peine de changer de livre pour entendre ce que je dis des erreurs et des jugements naturels de la vue, peine légère, mais que le lecteur négligent ne prend pas volontiers; et les autres ne liront point ce qui apparemment ne peut rien leur apprendre. Au reste, je crois devoir avertir qu'il suffit de bien savoir comment on voit les objets, pour être en état de découvrir

1. Cet *Éclaircissement* apparaît en 1712.

une infinité de vérités, non seulement de physique, mais encore de métaphysique, touchant la nature des idées, et la bonté, la généralité, la sagesse incompréhensible de la providence divine.

| CONSTRUCTION DE L'ŒIL   **308**

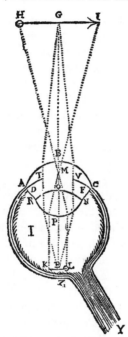

| Il faut remarquer avec soin* toutes les particularités de la **309** construction de l'œil, pour en comprendre les raisons que l'on verra dans la suite.

Trois peaux qui enveloppent l'œil

1. Si on coupait un œil par la moitié, en sorte que le plan coupant passât par le milieu de la prunelle et du nerf optique, et que les humeurs

* Voyez la 1 ʳᵉ figure.

ne s'écoulassent point, il paraîtrait comme il est représenté par cette figure. ABCZ est une peau dure et épaisse qui environne tout l'œil. Sa partie ABC se nomme la *cornée*, parce qu'elle est dure et transparente comme de la corne, cette partie est beaucoup plus convexe que l'autre. La seconde peau qui se termine au trou de la prunelle TV est plus déliée ; on l'appelle l'*uvée* ou la *choroïde*. Elle tapisse, pour ainsi dire, la première peau en dedans, et elle y est fortement attachée en A et en C, par un ligament membraneux, qu'on nomme *ciliaire*. On nomme *iris*, la partie de cette peau qui est depuis D jusqu'en T, et depuis F jusques à V, et dont la surface convexe que l'on voit au travers de la cornée est noire dans quelques-uns, bleue dans d'autres, ou parsemée de diverses couleurs. Mais la surface concave de l'iris et de la choroïde entière est toute noire dans l'homme, quoiqu'elle ne le soit pas dans plusieurs animaux. La troisième peau, appelée la *rétine*, tapisse tout le fond de l'œil, et suit la choroïde seulement jusqu'en D et en F.

Leur origine

2. La première peau de l'œil prend sa naissance de la première peau du nerf optique LY, qui tire la sienne de la première enveloppe du cerveau, qu'on nomme la *dure-mère*. La seconde peau ou la choroïde tire sa naissance de la seconde peau du nerf optique, qui tire la sienne de la seconde enveloppe du cerveau, qu'on nomme la *pie-mère*. Et la rétine enfin tire la sienne de la moelle du nerf optique. Car ce n'est que l'épanouissement des petits filets dont la moelle de ce nerf est composée, qui joints avec quelques veines et quelques artères très déliées font ce tissu | très délicat, qu'on nomme la rétine. Or ces petits filets renfermés sous les peaux du nerf optique, tirent leur naissance de la partie du cerveau qu'on nomme *moelle allongée*, et ne sont apparemment que la continuation des filets ou petits canaux dont cette moelle est composée, et par lesquels les esprits animaux se distribuent. Il faut remarquer que la rétine est de couleur blanche, et que le nerf optique est extrêmement gros, par rapport aux nerfs moteurs de l'œil, et contient par conséquent un très grand nombre de filets.

Ligaments ciliaires

3. Dans l'endroit marqué AD, il sort du ligament *ciliaire*, dont je viens de parler, quantité de petits filets fort noirs qui s'étendent jusqu'au cristallin RN, qui le tiennent dans la situation nécessaire pour voir distinctement les objets, c'est-à-dire en sorte que la ligne BP, qui passe par le milieu du trou de la prunelle, soit perpendiculaire aux trois convexités ABC, RON, RPN, et pour d'autres raisons dont je parlerai.

La prunelle

4. Il faut remarquer que le trou de la prunelle n'a point une grandeur déterminée. Il diminue quand les objets trop éclairés pourraient offenser la rétine, ou quand on regarde fixement un objet proche. De sorte que l'iris fait l'effet d'un petit muscle fort singulier, en ce que dans son mouvement il conserve toujours à la prunelle de l'homme une exacte rondeur. Venons maintenant aux humeurs transparentes de l'œil.

Trois humeurs dans l'œil

5. Il y en a trois fort claires ou transparentes : l'aqueuse, la cristalline, la vitrée. L'*aqueuse* remplit l'espace ABCNOR. Elle est fluide comme de l'eau, et fait par conséquent la même réfraction. La *cristalline* qui est environnée d'une peau fort déliée, remplit l'espace RONP. Elle est un peu gluante et dure à peu près comme le blanc d'un œuf dur, mais transparente | comme du cristal. La *vitrée* occupe le reste de la **311** capacité de l'œil, et sa consistance est semblable à celle du blanc d'œuf avant qu'il soit cuit. Comme les *réfractions** augmentent d'ordinaire à proportion de la densité des corps transparents par lesquels passent les rayons de la lumière, celle que cause l'humeur aqueuse dans les rayons est la plus petite, celle du cristallin est la plus grande, et celle de la vitrée est plus petite que celle-ci, et plus grande que l'autre.

Si on conçoit maintenant que ce que représente la figure plane, j'excepte le nerf optique et le trou par où il entre dans l'œil, fasse sur

* Ci-dessous, nombre 13.

l'axe BE un demi-tour, on aura une idée claire et complète du globe de l'œil, et de tout ce qu'il renferme de nécessaire à mon dessein. Mais, pour s'en fixer l'idée, il serait bon de se faire disséquer l'œil de quelque gros animal.

Six muscles de l'œil, quatre droits

6. À l'égard des dehors de l'œil il n'y a proprement que les muscles qui les remuent et qui les compriment, dont il soit nécessaire que je dise ici quelque chose. Il n'y en a que six dans l'homme : quatre qu'on appelle *droits*, et deux *obliques*, qui sont tous attachés d'un côté aux os du fond de l'œil, et en partie à la peau extérieure du nerf optique, et de l'autre au globe de l'œil. Les quatre droits faisant une queue large et tendineuse vont droit s'attacher à la peau extérieure du globe de l'œil, et y composent une nouvelle peau. Ils servent certainement à tirer l'œil, l'un en haut, l'autre en bas, le troisième vers un coin de l'œil, et le dernier vers l'autre. Je crois qu'ils peuvent servir encore à d'autres usages dont je parlerai.

Deux obliques

7. Des deux obliques, le supérieur qui est le plus long et le plus étroit, prend son origine auprès de celle du muscle qui tire l'œil vers le haut et va d'abord vers le coin interne de l'œil, où il passe dans un cartilage attaché à l'os de la mâchoire par un ligament membraneux, 312 lequel cartilage lui sert de poulie de retour. | De là il retourne vers la partie supérieure de l'œil, et, passant sous le même muscle qui tire l'œil vers le haut, il vient s'attacher proche de l'endroit de l'œil où est attaché le muscle qui le tire vers le coin externe. L'oblique inférieur opposé à l'autre est attaché à l'os, vers le coin interne de l'œil ; de là il passe par-dessous l'œil vers l'externe, et, montant un peu, il vient s'attacher au globe de l'œil, auprès de l'endroit où est attaché l'oblique supérieur. Lorsqu'ils agissent tous deux et en même temps les quatre autres, et surtout celui de ces quatre qui est attaché le plus près de l'endroit de l'œil où sont attachés les deux obliques, ils compriment le globe de l'œil, et par là ils éloignent le cristallin de la rétine autant qu'il est nécessaire pour voir distinctement de près. Car c'est une vérité

géométriquement démontrée, qu'on ne peut voir distinctement de près et de loin sans qu'il arrive quelque changement dans les yeux, ainsi que je le ferai voir. Il faut remarquer que ces six muscles ont chacun un petit nerf pour les mouvoir, car tout muscle sans nerf qui y répande des esprits animaux est dans l'inaction.

La construction de l'œil est, je crois, suffisamment expliquée, mais les propriétés des parties qui le composent, ni celles de la lumière ne le sont pas, desquelles néanmoins il est nécessaire d'avoir quelque connaissance pour bien savoir comment on voit les objets, et pour avoir quelque légère idée de la Sagesse infinie du Créateur dans la formation de nos yeux.

DE LA NATURE ET DES PROPRIÉTÉS DE LA LUMIÈRE

Comment se transmet l'action des corps lumineux et s'excite en nous le sentiment de la lumière et de la blancheur

8. Lorsqu'on allume un flambeau dans les ténèbres, on voit dans l'instant sa lumière de tous les endroits d'où on le regarde. Il faut conclure de là que la flamme de ce flambeau agit et dans nos yeux et dans tous les espaces qu'elle éclaire. Or il est évident qu'elle n'agit pas immédiatement dans tous ces espaces. Car, la flamme n'étant composée que des petites parties de la cire mises en mouvement, et n'en dissipant et n'en poussant au-dehors à chaque instant qu'une partie infiniment petite, | il est clair que cette petite partie ne peut pas remplir 313 tout l'espace éclairé. Il faut donc concevoir que les petites parties de la cire, étant enflammées, et par conséquent très agitées, pressent de tous côtés l'air subtil ou l'éther qui les environnent immédiatement, et celui-ci un autre, et ainsi de suite, jusqu'à nous, et cela en un instant, parce que tout est plein, et qu'il ne peut y avoir naturellement de vide. Or cette pression que cause la flamme dans la matière subtile, ou plutôt l'assemblage d'un nombre comme infini de secousses ou de vibrations de pression, que cause dans l'air subtil le nombre comme infini des différentes parties de la flamme, transmis jusqu'à nos yeux, et par eux à notre cerveau, excite en nous le sentiment de lumière et de blancheur, en conséquence des lois de l'union de l'âme et du corps. Car, si dans un

lieu obscur on se presse par secousses le coin de l'œil dans l'endroit où la rétine le tapisse intérieurement, on ne manquera pas de voir de la lumière du côté opposé à l'endroit pressé, ce qui prouve assez qu'une pression nouvelle, et plus grande que celle qui comprime la rétine la nuit, ou les yeux étant fermés, excite le sentiment de lumière.

Et celui des couleurs

9. Je crois que les différentes vibrations de pression causent la diversité des couleurs, et j'ai tâché de le prouver dans cet ouvrage*; et je dis ici que l'assemblage des vibrations qui causent toutes les couleurs, tel qu'il se trouve dans le soleil, excite le sentiment de blancheur.

Car, si après avoir pris par le moyen d'un prisme de verre une image du soleil colorée de diverses couleurs**, on met à sa place une loupe assez grande pour l'embrasser, toutes ces couleurs se mêlant au foyer de la loupe, cette image reçue sur du papier, y paraîtra toute blanche, de colorée qu'elle était.

Lumière réfléchie des objets

10. On ne voit pas seulement les corps lumineux de tous côtés et en 314 ligne droite; on voit de la même manière tous les corps | opaques, lorsqu'ils sont éclairés. D'où il suit que la pression de la lumière sur les objets qui ne la dissipent pas, ce que font les noirs, retombe sur l'air subtil qui les environne, et le represse de tous côtés, à cause que tout est plein et rempli d'un fluide, dont toutes les parties sont en mouvement. Mais c'est là de la physique*** dont il n'est pas temps de parler. J'appelle donc rayon de lumière, ou simplement rayon, la ligne droite tirée de l'objet lumineux ou éclairé, par laquelle se transmet l'action qui le rend visible. Or, puisqu'on voit les objets de tous côtés, il s'ensuit que chaque partie des objets renvoie en rond des rayons vers tous les côtés.

---

* Voyez l'*Éclaircissement* sur la lumière et les couleurs [XVI].
** Voyez la 9ᵉ et la 10ᵉ expérience de l'*Optique* de M. Newton, p. 112 et 117 [livre I, IIᵉ partie, Vᵉ proposition, théorème IV, trad. fr. P. Coste, éd. cit., p. 151 *sq.*].
*** Voyez l'*Éclaircissement* précédent.

11. Pour avoir maintenant quelque idée de la dégradation de la lumière, ou de la diminution de sa force ou de sa pression sur la rétine, il faut observer que la lumière, que reçoivent les objets de chaque point d'un corps lumineux, diminue en raison des carrés de la distance de ces objets avec chaque point. La lumière que reçoit un écu, par exemple, lorsqu'il est à un pied d'une bougie, est à celle qu'il reçoit lorsqu'il en est éloigné de 20 pieds, comme 1 est à 400, carré de 20. Car l'ombre que fait un écu, mis à un pied d'un point lumineux, fait sur un mur qui en est à vingt pieds, une ombre 400 fois plus grande qu'un écu. Ainsi la lumière de cet écu à 20 pieds n'est que la $\frac{1}{400}$ partie de la première lumière, c'est-à-dire de celle qui est interceptée par l'écu distant d'un pied du point lumineux. Or cet écu éloigné de 20 pieds d'une bougie peut encore être vu de tous côtés, et ne le peut être que par l'action ou par la pression réfléchie de la quatre centième partie de la première lumière qu'il recevait, lorsqu'il n'était qu'à un pied de la bougie. Supposé donc qu'étant sur un fond noir, on le puisse encore bien voir à la distance de vingt pieds, quand le trou de la prunelle deviendrait aussi grand que l'écu, et que la seconde lumière ne se répandrait pas de tous côtés, mais seulement par l'espace que détermine environ la grandeur d'un écu, mis à un pied de distance du fond noir, il n'entrerait dans l'œil que la $\frac{1}{160\,000}$ partie de la première lumière. Or si le diamètre d'un écu est dix fois plus grand que celui du trou de la prunelle, il n'entrerait dans l'œil que la centième | partie de la $\frac{1}{160\,000}$ 315 partie, c'est-à-dire la $\frac{1}{16\,000\,000}$ de la lumière reçue sur un écu mis à un pied de la bougie. Enfin il n'en entrerait dans l'œil que les deux centième partie de la seize millionième, si on exclut la lumière réfléchie de l'écu, qui se répand de tous les autres côtés, supposé qu'on l'en pût voir à la distance de vingt pieds. Car la moitié d'une surface sphérique est égale à deux cercles qui coupent la sphère par son centre. Ainsi, en supposant le rayon de la sphère d'un pied, et celui de la circonférence de l'écu de la dixième partie d'un pied, la moitié de la surface sphérique contiendrait deux cents fois celle de l'écu, puisque les cercles sont entre eux comme les carrés de leurs rayons. Cependant cette faible lumière est capable d'ébranler les fibres très délicates de la rétine,

supposé que cet écu puisse être aperçu de tous côtés, à la distance de vingt pieds, par la lumière qu'il réfléchit.

De la délicatesse des fibres de la rétine

12. Pour découvrir aussi à peu près quelle peut être la délicatesse des fibres de la rétine, il n'y a qu'à attacher sur un fond noir, exposé au soleil, un petit papier d'une ligne en carré, et remarquer la distance dont on le peut voir, et faire ensuite cette proportion. Comme la distance dont on le voit est au diamètre de l'œil, qui est de six lignes ou environ, de même une ligne est au côté de l'image du papier qui est dans le fond de l'œil. Et, carrant ce quatrième terme pour avoir le carré de cette image, on aura son espace, qu'on trouvera plusieurs centaines de millions de fois plus petit qu'une ligne carrée. J'entends par 316 | l'image du papier, l'endroit précis où se réunissent sur la rétine les rayons qu'il réfléchit, car il se peut faire que les fibres de la rétine où se fait la réunion des rayons ébranlent quelque peu leurs voisines. Venons maintenant aux réfractions de la lumière.

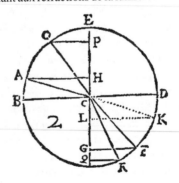

Réfraction de la lumière

13. Lorsqu'un rayon passe d'un milieu rare comme l'air, dans un moins rare ou plus dense, comme le verre ou l'eau, il se détourne ou souffre réfraction en y entrant; mais, lorsqu'il y est entré, il va en ligne droite jusqu'à ce qu'il en sorte. Si, par exemple, il y avait de l'air

au-dessus de la ligne BCD*, et du verre au-dessous, et qu'un rayon allât de A vers C (quand je dis : allât, qu'on entende toujours : tendît à aller ou pressât de A vers C), il n'irait pas vers K, mais il se détournerait vers F, en entrant de l'air dans le verre. Dont la raison est que tout corps mû, ou qui tend à se mouvoir, va toujours en ligne droite lorsqu'il trouve de tous côtés une égale résistance, et qu'il se détourne toujours du côté où il en trouve le moins. Or le rayon en trouve moins dans le verre et dans les corps denses, que dans l'air et dans l'eau ; on peut voir la raison que j'en donne dans le nombre XIX de l'*Éclaircissement* précédent. Quand je dis dans le verre, j'entends dans les pores du verre, par où le rayon peut passer ou transmettre son action, et non dans le solide du verre où il s'éteint en les ébranlant quelque peu, ainsi que je l'ai expliqué ailleurs.

Ainsi le rayon AC trouvant moins de résistance à transmettre son action dans le verre que dans l'eau, et moins dans les pores de l'eau que dans l'air, il doit se rompre vers la ligne CG, perpendiculaire à BD, et faire l'angle GCF plus petit que l'angle LCK.

La mesure de la réfraction

14. Les lignes KL et FG, tirées des points K et F, perpendiculairement sur PQ, qui coupe perpendiculairement la ligne BD, séparatrice des différents milieux ; ces lignes, dis-je, KL, FG, sont appelées les sinus des deux angles LCK et CGF. Or, comme l'angle LCK est égal à l'angle HCA, qu'on appelle l'angle d'incidence, son sinus AH, est égal au sinus LK. On exprime donc les réfractions que souffrent les rayons, en passant d'un | milieu dans un autre, par le rapport qui est entre les lignes AH et FG, qui sont les sinus des angles d'incidence et de réfraction. La réfraction que souffre, par exemple, un rayon qui passe de l'air dans le verre, étant comme trois à deux, le rayon AC passera par le point F, si le sinus GF est les deux tiers du sinus AH ; et, par la même raison, si le rayon FC sortait du verre, et entrait en C dans l'air, il se détournerait vers A. **317**

Principe fondamental de la dioptrique

15. La principale loi sur laquelle est fondée la dioptrique est que les sinus de tous les angles d'incidence, quels qu'ils soient, plus ou moins obliques, ont tous chacun à leur sinus de réfraction le même rapport. Si, par exemple, un rayon part de tel point qu'on voudra, au-dessus ou au-dessous du point A, et passe par le point C, comme, par exemple le rayon *OC*, il passera par le point R. Et le sinus OP de l'angle d'incidence sera au sinus QR de l'angle de réfraction, comme 3 à 2, comme AH à GF. Il en est de même de tout autre rayon qui rencontre la surface au point C.

Ainsi, quand on a connu par une expérience exacte la quantité de la réfraction d'un rayon quelconque qui passe d'un milieu dans un autre, on peut déterminer géométriquement les angles que tous les autres rayons doivent faire avec la ligne qui coupe perpendiculairement la surface qui sépare ces milieux. Mais il suffit, par rapport à mon dessein, de savoir en général que les humeurs de l'œil étant plus denses que l'air, les rayons souffrent dans l'œil une réfraction qui les réunit sur l'axe; que la réfraction d'un rayon qui, de l'air, entre dans l'humeur aqueuse est à peu près comme 4 à 3, dans le cristallin, comme 3 à 2, dans l'humeur vitrée, comme 10 à 7, ou environ.

Différence des réfractions des rayons qui tombent sur un verre convexe

16. Quand plusieurs rayons partent d'un point lumineux ou éclairé, et passent de l'air dans un corps dense, dans un verre par exemple, dont la surface est convexe, celui qui tombe perpendiculai-
318 rement sur cette surface étant également pressé de | tous côtés par l'air qui l'environne en entrant dans le verre, n'y souffre point de réfraction, mais tous les autres en souffrent, et d'autant plus qu'ils entrent dans le verre par un point plus éloigné du point H, de l'axe AH, parce que plus ils tombent obliquement sur la surface, ou sur la tangente qui passerait par le point où ils entrent dans le verre, plus ils sont détournés, puisque les sinus des angles d'incidence que font tous ces rayons avec les perpendiculaires à la surface, ont toujours le même rapport avec les sinus correspondants de leurs angles de réfraction.

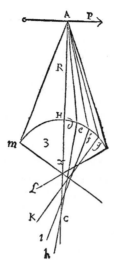

| *Foyer de ces verres*

319

17. Par exemple, si le rayon AH tombe perpendiculairement sur une loupe ou verre convexe, il continuera son chemin en ligne droite, et passera par le centre de sa convexité. Si le rayon le plus proche du rayon AH la coupe en *d*, ce rayon se détournera et ira couper l'axe en C, et ce point C sera ce qu'on appelle le point de concours des rayons proches de l'axe, et le lieu de l'image de l'objet AP. Les autres rayons A*e*, A*f*, A*g*, deviendront *ei*, *fk*, *gl*. De manière que ceux qui seront entrés dans la loupe par les points les plus éloignés du point H en seront les plus près lorsqu'ils couperont l'axe. La ligne qui passe par le point *d*, par exemple, qui est le plus proche de H, coupe l'axe HC au point C, et ce point est plus éloigné de H que le point *x*, ou le point *g* des lignes qui, en entrant dans le verre, sont les plus éloignées de H. Or ces rayons qui n'entrent point dans la loupe assez proche du point H rendent confuse l'image des objets qui se peint au foyer de la loupe, et d'autant plus confuse qu'ils sont plus éloignés du point H, quoiqu'ils rendent cette image plus vive ou plus éclatante. Car, si du point P proche de A de l'objet AP, on tirait une perpendiculaire sur la loupe

entre A et *d*, et de ce même point P, des rayons semblables à ceux que l'on a tirés du point A, le rayon le plus proche de cette nouvelle perpendiculaire, après la réfraction, la couperait proche du point C de l'autre côté de l'axe AHC ; et le point où ce rayon couperait cette nouvelle perpendiculaire serait le point de concours, qui répondrait au point P. Or les rayons tirés du point A, un peu plus éloignés de l'axe, que le rayon A*d* qui le coupe au point C, passeraient aussi par ce même point de concours qui répond au point P, et qui est proche du point C. Ainsi quelques rayons tirés du point A se mêleraient avec ceux du point P, et en troubleraient l'action. Ce que je viens de dire des rayons tirés des points A et P, il faut le concevoir de tous ceux des autres points de l'objet, dont les rayons éloignés de leurs perpendiculaires rendent l'image plus éclatante à la vérité, mais d'autant plus confuse qu'il y en entre davantage. D'un autre côté, si on couvre la loupe, et qu'on n'y laisse qu'une fort petite ouverture ronde, pour exclure de l'entrée les rayons éloignés de l'axe, les petits cônes de lumière qui y passeront, ou

320 l'assemblage de tous les | rayons poussés de chaque point de l'objet, n'aura pas assez de vivacité et d'éclat pour rendre assez sensible l'image qu'ils formeront au foyer de la loupe. De sorte qu'afin que l'image des objets paraisse la plus distincte qu'il se puisse au foyer de la loupe et suffisamment éclairée pour être sensible, il faut que l'ouverture de la loupe ait une proportion déterminée, avec la quantité de la lumière qui éclaire les objets dont partent les rayons, le tout comparé avec la délicatesse de la vue de chaque personne. Car celui qui l'aura la plus délicate, n'ayant pas besoin de tant de lumière, l'image lui paraîtra plus distincte, si l'ouverture de la loupe est plus petite.

Preuve d'expérience que les rayons éloignés de l'axe rendent les images confuses

18. Je n'entreprends point de démontrer géométriquement le détail de tout ceci, de peur de fatiguer ceux qui n'aiment point la géométrie, et par le dégoût que je trouve moi-même à mesurer la longueur des lignes qui forment des triangles. Outre que ceux qui sont géomètres savent bien ce que je pourrais dire après plusieurs autres, ou peuvent s'en instruire dans les livres qui traitent de la dioptrique. Mais ceux qui

veulent s'assurer par l'expérience et d'une manière sensible de ce que je viens de dire, que les rayons éloignés de l'axe HC*, comme A*g*, A*m*, se coupent sur l'axe A, après leur réfraction, plus près de H que les autres, ils n'ont qu'à couvrir entièrement une assez grande loupe de papier, après y avoir fait avec une épingle quatre trous rangés en ligne droite, dont deux soient également et fort éloignés de l'axe, et répondent vers les bords de la loupe, et les deux autres assez proches de l'axe. Car, ayant exposé cette loupe au soleil pour en recevoir la lumière sur un papier mis derrière, ils verront, en reculant peu à peu ce papier de la loupe, que les rayons les plus éloignés s'approcheront plus vite et se croiseront plus tôt que les autres, et plus près du point H.

Autre expérience pour prouver le rapport des ouvertures des loupes avec la quantité de la lumière

19. Pour s'assurer encore par l'expérience qu'afin que les images que peignent à leur foyer les verres convexes, soient bien | distinctes et **321** assez vives, il faut un rapport déterminé de l'ouverture de la loupe, avec la quantité de lumière dont les objets représentés par l'image sont éclairés, il n'y a qu'à prendre ce qu'on appelle un œil artificiel, c'est-à-dire qu'il n'y a qu'à prendre un tuyau noirci en dedans, long par exemple de 3 ou 4 pouces, et au moins d'un pouce de diamètre, poser à un des bouts une loupe, et à l'autre au foyer de la loupe, un papier fort mince, ou un verre plan usé avec du sablon, et rendu mat et blanc. Car, en donnant diverses ouvertures fort différentes à la loupe tournée, afin que l'expérience soit plus sensible, vers des objets éclairés du soleil, on verra qu'une trop grande ouverture rend l'image représentée sur le papier, plus éclatante, mais moins distincte, et qu'à proportion que le temps s'obscurcit, il faut augmenter l'ouverture.

Les images s'éloignent de la loupe quand les objets s'en approchent

20. Si l'objet AP**, dont l'image est en C, où les rayons proches de l'axe le coupent après leur réfraction, s'éloignait de la loupe, l'image

---

*Figure 3.
** Voyez la 3ᵉ figure.

de cet objet avancerait toujours quelque peu vers H. Et si l'objet s'approchait vers la loupe, son image s'éloignerait toujours beaucoup de H. Il y a bien de la différence dans le mouvement de l'image, ou du point de concours des rayons, lorsque l'objet s'approche de la loupe, et lorsqu'il s'en éloigne. Car, en supposant que l'objet s'éloigne et s'approche de la loupe d'un mouvement égal et uniforme, le mouvement de son image vers le point H diminuera toujours, lorsque l'objet s'en éloigne, et ne passera même jamais le point x, si ce point est le foyer de la loupe, c'est-à-dire le point de concours des rayons parallèles à l'axe. Mais, au contraire, lorsque l'objet s'approche de la loupe, le mouvement de son image pour s'en éloigner augmentera toujours à l'infini. De sorte que, s'étant approché jusqu'au point qu'on appelle le foyer négatif de la loupe, c'est-à-dire au foyer pris de l'autre côté de la loupe, le point de concours des rayons proches, semblables au rayon Ad, aura parcouru un espace infini, et ces rayons, après leur réfraction, seront parallèles à l'axe HC. Il suit de là que le lieu de l'image des 322 objets éloignés de | 100 toises n'est pas sensiblement différent de celui de l'image des objets éloignés de 1000 toises, et celui-ci du lieu des images du soleil et des étoiles. Et au contraire il suit de là que le lieu de l'image d'un objet, qui est à deux pieds de la loupe, est fort différent de celui qui n'en est éloigné que d'un demi-pied, et que si la loupe avait un demi-pied de foyer, l'image après avoir parcouru un espace infini, serait dissipée.

Comment on détermine les diverses distances des images, les distances des objets étant données

21. Que si on veut savoir en particulier de combien est éloignée d'une loupe l'image d'un objet qui n'en est distant que d'un demi-pied, et ensuite de combien cette image s'approche de la même loupe lorsqu'on en éloigne l'objet de deux pieds, afin de juger par ce moyen, combien il faut que la rétine s'approche du cristallin pour voir distinctement les objets qui sont à un demi-pied et à deux pieds de distance, il faut savoir cette proposition qu'on démontre dans la dioptrique[*], et que voici : pour avoir le point de l'image qui correspond au point de

---

[*] On en trouvera la démonstration à la fin de ce volume.

l'objet, sur la ligne qui joint ces deux points, il faut faire cette proportion : comme la distance de l'objet d'avec la loupe, moins le demi-
diamètre de la convexité de la loupe, est à la distance entière de l'objet,
de même le demi-diamètre de la convexité de la loupe est à la distance
cherchée de l'image. Ainsi, supposé que les humeurs de l'œil fassent
la même réfraction qu'une petite loupe également convexe des deux
côtés, et dont le demi-diamètre de la convexité, soit de six lignes, et
dont on néglige l'épaisseur du verre, on dira : comme 72 lignes moins
6, ou 66 lignes (qui valent un demi-pied distance de l'objet, moins le
demi-diamètre de la convexité de la loupe, qui est de 6 lignes) est à 72
lignes (distance entière de l'objet), de même 6 lignes est à la distance
de l'image, qui est par conséquent $\frac{72 \times 6}{66}$ ou $\frac{72}{11}$. On fera ensuite cette autre
proportion : comme 288 lignes, moins 6 ou 282, (qui valent 2 pieds,
distance seconde de l'objet, moins le demi-diamètre) est à 288
(distance entière), de même 6 lignes est à la | distance cherchée, qui est **323**
par conséquent $\frac{288 \times 6}{282}$ ou $\frac{288}{47}$ et retranchant de $\frac{72}{11}$ lignes $\frac{288}{47}$, on trouvera que
l'image de l'objet, lorsqu'il est à deux pieds, est plus proche de la
loupe d'un peu plus de $\frac{3}{7}$ de lignes, et qu'ainsi selon la supposition, peu
exacte à la vérité, il faudrait que la rétine fût plus proche du cristallin
de $\frac{3}{7}$ de lignes pour voir distinctement un objet à deux pieds, que pour
le voir à un demi-pied de distance. Et on trouvera par la même
opération que, pour le voir à trois pouces de distance, il faudrait que la
rétine fût plus proche du cristallin d'environ une ligne et un quart.

Mais, si l'on veut s'assurer d'une manière sensible que l'image des
objets s'éloigne de la loupe quand les objets s'en approchent, et
qu'elle s'en approche quand ils s'en éloignent, on se servira de l'œil
artificiel, dont je suppose que le tuyau puisse, en s'allongeant et se
raccourcissant, éloigner ou approcher du verre objectif, le verre mat,
où se peignent les images des objets de dehors ; et le changement de
lieu de ces images sera d'autant plus sensible, que la loupe sera moins
convexe. Mais il suffit qu'elle soit de 3 ou 4 pouces de foyer pour
s'assurer par des expériences sensibles de ce que je viens de dire. Ces
vérités de dioptrique supposées, examinons comment on voit les
objets et les raisons de la construction admirable de l'organe de la vue.

LA RÉTINE EST LA PRINCIPALE PARTIE DE L'ŒIL, CAR C'EST PAR ELLE QUE LA LUMIÈRE TRANSMET SON ACTION JUSQU'AU CERVEAU

C'est sur la rétine que les objets se doivent peindre, et deux objections

22. Il est clair par la construction de l'œil, et par les propriétés de la lumière, qu'on ne voit distinctement les objets que lorsque leurs images sont distinctes, c'est-à-dire que lorsque les divers rayons qui partent de chaque point des objets se rassemblent exactement dans le **324** fond de l'œil. Mais le fond de l'œil | étant tapissé par la choroïde, aussi bien que par la rétine, il y a des personnes qui croient que c'est plutôt sur la choroïde que sur la rétine que les rayons doivent se réunir, et que c'est sur elle ou par elle que se fait la vision. Ils apportent deux preuves principales de leur opinion.

La première preuve est fondée sur cette expérience. Si l'on attache sur un fond noir ou obscur deux petits morceaux de papier blanc à la même hauteur, à trois ou quatre pieds de distance l'un de l'autre, et que s'en étant reculé environ à trois fois autant de distance qu'il y en a entre ces deux papiers, on ferme un œil, le gauche, par exemple, et qu'on regarde fixement le papier qui est à gauche avec l'œil droit, alors le papier qui est à droite, disparaîtra. Or la raison pourquoi le papier qui est à droite disparaît, qui paraîtrait, si demeurant dans la même situation, on le mettait ailleurs, c'est que son image tombe précisément sur le trou de la choroïde, par où le nerf optique s'insinue dans l'œil, pour y former la rétine. Ainsi, disent-ils, les rayons qui forment cette image qui disparaît, ne rencontrant point la choroïde et rencontrant la rétine, c'est la choroïde qui sert à la vision et non la rétine.

La seconde preuve est que les corps noirs reçoivent les rayons, et que les blancs les réfléchissent. Or la choroïde est noire, et la rétine et blanche ; donc.

Réponse à la première objection

23. Je réponds à la première preuve que l'expérience est vraie, et que l'image du papier qui disparaît tombe précisément sur le trou où la choroïde donne passage au nerf optique. Car certainement les anato-

mistes qui placent l'entrée du nerf optique, directement opposée au trou de la prunelle, se trompent ; cette entrée est quelque peu plus proche du coin interne de l'œil. Mais, comme en cet endroit les filets du nerf optique s'épanouissent et s'évasent de tous côtés pour s'étendre sur la choroïde, ils s'y arrangent comme un petit entonnoir recourbé, de sorte que les rayons de l'image tombant obliquement sur ces filets, ils ne peuvent leur communiquer les secousses ou les vibrations nécessaires pour en exciter la sensation. Car, pour voir un objet distinctement, il faut que les rayons principaux de chaque point de cet objet | tombent perpendiculairement sur la rétine, afin qu'ils lui communi- **325** quent fortement leurs vibrations de pression, et aux esprits contenus dans les petits filets ou canaux dont elle est composée, de sorte que leur mouvement se puisse communiquer jusqu'à la principale partie du cerveau. Sans cette dernière communication il n'arriverait point dans l'âme de sensation, parce que ce n'est pas l'œil mais l'âme qui voit, puisqu'on devient aveugle dès que quelque humeur bouche le nerf optique, quoiqu'il n'y ait rien de gâté dans l'œil, comme il arrive dans la goutte sereine.

J'ai supposé que les petits filets de la rétine étaient creux, remplis d'esprits animaux, et continus depuis le fond de l'œil jusqu'à la principale partie du cerveau, c'est-à-dire jusqu'à celle dont les divers changements sont suivis des diverses sensations de l'âme. J'ai fait, dis-je, cette supposition, parce qu'elle me paraît la plus commode pour faire comprendre comment les vibrations de la lumière sur les filets de la rétine se communiquent jusqu'au cerveau. Car il est certain que, si on pressait avec le doigt par secousses un tuyau exactement plein d'eau par un bout, il le serait de même à l'autre bout, et que le doigt serait repoussé. Mais, si l'on appuyait le doigt sur un corps mou et allongé comme un boyau, quand le doigt aurait fait son trou, il ne serait pas repoussé, et le mouvement du doigt ne se communiquerait point d'un bout à l'autre.

Réponse à la seconde

24. Je réponds donc à la seconde objection, premièrement, que c'est justement à cause que la choroïde est noire et qu'elle amortit les

vibrations de la lumière, qu'elle ne peut l'y transmettre jusqu'au cerveau, et au contraire que, la rétine étant blanche, et repoussant les rayons qui l'ont pressée, il se fait la même vibration dans les esprits contenus dans ses filets, que celle qui se fait dans les rayons de la lumière, comme dans l'exemple que je viens d'apporter d'un boyau rempli d'eau.

Je réponds, en second lieu, que la choroïde ne tirant sa naissance que de la pie-mère, qui ne pénètre point dans le cerveau, comme les filets du nerf optique, il n'y a nulle apparence qu'elle pût transmettre à la partie principale du cerveau les vibrations des rayons, quand même 326 elle ne les amortirait pas. Il est donc | certain que c'est la rétine qui reçoit et qui transmet jusqu'au cerveau l'action des rayons de la lumière réfléchie des objets, et que la choroïde n'est noire que pour recevoir et amortir quelques rayons inutiles, qui, ayant pénétré la rétine, troubleraient ses vibrations s'ils étaient réfléchis et retombaient sur elle. Car il est évident que le dessous de l'iris et les ligaments ciliaires ne sont noirs que pour amortir les rayons qui réfléchissent de la rétine, et qui troubleraient la vision s'ils y retombaient confusément.

Cette vérité supposée, tâchons de découvrir en partie la sagesse infinie du Créateur, dans les moyens qu'il a pris pour exécuter la fin qu'il s'est proposée en donnant des yeux à l'homme, et en agissant en lui sans cesse d'une manière uniforme et constante, c'est-à-dire en conséquence des lois générales qui font l'ordre de la nature.

De la sagesse de Dieu dans la construction des yeux

Dieu seul peut nous donner les perceptions des objets

25. Il est certain que ce n'est point l'âme qui cause en elle-même toutes les perceptions qu'elle a des objets qui l'environnent, dès qu'elle ouvre et tourne les yeux au milieu d'une campagne. Car, outre qu'elle les voit alors sans le vouloir, elle n'a pas la moindre connaissance de la construction de ses yeux et de son cerveau, ni de rien de ce qui s'y passe. Il est encore certain que ce ne sont point les corps qui nous environnent, ni même notre cerveau qui agit dans notre âme. Car,

outre que la matière, substance même purement passive, ne peut agir sur l'esprit, et qu'il n'y a nul rapport nécessaire entre quelques ébranlements des fibres du cerveau, produits par la lumière réfléchie des objets, et les perceptions que nous en avons, les mêmes ébranlements sont suivis de perceptions différentes, et les différents ébranlements sont accompagnés des mêmes perceptions, comme on le verra dans la suite. Et tout cela est réglé par des raisonnements qui dépendent d'une si grande connaissance de l'optique, et de tout ce qui se passe dans le corps, qu'il n'y a | point d'intelligence qui les puisse faire 327 dans l'instant même qu'on ouvre ou qu'on tourne les yeux. De sorte que quelque puissance qu'ait sur l'âme pour la modifier, je ne dis pas le cerveau, mais une intelligence même, elle ne pourrait lui donner toutes les perceptions qu'elle a dans l'instant que ses yeux sont ouverts au milieu d'une campagne. En un mot, je suppose que c'est Dieu qui nous donne nos sensations. Mais, comme Dieu doit toujours agir en Dieu, et que ses attributs demandent qu'il agisse ordinairement d'une manière uniforme, et par des lois générales, sans quoi même il n'y aurait point d'ordre réglé dans la nature ni de certitude dans la physique, il a établi la loi générale de l'union de l'âme et du corps. Cette loi ou cette volonté générale et efficace du Créateur est, en général, que les changements qui arrivent dans une certaine partie du cerveau soient accompagnés des sensations de l'âme, et que certains désirs de l'âme soient suivis du cours des esprits qui remuent certaines parties de son corps.

Règle générale que Dieu suit pour cela

26. Mais, pour ne parler que de ce qui regarde la vue, Dieu par cette loi générale nous donne précisément toutes les perceptions des objets que nous nous donnerions à nous-mêmes, si nous avions une connaissance exacte, non seulement de ce qui se passe dans notre cerveau et dans nos yeux, mais encore de la situation et du mouvement de notre corps, si nous savions outre cela parfaitement l'optique et la géométrie, et que nous pussions sur ces connaissances actuelles, et non sur d'autres que nous aurions tirées d'ailleurs, faire en un instant une infinité de raisonnements exacts, et agir en nous-même dans le même

instant, en conséquence de ces raisonnements, et nous donner toutes les différentes perceptions, soit distinctes, soit confuses, que nous avons des objets que nous voyons d'un coup d'œil, perceptions de leur grandeur, de leur figure, de leur distance, de leur mouvement, ou de leur repos, et de toutes leurs diverses couleurs.

Nos connaissances particulières n'ont nul rapport à sa règle et n'y changent rien

27. Il faut remarquer que j'ai exclu dans la supposition précédente, **328** les connaissances que nous aurions tirées d'ailleurs, de ce | qui se passe actuellement dans nos yeux, parce que, en effet, de telles connaissances n'influent point dans nos sensations, si elles ne changent rien dans notre cerveau. Par exemple, quoique je sache certainement que le soleil est plusieurs millions de fois plus grand que la lune, cependant je le vois à peu près de même grandeur, parce que son image sur la rétine est égale à celle de la lune, et que d'ailleurs il ne se passe rien dans mes yeux qui me puisse servir à découvrir la différence de leurs distances. Mais, quoique l'image qui est sur ma rétine d'un enfant que je vois à dix pieds de moi soit égale à celle que j'ai d'un géant, éloigné de trente, cependant je vois le géant trois fois plus grand que l'enfant, parce qu'il se passe dans mes yeux quelque chose dont je puis me servir pour découvrir la différence de leur distance, comme est l'image des corps qui sont interposés entre moi et ces deux personnes, ou la diverse disposition de mes yeux lorsque je les fixe sur l'un et sur l'autre pour les voir distinctement, ou quelqu'un des autres moyens qui peuvent servir à découvrir la distance des objets, dont j'ai parlé dans le chapitre neuvième du premier livre. Ainsi, sachant la distance qui est entre l'enfant et le géant, et ayant outre cela, selon la supposition, une connaissance parfaite de l'optique, qui m'apprend que les images des objets sur la rétine doivent diminuer à proportion de leur éloignement, je me donne une perception du géant triple en hauteur de celle de l'enfant. La raison de tout ceci est que, les yeux étant faits pour voir, il faut trouver dans les changements qui leur arrivent, et par eux à la principale partie du cerveau, et non ailleurs, la cause occasionnelle qui détermine l'efficace de la volonté générale du Créateur à agir dans

notre âme, et à nous faire voir les objets qui nous environnent. Examinons maintenant comment Dieu a disposé l'œil, pour avertir l'âme, qui saurait et pourrait tout ce que je viens de dire, afin qu'elle pût s'assurer de la présence et des diverses qualités des objets, par rapport aux besoins du corps et à la conservation de la vie.

Raison pourquoi l'œil est rempli d'humeurs

28. Si à la place de la loupe de l'œil artificiel, on y mettait un corps opaque, percé d'un petit trou, et qu'on le tournât vers des objets éclairés du soleil, on les verrait peints sur le verre | mat, soit qu'on **329** l'approchât ou le reculât de la petite ouverture. Mais, si l'on dirigeait cet œil vers des objets peu éclairés, on ne les verrait point. Ainsi, supposé que les objets fussent en tout temps également et très fortement éclairés, aussi éclatants, de quelque couleur qu'ils fussent, que paraissent les corps blancs exposés au soleil, toute cette variété des humeurs qui remplissent le globe de l'œil serait inutile, si le trou de la prunelle n'était pas plus grand que la pointe d'une aiguille, et l'on aurait même cet avantage qu'on pourrait voir les objets de fort près. Mais, comme il est nécessaire que nous puissions apercevoir des objets dix mille fois moins éclairés que ceux que nous pourrions voir, si le trou de la prunelle était si petit, Dieu a rempli le globe de l'œil de diverses humeurs, tellement situées, que mille rayons, semblables à celui qui passerait par le petit trou, viennent se réunir en un point sur la rétine ; et par conséquent ils l'ébranlent autant ou environ que si l'objet était mille fois plus éclairé. Car tous les rayons qui partent du point G* se détournent vers l'axe GBE, en entrant dans l'humeur aqueuse, et de là dans le cristallin, et encore en sortant du cristallin pour entrer dans l'humeur vitrée, et se réunissent au point E, et ils y causent les mêmes vibrations de pression que celles qui sont au point G. De sorte que la même couleur qu'on voit au point G, se voit sur l'image de l'objet au point E, comme on le peut voir dans un œil artificiel. Ainsi tous les rayons qui, partant du point G passent par le trou de la prunelle, et se réunissent sur la rétine au point E, font comme deux cônes de lumière dont les sommets sont dans le même axe GE. Ce que je dis des rayons

---

* Voyez la 1ʳᵉ figure.

qui partent du point G, il faut le concevoir non seulement des points H et I, mais encore de tous les points de l'objet.

Raison de la mobilité de l'iris et de la fluidité de l'humeur aqueuse

29. Mais, lorsque le trou de la prunelle est trop grand, les rayons éloignés de l'axe GE, qui, lorsqu'on est dans un lieu fort obscur, peuvent être utiles pour distinguer, quoique confusément, les objets, **330** rendent leur image confuse, lorsqu'ils sont fort éclairés, | ainsi que je l'ai prouvé*. De sorte qu'il est nécessaire pour la perfection de l'organe de la vue, que le trou de la prunelle diminue ou augmente à proportion que les objets sont plus ou moins éclairés, et même à proportion du désir qu'on a, en les regardant de près, d'en distinguer les parties. Car, lorsqu'ils sont fort éclairés, plus le trou de la prunelle est petit, plus l'image qui s'en peint sur la rétine est distincte. Cela était aussi nécessaire pour conserver la vue. Car, si l'ouverture de la prunelle demeurait trop grande, lorsqu'on est obligé de regarder des objets trop éclatants, les rayons de ces objets réunis sur la rétine en dissiperaient bientôt les fibres délicates, comme on voit que les rayons du soleil réunis par une loupe brûlent ce que l'on expose à leur foyer, ou du moins ils diminueraient la délicatesse des fibres de la rétine, de manière qu'on ne verrait plus rien dans un lieu obscur ou peu éclairé. Or ce changement d'ouverture de la prunelle dans les circonstances que je viens de dire se remarque aisément, surtout dans les enfants. Ainsi Dieu a mis dans cette peau délicate de l'iris des ressorts tellement dépendants de l'action de la lumière sur le nerf optique, et de celle qui suit de l'intention qu'on a de voir distinctement les petites parties d'un objet proche de nous, qu'ils agissent en même temps en conformité, mais qu'ils agissent de manière que cette petite peau conserve toujours dans les yeux de l'homme une exacte rondeur dans ses diverses ouvertures. Et, parce que cette peau de l'iris est trop délicate pour se faire un passage dans une humeur semblable à la vitrée et à la cristalline, Dieu la fait nager dans une humeur aussi fluide que l'eau, qui se sépare aisément, et qui se rejoint fort promptement.

---

* Ci-dessus, nombre 17.

Raisons de la convexité particulière de la cornée et de la différente
nature et disposition des trois humeurs

30. Comme il est nécessaire que l'œil par rapport à ses usages soit fort mobile, et se puisse aisément tourner de tous côtés, Dieu lui a donné une figure ronde. Mais, supposé qu'il fût partout d'une égale convexité, ou que la convexité de la cornée ne fût guère différente de celle de la peau dure, si dans cette supposition | le globe de l'œil n'était **331** rempli que d'une seule humeur, fût-elle aussi dense ou d'une aussi grande réfraction que le verre, les rayons qui partent des objets n'y souffrant qu'une réfraction, ne se réuniraient point sur la rétine, mais bien loin au-delà. Outre que, quand même ils pourraient s'y réunir, lorsqu'ils viendraient des objets éloignés, ils ne le pourraient pas s'ils partaient d'un objet proche de nous. Ainsi Dieu, pour hâter la réunion des rayons, et placer l'image des objets précisément sur la rétine, 1) il a donné à la cornée sous laquelle est l'humeur aqueuse une plus grande convexité qu'au reste du globe de l'œil, parce que les loupes les plus convexes réunissent plutôt que les autres les rayons qui les traversent. 2) Il a placé sous l'humeur aqueuse le cristallin qu'il a formé d'une matière plus dense, et dont la réfraction est plus grande que celle des autres humeurs, et de plus il lui a donné beaucoup plus de convexité, surtout en dessous où il touche l'humeur vitrée. 3) Pour éloigner beaucoup de la rétine le cristallin, et donner l'espace nécessaire aux rayons qui en sortent convergents, de se réunir exactement sur la rétine, il a mis entre elle et le cristallin l'humeur vitrée qui est plus abondante, et tient plus de place que les deux autres ensemble. Ainsi les rayons qui partent de chaque point visible d'un objet souffrent pour se réunir exactement en autant de points sur la rétine trois réfractions, qui toutes les rapprochent vers l'axe BE. La première en entrant dans l'humeur aqueuse, car celle qu'ils souffrent sur la cornée en entrant et en sortant ne doit point être comptée; la seconde en entrant dans le cristallin; et la troisième en sortant du cristallin, et cette dernière me paraît devoir être encore assez grande, à cause de la grande convexité du cristallin du côté que touche l'humeur vitrée.

Raisons de la disposition des muscles et principalement des obliques

31. Mais, comme il est nécessaire, pour la perfection de la vue, que nous puissions voir les objets proches et ceux qui sont éloignés, et qu'il n'est pas possible que les rayons qui partent d'un objet en différentes distances, se rassemblent exactement sur la rétine, ainsi que je l'ai prouvé*, Dieu a placé le cristallin, dont | la réfraction est la plus grande entre les autres humeurs, et suspendu de manière par les ligaments ciliaires qu'il peut s'éloigner quelque peu de la rétine, lorsque les objets sont trop proches pour être vus distinctement. Et voici comme il me paraît que cela s'exécute.

Lorsque le cristallin est dans la distance ordinaire de la rétine, et propre pour voir les objets à une distance médiocre, et que l'envie prend de regarder de fort près quelque objet très petit, une mouche par exemple, pour en distinguer les parties, alors les quatre muscles droits également tendus tiennent le globe de l'œil dans une situation fixe, et les deux obliques qui l'environnent étant aussi tendus, ils le compriment. Car il faut se souvenir qu'ils sont attachés tous deux l'un auprès de l'autre au globe de l'œil d'un côté, et de l'autre à l'os vers le coin interne de l'œil. Il est vrai que l'oblique supérieur est attaché à l'os bien loin du coin interne ; mais, la poulie de retour par laquelle il passe étant attachée par un ligament membraneux au coin interne de l'œil, on peut regarder ce muscle comme y étant attaché. Ces deux muscles obliques par leurs tensions contraires, comprimant donc le globe de l'œil qu'ils environnent, ils pressent quelque peu l'humeur vitrée, laquelle pousse en avant le cristallin, et peut-être même la rétine en arrière. Quand le cristallin avance, les ligaments ciliaires qui tendaient vers lui en ligne droite se courbent quelque peu du côté de l'humeur vitrée pour deux raisons. La première, parce que le cristallin s'avançant, il s'approche d'une circonférence du globe de l'œil plus étroite, ce qui relâche les ligaments ciliaires ; la seconde, parce que, le cristallin pressant l'humeur aqueuse, elle presse elle-même de tous côtés pour se faire place, et son action retombe sur ce qui lui résiste le moins,

* Nombre 20.

c'est-à-dire sur les ligaments ciliaires relâchés, ainsi elle les courbe tout à l'entour du cristallin, et elle se loge dans l'espace que lui laisse leur courbure. Il y a aussi bien de l'apparence que la cornée prête quelque peu par la compression de l'humeur aqueuse. La distance du cristallin à la rétine est donc suffisamment augmentée pour voir distinctement un objet fort près durant tout le temps que les muscles compriment fortement le globe de l'œil. Mais, dès qu'ils cessent de le comprimer, il reprend nécessairement sa sphéricité, et par conséquent toutes les humeurs leur situation ordinaire. | Voilà, je crois, le change- **333** ment qui arrive aux yeux lorsqu'on force sa vue, et qu'on veut voir de fort près de petits objets.

Le cristallin ne change point de figure dans la vision des objets proches et éloignés

32. Il est vrai que, si le cristallin pouvait changer de figure par la contraction et le relâchement des ligaments ciliaires, s'il pouvait augmenter sa convexité lorsque les objets s'approchent, et la diminuer à proportion qu'ils s'éloignent, ce serait un autre moyen de faire tomber l'image des objets précisément sur la rétine. Mais ce second moyen ne me paraît pas praticable, parce que le cristallin est assez dur et gluant, et n'a nulle fluidité. De sorte qu'il ne peut pas changer à tout moment de figure. Ainsi il n'est pas possible qu'il augmente sa convexité par le relâchement des ligaments ciliaires, et qu'il la diminue par leur contraction. Ces ligaments ne servent qu'à le tenir en telle situation entre les autres humeurs, que l'axe des deux convexités dont il est composé passe toujours par le milieu de la prunelle. Or, comme il est nécessaire, afin que les images des objets proches ou éloignés tombent précisément sur la rétine, ou que le cristallin change de convexité en demeurant dans la même place, ou qu'il change de place, qu'il s'approche ou qu'il s'éloigne de la rétine, sa convexité demeurant la même, il s'ensuit que le premier moyen que j'ai expliqué est le véritable, et celui qui se pratique. En effet, lorsqu'on force sa vue pour voir de fort près un petit objet, on sent l'effort des muscles qui compriment les yeux, et qui fait même de la peine à ceux-là principalement qui n'ont point pris l'habitude de regarder de près de petits objets. Il

me paraît même certain que la poulie de retour n'a été faite et placée où elle est, que pour soulager le muscle dans la compression exacte ou toujours égale qu'il est nécessaire qu'il soutienne, afin qu'on puisse voir distinctement un objet très proche pendant longtemps, ce qui est nécessaire pour la plus grande perfection de la vue.

Du principal usage de la poulie de retour

33. Pour bien comprendre ceci, il faut savoir : 1) que la quantité des
334 rayons qui entrent dans l'œil augmente en raison réciproque | des carrés de ses diverses distances, et que, si un objet est par exemple à deux pouces de l'œil, il y entre neuf fois plus de rayons que s'il en était éloigné de six ; 2) que, comme il ne faut qu'une quantité déterminée de rayons pour ébranler suffisamment la rétine et faire voir les objets, l'ouverture de la prunelle pourrait diminuer à proportion que les rayons augmentent ; 3) que, plus l'ouverture est petite, plus l'image de l'objet est distincte, parce qu'il entre dans l'œil moins de ces rayons éloignés de l'axe qui la rendent confuse. D'où il faut conclure que, pour bien distinguer les petites parties des objets, il faut les regarder de près le plus que cela est possible. Mais on ne peut les voir de fort près qu'en forçant sa vue, et qu'en éloignant le cristallin de la rétine par la compression du globe de l'œil. Or son enveloppe étant dure et faisant ressort, elle résiste sans cesse au muscle qui la comprime, et, pour peu que ce muscle ne fût pas également tendu dans l'endroit où il est attaché à cette enveloppe, il arriverait aussitôt de l'inégalité dans la distance qui est entre le cristallin et la rétine, et par conséquent aussi dans la netteté de l'image et dans la perception de l'objet. Comment faire donc pour rendre la vision aussi parfaite qu'elle le doit être par rapport à nos besoins ? Le voici. Comme il est difficile qu'un muscle fort tendu conserve longtemps précisément une égale tension, Dieu, pour soulager le muscle qui comprime l'œil, et rendre insensibles les petites inégalités de sa tension, il le fait passer par ce cartilage qu'on appelle la poulie, afin que le frottement du muscle contre le cartilage résiste en partie à l'action du ressort de l'enveloppe de l'œil. Par exemple, si j'avais un corps fort pesant attaché au bout d'une corde, et que je voulusse le tenir longtemps élevé de terre, et toujours précisé-

ment à la même hauteur par une tension toujours égale des muscles de
mon bras, certainement je me lasserais bientôt, et je ne réussirais pas à
le tenir précisément à la même hauteur. Mais j'y réussirais aisément, et
je me lasserais beaucoup moins, si je faisais passer la corde par un
anneau attaché ferme à quelque endroit, et si je tirais ensuite la corde
de haut en bas, car son frottement contre l'anneau me soulagerait, et
m'aiderait à tenir en arrêt ce corps pesant et toujours à la même
hauteur. Il me paraît donc certain que le principal usage de la poulie est
de soulager le muscle oblique supérieur dans son action contre le
ressort de la peau dure de l'œil qu'il comprime, et qu'il doit toujours
également | comprimer, afin qu'on puisse voir les objets proches **335**
également bien et sans interruption.

Au reste il me paraît certain que le principal usage des muscles
obliques n'est point de faire tourner l'œil de la manière dont on voit
qu'il tourne, car le globe de l'œil ne tourne point du tout sur son axe
propre. Si cela était, les muscles obliques pourraient seuls le faire
tourner : mais cela n'est pas, et n'est pas possible, et serait même
inutile. Or ce tournoiement des yeux tel qu'on le voit, se peut faire
aisément par l'action successive des muscles droits. En effet, quand on
tourne les yeux en rond, on sent fort bien que ce tournoiement n'est
point uniforme, tel qu'il serait si c'était l'effet unique des muscles
obliques qui les environnent, mais qu'il se fait par de petites secousses
qui marquent l'action successive des différents muscles.

*Objection contre l'usage que j'attribue aux muscles des obliques
et la réponse*

34. On me dira peut-être que l'enveloppe de l'œil est trop dure
pour obéir à l'effort des muscles de l'œil; mais la réponse est aisée.
Car, lorsqu'elle est trop dure, on ne peut rien voir de près bien distinctement, et c'est ce qui arrive aux vieillards, à qui l'âge a rendu cette
peau trop dure. Mais ces mêmes vieillards, quand ils étaient jeunes,
voyaient également bien et de près et de loin; mais, l'enveloppe de
leurs yeux étant devenue inflexible, les muscles n'y peuvent plus rien
changer. Ainsi il faut que les vieillards aient recours au second moyen,
et que, ne pouvant augmenter la convexité du cristallin, ils se servent,

pour voir de près, de lunettes convexes qui hâtent la réunion des rayons, et la fasse tomber précisément sur la rétine. Au reste, pour peu que l'humeur vitrée soit comprimée, elle doit, à cause qu'elle est abondante, éloigner notablement de la rétine le cristallin, dans la situation où il est, et suspendu en équilibre entre les deux autres humeurs. Quand je dis que la compression de l'humeur vitrée doit éloigner notablement de la rétine le cristallin, je l'entends par rapport au changement très petit de la peau de l'œil. J'entends que cette compression éloigne le cristallin suffisamment, afin que les rayons qui partent d'un objet distant, par exemple, d'un demi-pied, se rassemblent exactement sur la rétine. Or la différence qui est entre la distance

336 où le cristallin | doit être de la rétine, pour y réunir les rayons qui partent des objets infiniment éloignés, des étoiles, par exemple, et la distance nécessaire pour y réunir les rayons, qui partent d'un objet qui n'est éloigné des yeux que d'un demi-pied, est très petite. Elle ne va qu'à six onzièmes de ligne selon la comparaison que j'ai faite* du cristallin avec une loupe de six lignes de foyer. Et elle ne va qu'environ à un cinquième de ligne, si on compare la réfraction des humeurs de l'œil à celle d'une loupe de quatre lignes de foyer. Ainsi, pour peu que les muscles qui compriment l'œil, agissent sur l'humeur vitrée, ils peuvent suffisamment éloigner le cristallin de la rétine, pour faire que les rayons des objets éloignés depuis un demi-pied jusqu'à l'infini, s'y puissent réunir.

Réflexion sur la sagesse infinie de Dieu, qui paraît non seulement dans l'excellence de ses ouvrages, mais beaucoup plus dans la simplicité des voies par lesquelles il les construit

35. Voilà les principales raisons de la composition des yeux, et de la disposition des humeurs transparentes qu'ils renferment. Or, pour peu qu'on y fasse réflexion, on voit évidemment que Dieu les a formés par rapport aux propriétés de la lumière, ou par rapport à l'action de la matière éthérée, dont il est aussi l'auteur et le moteur, afin qu'agissant sans cesse dans le monde d'une manière uniforme et constante par la loi générale des communications des mouvements (car la transmis-

* Nombre 21.

sion des rayons et leurs différentes réfractions en est une suite) et dans nos âmes par la loi générale de leur union avec nos corps, c'est-à-dire en conséquence de ce qui arrive à notre cerveau par nos yeux, nous fussions suffisamment avertis, pour le bien de la société et la conservation de la vie, de la présence et de la différence de tous les objets qui nous environnent. On voit que celui qui a formé les yeux a fait tout le reste, que celui qui a trouvé le secret de transmettre en un instant en ligne droite et de tous côtés, des rayons produits ou réfléchis des objets lumineux ou éclairés, des rayons, dis-je, de différente espèce, et qui se croisent néanmoins sans cesse, sans jamais se confondre, avait en vue de former les yeux tels que, par le moyen de ces rayons, il pût, agissant en nous d'une manière uniforme, comme dans tout ce qui | nous envi- **337** ronne, nous lier avec ses autres ouvrages, et nous en faire admirer l'ordre, les beautés, la grandeur. On voit en un mot que c'est la même sagesse qui a tout réglé, la même puissance qui a tout produit, la même providence qui conserve tout.

36. Mais, si la sagesse de Dieu, qui paraît dans le peu qui nous est connu de la construction des yeux, nous surprend, de quel étonnement ne serions-nous point frappés, si nous pouvions suivre les petits filets du nerf optique jusque dans le cerveau, et voir ce qui se passe dans sa partie principale ? Ces filets d'une délicatesse qu'on imagine avec peine, et très légèrement ébranlés par la lumière réfléchie des objets, ne peuvent pas sans doute produire par eux-mêmes dans notre corps tous les mouvements qu'ils y excitent; mais quels sont les ressorts qu'ils débandent dans le cerveau, ou plutôt comment peuvent-ils déterminer les esprits qui y sont contenus à se répandre dans le corps pour y produire les mouvements différents que demande la différence des objets ? Ce sont ces petits filets ébranlés qui règlent l'épanchement des esprits animaux dans nos membres, car nous sentons bien que cela se fait en nous sans nous; comment donc les font-ils couler dans un membre plutôt que dans un autre, tantôt lentement et fort peu, et tantôt promptement et abondamment, et ordinairement par rapport au bien du corps ?

Lorsqu'une pierre, par exemple, est poussée vers moi en ligne droite, l'image de cette pierre qui est sur ma rétine augmente promptement à proportion de sa vitesse, et elle n'y change point de place ou que très peu. Comment les filets de cette image continués jusqu'au cerveau peuvent-ils pousser ou déterminer les esprits avec assez de promptitude et d'abondance, pour me faire tourner et pencher la tête dans l'instant ? Ce n'est point précisément l'image d'une pierre qui me fait tourner la tête, ce n'est point non plus l'augmentation prompte de son image, si elle change de place dans mes yeux, comme lorsque cette pierre ne vient point directement vers moi. C'est donc l'augmentation prompte de son image, jointe avec l'ébranlement des mêmes fibres de ma rétine, qui me fait machinalement pencher et tourner la tête pour éviter le coup ; mais quels sont les ressorts par lesquels cela s'exécute et une infinité de semblables effets ? C'est ce que les hommes ne comprendront jamais.

37. Si, au lieu de suivre le nerf optique jusqu'à la partie principale **338** | du cerveau, à laquelle ont rapport toutes les parties de notre corps, nous retournons sur nos pas, et que nous tâchions de découvrir quelque chose dans les moyens dont Dieu se sert pour former, nourrir, conserver les parties dont nos yeux sont composés, ne sentirons-nous pas en tout cela les profondeurs de la sagesse du Créateur ? Comment sont construits ces petits vaisseaux qui choisissent entre les diverses parties dont le sang est composé, celles qui sont propres à donner passage à la lumière, pour les répandre ensuite dans les humeurs transparentes ; et ceux qui séparent cette humeur noire propre à en amortir les rayons, et qui vont l'attacher de telle manière aux ligaments ciliaires et au-dessous de l'iris, que les humeurs qui la touchent ne peuvent l'en séparer ni la dissoudre ? Comment ces petits vaisseaux choisissent-ils dans le sang des liqueurs de différentes consistances, de fort fluides pour l'humeur aqueuse, de propres à devenir fermes pour le cristallin, et d'autres enfin d'une consistance médiocre pour l'humeur vitrée ? Comment les distribuent-ils également dans chaque œil, et rendent-ils le cristallin également convexe ? Car, quand il arrive que l'un des deux est plus convexe que l'autre, on voit de cet œil les objets plus petits et de plus près que de l'autre. Comment tout cela s'exécute-t-il, et une infinité de semblables effets ? Certainement l'esprit sent, pour ainsi

dire, l'infini dans l'art immuable du Créateur, mais il n'en peut comprendre que ce qui est à sa portée.

38. Il est vrai qu'il y a peu de personnes, et peut-être n'y en a-t-il point qui n'aient dans les yeux quelque petit défaut ; mais il est très rare d'en trouver qui en aient de considérables, et à qui il manque quelque partie essentielle à la vision. Or, quand on connaît la vraie cause de ces défauts, bien loin que cela diminue la haute idée qu'on doit avoir de la sagesse du Créateur, que l'esprit se trouve par là dans un point de vue, d'où il découvre qu'elle n'a point de bornes. Pour bien comprendre ceci, il faut savoir qu'il n'est pas possible que des corps organisés en mille manières, par rapport à des fins particulières, se construisent par les lois générales de la communication des mouvements, qui dépendent de celle-ci, que tout corps est mû à proportion de la force qui le pousse, et du côté vers lequel elle le pousse, et que tout l'usage qui se peut tirer de ces lois, par rapport aux corps organisés, est de développer et de faire croître les parties dont | sont composés les embryons **339** ou les graines des animaux ou des plantes. Tous ceux qui ont quelque connaissance de l'anatomie et qui ont remarqué le nombre prodigieux des parties d'un animal, les liaisons de ces parties les unes avec les autres, et les divers usages auxquels ils sont destinés, jugeront sans doute que le choc des corps peut bien détruire les corps vivants, mais qu'il n'est pas propre à en construire les divers organes. D'où il est aisé de conclure que Dieu, qui par sa providence ordinaire gouverne les êtres matériels en conséquence des lois du mouvement, a formé dès le commencement du monde dans nos premiers parents tous les hommes qui en devaient naître, qu'il a fait la même chose dans les animaux et dans les plantes, et que par là il leur a donné la fécondité et le pouvoir de produire leurs semblables. Il ne faut pas néanmoins conclure, de ce que je viens de dire, que les hommes d'aujourd'hui eussent au temps d'Adam dans leur petitesse indéfinie la même proportion de leurs membres qu'ils ont maintenant, mais seulement qu'alors ils étaient tels qu'en conséquence des lois du mouvement ils pouvaient croître peu à peu, pendant six mille ans, pour devenir aujourd'hui tels que nous les voyons. Car, si ces petits embryons, ou plutôt ces embryons d'embryons, d'embryons, etc., n'avaient point eu de cristallin, par

exemple, ou de nerf optique, ou cette poulie de retour dont j'ai parlé, ou les premiers rudiments de ces parties toutes destinées à la même fin, il est évident que les lois générales du mouvement n'auraient jamais pu les construire.

39. Il me paraît donc certain que Dieu a formé d'abord par des volontés particulières, l'homme, et toutes les natures différentes d'animaux et de plantes, et en même temps dans chacune d'elles de quoi perpétuer leur espèce ; et en même temps aussi par des volontés particulières (car cela ne se pouvait autrement avant le choc des corps) tellement réglé les premiers mouvements de la matière, qu'en suivant dans la suite des temps cette loi simple et générale, que tout corps soit mû à proportion et du côté qu'il est plus poussé, les petits embryons pussent peu à peu croître et se développer. En effet, nous ne voyons point que Dieu fasse maintenant des animaux et des plantes de nouvelle espèce, et nous voyons tous les jours que les derniers naissent des premiers, car on est aujourd'hui désabusé de cette bizarre pensée que les insectes naissent de la pourriture, insectes où il y a | souvent plus de parties organiques, et où il paraît plus d'art, que dans les gros animaux. Maintenant Dieu se repose, comme nous l'apprend l'Écriture [1], non qu'il cesse d'agir, car la même Écriture nous apprend qu'il agit sans cesse, mais c'est qu'il ne fait plus que suivre les lois générales qu'il a établies. Or c'est une suite des lois des mouvements, lois selon lesquelles Dieu, dans sa providence ordinaire, agit et doit agir sur la matière, que les petits embryons qui ne peuvent être que matériels, croissent et se développent depuis six mille ans, et par conséquent c'est une suite de ces lois, que tel ait la vue courte, ou le cristallin trop convexe pour voir les objets éloignés. Laissant donc à part tous ceux qui ont bonne vue, pourquoi celui-ci a-t-il le cristallin trop convexe ? c'est que Dieu n'a pas formé ses yeux tels qu'ils sont aujourd'hui par une volonté particulière. C'est qu'il y a six mille ans qu'ils sont faits, et qu'il les a emmenés peu à peu à l'état où ils sont par l'efficace d'une loi ou d'une volonté générale, si simple qu'elle paraît plus propre à détruire, qu'à former un organe aussi merveilleux qu'est celui de la vue. Car en effet c'est par cette loi générale que nos yeux et nos corps

1. Gn 2, 2.

mêmes se détruisent, comme c'est aussi par elle qu'ils croissent et se développent, après néanmoins que Dieu les a créés et préparés à recevoir par elle leur accroissement. Mais, si Dieu avait formé les yeux de cet homme par une volonté particulière, afin qu'il vît bien de loin, certainement il serait sans ce défaut, il serait parfait, comme tout ce que Dieu créa au commencement du monde; car alors tous ses ouvrages étaient dans la dernière perfection, ainsi que nous l'apprend l'Écriture, aussi bien que la raison. *Viditque Deus cuncta quae fecerat et erant valde bona**.

40. La connaissance de la cause du défaut dont je viens de parler élève donc l'esprit et le place, pour ainsi dire, dans un point de vue d'où la sagesse du Créateur paraît si éclatante et si profonde qu'elle éblouit et qu'on s'y perd. Car enfin il n'est pas possible d'imaginer la petitesse effroyable des parties primitives de nos yeux au temps de leur création, encore moins leur configuration et leur arrangement, encore beaucoup moins comment s'est fait leur accroissement et leur développement dans la suite des années par l'efficace de cette loi si simple, que tout corps est mû à proportion et du côté vers lequel il est plus poussé. | Le cristallin de tel homme est devenu un peu trop 341 convexe; c'est un défaut, j'en conviens. Mais les lois générales dans différentes circonstances ne peuvent pas produire les mêmes effets. Ces lois sont établies le plus sagement qui se puisse, lorsque leur fécondité répond à leur simplicité, c'est-à-dire lorsque le rapport de leur simplicité avec l'excellence de l'ouvrage qu'elles exécutent exprime, le plus parfaitement qu'il se puisse, les attributs du Créateur. Car Dieu ne veut pas seulement s'honorer par l'excellence de son ouvrage, mais aussi par la sagesse de ses voies. S'il n'avait en vue que l'excellence de l'ouvrage, auquel se déterminerait-il pour s'honorer parfaitement, lui qui en peut faire de plus parfaits les uns que les autres à l'infini? Mais il agit le plus sagement qu'il se puisse, ou de la manière la plus digne de ses attributs, dans l'ordre desquels il trouvait sa loi et tous ses motifs, attributs qu'il ne peut démentir ni négliger, car il les aime invinciblement, puisque sa volonté n'est que l'amour qu'il

* Gn 1 [31]. [« Dieu vit toutes les choses qu'il avait faites, et elles étaient très bonnes » (Bible de Sacy)].

leur porte ; il agit, dis-je, le mieux qui se puisse, lorsque, de tous les ouvrages possibles, il se détermine à faire, non le plus parfait dans toutes ses parties, mais celui qui, joint avec les voies par lesquelles il a été produit exprime le plus parfaitement ses attributs. Ainsi, quoiqu'il se trouve quelques défauts dans les yeux de quelques particuliers, Dieu seul en est l'auteur. Et, pour en rendre raison, recourir à une nature aveugle, à des formes plastiques, à l'âme de la mère ou à celle de ceux qui ont ces défauts, par respect pour le Créateur, l'intention est bonne, mais c'est se former des chimères. Il vaudrait mieux croire, ou que ces défauts des particuliers contribuent à la perfection de tout l'ouvrage, ou que Dieu s'en sert toujours pour le bien de ceux mêmes qui les ont.

41. Lorsque nous consultons fort attentivement l'idée de l'Être infiniment parfait, nous voyons bien que sa conduite, aussi bien que son essence, doit être infiniment différente de la nôtre. Mais, lorsque ces moments d'une sérieuse attention sont passés, nous le faisons et penser et agir comme nous sentons que nous penserions et que nous agirions nous-mêmes, car l'idée de la divinité ne se faisant pas sentir, elle s'éclipse ou s'obscurcit aisément ; mais l'âme est toujours présente à elle-même, elle se sent toujours. Voilà pourquoi elle est portée à humaniser toutes choses et la divinité même. Voilà pourquoi les uns s'imaginent que Dieu | fait tout par des volontés particulières ; les autres, qu'il se décharge du soin du gouvernement du monde, ou sur les anges, ou sur des êtres imaginaires. Ceux-ci veulent que Dieu ait donné d'abord à chaque créature une puissance réelle, et outre cela à quelques-unes des connaissances, qu'ils nomment connaissances d'instinct, pour les rabaisser, et qui néanmoins sont souvent telles que personne ne peut parvenir à en avoir de semblables, et que, cela fait, Dieu demeure en repos et ne se mêle plus de rien. Et ceux-là plus religieux, mais à peu près dans les mêmes sentiments, soutiennent avec raison que Dieu agit sans cesse, mais que toute son action dans la providence ordinaire n'est que le concours simultané sans lequel les causes secondes ne peuvent rien faire. Je ne dis ceci qu'afin qu'on se mette bien dans l'esprit que, pour ne pas rendre humaine la providence divine, erreur capitale, et la source d'une infinité d'autres très dangereuses, il faut consulter, avec toute l'attention dont on est capable,

l'idée de l'Être infiniment parfait, et lui attribuer celle qui porte le plus le caractère d'une sagesse infinie, et que par là chacun puisse se répondre à soi-même sur les difficultés qui peuvent naître contre mes sentiments du penchant qu'on a naturellement à humaniser toutes choses.

42. J'avoue que l'imagination est effrayée de la petitesse indéfinie où devaient être au temps d'Adam, non seulement nos corps, mais les parties organiques de nos corps, dont il y en a même aujourd'hui, qu'elles sont entièrement développées, de si petites qu'elles échappent à la vue. Et comme il y a des graines et des insectes qu'on ne peut voir qu'avec de bons microscopes, l'imagination se révolte encore davantage, et la raison même s'étonne quand on prend la plume et qu'on calcule ce qu'ils étaient il y a six mille ans, ou comment ils contiennent ceux qui naîtront d'eux jusques à la fin des siècles. Mais la raison se rassure lorsqu'on est convaincu par la géométrie d'un côté que la matière est divisible à l'infini, et de l'autre par la foi, et par la raison même, que la sagesse de Dieu n'a point de bornes. En effet, je suis persuadé que Dieu, qui pouvait sans doute créer une infinité de substances de différente nature, puisque son essence étant infinie, elle est participable en une infinité de manières, a choisi, outre les esprits, qu'il a faits pour jouir de lui, la matière, parce qu'il a voulu un sujet divisible à l'infini pour correspondre à sa | sagesse inépuisable, un **343** sujet qui, par son essence, ne pût point mettre de bornes à l'exercice de son art et de sa puissance ; et que, si la matière se réduisait à rien, par la division de ses parties, ou à une partie indivisible, et que par là elle fût capable d'arrêter le cours simple et fécond de la providence, il ne l'aurait jamais tirée du néant. Quoi qu'il en soit, il me paraît évident que l'idée abrégée * que je viens de donner de la conduite de Dieu porte davantage le caractère d'une sagesse infinie que celle qu'on s'en forme ordinairement ; et, si cela est, il est certain qu'elle approche plus de la vérité que les autres, car Dieu agit toujours en Dieu, toujours selon l'ordre immuable de ses attributs, qui sont sa loi et son motif, parce

* On trouvera une explication plus exacte et plus étendue de la providence dans les *Entretiens sur la métaphysique et sur la religion*, Entretiens IX, X, XI, XII et XIII [*OC* XII, 197-332].

qu'il se complaît en eux et qu'il ne peut ni les démentir ni les négliger. J'espère qu'on me pardonnera cet écart où mon sujet m'a conduit.

43. Je crois avoir donné ci-dessus les principales raisons de la composition de l'œil et de la disposition de ses parties, dont la fin est à remarquer, savoir que, Dieu agissant dans notre âme d'une manière qui convient à ses attributs, c'est-à-dire toujours d'une manière uniforme et constante, en conséquence de ce qui arrive dans notre cerveau par nos yeux, nous soyons avertis suffisamment, par rapport à la société et à la conservation de la vie, de la présence et de la différence de tous les objets qui nous environnent. Car c'est Dieu seul qui agit en nous, et qui nous avertit de tout cela; mais, comme il le fait pour nous et à notre place, à cause de notre ignorance et de notre impuissance, il ne le fait que comme nous le ferions de nous-mêmes, si nous pouvions agir en nous, en conséquence de la connaissance que nous aurions de ce qui se passe dans nos yeux et dans notre cerveau à la présence des objets. Supposé donc que notre âme eût toute la science et la puissance, et le reste que j'ai marqué ci-dessus, nombre 26*, voyons comment elle découvrirait ce qui se passe dans les corps qui nous environnent.

J'ouvre les yeux au milieu d'une campagne, et dans l'instant je vois une infinité d'objets les uns plus distinctement que les autres, et tous différents entre eux ou par leurs figures, ou par leurs couleurs, ou 344 dans leurs distances, ou dans leurs mouvements, etc. | Je vois entre autres environ à cent pas de moi un grand cheval blanc, qui court vers la droite le grand galop. Comment puis-je le voir tel, selon la supposition que j'ai faite ? Le voici.

1) Je sais, selon la supposition du nombre 26, que tous les rayons de lumière vont en ligne droite, et que ceux qui sont réfléchis de dessus l'objet inconnu, c'est-à-dire, de dessus le cheval et qui entrent dans mes yeux, se réunissent sur la rétine, et que le rayon principal, celui qui est l'axe commun des deux petits cônes, expliqués ci-dessus**, la secoue le plus fortement. Je dois donc juger que ce rayon tombe sur

* Voyez ce nombre 26.
** Nombre 28.

elle perpendiculairement, et qu'ainsi ce cheval est quelque part dans cette ligne perpendiculaire ; mais je ne sais pas encore sa distance.

2) Je connais qu'il a la tête tournée à droite et qu'il est sur ses pieds, quoique son image soit renversée sur ma rétine. Car, sachant que ma rétine n'est pas plane, mais concave, la géométrie m'apprend que les lignes perpendiculaires sur une surface concave se croisent nécessairement, et qu'elles ne peuvent être parallèles entre elles que lorsqu'elles tombent sur une surface plane, et qu'ainsi je dois juger qu'il est dans une situation contraire à celle de son image.

3) Je sais aussi qu'il est éloigné environ de cent pas, parce que, ayant en même temps sur ma rétine son image, et celle du terrain sur lequel il est, duquel terrain je sais à peu près l'espace jusqu'à lui, je juge donc par là de sa distance, j'en juge aussi par d'autres moyens, qu'il n'est pas nécessaire d'expliquer ici.

4) Je connais que c'est un grand cheval, car, sachant sa distance, la grandeur de son image, et le diamètre de mes yeux, je fais cette proportion : comme le diamètre de mes yeux est à son image, ainsi la distance de ce cheval est à sa grandeur ; et, la comparant avec celle des autres chevaux que j'ai vus, je juge que c'est un des grands chevaux.

5) Je connais qu'il court, parce que son image change de place dans mes yeux ; et qu'il court le grand galop, parce que je connais l'espace que son image parcourt promptement sur ma rétine ; d'où je conclus, en faisant la même proportion que je viens de faire, qu'il parcourt un grand espace en peu de temps.

6) Je vois qu'il est blanc, parce que je sais quelle espèce | d'ébranlement les rayons qu'il réfléchit produisent sur ma rétine ; **345** et que, pouvant agir en moi, je me donne toujours, sans jamais m'y tromper, une telle sensation, lorsqu'il y a un tel ébranlement sur ma rétine, et par elle dans mon cerveau.

7) Enfin, si je penche la tête, ou si je me couche sur l'herbe en regardant ce cheval, son image changera de place sur ma rétine et n'en ébranlera plus précisément les mêmes fibres ; cependant je le verrai toujours de même. Ou, supposé qu'il s'arrête, et que je me mette à courir en le regardant fixement, son image changera de place dans le fond de mes yeux, et cependant je le verrai immobile. C'est que je sais

en même temps que j'ai la tête penchée et quelle est la situation de mes yeux, ou la quantité précise du mouvement que je me donne en courant, et que, raisonnant juste, je découvre que le mouvement n'est que de ma part.

8) Si je m'approche de ce cheval en le regardant, je le verrai de la même grandeur, quoique son image augmente sans cesse sur ma rétine, et que, n'étant plus éloigné de lui que de dix pas, la hauteur de cette image soit dix fois plus grande que lorsque j'en étais éloigné de cent. C'est que l'optique m'apprend que les diverses hauteurs des images d'un objet sont entre elles en raison réciproque des distances de cet objet, et que sachant qu'à chaque pas que je fais, cette raison est toujours la même, je continue de me donner la même sensation.

Voilà une partie des jugements et des raisonnements qu'il faudrait que l'âme fît, selon la supposition que j'ai faite *, pour voir seulement un seul objet; et il serait nécessaire qu'elle en fît de semblables, par rapport à tous les objets qu'elle voit d'un coup d'œil, et qu'elle les fît en un instant, et toujours de nouveaux au moindre mouvement des yeux, et enfin toujours les mêmes sans jamais s'y tromper, lorsque les yeux sont dans la même situation. Ce n'est donc pas nous qui les faisons, c'est Dieu seul qui les fait pour nous. Voilà pourquoi j'ai appelé *naturels* ** ces jugements et ces raisonnements, dans le temps même que, pour parler comme les autres, je les attribuais à l'âme, afin de faire comprendre par ce mot que ce n'était pas proprement elle qui les faisait, mais l'Auteur de la nature, en elle et pour elle. Et il a été nécessaire de parler de ces jugements, parce que sans eux on ne peut

346 | rendre raison de nos diverses sensations, puisqu'elles les supposent et qu'elles en dépendent nécessairement.

On peut tirer bien des conséquences de ce que je viens de dire, qui sont toutes d'une très grande importance.

1) Que Dieu seul peut nous donner les diverses perceptions que nous avons des objets, à chaque mouvement de nos yeux. Cela est trop évident, après ce qu'on vient de lire pour s'arrêter à le prouver. Il suffit de dire que notre âme, et même que nul esprit fini ne peut faire en un

* Nombre 26.
** Chap. VII du Ier livre.

instant une infinité de raisonnements, et que nul Être créé et particulier ne peut être une cause générale, qui agisse à chaque instant,
généralement dans tous les hommes.

2) D'où il suit qu'il n'y a point ici de concours simultané, car un tel
concours suppose une cause efficace, qui est prête à agir, et avec
laquelle Dieu joigne son concours. Or nulle cause, quelque puissance
qu'on lui attribue libéralement, ne peut ici s'en servir, puisque son
usage dépend des raisonnements instantanés, qu'elle n'est pas capable
de faire.

3) Que Dieu agit par des lois ou des volontés générales, toujours de
la même manière dans les mêmes circonstances, et que les causes
occasionnelles qui déterminent ici l'efficace de ces lois à produire
leurs effets, sont les changements qui arrivent au cerveau, par l'entremise des yeux, comparés à ceux qui accompagnent la situation et le
mouvement ordinaire du corps. Et il est nécessaire que Dieu agisse par
des lois générales dans le cours ordinaire de sa providence, non seulement parce que cette manière d'agir porte le caractère de la sagesse et
de l'immutabilité divine, mais encore parce que sans cela il n'y aurait
point d'ordre dans la nature, nul principe de physique, nulle règle
certaine pour se conduire.

4) Que ces lois générales sont réglées selon les vérités immuables
et invariables de la géométrie, autant que cela se peut. Car si, par
exemple, après avoir fermé un œil on regarde un petit objet suspendu à
un fil, à 3 ou 4 pieds de soi, la perception de sa distance n'est pas aussi
exacte qu'elle le serait, si on le regardait les deux yeux ouverts, parce
que quand il n'y a qu'un angle et un côté de donnés ou de connus dans
un triangle, il n'est pas déterminé. *Voyez le chapitre IX du Ier livre, n. 3*,
où cela est expliqué.

| 5) Il suit enfin que nous ne voyons point les corps en eux-mêmes, **347**
et que, s'il s'excitait dans le cerveau, par le cours des esprits animaux
ou autrement, des ébranlements semblables à ceux que nous avons
maintenant les yeux ouverts, quand tous les corps de dehors seraient
anéantis, et par conséquent absolument invisibles en eux-mêmes,
nous ne laisserions pas de voir ce que nous voyons, en conséquence
des lois générales de l'union de l'âme et du corps, et c'est ce qui arrive

dans le sommeil, dans ceux qui ont la fièvre chaude et dans les fous. Mais qu'est-ce donc que nous voyons immédiatement et directement, quel est l'objet immédiat qui agit dans notre âme, et qui la modifie de toutes les perceptions que nous avons des objets ? C'est là sans doute la question la plus importante. J'ai tâché de la résoudre dans le troisième livre de cet ouvrage, où je parle de la nature des idées, et j'espère qu'on la trouvera éclaircie et même démontrée, surtout si l'on joint à ce que j'en ai dit dans cet ouvrage, mes *Réponses à M. Arnauld*, ou seulement celle que j'ai faite à une troisième lettre de ce célèbre auteur, qui est imprimée dans le quatrième volume du recueil de mes *Réponses*[1].

Pour finir utilement cette dernière addition, je prie le lecteur qu'il repasse dans son esprit ce que j'ai dit de l'art admirable qui paraît dans la construction des yeux, du rapport qu'ils ont avec les propriétés de la lumière, de leur liaison avec le cerveau, et par le cerveau à tout le reste du corps, de la simplicité de la loi générale qui les a développés et emmenés peu à peu à l'état où ils sont, et enfin de l'usage, que Dieu en conséquence des lois de l'union de l'âme et du corps en fait, et à chaque instant et dans tous les hommes. Que du sens de la vue il passe à celui de l'ouïe, qui me paraît plus admirable pour sa construction, quoique beaucoup moins nécessaire, par rapport à la vie présente, et de celui-ci à un troisième. Que de l'homme il descende depuis l'éléphant, jusques au moucheron, apparemment plus riche en organes que l'éléphant, et peut-être que l'homme même. L'homme n'a qu'un cristallin dans chaque œil, et le moucheron en a plusieurs milliers, qu'il est facile de distinguer avec le microscope. Que de là on parcoure les plantes encore infiniment plus fécondes que les animaux. Car tout le monde sait qu'un arbre coupé renaît, pour ainsi dire, et que, pour une branche retranchée, il lui en revient plusieurs autres, qui portent toutes et des fleurs et des fruits, dont une seule graine produirait avec le 348 temps | des forêts entières. Si l'on fait sur tout cela des réflexions semblables à celles que j'ai faites sur le développement de nos yeux depuis six mille ans, on augmentera sans doute de beaucoup l'idée

1. *OC* IX, 899-989. Il s'agit d'un texte de 1699 qui intègre les évolutions doctrinales consécutives au tournant de 1693.

qu'on doit avoir de la Sagesse divine*. Mais je crois devoir dire que, quand on aurait parcouru tout l'univers, et découvert tous les merveilleux arrangements de la matière, jusque dans les animaux, dont on en voit une infinité de cent millions de fois plus petits qu'une mouche, on n'aurait encore vu, pour parler comme l'Écriture**, que ce que *la sagesse de Dieu fait en se jouant*, qu'un ouvrage qui doit périr, que l'ombre et la figure du monde futur qui subsistera éternellement, parce que c'est l'objet éternel de la complaisance de Dieu, la fin et le chef-d'œuvre de ses œuvres.

> *Beati qui habitant in domo tua Domine,*
> *in saecula saeculorum laudabunt te* [1].

---

* Voyez les lettres de M. de Puget et de M. Leewenoek [Voir Louis de Puget, *Observations sur la structure des yeux de divers insectes et sur la trompe des papillons, contenues en deux lettres au R. P. Lamy*, Lyon, L. Plaignart, 1706, p. 7 et 12 ; et Anton van Leeuwenhoek, *Arcana naturae detecta*, Delft, Krooneveld, 1695].

** Pr 8 [30-31].

1. Ps 83, 5 : « Heureux ceux qui demeurent dans votre maison, Seigneur ; ils vous loueront dans tous les siècles » (Bible de Sacy).

On a souhaité que je misse ici deux démonstrations que j'avais supposées pour connues, afin que ceux qui ne les savent pas, ni peut-être en quel ouvrage elles se trouvent, les puissent lire. Voici la première :

La force centrifuge des corps est égale au carré de leurs vitesses divisé par le diamètre du cercle, qu'ils décrivent par leur mouvement uniforme.

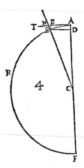

Un corps A, attaché au bout d'un fil AC, fixe en C, tournant à l'entour du point C, fait effort contre le fil, à cause qu'il tend à s'échapper selon la tangente AT. On en convient en physique, et l'on appelle cet effort : *force centrifuge*.

Soit pris dans le cercle ARF un arc comme AE, que je suppose infiniment petit, et par conséquent égal à sa corde, en concevant le cercle comme un polygone d'une infinité de côtés. Et soit imaginé le petit parallélogramme ABED. Dans le temps infiniment petit que le corps A décrit l'arc ou la corde AE, il est poussé par deux forces : l'une, selon la tangente AT ; et l'autre, selon la ligne AC. La ligne AB ou DE exprime sa vitesse, et AD ou BE, la force centrifuge, par laquelle il bande le fil. Car dans ce cas la différence BN de AB, c'est-à-dire l'excès dont la corde AE surpasse AB, ne doit point être considérée, ni celui dont AF surpasse FD, qui est une différence du second genre, puisque ED est supposé un infiniment petit par rapport à FA. Ainsi on peut supposer BE égal et parallèle à AD, et tirer par la propriété du cercle cette proportion géométrique : FA. DE :: DE. AD ou BE, qui est égale à $\frac{DE^2}{FA}$. Donc la force centrifuge BE est égale au carré de la vitesse du corps A, divisé par le diamètre. C'est-à-dire que la force qui agit dans chaque instant ou temps infiniment petit, et qui est exprimée par BE, est à la force ou à la vitesse du corps A, qui agit dans le même instant, laquelle est exprimée par la ligne DE, comme cette vitesse est à la vitesse, ou à la force qui dans le même temps infiniment petit ferait parcourir le diamètre AF. Car les lignes AD, DE et AF expriment les forces ou les vitesses. Ainsi, dans la supposition qu'on a faite, que DE est infiniment petite, AD est un infiniment petit du second genre, et l'excès BN de BA ou de ED du troisième. Et, en supposant que AD, qui exprime la force centrifuge est un infiniment petit, AF sera un infiniment grand, du second genre, et exprimera une force infinie du second genre par rapport à la force centrifuge.

| EXPLICATION DE CE QUE J'AI DIT DANS LA PAGE 574 [1]   **351**

Proposition générale de la dioptrique dont celle qu'on a supposée dans l'article 21 du dernier Éclaircissement *n'est qu'un corollaire*

Un verre étant donné de mêmes ou de différentes convexités ou concavités sphériques, ou concave d'un côté, et convexe de l'autre, ou enfin plan d'un côté, et concave ou convexe de l'autre, trouver sur

---

1. *OC* III, 322 ; voir *supra*, p. 300-301.

l'axe du verre le point de concours ou de réunion des rayons qui, partant d'un point d'un objet lumineux ou éclairé, viennent se rassembler après avoir souffert deux réfractions différentes, l'une en entrant dans le verre, et l'autre lorsqu'ils en sortent, en un mot trouver le lieu de l'image qui représente l'objet. Et, comme il n'y a que les rayons proches de l'axe qui rendent cette image distincte, et que ceux qui en sont éloignés la rendent confuse, il n'est ici question que du point de concours des rayons proches. On suppose que la réfraction du verre est à peu près comme 3 à 2, ce que l'on sait par diverses expériences, c'est-à-dire que le sinus de l'angle d'incidence est au sinus de l'angle de réfraction comme 3 est à 2 lorsque, de l'air, il entre dans le verre, et par conséquent comme 2 est à 3 lorsqu'il sort du verre et entre dans l'air.

352 | PRÉPARATION POUR LA DÉMONSTRATION *

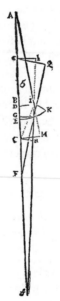

* *La lettre H, qui manque dans la figure, doit être où la ligne FQ coupe l'arc EK.*

| Soit A le point de l'objet dont partent les rayons; BK, l'arc du **353** cercle qui formerait la convexité du verre, s'il faisait un tour sur son rayon BC. AIM est un de ces rayons qui partent du point A, que je suppose entrer dans le verre, tout proche du point B, en sorte que les trois lignes AI, AD, AB et les deux petites DI et BI soient considérées comme égales entre elles. Du point C, centre de la convexité BIK, soit menée une perpendiculaire CM, sur le rayon AIM, et une autre CN, sur le rayon rompu I*f*. Ces deux petites lignes seront les sinus des angles d'incidence et de réfraction; et les angles droits en M et en N ayant la même hypoténuse IC, qui est le rayon de la convexité du verre, CM sera le sinus de l'angle d'incidence, et CN, celui de réfraction; et par conséquent CM sera à CN comme 3 à 2. Soient maintenant tirées du point *f*, où le rayon rompu I*f* rencontre l'axe A*f*, la ligne *f*IP, et du point H, la petite HG, et du centre petit *c* de l'autre convexité du verre EHK, les perpendiculaires *c*P, sur le prolongement du rayon rompu par la première réfraction, et *c*Q sur FQ qui doit être le rayon rompu de la seconde réfraction, en sortant du verre au point H pour entrer dans l'air: *c*P sera donc à *c*Q, comme 2 à 3 par des raisons semblables à celles que j'ai dites pour la première réfraction. Cela supposé et suffisamment prouvé par ce que j'ai dit des réfractions dans le dernier *Éclaircissement*, il est question de trouver sur l'axe A*f* le point de concours F des rayons qui partent du point A de l'objet, c'est-à-dire la distance BF, après avoir trouvé celle de B*f*.

Pour cela, soient nommées les indéterminées, savoir la distance de l'objet AB = *d*; le rayon du cercle BIK, savoir BC = *r*; le sinus de l'angle d'incidence, ou CM = *s*, et CN = $\frac{2s}{3}$, et l'inconnue B*f* = *x*. Je nommerai les autres lignes quand j'aurai le point *f*. C'est afin d'éviter la confusion des lettres.

Pour trouver l'inconnue B*f* = x

Le rayon AI étant tout proche de l'axe, on aura AC (*d* + *r*) est à AD ou AB (*d*) comme CM (*s*) est à DI = $\frac{sd}{d+r}$; et B*f*(*x*) est à *f*C (*x* - *r*) comme DI ($\frac{sd}{d+r}$); et B*f*(*x*) est à *f*C (*x* - *r*) comme DI ($\frac{sd}{d+r}$) est à CN ($\frac{2s}{3}$). | D'où l'on **354** tire l'équation : $\frac{2sx}{3} = \frac{sdx - sdr}{d+r}$ qui se réduit à celle-ci : B*f* ou $x = \frac{3dr}{d-2r}$. On voit par cette valeur de *x* que, si *d* était égal à *zr*, les rayons seraient

parallèles, que, s'il était plus grand que zr, les rayons se couperaient
au-dessous du verre, comme dans la figure, et que, s'il était plus petit,
le point f se trouverait au-delà du point A, et que les rayons seraient
encore divergents après la réfraction, parce que dans ce cas la valeur
de x serait négative. On voit que, si d était infinie, le foyer de la première convexité serait distant de trois fois le rayon, $2r$ devenant zéro,
par rapport à d. Que si r était infinie, c'est-à-dire que le verre fût plan,
le point de concours f se trouverait au-dessus du point A, et éloigné de
lui de $\frac{3d}{2}$, la valeur de x devenant négative. On voit enfin que, de ces
trois grandeurs, xd et r, deux étant données, on a aisément la troisième
par l'équation $x = \frac{3dr}{d-2r}$. Supposé, par exemple, que le rayon r de la
convexité du verre et la distance Bf de l'image soient donnés, on
trouvera aisément la distance d de l'objet AB : 1) en multipliant
chaque membre de l'équation par $d - 2r$; 2) en retranchant de part et
d'autre $3dr$, et ajoutant $2rx$; 3) en divisant par $x - 3r$; et l'on trouvera
$d = \frac{2rx}{x-3r}$; de laquelle équation on peut tirer les mêmes conséquences que
de la première. Je ne dis ceci que pour faire sentir la fécondité et
l'utilité des résolutions générales de l'algèbre. Il est question maintenant d'examiner l'effet des secondes réfractions que souffrent les
rayons en sortant du verre, lesquelles donnent le point F de concours
après les deux réfractions.

Trouver l'inconnue EF = z

Pour cela, soit nommée l'épaisseur du verre BE = e, Ef ou Gf ou
Hf = y. Le rayon de la convexité EHK, qui est Ec = a. Le sinus de
l'angle d'incidence du rayon rompu par la première réfraction, sortant
355 du verre au point H. Ce sinus est | cP = t. Et par conséquent le sinus de
l'angle de la seconde réfraction cQ = $\frac{3}{2t}$. Et enfin FG, ou FH, ou FE = z.

Le rayon fH étant tout proche de l'axe, l'on aura ces proportions fc
$(y + a)$ est à fE (y) comme cP (t) est à GH = $\frac{ty}{y+a}$, et cQ $\left(\frac{3t}{2}\right)$ est à GH $\left(\frac{ty}{y+a}\right)$,
comme Fc $(z+a)$ est à FE (z).

Multipliant donc les extrêmes et les moyens de cette proposition,
on aura l'équation $\frac{3}{2} tz = \frac{tyz+aty}{y+a}$, dont, chaque membre étant divisé par t,
et multiplié par 2, et par $y + a$, on aura $3yz + 3 az = 2 yz + 2 ay$, de
laquelle, ôtant de part et d'autre $3yz$, l'on aura $3az = 2ay - yz$; et enfin,

en la divisant par $2\,a$ - z, on aura $y = \frac{3az}{2a-z}$. Or y ou Ef est égal à x - e, ou
Bf - BE. L'on aura donc l'équation x - $e = \frac{3az}{2a-z}$, dans laquelle, mettant
pour x sa valeur $\frac{3dr}{d-2r}$, on aura $\frac{3dr}{d-2r}$ - e ou $3dr$ - $\frac{ed+2er}{d-2r} = \frac{3az}{2a-z}$. Et,
en multipliant chaque membre par d - $2r$, et par $2a$ - z, l'on aura celle-ci :
$6ard$ - $2aed$ + $4aer$ - $3drz$ - $2erz$ + $edz = 3adz$ - $6\,arz$, dans laquelle,
changeant de côté les trois termes où se trouve l'inconnue z, on aura
$3adz$ + $3rdz$ - edz - $6arz$ + $2erz = 6ard$ - $2aed$ + $4are$; et par conséquent
l'on aura l'inconnue :

I. $z = \frac{6ard-2aed+4are}{3ad+3rd-ed+2er-6ar} = \text{EF}$.

Si on néglige l'épaisseur du verre on effacera tous les termes où
$e = 0$ se trouve, et l'on aura :

II. $z = \frac{2ard}{ad+rd-2ar}$.

Si la distance de l'objet est infinie, ou que les rayons qui tombent
sur le verre soient censés parallèles, comme lorsque les objets sont
éloignés, en effaçant tous les termes où d ne se trouve point, la seconde
valeur de z se réduira à celle-ci :

| $z = \frac{2ar}{a+r}$; et, si les deux convexités sont égales, on aura $z = r$. Mais si **356**
la distance d n'est pas assez grande pour rendre parallèles les rayons,
on aura $z = \frac{rd}{q-r}$ qui est la proposition que j'ai supposée dans l'article 21
du dernier *Éclaircissement*.

Dans la figure et dans les raisonnements qu'on a faits pour
résoudre le problème, on a supposé que le verre était convexe des deux
côtés ; mais les formules ne laissent pas d'en donner la solution
générale, en observant seulement d'y changer quelques signes et d'en
retrancher quelques termes, ce que chaque cas particulier détermine.

Si on suppose, par exemple, que le verre soit concave du côté de
l'objet et convexe de l'autre, et qu'on se veuille servir de la seconde
valeur de z, il n'y a qu'à y changer le signe des termes où se trouve r,
parce que, dans ce cas, le rayon de la convexité BIK est négatif, ou pris
dans un sens contraire à celui sur lequel on a fait les calculs qui ont
donné la formule, et l'on aura : $z = \frac{-2ard}{ad-rd+2ar}$ ou $\frac{2ard}{rd-ad-2ar}$.

Mais, si on retourne ce même verre, ce sera le signe des termes où
le rayon a se trouve, qu'il faudra changer dans la formule. Si enfin le
verre est concave des deux côtés, il faudra changer les signes où les
rayons r et a se trouvent seuls, et ne rien changer dans les termes où ils

sont tous deux, car le produit de - r par - a donne + ar. Ainsi on aura $z = \frac{2ard}{-ad-rd-2ar}$. Et cette valeur sera toujours négative, et le point de concours F du même côté que les rayons tombent sur le verre.

Si l'on suppose que le verre soit plan du côté tourné vers l'objet, et convexe de l'autre, alors, le rayon r devenant infini, il faudra retrancher comme nul, de la seconde valeur de z, le terme ad où r ne se trouve point ; et par la même raison le terme rd, si on retourne le verre. On voit assez ce qu'il faut faire si le verre était plan d'un côté, et concave de l'autre.

Enfin, si l'on suppose que les rayons tombent sur le verre convergents, c'est-à-dire en s'approchant les uns des autres, alors la distance 357 AB (d) sera négative, et le point A, où dans ce cas | tendent les rayons, sera du même côté que le point F. Ainsi, en changeant dans la seconde valeur de z, ou dans celles des cas particuliers qu'on vient de marquer, le signe des termes où d se trouve, l'on aura la valeur qu'on cherche.

Il est clair que, si z est donnée avec une des deux autres, ces équations feront connaître la troisième en la dégageant des autres, comme on a déjà fait.

On voit donc bien que les deux premières formules ou valeurs de z donnent la solution générale de tous les différents cas possibles du problème, en supposant que la réfraction de la lumière, qui, de l'air, entre dans le verre, soit comme 3 à 2. Mais, si l'on veut une formule dont la réfraction même soit indéterminée, comme m à n, en sorte qu'on puisse prendre m et n pour tels nombres qu'on voudra, il n'y a qu'à nommer les sinus CN et cQ des angles de réfraction $\frac{n}{m} s$, au lieu de $\frac{2}{3} s$, et $\frac{m}{n} t$, au lieu de $\frac{3}{2} t$ dans les proportions qu'on a faites pour résoudre le problème ; et, en achevant le calcul, on trouvera en mettant p pour $m - n$:

EF ou $z = \frac{mnard-mpaed+mnare}{mpad+mprd-pped+mpre-mnar}$ ou en négligeant l'épaisseur e du verre $z = \frac{mard}{pad+prd-mar}$.

Il est évident que ce seul problème résolu généralement contient, pour ainsi dire, la science entière de la dioptrique, qui consiste à déterminer la figure des verres, pour réunir, rendre parallèles, convergents, divergents, les rayons qui partent des objets, et, en les faisant passer par plusieurs verres, augmenter ou diminuer leurs images comme on le souhaite. Car, en regardant le point F, auquel est l'image de l'objet A, comme le point A lui-même, et mettant sur le même axe un verre convexe au-dessous du point F, ou un verre concave au-dessus, en sorte que le foyer du convexe et le foyer négatif du concave soient au même point F, les rayons sortiront parallèles de ces seconds verres, ce qui est nécessaire, afin que ceux qui ont bonne vue voient distinctement | les objets. Mais, parce que l'objet paraît renversé, lorsque **358** les rayons ont passé par les deux verres convexes, si on en met un troisième convexe, les rayons se réuniront sur l'axe ; et, regardant encore ce nouveau foyer comme le point A de l'objet, si on ajoute un quatrième de même convexité que le troisième, en sorte que ce point A soit au foyer de ces deux derniers verres, les rayons en sortiront parallèles, et l'image de l'objet sera redressée et de beaucoup augmentée.

Je n'entre point dans le détail de tout ceci, et je n'ai même donné que quelques corollaires généraux qu'on peut tirer de la seconde formule, pour en faire de nouvelles, convenables à divers problèmes. Mon but n'a été que de faire sentir la vérité de ce que j'ai dit, vers la fin du cinquième chapitre de la Méthode, de l'utilité de l'algèbre et de l'analyse. On peut voir un plus grand détail de corollaires, tirés de la solution générale du problème qu'a donnée M. Guisnée dans les *Mémoires de l'Académie*, de l'année 1704[1], où ce savant géomètre ne se contente pas de le résoudre seulement dans la supposition que les verres soient taillés par des plans ou des arcs de cercle, mais en général par deux courbes quelconques de même ou de différente nature.

---

1. « Manière générale de déterminer géométriquement le foyer d'une lentille, formée par deux courbes quelconques… », *Mémoires de l'Académie des Sciences*, 1704, section « Histoire », p. 76-88, section « mémoires », p. 24-39.

RÉPONSE À REGIS

PRÉSENTATION

Né en 1632 à la Salvetat de Blanquefort près d'Agen, Pierre-Sylvain Regis (ou Régis) rejoint les milieux cartésiens de la capitale après de brillantes études chez les jésuites de Cahors, puis à la faculté de théologie de cette même ville. Il devient rapidement l'ami de Jacques Rohault (que Baillet gratifiait de l'éloquent surnom de « chef des écoles cartésiennes »), dont il suit les célèbres conférences hebdomadaires du mercredi. C'est probablement à sa demande que Regis retourne dans le midi, à Toulouse tout d'abord, pour y donner, à partir de 1665 [1], des conférences publiques couronnées d'un grand succès mondain, dont le but avoué est la défense et l'illustration de la philosophie nouvelle. Il réside à Montpellier à partir de 1671, où il continue d'exercer ses talents d'orateur cartésien, et de se forger la réputation d'un défenseur zélé voire intraitable du cartésianisme contre les persécutions qui s'accentuent au tournant des années 1670 [2]. Il revient à Paris en 1680 pour y poursuivre ses conférences [3], jusqu'à ce que l'archevêque de Paris ne lui fasse entendre son souhait de les voir s'interrompre. Forcé de renoncer à l'enseignement oral, Regis travaille désormais à la rédaction et à la publication d'une véritable somme de philosophie cartésienne, qui paraît (Regis ayant accepté de retrancher de son titre le nom de Descartes) à Paris en 1690, sous le titre *Système de philosophie contenant la logique, la métaphysique, la physique et*

---

1. Cette date est donnée par Fontenelle dans son *Éloge*, dans *Œuvres complètes de Fontenelle*, rééd. Paris, Fayard, 1994, t. VI, p. 143-144.
2. Concernant le détail de ces persécutions du cartésianisme, on consultera F. Azouvi, *Descartes et la France*, Paris, Fayard, 2002, chap. II.
3. « Le concours du monde y fut si grand, qu'une maison de particulier en était incommodée : on venait s'y assurer d'une place longtemps avant l'heure marquée pour l'ouverture » (*Éloge, op. cit.*, p. 145).

la morale[1]. Il s'agit donc d'une publication tardive, le *Système* ayant été écrit une dizaine d'années avant qu'il ne paraisse, ce qui explique que les références malebranchistes se limitent exclusivement à la *Recherche de la vérité*. On peut faire deux brèves remarques sur ce titre.

1) Il s'agit donc d'un système, ce qui trahit le désir d'exposer un ensemble cohérent, englobant les principales disciplines philosophiques et scientifiques. Dans l'esprit des cartésiens, la philosophie nouvelle est bien une « philosophie entière », parfaitement habilitée à remplacer les philosophies « scolastiques » qu'ils jugent périmées, et à prendre leur place dans l'enseignement officiel.

2) Le titre déploie les quatre composantes fondamentales du système, dans lesquelles on reconnaît évidemment les quatre disciplines qui structuraient l'enseignement traditionnel de la philosophie dite scolastique, spécialement dans les institutions tenues par les jésuites[2]. Il s'agit donc de fondre le cartésianisme dans les cadres institutionnels de la philosophie scolaire. Si des logiques[3], des traités de physique[4] ou de métaphysique d'inspiration

---

1. L'ouvrage paraît chez les éditeurs Denys Thierry (Paris), Anisson, Posuel et Rigaud (Lyon), et se compose de trois volumes in-4°. Le premier contient la Logique (assez brève, et largement influencée par la Logique de Port-Royal), la Métaphysique qui nous retiendra ici et qui porte incontestablement la marque profonde du cartésianisme, et le début de la Physique ; le second volume contient la suite de la Physique qui s'inscrit elle aussi dans le sillage de Descartes et Rohault ; le troisième contient la morale. Sauf mention contraire, nos références renvoient à la Métaphysique, au tome I du *Système de philosophie* (1690). L'ouvrage paraît de nouveau l'année suivante à Lyon chez Anisson, Posuel et Rigaud, en 7 volumes in-12°. Le texte a paru de nouveau à Amsterdam en 1691 sous le titre *Cours entier de philosophie, ou système général selon les principes de M. Descartes, contenant la logique, la métaphysique, la physique, et la morale, augmenté d'un discours sur la philosophie ancienne et moderne.* Le cours entier a fait l'objet d'une réimpression américaine (New York, Johnson Reprint, 1970) d'accès néanmoins difficile.

2. Voir, à titre d'exemple, au tout début du XVIIe siècle, le *Corps de philosophie comprenant la Logique, la Physique, la Métaphysique, et l'Éthique* de Scipion Dupleix. On notera le glissement au terme duquel la métaphysique passe en seconde position, en lieu et place de la physique, conformément à l'ordre cartésien des disciplines tel qu'il est notamment observé dans les *Principia philosophiae*.

3. Mentionnons, outre l'*Art de penser* qu'Arnauld et Nicole publient en 1662, le *Commentaire ou Remarques sur la méthode de René Descartes...* de l'oratorien Nicolas Poisson, Vendôme, Sébastien Hip, 1670. Il est clair que, pour ces auteurs, les quatre règles cartésiennes sont appelées à prendre la place de la plupart des principes de la logique formelle jugée impropre au développement des sciences.

4. Voir par exemple Jacques Du Roure, *La physique expliquée suivant le sentiment des anciens et nouveaux philosophes, et principalement de Descartes*, Paris, chez l'Auteur, 1653, et les *Entretiens sur la philosophie* de Rohault de 1671.

cartésienne ne manquent pas, c'est néanmoins avec le *Système* de Regis que le mouvement de scolarisation de la pensée nouvelle parvient à son achèvement. Le *Système* cherche aussi à défendre le cartésianisme sur divers fronts, et notamment contre les dangereuses innovations d'un «philosophe moderne», Malebranche, dont la gloire littéraire, que cinq années d'une intense polémique avec le grand Arnauld n'ont fait qu'augmenter, est déjà solidement établie[1]. À plusieurs reprises, on le verra, le *Système* attaque nommément l'auteur de la *Recherche de la vérité* sur des points centraux, qui engagent simultanément l'intégrité philosophique du cartésianisme (si Malebranche a raison, le cartésianisme est ruiné en ses fondements) et la crédibilité de la pensée malebranchiste (si la vision en Dieu est fausse, le malebranchisme ne tient plus). C'est ainsi du moins que les deux protagonistes des textes qu'on va lire ont eux-mêmes perçu leur dissentiment théorique.

Regis poursuit son entreprise de défense du cartésianisme avec les deux ouvrages de moindre importance que sont la *Réponse à la Censura de Huet*[2], et la *Réponse aux Réflexions critiques de M. Duhamel sur le système cartésien de la philosophie de M. Regis*[3].

Déjà âgé et malade, Regis publie en 1704 chez le même éditeur un ultime ouvrage sous le titre *L'usage de la raison et de la foi ou l'accord de la foi et de la raison* (refonte partielle du *Système*), et meurt en janvier 1707.

À l'instar de Malebranche, en compagnie duquel il entre à l'Académie des sciences en 1699, Regis a bénéficié tout au long de sa vie de la sympathie et de la protection de plusieurs grands seigneurs (dont le prince de Condé), et n'a ainsi pas peu contribué à la diffusion du cartésianisme dans les élites cultivées proches du pouvoir[4]. Comme d'autres cartésiens, c'est en marge des canaux officiels (collèges, universités et autorités ecclésiastiques) que Regis diffuse la pensée de son maître.

Si Regis fut un fidèle propagandiste du cartésianisme, ce n'est pas à dire, pour autant, qu'il fut un disciple sans originalité ni audace. Il est ici impossible de restituer l'ensemble des thèses neuves du *Système de philosophie*. Nous

---

1. Rappelons d'ailleurs que la polémique avec Arnauld rebondira une dernière fois, quelques mois avant la mort de ce dernier en 1694, précisément à l'occasion de la *Réponse à Regis*. Si Arnauld donne raison à Malebranche au sujet de l'optique, il prend, comme on pouvait s'y attendre, le parti de Regis touchant les deux autres questions.

2. L'ouvrage est publié à Paris chez Jean Cusson en 1691 sous le titre *Réponse au livre qui a pour titre : P. Danielis Huetii Censura philosophiae cartesianae*. Rappelons que la *Censura* a paru en 1689 chez Daniel Horthemels.

3. Paris, Jean Cusson, 1692.

4. Voir Fontenelle, *Éloge*, p. 150-151.

nous contenterons d'évoquer quelques-unes des affirmations qui, en métaphysique principalement, expliquent l'opposition de Regis à Malebranche. C'est animé du visible souci de rester fidèle à Descartes que Regis porte d'emblée son attaque au cœur du système malebranchiste, lorsqu'il critique la vision en Dieu des idées (*SP*, II, I, XIV). Pour autant, sa critique ne traduit pas un simple repli sur des positions authentiquement cartésiennes.

1) Conformément à l'évolution de la définition de la métaphysique postcartésienne telle qu'elle s'annonce dans la lettre-préface à la traduction française des *Principia philosophiae* [1], et d'accord ici avec Malebranche, Regis entend la métaphysique comme la science des principes de la connaissance humaine. La question de la certitude de nos connaissances est abordée avant la formulation complète du *je pense* [2]. La première partie a pour titre : *De l'Existence et de la Nature de l'Esprit, du Corps, de Dieu et de l'Homme*. On voit ici s'annoncer la tripartition qui deviendra canonique au cours du XVIIIe siècle : à la traditionnelle détermination de l'objet de la métaphysique par Dieu et l'âme humaine [3], s'ajoute ici la science des corps, laquelle n'appartient donc plus simplement à la physique [4], et une science de l'homme. Alors que Descartes tenait le domaine de l'union pour distinct, voire étranger aux connaissances proprement métaphysiques [5], Regis n'hésite pas à intégrer la question de l'union au domaine de la métaphysique, dans la mesure où l'union implique la considération de la causalité. La seconde partie du livre I est pour une bonne part consacrée à des questions de nature anthropologique, et développe longuement la question des rapports de l'esprit et du corps [6]. C'est seulement au livre second que l'auteur, reprenant un plan qui n'est pas sans faire songer au premier chapitre de la *Recherche de la vérité*, fera l'analyse des facultés de l'esprit (entendement puis volonté).

---

1. Voir en particulier AT IX-2, 14.

2. Le livre I annonce la théorie des principes de la certitude humaine. Regis réassume donc le primat cartésien puis malebranchiste de l'esprit sur tout autre objet (*SP*, I, I, chap. I, p. 68).

3. Rappelons que Descartes préfère parler de philosophie première, précisément parce qu'elle ne traite pas seulement de Dieu et de l'âme, comme le fait la métaphysique (*à Mersenne*, 11 novembre 1640, AT III, 239).

4. Voir sur la justification de cette extension de la métaphysique à la connaissance des corps (*SP*, I, II, chap. XII, p. 148).

5. *À Elisabeth*, 28 juin 1643, AT III, 692.

6. Voir les chapitres III à VI, et notamment le chapitre V, dont nous donnons plusieurs extraits.

2) Alors que Descartes affirme que l'âme se connaît mieux qu'elle ne connaît le corps, Regis le conteste, et montre qu'il n'y a pas de différence de certitude entre ces deux connaissances qui jouissent de la même évidence [1]. Si la nature de l'esprit et du corps sont connues avec un même degré de certitude, ceci n'empêche pas de distinguer le mode de certitude par lequel on atteint leur existence [2].

3) Comme de nombreux cartésiens contemporains, Regis revient sur l'origine de nos idées, et réforme la notion cartésienne de l'innéité, en s'efforçant de la concilier avec un empirisme de plus en plus marqué [3].

Il faut tenir à la fois que nos idées (du moins certaines d'entre elles) sont créées avec nous (dans la mesure où elles sont toujours implicitement présentes à l'âme), et qu'elles dépendent des sens [4]. L'âme n'a des idées que dans la mesure où elle est unie au corps. Si les idées ne proviennent pas immédiatement des sens, elles en dépendent néanmoins, dans la mesure où elles résultent de l'impression continuelle du corps sur l'âme [5].

S'il est, selon Regis, impossible qu'il y ait des idées créées avec l'âme, il y a en revanche des idées créées avec l'homme, lequel est un composé d'une âme et d'un corps, idées qui lui sont toujours présentes [6].

1. Voir *L'usage de la raison* (désormais *Usage*), livre I, IIe partie, chap. VI, rééd. J.-R. Armogathe, Paris, Fayard, 1996, p. 247 *sq.* La thèse malebranchiste est évoquée et discutée p. 250-251. Sa position dans le *SP* n'était cependant pas si nette, voir métaphysique, II, I, chap. VI. Cette affirmation n'empêche pas Regis de réassumer (à la suite de Descartes) la primauté épistémique de l'esprit sur le corps (*SP*, I, II, chap. XII, p. 145). Concernant la philosophie de Regis, on consultera les indications données par Fr. Bouillier, *Histoire de la philosophie cartésienne*, Paris, Delagrave, 3e éd., 1868; 2 vol., Genève, Slatkine reprints, 1970, t. I, p. 517-527.

2. *SP*, I, II, chap. XII, p. 147.

3. Voir les brèves mais utiles mises au point de G. Rodis-Lewis dans le tome II de l'*Histoire de la philosophie*, Y. Belaval (dir.), Paris, Gallimard, 1973, p. 398-399, qui fait de Regis un héritier du bénédictin Desgabets.

4. Les tendances empiristes de Regis semblent se renforcer encore dans son dernier ouvrage; voir *Usage*, I, I, chap. VI, p. 76; *cf.* sa discussion de ce qu'il appelle l'hypothèse des modernes concernant l'entendement pur et sa récusation au profit de la thèse de l'origine sensible de toutes nos idées (*ibid.* I, II, chap. III, p. 224-226).

5. « C'est donc sans fondement que les philosophes modernes assurent qu'il y a des choses dans l'entendement qui n'ont pas passé par les sens, puisqu'il n'y a rien non seulement dans l'entendement, mais même dans l'âme, qui n'ait passé par les sens médiatement ou immédiatement. Je n'en excepte pas même les idées innées » (*Usage*, I, II, chap. III, p. 227).

6. L'idée de l'âme elle-même est innée parce qu'on y pense toujours, bien qu'elle ne soit pas créée avec l'esprit seul (*Usage*, I, I, chap. VI, p. 73). L'innéité ne signifie plus la

Le cas le plus typique est l'idée de l'étendue, qui est l'essence de la matière (*Usage*, I, II, XIII, p. 281 *sq.*). Celle-ci, bien qu'elle soit une idée innée au sens qu'on vient d'évoquer, se produit par l'impression que le corps exerce en permanence sur l'âme[1]. Autrement dit, un esprit pur ne pourrait avoir cette idée (*Usage*, I, I, I, p. 42); la spatialité est, pour ainsi dire, originairement incorporée[2]. Toutes nos idées ont ainsi une origine sensible, y compris notre idée de Dieu et de l'âme : « tout objet sensible qui agit actuellement sur les organes, produit en même temps son idée, l'idée de Dieu, et l'idée de l'âme, mais avec cette différence que son idée est claire, et que les idées de Dieu et de l'âme sont obscures, jusqu'à ce que par nos réflexions, nous les ayons rendues claires » (*Usage*, I, I, VII, p. 82).

4) Il convient donc de distinguer l'esprit de l'âme. Si le premier désigne la substance spirituelle considérée en elle-même, la seconde désigne cet esprit en tant qu'il est essentiellement uni à un corps dans la réalité humaine concrète[3].

5) La réflexion concernant l'origine de nos idées et naturellement le très cartésien problème de l'union de l'âme et du corps conduisent Regis à préciser sa conception de la causalité. En dépit de son attachement au cartésianisme, l'auteur du *Système* développe une conception de la causalité tout à fait significative de l'évolution de la plupart des cartésiens contemporains. Sans pouvoir à proprement parler se laisser étiqueter comme occasionnaliste[4], le *Système* développe néanmoins une conception qui, au moment même où elle entend préserver l'efficace des causes secondes, semble cependant les dépouiller de toute véritable autonomie[5]. On peut ici ouvrir le tome I du

préexistence au sens d'idées autonomes, mais la connaturalité et la présence permanente, quoique souvent implicite, de l'idée à l'âme. C'est d'abord la faculté de penser les idées premières de Dieu, de l'âme et du corps qui est innée, née avec notre âme même.

1. Si les idées des corps nous viennent par les sens, l'idée de l'étendue est une sorte d'*a priori* de toutes nos représentations d'objet, *SP*, I, II, chap. VI, p. 126 : « La première [condition] est que l'esprit tandis qu'il sera uni au corps, aura l'idée de l'étendue. C'est suivant cette condition que l'âme pense toujours à quelque corps ».

2. Voir *SP*, II, I, chap. III, p. 157 *sq.*; voir *infra*, p. 463 *sq.*

3. « L'âme n'est âme que par l'union qu'elle a avec le corps; et l'âme n'est unie avec le corps que parce qu'elle pense actuellement par l'entremise du corps » : *Usage*, I, I, chap. VI, p. 73; *ibid.*, I, I, chap. II, p. 45-46; *SP*, avertissement, p. 64; I, II, chap. I, p. 113.

4. Regis critique formellement les causes occasionnelles au profit des causes instrumentales (*Usage*, I, II, chap. XXXVI, p. 409). Le *SP* récusait déjà les causes occasionnelles, mais en parlant étrangement de « causes efficientes occasionnelles », contre la lettre du malebranchisme (Sixièmes réflexions sur la métaphysique, t. I, p. 110).

5. Fr. Bouillier (*op. cit.*, p. 523) notait déjà cette tendance à concentrer en Dieu seul l'efficience authentique.

Système (Métaphysique, I, II, V, I, p. 123-126, Comment l'esprit et le corps agissent l'un sur l'autre en vertu de leur union), dont nous donnons plus bas un long extrait. Rappelons les principales étapes de l'analyse.

1) En un premier geste de rupture avec Descartes, Regis étend l'influence de l'union de l'âme et du corps, directement ou non, à toutes nos connaissances : toutes nos pensées dépendent d'un mouvement corporel. Il s'agit dès lors de déterminer comment deux substances tout à fait hétérogènes agissent néanmoins l'une sur l'autre.

2) Les mouvements matériels ne peuvent être les causes premières des pensées, puisqu'une cause première agit par soi seule, ce que ne peut précisément un étant fini [1]. Ils ne sont donc que des causes secondes [2].

3) Mais il faut dès lors préciser ce qu'est une cause seconde. C'est alors que Regis semble s'engager, malgré lui en un sens, dans une démarche qui le mène tout droit à accepter un élément important de l'occasionnalisme : toute cause seconde requiert l'efficience d'une cause première par laquelle elle agit. Mais la cause première ne se contente pas d'influer son efficace, de soutenir dans l'être la cause seconde ou de concourir avec elle. On ne saurait dire que la cause première et la cause seconde opèrent sur un même plan, ou selon une même forme de causalité inégalement répartie. La cause première est, en dernière analyse, le seul agent réel, l'unique véritable cause efficiente.

4) Le mouvement corporel n'est pas une simple occasion pour l'âme de produire en soi ses propres pensées. Si Regis semble parfois défendre cette thèse, il dit ici autre chose : « les mouvements du corps n'agissent sur l'âme que par la volonté de Dieu, en tant qu'il a résolu de produire certaines pensées dans l'âme toutes les fois que les objets extérieurs causeront certains mouvements dans le corps » (p. 124). C'est donc bien Dieu qui produit dans l'âme des perceptions [3]. Les mouvements corporels sont donc de simples conditions *sine qua non*, on oserait presque dire des occasions qui déterminent l'efficace divine.

5) En précisant alors que le corps et l'esprit restent néanmoins de « véritables causes », Regis fait tous ses efforts pour éviter la tentation occasionnaliste, mais l'ambiguïté de sa position ne tarde guère à se manifester :

1. *Usage*, I, II, chap. XXVIII, p. 363 ; *SP*, sixièmes réflexions, § 1, p. 109, donné *infra*, p. 457 ; II, I, chap. XII, p. 180, donné *infra*, p. 468.
2. Voir *Usage*, I, I, chap. VI, p. 82, puis I, II, chap. IV, p. 232.
3. L'efficace divine ne se borne pas à soutenir les substances dans l'être, laissant à leur propre causalité le soin de produire leurs déterminations, en l'espèce les idées pour l'âme ; la cause première est bien directement engagée dans la production des représentations : « […] il n'y a que lui [Dieu] qui puisse produire des perceptions dans l'âme » (*SP*, II, I, chap. XX, p. 199).

pour attester qu'il ne fait pas évanouir la réalité des causes secondes, Regis invoque la permanence d'une concomitance des événements physiques et psychiques (*ibid.*). Le corps agit sur l'âme, parce qu'on observe une stricte corrélation entre les deux séries d'événements (modifications du corps et affections de l'âme).

Mais dès lors la septième réflexion (p. 125) n'a plus qu'à opérer un glissement devenu inévitable, et à dégrader la causalité dite efficiente des causes secondes au rang de cause purement instrumentale. On voit alors affleurer un dédoublement typique de l'occasionnalisme : la cause seconde instrumentale « modifie » ou détermine l'unique vraie cause agissante à agir ainsi et non autrement[1]. Regis dédouble ainsi la causalité, en confiant aux causes secondes le rôle de détermination et de rationalisation que Malebranche accorde à la cause occasionnelle[2].

6) Cette primauté divine de l'efficience nous ramène, cette fois, à la lettre la plus authentique du cartésianisme. Le refus que les grands post-cartésiens, dont Malebranche, n'ont cessé d'opposer à la thèse de la création des vérités éternelles ne fait pas l'unanimité au sein de l'école cartésienne[3]. Dès le *Système*[4], puis de nouveau dans l'*Usage*, Regis apparaît comme l'un des plus ardents défenseurs de la thèse. On peut ici mentionner deux séries d'affirmations convergentes.

1) Il convient de distinguer très clairement les vérités qui s'ensuivent nécessairement de la nature divine, et qui se confondent avec ses propres attributs, et les vérités qui, bien qu'immuables, sont néanmoins produites librement par sa volonté (*Usage*, I, II, XII, p. 275). En prenant alors l'exemple des vérités mathématiques simples[5], Regis s'inscrit délibérément dans une

---

1. Voir en ce sens les formules très nettes de l'*Usage*, I, II, chap. XXVIII, p. 367.

2. L'identification de la cause efficiente et exemplaire constituerait aussi un indice significatif de l'affaiblissement de l'efficience, lorsqu'elle qualifie la causalité seconde (*Usage*, p. 406).

3. Un courant favorable à la création des vérités se maintient chez des cartésiens dits « mineurs », comme le montre G. Rodis-Lewis, qui évoque notamment Pierre Cally, dom Robert Desgabets et Regis ; voir « Polémiques sur la création des possibles et sur l'impossible dans l'école cartésienne », repris dans *Idées et vérités éternelles chez Descartes et ses successeurs*, Paris, Vrin, 1985, p. 139-157. Voir en particulier la liste des partisans et des adversaires de la thèse fournie, p. 139-140.

4. *SP*, I, Iʳᵉ partie, chap. VIII, t. I, p. 90-91 ; voir *infra*, p. 453-454.

5. Les vérités arithmétiques sont ainsi « des suites et des effets très libres de sa volonté », *ibid.* ; voir déjà le chap. XXV de la Iʳᵉ partie, à propos de la liberté divine, avec l'exemple voisin et hautement suggestif de l'égalité des angles du triangle à deux droits : « et parce qu'il a voulu que les trois angles d'un triangle fussent égaux à deux droits, c'est

filiation cartésienne [1]. Les possibles et les essences relèvent donc de la même causalité que l'existence des choses créées (*ibid.*, p. 174)[2].

2) Les vérités dites éternelles, et qu'on devrait bien plutôt appeler simplement immuables, ne concernent que des relations entre des substances créées [3]. Notre rationalité ne vaut donc qu'à l'intérieur d'un horizon théorique strictement déterminé par le statut actuel de notre univers, lequel aurait pu, en droit, être réglé par une rationalité différente [4].

Il faut donc disjoindre éternité et immutabilité. Les vérités nécessaires pour notre raison sont immuables, et leur immutabilité suffit à assurer aux sciences un fondement véritable [5].

Si les analyses de la causalité et de l'union de l'âme et du corps laissent transparaître une convergence relative des deux auteurs dans les infléchissements qu'ils imposent à la lettre du cartésianisme, l'opposition touchant l'origine et la nature de nos idées, la conception des vérités éternelles et finalement le statut de la raison achèvent de creuser le fossé qui sépare le *Système* de Regis de la *Recherche de la vérité*. La polémique qui s'annonce avec la publication du *Système* opposent donc deux auteurs qui, en un sens, représentent deux

pour cette seule raison que cela est vrai maintenant, et qu'il ne peut être autrement », p. 173. Signalons cependant que d'autres textes s'en tiennent à une position moins visiblement cartésienne, en distinguant les vérités nécessaires justiciables de la seule cause formelle, et les vérités contingentes qui admettent une cause efficiente (*SP*, huitièmes réflexions, § 2, t. I, p. 136).

1. S'ensuit alors une critique implicite mais fort nette de Malebranche qui confond l'immutabilité consécutive à la nature, et l'immutabilité soumise à la seule volonté divine (*ibid.*, p. 276).

2. Un texte très significatif montre que la thèse de l'antériorité du possible et de l'impossible au regard du décret de la volonté n'a en fait aucun sens assignable pour nous, dans la mesure où l'horizon de notre pensée lui est postérieur (*Usage*, I, I, chap. XXVIII, p. 190-191). Le possible et l'impossible relèvent donc en Dieu de sa volonté (*SP*, I, I, chap. IX, p. 91 ; voir *infra*, p. 454) ; « Or par la même raison qu'il n'y a rien de possible avant le décret de Dieu, il n'y a aussi rien d'impossible » (*SP*, I, I, chap. XII, p. 103).

3. Toute vérité relative aux substances suppose qu'elles existent (*Usage*, I, II, chap. VIII, p. 259). Voir le petit dictionnaire des termes propres à la philosophie placé à la fin du tome I (pages non numérotées) ; on lit à l'entrée « vérité » : « Les vérités qu'on appelle éternelles ne sont autre chose que les substances mêmes que Dieu a créées en tant que l'âme les considère d'une certaine manière et qu'elle les compare suivant les différents rapports qu'elles ont les unes avec les autres ».

4. Notre rationalité reste dépendante, et, partant, à distance infinie de l'incompréhensible puissance divine. Incompréhensibilité et infinité sont comme les noms de la puissance (*SP*, I, I, chap. X, p. 93).

5. *Usage*, I, II, chap. IX, p. 265.

destinées possibles du cartésianisme. De Descartes, l'un et l'autre retiennent des thèses différentes, dont la compatibilité tenait essentiellement au génie cartésien. À la recherche malebranchiste d'un fondement certain et inébranlable du savoir dans les idées divines, Regis oppose, toujours au nom de Descartes, l'absolue liberté d'un Dieu libre créateur de toute chose et de toute vérité.

La réponse de Malebranche

Le *Système de philosophie* contient plusieurs critiques suivies et détaillées de thèses importantes du malebranchisme. Dans la réponse qu'il se décidera finalement à écrire et à publier en 1693[1], Malebranche ne retient que les passages où il est explicitement mis en cause et cité littéralement avec renvois marginaux à la *Recherche de la vérité* (p. 260). L'examen des citations que fait Regis du texte de la *Recherche* (en particulier dans le chapitre XIV de la métaphysique où il discute les textes malebranchistes relatifs à la vision en Dieu) nous permet d'avancer que Regis lisait probablement la 2e édition de la *Recherche*[2].

Se dégagent ainsi trois principaux sujets de controverse, en physique, en métaphysique et en morale, qui donnent lieu aux trois chapitres de la *Réponse*.

Un premier chapitre traite un problème d'optique relatif à l'explication malebranchiste des apparences de la lune. La question est de savoir pourquoi la lune apparaît plus grosse lorsqu'elle est vue à l'horizon qu'à son zénith. Regis avait soutenu que la grandeur apparente de la lune à l'horizon dépend uniquement de la grandeur de l'image qu'elle trace sur notre rétine. Malebranche, quant à lui, montre qu'il y a un jugement naturel, c'est-à-dire un jugement que Dieu fait à notre place lorsqu'il nous affecte, jugement selon lequel on voit la lune plus grosse à l'horizon du fait de l'interposition de nombreux objets entre notre œil et l'horizon.

Un second chapitre, plus développé et de plus grande importance, de l'aveu même de l'auteur, développe la question centrale de l'origine et de la

---

1. Rappelons que Malebranche n'a décidé de répondre à Regis personnellement qu'après la diffusion d'une rumeur de publication d'une réfutation de Regis menée dans l'esprit, sinon au nom de Malebranche. Il s'agit de la *Vraie et la fausse métaphysique* de Lelevel, qui paraîtra finalement en 1694 à Rotterdam chez Reinier Leers, sous le titre *La vraie et la fausse métaphysique, où l'on réfute les sentiments de M. Regis et de ses adversaires sur cette matière*, soit un an après que Malebranche s'est déterminé à répondre. Malebranche a lui-même relaté les circonstances de la publication de sa réponse, *Réponse à Regis* (désormais *RR*), *OC* XVII-1, 259-260. Sauf mention contraire, nous renvoyons à la pagination des *OC*, qu'on trouvera indiquée en marge de notre texte.

2. Paris, A. Pralard, 1675, vol. 1. Voir nos notes, chap. XIV de Regis, *infra*, p. 469 *sq.*

nature des idées. On va voir Malebranche y défendre à nouveau la thèse de la vision en Dieu, ce qui n'aurait en soi rien de très neuf, si ce n'est la manière dont il va s'y prendre, et les importantes modifications qu'il apporte à ses précédents exposés.

Un dernier chapitre, plus bref, revient sur la question du plaisir, et sur la thèse selon laquelle « tout plaisir rend heureux ». Regis accuse en effet Malebranche de soutenir sans nuance que le plaisir, quelles qu'en soient la nature et surtout l'origine, rend inconditionnellement heureux, et d'ouvrir ainsi la voie à une sorte d'hédonisme absolu. L'oratorien montre alors qu'il faut donner tout son sens à la formule dont il a le plus souvent pris soin de faire précéder son dire : le plaisir nous rend « en quelque manière » heureux, ce qui change tout.

C'est donc la question traitée au chapitre II qui, aux yeux de Malebranche lui-même, doit nous retenir quelque peu. Ce texte ne se borne pas en effet à répéter des thèses antérieurement énoncées pour défendre le malebranchisme contre un adversaire de posture cartésienne.

Reprenant à nouveaux frais une question ancienne, la *Réponse* de 1693 inaugure une phase originale et décisive de la pensée malebranchiste. Il s'agit de préciser et d'expliquer de nouveau comment nous voyons les corps qui nous environnent. Mais à cette question, déjà largement développée dans le Xe *Éclaircissement*, Malebranche répond ici en apportant de nouveaux outils conceptuels, et tout spécialement la notion d'idée efficace. Par cette innovation doctrinale majeure (sur laquelle nous voudrions nous arrêter quelques instants), l'oratorien entend résoudre un certain nombre de difficultés persistantes, que ni les réponses à Arnauld ni les *Entretiens sur la métaphysique et sur la religion* de 1688 n'avaient pu complètement réduire. En revanche, les textes ultérieurs que sont la préface ajoutée à la troisième édition des *Entretiens sur la métaphysique* en 1696 et les *Entretiens sur la mort* [1], le *Traité de l'amour de Dieu* de 1697 et ses suites, la lettre posthume à Arnauld du 19 mars 1699, ou l'*Entretien d'un philosophe chrétien et d'un philosophe chinois* de 1708, ne cesseront de mobiliser le vocabulaire et les dispositifs conceptuels mis au point dans la réponse [2]. Il y a plus : comme l'a parfaitement montré André Robinet, le travail de réécriture des textes publiés, au premier rang desquels figure évidemment la *Recherche de la vérité*, est largement tributaire

---

1. Voir notamment *OC* XIII, 364.

2. André Robinet a cité et analysé les principaux textes qui découlent directement de la mutation ici évoquée, *Système et existence dans l'œuvre de Malebranche*, Paris, Vrin, 1965, p. 273-278.

des pensées et des thèses élaborées à partir du tournant de 1693[1]. Ainsi, par exemple, le VIe *Éclaircissement* (*OC* III, 65-66) ajoute un passage manifestement dépendant des thèses avancées dans la *Réponse*[2]. Le XIVe *Éclaircissement* de même insère un paragraphe relatif à l'idée efficace[3]. Le Xe *Éclaircissement* procède encore à un certain nombre d'ajouts consécutifs à notre texte, ce dont témoigne la nature du vocabulaire utilisé comme les thèses avancées dans les additions[4]. On voit ainsi les éditions postérieures à la *Réponse* remanier l'explication de la manière dont l'étendue intelligible entre en contact avec l'esprit humain en introduisant le modèle du toucher, et surtout la notion d'affection rendue possible par l'efficace de l'idée. Prenons un exemple[5], et considérons la séquence suivante :

4e édition, 1678, p. 548	5e édition, 1700, t. III, p. 224
Mais je dis que nous voyons toutes choses en Dieu par l'application que Dieu fait à notre esprit de l'étendue intelligible en mille manières différentes, et qu'ainsi l'étendue intelligible renferme en elle[s] toutes les perfections, ou plutôt toutes les différences des corps, à cause des différentes sensations que l'âme répand sur	Mais je dis que nous voyons toutes choses en Dieu *par l'efficace de sa substance, et en particulier les objets sensibles*, par l'application que Dieu fait à notre esprit de l'étendue intelligible en mille manières différentes, et qu'ainsi l'étendue intelligible renferme en elle toutes les perfections, ou plutôt toutes les différences des corps,

1. Le tout premier texte qui subit l'influence de la *Réponse à Regis* est probablement la 5e édition des *Conversations chrétiennes* de 1695. Voir en particulier *Conversations chrétiennes* III, *OC* IV, 74 ; on lit (pour la première fois) dans la 5e édition (Rouen, Vve L. Behourt et G. Behourt, 1695, p. 69) : « [...] la réalité intelligible et efficace de la souveraine Raison qui nous pénètre » ; voir encore ce texte significatif qui apparaît pour la première fois dans la même 5e édition : « Lorsque l'idée de l'étendue affecte ou modifie l'esprit d'une perception pure, alors l'esprit conçoit simplement cette étendue. Mais lorsque l'idée de l'étendue touche l'esprit plus vivement, et l'affecte d'une perception sensible, alors l'esprit voit, ou sent l'étendue. L'esprit la voit, lorsque cette perception est un sentiment de couleur : et il la sent ou l'aperçoit encore plus vivement, lorsque la perception dont l'étendue intelligible le modifie, est une douleur. Car la couleur, la douleur et tous les autres sentiments ne sont que des perceptions sensibles, produites dans les intelligences par les idées intelligibles » (*ibid.* p. 70 = *OC* IV, 75).

2. Voir *OC* III, 66, variante c ; cf. *RR*, p. 282-286.

3. Voir *OC* III, 199, variantes b et c. Ces additions figurent pour la première fois dans la 5e édition de 1700, et sont reprises dans la 6e.

4. Voir *OC* III, 150 (variante f).

5. Voir *OC* III, 154 (variantes d et e).

les idées qu'elle a à l'occasion de ces mêmes corps.

à cause des différentes sensations que l'âme répand sur les idées *qui l'affectent* à l'occasion de ces mêmes corps.

Deux écarts sautent d'emblée aux yeux, concernant respectivement ce qui est précisément vu en Dieu, et le mode selon lequel s'opère la perception en l'âme.

1) La 5e édition précise l'affirmation pour le moins ambiguë de la 4e selon laquelle nous voyons toutes choses en Dieu par l'étendue intelligible, l'expression « toutes choses » pouvant évidemment désigner des êtres irreprésentables par l'idée de l'étendue. Il est désormais spécifié que nous voyons en Dieu toutes choses, et particulièrement les objets sensibles. La question de la connaissance en Dieu des individus matériels fait l'objet d'une attention accrue.

2) La 5e édition précise en outre le mode du contact entre Dieu et l'esprit. Le schème de l'application, qui régissait l'explication dans les deux premières éditions, est affiné, voire remplacé, par celui de l'affection. Alors que l'application de l'étendue intelligible à l'esprit laissait irrésolu le problème de savoir comment s'opérait concrètement le contact, l'affection réinscrit clairement la perception de l'idée (sensible ou non), dans l'orbite de la causalité. La perception est un effet, et s'explique comme l'effet de cette cause efficiente qu'est l'idée efficace. L'efficace de l'idée bénéficie de l'activité de la substance divine elle-même, qui affecte immédiatement l'esprit, en tant qu'elle contient en elle les perfections représentatives des corps. Par voie de conséquence, l'extériorité de l'idée au regard de l'esprit se renforce : des idées que l'âme a, on passe aux idées qui l'affectent.

On peut encore comparer la séquence suivante :

4e édition (1678, p. 547)

De plus, cette figure d'étendue intelligible et générale devient sensible et particulière, par la couleur ou par quelque autre qualité sensible que l'âme y attache, car l'âme répand presque toujours sa sensation sur l'idée qui la frappe vivement.

5e édition (1700, t. III, p. 220)[1]

De plus, *on voit ou l'on sent tel corps, lorsque son idée, c'est-à-dire lorsque telle* figure d'étendue intelligible et générale devient sensible et particulière, par la couleur, ou par quelque autre *perception* sensible *dont son idée affecte l'âme, et* que l'âme y attache, car l'âme répand presque toujours sa sensation sur l'idée qui la frappe vivement.

1. Voir *OC* III, 152, inchangé en 1712.

Ici encore, l'enjeu de la réflexion se précise : en 1700, il est bien question de sentir *tel corps* et non plus une simple figure géométrique. La question de l'individuation ne se replie plus exclusivement sur la détermination que les figures opèrent dans l'étendue [1].

En outre, le processus de particularisation de l'étendue par la couleur, qui reposait sur la sensation, se trouve précisé ; c'est dès lors l'idée du corps qui agit et affecte l'âme de la couleur ou des autres perceptions sensibles. Ces dernières, en provenance immédiate de l'idée, assurent l'individuation au niveau perceptif [2]. Au modèle de la projection (à l'initiative de l'âme) de la sensation sur l'idée, succède celui d'une autodétermination de l'idée.

Il est donc hautement significatif que la *Réponse à Regis* se trouve intégrée à la *Recherche de la vérité* et figure au côté des *Éclaircissements* à partir de 1700 ; dans la pensée de l'oratorien, on ne peut désormais lire la *Recherche* sans tenir compte de ce texte qui, pour une part, constitue une sorte d'éclaircissement du Xe *Éclaircissement* et retentit sur ses ultimes rédactions [3]. C'est pourquoi il nous a paru opportun de donner de nouveau à lire ce texte en son contexte, c'est-à-dire comme l'approfondissement que la maturité apporte à une question majeure et âprement discuté par les contemporains.

Le problème

Reprenant une question agitée pour la première fois au chapitre VII du livre III puis naturellement dans le Xe *Éclaircissement* avec la doctrine de l'étendue intelligible, Malebranche précise les termes du problème de la connaissance des corps. Nous voyons les corps en Dieu par leurs idées représentatives. Mais cette affirmation initiale, on l'a vu, suscite immédiatement une difficulté que ne règlent pas véritablement les hypothèses avancées dans le Xe *Éclaircissement* [4]. En un mot, la noétique du Xe *Éclaircissement*, spécialement dans la

---

1. Notons cependant que l'idée de « tel corps » continue d'être assimilée à l'idée d'une figure.

2. Notons toutefois que la syntaxe complexe du texte de la 5e édition implique un curieux redoublement de l'idée, dont le statut reste difficile à cerner.

3. Que la *RR* reprenne une problématique inaugurée dans le Xe *Éclaircissement* se manifeste, notamment, par la similitude des deux incipit : comme les premières pages du Xe *Éclaircissement*, le début de la *RR* pose la question du statut et de la définition de la raison, en mobilisant la définition traditionnelle de l'homme comme *animal rationis particeps* (*RR*, p. 280 = Xe *Écl.*, *OC* III, 129).

4. Précisons que Regis, au moment où il écrit le *Système*, ne peut par définition lire les textes que ses attaques rendront possibles ; il lit probablement le Xe *Éclaircissement* dans la 4e éd. de 1678, ou dans une édition qui en provient directement (1683 ou 1688).

rédaction que Regis peut en lire, laisse ouvert le problème de la connaissance des corps singuliers. C'est par les sensations de couleurs projetées sur l'étendue intelligible que celle-ci se trouve particularisée, et que s'expliquent les perceptions sensibles des différents corps qui nous entourent. Dans ce dispositif (*OC* III, 152-154), l'individualité des corps n'est jamais véritablement saisie en elle-même, puisque sa perception est comme suspendue à des sensations confuses. L'idée claire et distincte reste toujours générale, ou universelle, l'archétype de la matière qu'est l'étendue intelligible valant pour la représentation de n'importe quel objet corporel[1]. Le Xe *Éclaircissement* oppose donc clairement ce qui relève de l'idée distincte, conçue comme une perfection divine représentative et participable par une matière créée, et ce qui est du domaine de la sensation produite par Dieu dans l'âme à l'occasion des ébranlements organiques. C'est dire que la sphère de l'intelligible et celle du sensible demeurent en un sens extérieures l'une à l'autre, au point que le sensible, dont on a souligné plus haut l'autonomie, ne recèle aucune intelligibilité spécifique. Cette dualité irréductible se trouve encore accusée par l'expulsion de l'idée hors de l'esprit fini, dont elle ne peut être un simple mode.

Or c'est précisément l'absence de suture de ces deux versants de la connaissance qui fait question, et singulièrement lorsqu'il s'agit d'expliquer comment est possible une authentique connaissance des corps particuliers. L'oratorien doit donc de nouveau affronter le problème de l'individuation, ou plutôt ce que nous appellerons la question de l'individualisation épistémologique des corps.

Deux réquisits doivent être immédiatement pris en compte.

1) De même qu'il n'existe dans la nature qu'une seule et même étendue créée, et donc (pour le cartésien qu'est ici Malebranche) une unique essence de l'univers matériel, de même il n'est donné qu'une seule étendue intelligible, unique archétype d'une infinité de corps possibles ou créés[2].

2) Il faut ici assumer jusqu'à son terme la logique de la position malebranchiste et le paradoxe qui la constitue : l'occasionnalisme implique l'impossibilité de toute forme d'activité des corps sur l'esprit; en conséquence, les corps que nous connaissons, entendons les corps dont nous percevons l'idée, ne sont pas les corps existants dans l'univers extérieur. C'est en parti-

---

1. Plus encore que la *Recherche*, le Xe *Éclaircissement* refuse de fonder la connaissance des corps dans des idées particulières qui leur correspondraient en Dieu.
2. Voir *RR*, II, n° 6, p. 283, qui met en place le parallèle entre une individuation ontique (les corps ont tous la même matière et sont singularisés par des formes ou figures différentes), et l'individualisation épistémique : la sensation particularise l'idée comme la figure particularise la matière.

culier dans la *Réponse à Regis* que l'on trouve les formulations les plus nettes et les plus paradoxales de cette thèse. On aurait finalement la même idée du monde, quand bien même le monde n'eût pas été créé. L'individuation des corps ne peut dès lors reposer sur l'accès à leur substance. Quand bien même la substantialité des corps offrirait un principe d'individuation[1], celle-ci nous est définitivement inaccessible et ne peut assurer l'individuation des corps.

En résumé, seule la perception de couleurs différentes permet de discerner les corps et leurs différentes espèces ou leur nombre[2]. Autant dire que la distinction des différents objets matériels ne s'opère qu'à partir de la connaissance par sentiment, c'est-à-dire par un principe purement subjectif, dans la mesure où (c'est là un point d'accord entre tous les cartésiens) la couleur est une pure modalité de l'âme, et non une propriété des objets (*RR*, II, n° 1, p. 281).

De l'idée perçue à l'idée sentie

Pour éviter la dissociation absolue du sensible et de l'intelligible que nous avons soulignée, la *Réponse à Regis* va donc mettre en œuvre une nouvelle organisation des instances cognitives. C'est désormais à l'idée de l'étendue elle-même qu'il appartient de faire connaître les corps singuliers. L'idée archétype de la matière, qui fait l'intelligibilité des corps, devient également le principe de la connaissance de chaque corps en particulier. Le sensible n'est plus l'autre de l'intelligible, mais son prolongement.

L'opérateur de cette nouvelle solution est le concept d'efficace de l'idée qui introduit plusieurs modifications d'importance dans la conception des rapports entre connaissances intellectuelle et sensible.

Dans le cadre des premières éditions de la *Recherche*, l'idée était perçue en Dieu et la sensation produite par Dieu dans l'esprit[3]. Outre les inconvénients déjà signalés concernant la connaissance des corps, il s'ensuivait que la nature du contact entre l'esprit et Dieu (spécialement dans le cas de la connaissance

---

1. L'hypothèse est *ab initio* rendue impossible par l'affirmation de l'unité de la substance matérielle. Malebranche ne cessera, jusque dans ses dernières lettres à Dortous de Mairan de 1714, de se débattre avec cette difficulté inhérente à sa conception de la substance.

2. Une difficulté subsidiaire mais délicate tient au fait que le principe de différence spécifique est le même que le principe d'individuation numérique. La couleur me fait discerner le bureau du plancher, mais probablement pas ce bureau d'un autre, placé juste à côté par exemple. Voir *RR*, p. 281-282.

3. Cette distinction très marquée de l'idée et de la sensation renvoyait, en dernière analyse, à la distinction de la sagesse et de la puissance en Dieu.

purement intellectuelle) restait largement inélucidée [1]. En attribuant l'efficace causale à l'idée elle-même, Malebranche se donne les moyens de penser à nouveaux frais l'unité de la connaissance, mais surtout, de restituer à la perception des singularités une valeur cognitive que les premiers textes conduisaient à lui refuser. La perception intellectuelle relève, tout comme la perception sensible, de l'activité causale de l'idée divine sur l'esprit. C'est désormais une seule et même instance, l'idée divine agissant et affectant plus ou moins fortement l'esprit, qui rend compte de la connaissance intellectuelle de l'étendue universelle (perception pure et indifférenciée d'une étendue uniforme) et de la perception sensible des corps individuels (*RR*, II, n° 3 et 4, p. 281-282). La perception d'un objet individuel provient alors de l'idée elle-même, et semble pouvoir ainsi bénéficier de son intelligibilité. Dans cette perspective, Malebranche revient plus bas (n° 12, p. 287-288) sur ce nouvel aspect de sa noétique en analysant, de manière symptomatique, la perception de notre main. Le contexte de cette analyse mérite d'être rappelé, puisqu'il s'agit alors de montrer, par cet exemple, que les idées sont préalables aux perceptions de l'esprit, et qu'elles peuvent par conséquent être en Dieu. Ce texte tente donc de réunir vision en Dieu et connaissance de l'individuel [2]. Le n° 12 se demande donc comment, en contexte malebranchiste, se peut obtenir l'unité perceptive ; autrement dit, comment assurer à un individu son unité, alors même qu'il n'est pas perçu directement, et que la perception n'atteint pas son existence [3]. Résumons les étapes de la réflexion.

1. Regis ne se fait d'ailleurs pas faute de le faire remarquer à Malebranche (*SP*, II, I, chap. XIV, t. I p. 185), texte auquel l'oratorien répond dans le *RR*, II, n° 17, p. 294-295.

2. L'analyse porte sur l'idée de main, laquelle est supposée préalable aux perceptions de la main, ce qui suggère la réapparition d'idées particulières ; pour autant (et cela reste une des difficultés selon nous irrésolue du malebranchisme), l'oratorien ne réhabilite pas la thèse de l'intellection par Dieu d'idées particulières, d'archétypes correspondant à chaque corps existant. Autrement dit, la doctrine malebranchiste de la connaissance divine n'effectue pas le virage qui semblait pourtant requis par la tentative de réhabiliter, au niveau de la connaissance humaine, la possibilité d'idées singulières. En ce sens, il n'est pas certain que la tentative malebranchiste pour réhabiliter la connaissance de l'individuel ait pleinement réussi, tant il reste délicat d'articuler ici connaissances humaine et divine.

3. Le n° 5 (p. 282-283) affirmait déjà que les perceptions de couleurs qui individualisent ne se rapportent directement qu'à l'idée, et qu'indirectement aux corps existants qui demeurent invisibles. Le principe de l'individuation idéale et perceptive est paradoxalement disjoint du corps individuel existant, puisque ce dernier reste invisible. Voir encore la lettre du 19 mars 1699, *OC* IX, 960-961.

1) Lorsque nous regardons notre main, celle-ci n'est pas directement connue en elle-même : « Maintenant que je regarde ma main, j'en ai l'idée présente à l'esprit par la modification de couleur dont cette idée affecte mon âme » (*ibid.*, p. 287)[1]. Il nous est donc rappelé que l'individualité perçue ne dérive pas tant de la chose existante que de son idée agissante. Ce par quoi l'objet est singularisé pour notre perception, à savoir sa couleur, n'est pas une qualité ou une propriété qui lui appartient.

2) C'est néanmoins par la modification de l'âme (ici la couleur) que nous avons l'idée de notre main; de la sensation à l'idée, la conséquence redevient bonne.

3) Je puis également sentir ma main plongée dans l'eau chaude, et de nouveau en avoir l'idée par la perception de chaleur (*ibid.*, p. 288). Ceci n'implique pas pour autant que ces deux diverses modifications (couleur et chaleur) nous fassent percevoir deux mains différentes. Les deux sensations hétérogènes renvoient à une unique main, ou plus exactement à une unique idée de notre main.

4) Deux conclusions s'ensuivent. En premier lieu, l'unité perceptive de la main se trouve située au-delà du flux sensoriel. Une seule idée de main explique la pluralité des affections qui nous la font connaître[2]. Malebranche se refuse donc à franchir le pas que fera Berkeley, qui postulera autant d'objets que de perceptions différentes.

En second lieu, cette idée de main est préalable (et non consécutive) aux affections qui nous la font connaître. La diversité des sensations renvoie en dernière analyse à une idée affectante qui demeure en Dieu, ce qui, pense l'oratorien, permet d'accorder ces nouvelles perspectives avec les thèses plus anciennes[3].

Puisqu'il est dès lors établi qu'on ne voit les corps individuels que par l'étendue intelligible qui nous affecte, il reste à démontrer que cette idée ne

1. Voir l'analyse du même exemple, avec des conclusions parallèles, dans la *lettre à Arnauld* du 19 mars 1699, *OC* IX, 957, puis dans l'*Entretien d'un philosophe chrétien et d'un philosophe chinois*, *OC* XV, 8-9.
2. Elle explique en outre l'illusion de l'amputé qui sent une main qu'il n'a plus; l'illusion devient explicable si on admet que la main qui nous blesse n'est pas la main matérielle, mais son idée qui agit efficacement sur notre esprit (*Entretien d'un philosophe chrétien et d'un philosophe chinois*, *OC* XV, 8).
3. Il resterait à se demander si l'aménagement doctrinal a été mené à son terme : significativement, l'oratorien continue d'évoquer l'idée détendue, et à faire de l'idée de la main une simple détermination partitive de cette idée générale.

peut être qu'en Dieu, et n'est en aucun cas une modification de notre âme [1]. Ainsi se trouvera confirmée l'opinion centrale de la *Recherche*, et la vision en Dieu réconciliée avec une doctrine de la connaissance des corps singuliers.

Puisque l'idée d'étendue est infinie (*RR*, II, n° 8, p. 283-284) [2], elle ne peut être un mode de l'esprit fini (n° 7, p. 283). Elle ne peut donc être qu'en Dieu (n° 9, p. 284).

Des propriétés à l'existence

Nous voudrions attirer brièvement l'attention sur un paradoxe particulièrement remarquable dans le texte qu'on va lire. La connaissance des corps singuliers ne doit rien à l'existence de ces mêmes corps dans le monde. Deux arguments sont ici utilisés.

En premier lieu, la connaissance finie reste soumise à l'opérativité d'une cause : toute connaissance requiert l'action d'une cause efficiente. Mais les corps ne pouvant nous affecter, c'est à Dieu, seule cause efficiente ou efficace, qu'il revient désormais de nous faire connaître les corps [3]. Les corps que nous voyons ne sont donc pas ceux que nous regardons (*ibid.*, n° 14, p. 289). Malebranche pousse ici à son terme le paradoxe constitutif de sa noétique. Ce qui existe n'est pas vu ni connu, ce qui est connu n'existe pas à proprement parler si ce n'est en Dieu à titre d'idée. L'existence d'objets n'a donc, au regard de notre connaissance des choses, qu'une valeur extrinsèque et purement résiduelle : « Quoique Dieu n'eût point créé des corps, les esprits seraient capables d'en avoir les idées » (*ibid.*) [4]. Pour connaître une maison jusqu'en son détail, il n'est nullement nécessaire que la maison existe actuellement *hic et nunc*.

La vision en Dieu peut donc nous dispenser du monde pour connaître le monde. Mais cette affirmation aussi paradoxale que cohérente avec les principes fondamentaux de la noétique précédemment mise en place n'est pas sans

---

1. La position adverse est défendue par Regis (*Usage*, I, I, chap. VII, p. 80).

2. Cette infinité est conclue à partir d'une identification, non véritablement démontrée ici, entre l'être formel et objectif de l'idée. Une réalité objective infinie, pour parler en termes cartésiens, ne peut être le propre d'une idée formellement finie, mode d'un esprit lui-même fini. Malebranche revient au n° 10 sur cet élément de sa démonstration. *Cf.* n° 20, p. 300-301.

3. Contre Regis qui veut faire des corps créés les causes exemplaires de nos idées, Malebranche maintient sa doctrine, et fait de l'idée la cause exemplaire des corps (*ibid.*, n° 11, p. 287, puis p. 307-308). Précisons cependant qu'il préfère parler alors le vocabulaire de l'archétype que celui de la cause exemplaire, tant sa conception de la causalité réelle privilégie l'unique figure de l'efficience, au détriment de l'exemplarité.

4. *Cf.* n° 22, p. 303.

conséquence sur la conception des rapports entre idée et existence. Il convient de prêter attention à la distinction capitale des propriétés et de l'existence, déjà formulée dans des textes antérieurs, mais qui se trouve ici énoncée avec une netteté particulière. L'étendue intelligible infinie, nécessaire et éternelle, nous représente *a priori* les propriétés de tout corps possible. En revanche, on ne peut déduire de l'étendue intelligible que Dieu ait créé une étendue matérielle. La création du monde n'est pas analytiquement contenue dans la représentation de l'étendue intelligible. Pour Dieu lui-même, la création, décrétée par sa volonté, ne s'impose pas au Verbe qui contient les idées divines qui sont aussi bien les nôtres. De l'infini contenu dans l'idée, on ne peut nullement déduire une existence actuelle. Malebranche suggère ici que l'existence du monde créé ne peut pas être un prédicat de l'idée d'infini.

Notons toutefois qu'une difficulté se présente alors dans la mesure où l'oratorien prétend conserver, s'agissant de Dieu, l'argument *a priori* qui entend déduire l'existence de l'idée. Ainsi vaut pour l'infiniment infini qu'est Dieu, ce qui ne saurait valoir pour cet infini en un genre qu'est l'étendue intelligible. Quoi qu'il en soit de cette difficulté, il semble que Malebranche, en affirmant ici l'indéductibilité de l'existence, anticiperait sur une position de type kantien. L'existence en effet, ne peut jamais s'apparenter à une propriété, au prédicat réel d'un concept pourrait-on dire : « Pour connaître les propriétés de cet être, j'en consulte l'idée [...]. Mais je ne conclus rien sur l'existence actuelle de cet être, parce que Dieu ne fait pas nécessairement ce que ses idées représentent, ou des êtres qui répondent à ses idées » (*ibid.*, p. 303).

Ce disant, ne revient-on pas à la difficulté initiale, en prononçant le divorce entre l'idée et l'individuel ?

Pour ou contre la création des vérités éternelles

Afin de confirmer l'opinion qu'il avance touchant la vision des corps en Dieu, Malebranche entreprend, dans les n° 15 à 19, une longue discussion des passages du *Système de philosophie* (Métaphysique, II, I, chap. XIV) qui avaient explicitement attaqué cette doctrine. De cet examen qui fournit l'occasion d'utiles précisions sur les principales raisons avancées en faveur de la vision en Dieu au chapitre VI du livre III de la *Recherche*, nous ne retiendrons qu'un aspect, essentiel pour préciser les rapports de Malebranche au cartésianisme. Contre Regis et sa définition des vérités éternelles, Malebranche réaffirme avec force son refus de soumettre les idées à une causalité efficiente. Si les idées ne sont pas causées en nous par les corps, elles ne le sont pas davantage par Dieu. Devant éclairer Dieu dans la création du monde, elles ne peuvent elles-mêmes relever d'une création [1]. C'est dire que le ferme refus que Malebranche oppose à la thèse cartésienne de la création des vérités éternelles telle qu'elle est reprise par Regis s'inscrit dans un contexte beaucoup plus large. Pour l'oratorien, le refus d'une telle hypothèse engage la conception de l'acte créateur éclairé par les idées, la distinction des idées et de leur perception par l'esprit fini, et finalement la noétique de la vision en Dieu dans son ensemble. À sa manière, l'attitude malebranchiste permet de poser la question de savoir si un cartésianisme sans création des vérités éternelles est possible, ou sensé.

La présente édition

La *Réponse à Regis* a connu quatre éditions du vivant de son auteur. Publiée en 1693 à Paris chez Pralard, puis reprise par Lelevel dans *La vraie et la fausse métaphysique* l'année suivante, elle est intégrée à la *Recherche de la vérité* à partir de la 5e édition en 1700 [2]. Elle est de nouveau reprise en 1712 dans le tome III de la sixième édition de la *Recherche* (p. 449-555), à la suite de l'opuscule des Lois du mouvement. Malebranche a donc voulu que son destin fût désormais organiquement lié à celui de la *Recherche* qui y renvoie dès lors à plusieurs reprises [3].

Nous avons suivi le texte de l'édition de 1712, que reprend le tome XVII-1 des *Œuvres complètes*, dont la pagination est indiquée en marge.

Jean-Christophe BARDOUT

---

1. Malebranche affirme que Dieu voit l'essence des créatures en ses perfections, et leur existence en sa volonté, là où Regis étend ce volontarisme aux essences elles-mêmes (*Usage*, I, I, chap. XXIV, p. 169).

2. Elle figure au tome III, p. 387-486. La *Réponse à Regis* figure ici avant l'opuscule sur les Lois du mouvements, et après les *Éclaircissements*. Dans l'exemplaire de la Bibliothèque nationale de France que nous avons consulté (R-11284), les quatre dernières pages de la *Réponse*, et les premières des Lois du mouvement (p. 483-506) ont été par erreur insérées entre les p. 458 et 459.

3. *RV* I, VIII, *OC* I, 99 ; IX, *OC* I, 114 et 116 ; III, II, VI, *OC* I, 447.

| RÉPONSE À MONSIEUR REGIS [1]

Ayant remarqué dans le *Système de Philosophie* de M. Regis qu'il me faisait l'honneur de critiquer mes sentiments, et qu'il en condamnait quelques-uns sans donner, ce me semble, aucune preuve solide de ses décisions, je crus d'abord lui devoir répondre. Mais, certaines considérations m'ayant fait différer un travail si contraire à mon inclination, et que je ne jugeais pas fort nécessaire, j'appris, peu de temps après, qu'une autre personne [2] à mon insu avait entrepris de réfuter les opinions particulières de ce philosophe, sur la métaphysique principalement et sur la morale, et même que dans son ouvrage, il défendait mes sentiments avec beaucoup de vigueur. Je ne sais point bien ce qui en est, car je n'ai point vu cette réfutation dont je parle*, et je ne la veux point voir qu'elle ne soit imprimée. Je suis bien aise que M. Regis le sache, afin qu'il ne m'attribue que ce qui dépend absolument de moi. Car je ne prétends pas avoir droit sur les ouvrages des autres, ni les obliger à écrire comme je le ferais moi-même. Je ne veux pas me rendre juge dans ma propre cause, ni ôter aux autres la liberté de dire ce qu'ils pensent de mes livres et des siens; et je ne sais point | si la **260** personne dont je parle approuve aussi généralement qu'on me l'a dit, tout ce que M. Regis condamne dans mes ouvrages.

Ayant donc appris qu'on avait exécuté le dessein que je pouvais prendre, et peut-être plus heureusement que je n'aurais fait moi-

---

* On doit observer que ce que je dis ici a été imprimé en 1693.

1. Le chap. I est un éclaircissement pour *RV* I, IX, § III. Le chap. II est un éclaircissement pour *RV* III, II, V. Le chap. III est un éclaircissement pour *RV* IV, X.
2. Henri Lelevel.

même, je ne pensais plus à répondre à M. Regis. Mais, voyant que l'ouvrage ne paraissait point*, et ne sachant point s'il paraîtrait jamais, j'ai pris enfin la résolution de faire moi-même une courte réponse. Pour cela, j'ai cherché dans le *Système de philosophie* tous les endroits où l'auteur me cite en marge, et combat mes sentiments avec une application particulière, et j'ai négligé les autres. J'ai cru que, si je ne répondais pas à M. Regis lorsqu'il m'interroge, et que, par ces citations en marge, tout le monde peut voir que c'est à moi à qui il parle, j'ai crû, dis-je, que lui et ses disciples pourraient regarder mon silence, ou comme une espèce de mépris, ce qui ne me conviendrait guères, ou comme un aveu de mon impuissance, ce qui ferait tort à la vérité de mes sentiments. Et au contraire, si je fais voir incontestablement, que M. Regis n'a pas raison dans ces endroits qu'il réfute avec le plus d'application et en me citant, on aura un fondement raisonnable de se défier de ce qu'il avance généralement, non seulement contre le livre de la *Recherche de la Vérité*, mais contre des sentiments bien plus dignes de respect. Car enfin, puisque pour le combattre je ne fais point choix de ce qui me paraît de plus faible dans son système, et que je m'oblige à renverser tout ce qu'il y trouve lui-même de plus fort contre moi, si on reconnaît clairement, comme je l'espère, que la vérité est de mon côté, on aura un préjugé fort légitime contre tout son ouvrage, je veux dire contre ses opinions particulières. Car je ne prétends pas qu'il n'y ait rien de solide dans sa Philosophie. Je condamnerais d'excellents auteurs, et que je regarde comme mes maîtres. Je prétends seulement, pour ne point parler de ce qui ne me regarde pas, qu'il n'a jamais raison dans les endroits où il me combat. Voilà, je l'avoue, une étrange prétention. Mais je crois la pouvoir
261 déclarer, non | seulement parce que je la juge bien fondée, mais encore afin que ceux qui lisent ses ouvrages, aussi bien que les miens, soient extrêmement sur leurs gardes.

---

* Cet ouvrage a paru en 1694 [Henri Lelevel, *La vraie et la fausse métaphysique, où l'on réfute les sentiments de M. Regis et de ses adversaires sur cette matière*; avec plusieurs dissertations physiques et métaphysiques et toutes les pièces justificatives des sentiments du Père Malebranche par rapport à M. Regis, Rotterdam, R. Leers, 1694, 2 vol.].

| Chapitre I. Raison physique 263

Des diverses apparences de grandeur du soleil et de la lune dans l'horizon et dans le méridien, combattues par M. Regis

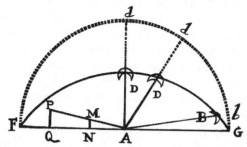

Pour exposer clairement le fait dont il est question, supposons que la ligne FG représente le plan d'une plate campagne, et BDD le ciel à peu près tel qu'il paraît, se joignant avec la terre aux extrémités de l'horizon F, G. L'expérience apprend que la lune paraît d'autant plus grande qu'elle est plus proche de l'horizon. Et la question est de savoir la véritable raison de cette apparence.

Je croyais avoir suffisamment démontré dans le Ier livre de | la **264** *Recherche de la vérité** que la lune nous paraissait plus grande à l'horizon en B que dans le méridien en D, parce que, voyant entre elle et nous plusieurs terres, nous la jugions d'autant plus éloignée qu'elle était plus proche de l'horizon. Et je pense encore à présent que tous ceux qui examineront sans prévention mes preuves les trouveront convaincantes. Mais il est juste de donner ici quelque chose à la réputation de M. Regis, et de ce savant géomètre le R. P. Taquet, qui ne conviennent pas de la raison que j'ai donnée[1].

1. Il est certain que l'objet PQ double par exemple de l'objet MN; et deux fois plus éloigné que lui de l'œil A, y trace sur le nerf optique une image sensiblement égale à celle que MN y produit, ou qu'il est vu sous un même angle. Car les rayons PA et MA, QA et NA sont dans les

* Chap. IX, art. III. Il serait bon de lire ce chap. IX.

1. L'édition de 1712 reproduit ici (par erreur à l'envers) la figure du début du chapitre.

mêmes lignes droites. Et ces rayons partant des extrémités de ces objets déterminent par conséquent leur hauteur. C'est une vérité dont M. Regis convient*.

2. Or la hauteur de l'objet PQ paraît environ double de l'objet MN, lorsque l'on en remarque la distance; je dis *environ* double, parce qu'on ne peut à la vue juger exactement de la distance des objets. Un nain à deux pas de nous paraît certainement beaucoup plus petit qu'un géant trois fois plus grand qui serait éloigné de six pas, quoique l'un et l'autre puissent être vus sous des angles égaux, ou, ce qui est la même chose, quoique les images qui s'en traceraient au fond de l'œil puissent être égales.

265   3. Donc la raison de cette inégalité dans les apparences, ne | venant point de l'inégalité des angles visuels ou des images, qui certainement sont égales dans le fond de nos yeux, elle doit venir de l'inégalité de la distance.

4. Mais, afin que l'inégalité de la distance produise de l'inégalité dans les apparences que nous avons de deux objets, qui tracent des images égales, il faut que cette inégalité de distance soit actuellement aperçue par les sens. Car les connaissances que nous en aurions d'ailleurs ne changent rien actuellement dans les organes de nos sens, elles ne changeraient rien non plus dans nos sensations, parce que Dieu, en conséquence des lois de l'union de l'âme et du corps, n'agit dans notre âme et ne nous fait voir les objets, qu'à l'occasion des images qui s'en tracent dans nos yeux, et des changements qui arrivent à notre corps. C'est pour cela que les astronomes ne voient pas le soleil plus grand que les autres hommes, quoiqu'ils le jugent infiniment plus éloigné qu'on ne le croit ordinairement. Car encore un coup une distance qui n'est point actuellement aperçue par les sens doit être comptée pour nulle, ou ne peut servir de fondement au jugement naturel qui se forme en nous de la grandeur des objets. Reprenons maintenant la figure précédente.

5. Lorsqu'on regarde le ciel du milieu d'une campagne, sa voûte ne paraît point parfaitement sphérique comme *bdd*, mais elle paraît

---

* Tome III, p. 240. Je cite la première édition *in quarto* [Voir *SP*, Physique, t. III, partie II, livre VIII, chap. XXX, p. 238-241].

comme un demi-sphéroïde aplati BDD ; de sorte que la ligne horizon-
tale AB paraît double ou triple de la perpendiculaire AD. Ainsi lorsque
la lune est en d, elle paraît être en D, et, lorsqu'elle est en b, elle paraît
être en B. Or AB est plus grand que AD, il en est double par exemple.
Donc, lorsque la lune est dans l'horizon, sa distance apparente est
double de celle du méridien. Donc, quoique l'inégalité des images que
la lune, dans ces deux situations différentes, trace dans nos yeux soit
comme insensible, son diamètre doit paraître dans l'horizon deux fois
aussi grand que dans le méridien, puisque les images de deux corps,
étant égales dans le fond de nos yeux, leur grandeur paraît et doit
toujours paraître proportionnelle, non à leur distance réelle, mais à
leur distance apparente, ainsi que je viens de le dire.

| 6. Cette raison est démonstrative assurément. Mais, pour en **266**
convaincre l'esprit d'une manière sensible, on peut faire cette expérience, entre plusieurs autres. Prenez un morceau de verre plat comme
d'une vitre cassée. Chauffez-le peu à peu, et également partout, en le
passant sur la flamme d'une chandelle, d'abord à 3 ou 4 doigts, de peur
qu'il ne se casse ; et lorsqu'il sera chaud abaissez-le sur la flamme
même ; et l'y passez afin qu'il se couvre de fumée, jusqu'à ce que
regardant au travers vous voyiez distinctement la flamme de la
chandelle, sans voir les autres objets moins éclatants. Il faut que ce
verre soit plus ou moins obscurci, selon l'usage qu'on en veut faire,
pour regarder le soleil ou la lune. On le voit assez.

Je dis donc qu'avec un tel verre plus ou moins enfumé, on verra le
soleil et la lune sensiblement de la même grandeur dans l'horizon et
dans le méridien, pourvu que ce verre soit tout proche des yeux, et
qu'il éclipse entièrement le ciel et les terres, je dis *entièrement*. Car,
pour peu qu'on entrevît le ciel et les terres, ce verre ne changerait point
les apparences de grandeur du soleil, parce qu'on le pourrait juger plus
éloigné que ces terres qu'on verrait confusément, car il n'est pas
nécessaire de voir distinctement les objets pour juger de leur étendue.
Si le soleil est dans l'horizon, l'interposition du verre le fera paraître
environ deux fois plus proche, et quatre fois plus petit ou environ, car
ici la précision n'est pas nécessaire. Mais, s'il est fort élevé sur

l'horizon, le verre ne produira aucun changement considérable ni dans sa distance, ni dans sa grandeur apparente.

7. Cela étant, il est clair que l'interposition du verre ne change pas sensiblement l'image, que la lune trace dans le fond de l'œil, puisqu'elle ne perd rien de sa grandeur apparente, lorsque, étant sur notre tête, on la regarde avec ce verre. Or, lorsqu'elle est à l'horizon, sa distance et sa grandeur apparentes diminuent notablement par l'interposition du verre, laquelle ne change point son image, et ne fait qu'éclipser les autres objets. Donc il est évident que la lune paraît plus grande dans l'horizon que dans le méridien, par cette raison que la vue sensible des | terres nous la faisait juger plus éloignée. Et la proposition que M. Regis prétend prouver dans le chapitre XXX du IIIᵉ tome de sa Philosophie, et par laquelle il le finit n'est pas soutenable [1]. *Ainsi*, conclut-il, *nous pouvons assurer en général que la grandeur apparente des objets dépend uniquement de la grandeur des images qu'ils tracent sur la rétine.*

8. Pour le R. P. Taquet son sentiment n'est pas tout à fait le même que celui de M. Regis. Selon ce Père, la grandeur apparente des objets dépend non *uniquement*, mais *presque toujours* de la grandeur de leurs images; ce qui le fait néanmoins tomber dans quelques erreurs. Mais voici ce qu'il dit par rapport au sentiment que je viens d'établir : *Immerito igitur nonnulli recentiores, nescio quibus ducti praejudiciis, angulos praedictos ut fallaces, et ineptos ad apparentes rerum magnitudines determinandas rejiciunt. Dicent, credo, objecta non apparere aequalia, quamvis eodem vel aequali angulo conspiciantur, quando visus inaequales distantias percipit. Quaero igitur an sol prope horisontem positus major appareat, cum terrae superficies illum inter atque oculum interjecta cernitur, quam dum manu vel pileo terrae conspectu impedito spectatur solus? Quisquis voluerit experiri, aequalem utroque casu deprehendet,* etc.[2]. Il est visible que le

1. *SP*, Physique, t. III, partie II, livre VIII, chap. XXX, p. 238-241.

2. André Tacquet, *Opera mathematica...* Anvers, J. Meursius, 1669; voir *Opticae libri III*, p. 137 : «C'est donc à tort que quelques modernes, conduits par je ne sais quels préjugés, rejettent les angles sus-dits comme trompeurs, et incapables de déterminer les grandeurs apparentes des choses. Ils diront, je crois, que les objets n'apparaissent point égaux, quoiqu'on les voie sous le même angle ou sous un angle égal, parce que la vue

P. Taquet se trompe par son expérience imparfaite. Car, pour détruire la distance apparente du soleil couchant, il ne suffit pas de *se cacher la campagne par le bord de son chapeau*, il faut aussi se faire éclipser le ciel. Mais apparemment ce savant homme ne faisait pas attention | à **268** la voûte apparente du ciel, qui, comme je viens de dire, paraissant presque plate, doit causer à peu près la même apparence de distance que les terres interposées. Il est donc certain que l'apparence de l'iné-galité des distances doit être actuellement comparée avec l'égalité des images, que produisent les objets au fond de l'œil, afin que le jugement naturel se forme en nous touchant la grandeur de ces objets. Mais voici comment tout cela se doit entendre. Je prie qu'on y donne attention, car on peut tirer bien des conséquences du principe que je me contenterai d'exposer.

9. Comme Dieu ne nous a pas faits pour connaître les rapports que les corps ont entre eux, et avec celui que nous animons, et qu'il est nécessaire pour la conservation de la vie que nous en sachions beaucoup de choses, il nous en instruit suffisamment par la voie courte du sentiment, sans aucune application de notre part. Dans l'instant que nous ouvrons les yeux au milieu d'une campagne, Dieu nous donne donc tout d'un coup tous les sentiments, et forme en nous tous les jugements que nous formerions nous-mêmes, si ayant l'esprit d'une pénétration comme infinie, nous savions outre cela l'optique divine-ment ; et non seulement la grandeur et le rapport de toutes les images qui se tracent dans nos yeux, mais généralement tous les changements qui arrivent à notre corps, lorsqu'ils peuvent ou doivent ordinairement servir à régler ces jugements. Ainsi nous voyons la lune, le soleil, et les étoiles, et même les nues, dans la même distance, parce que, comme je l'ai prouvé dans le IXe chapitre de cet ouvrage, il n'y a point de différence sensible dans ce qui arrive à notre corps, par laquelle nous puissions juger que les étoiles soient infiniment plus éloignées que la

perçoit les distances inégales. Je demande donc si le soleil, lorsqu'il est proche de l'horizon, apparaît plus grand, alors que l'on voit la surface de la terre interposée entre lui et l'œil, que lorsqu'on le voit seul en cachant l'aspect de la terre avec la main ou le bord d'un chapeau. Quiconque voudra faire l'expérience trouvera qu'il égal dans les deux cas, etc. ».

lune, et celle-ci que les nues, et l'horizon nous paraît plus éloigné que
le zénith, parce que le ciel et les terres qui sont entre l'horizon et nous,
traçant dans nos yeux leurs images, l'esprit, tel que je l'ai supposé, en
doit conclure qu'il est beaucoup plus éloigné que le zénith, entre
lequel et nous il ne paraît aucun objet. De sorte que tous les degrés du
ciel apparent diminuent d'autant plus qu'ils approchent davantage du
Zénith. Et, comme la lune, en quelque endroit du ciel qu'elle soit, est
toujours vue sous un angle d'environ un demi-degré, l'esprit, selon les
269 règles de | l'optique, la doit voir beaucoup plus grande à l'horizon que
dans le méridien.

10. Si je penche la tête, ou si je me promène en regardant un objet,
par le même principe, cet objet ne laissera pas de paraître droit et
immobile. Car mon esprit étant averti de la situation ou du mouvement
de mon corps, je ne dois pas conclure que cet objet change de place,
à cause que son image en change dans le fond de mes yeux. Mais si
j'étais transporté dans un vaisseau par un mouvement qui ne changeât
rien dans mon corps, comme les jugements naturels qui se forment en
moi ne sont appuyés que sur les changements qui s'y passent, je
croirais être immobile, et que les objets seraient mus. Il faut dire la
même chose de toutes les autres apparences des corps qui nous environnent. Dieu, en conséquence des lois générales de l'union de l'âme
et du corps, nous apprend en un clin d'œil, la grandeur, la situation, la
figure, le mouvement et le repos de tous les objets qui frappent nos
yeux en conséquence des lois du mouvement ; et cela fort exactement,
pourvu que les objets ne soient pas excessivement éloignés, et que
l'angle que forment les rayons se termine à l'objet qu'on regarde.
Ainsi Dieu forme en nous pour ainsi dire, les jugements naturels que
nous ferions nous-mêmes, si nous étions tels que je l'ai supposé, c'est-
à-dire d'une pénétration d'esprit comme infini, parfaitement instruits
de l'optique et de tous les changements qui se passent actuellement
dans les fibres de notre cerveau. Mais, comme nous ne sommes pas
faits pour nous occuper des objets sensibles, et pour ne travailler qu'à
la conservation de notre vie, il nous épargne tout ce travail, et nous
apprend par une voie abrégée et fort agréable en un moment un détail
comme infini de vérités et de merveilles. Mais examinons maintenant

l'opinion de M. Regis, et voyons s'il n'y aurait point quelque chose à réformer dans son optique. Voici ses paroles :

11. *Il y en a d'autres qui prétendent que cette grandeur apparente de la lune sur l'horizon, ne dépend point de l'élargissement de la prunelle, ni de l'aplatissement du cristallin, mais du jugement | que* **270** *nous faisons que la lune est plus éloignée de nous, lorsqu'elle est sur l'horizon que lorsqu'elle est dans le méridien, assurant que ce jugement a la propriété de faire qu'un objet paraisse plus grand, quoique son image sur la rétine soit plus petite* *.

On voit bien par ce que je viens de dire, et par ce que j'ai dit dans le 9ᵉ chapitre de la *Recherche de la vérité*, comment il faut entendre cette exposition de mon sentiment.

L'auteur continue : *Nous répondons qu'il n'y a rien qui soit plus contraire aux lois de l'optique que cette explication, et que, tant s'en faut que le jugement que nous faisons que les objets sont éloignés contribue à les faire paraître plus grands, il sert au contraire à les faire paraître plus petits.*

RÉPONSE. Voilà une décision bien étrange : *Il n'y a rien qui soit plus contraire aux lois de l'optiqu*e. Mais quoi ! Est-ce que si M. Regis du milieu de sa chambre regardait la campagne, tout ce qu'il y découvrirait lui paraîtrait plus petit que sa fenêtre, par cette loi fondamentale de son optique, *que la grandeur apparente des objets dépend uniquement de la grandeur des images qu'ils tracent sur la rétine* **, et que l'image d'une montagne, par exemple, étant plus petite au fond de ses yeux, que celle de sa fenêtre, puisque celle-ci contient l'autre, il faut bien que la montagne lui paraisse plus petite. Car s'il jugeait que la montagne est fort éloignée, pour en conclure qu'elle est fort grande, *ce jugement la lui ferait paraître plus petite*, selon son principe d'optique. Et il prouve ainsi ce principe : *Donc la raison est*, dit-il, *que ce jugement dépend d'un mouvement de la prunelle qui est tel, pour voir les objets distinctement, qu'à mesure qu'ils sont plus éloignés elle s'élargit davantage ; et à mesure qu'elle s'élargit, l'œil et le cristallin s'aplatissent. Or il est évident que, quand l'œil est aplati, les réfrac-*

* Tome III, p. 243.
** Page 241.

271 *tions sont moindres, et par conséquent | que les images des objets qu'elles causent sur la rétine sont plus petites.* Pour moi, de ce que le cristallin s'aplatit, je conclurais au contraire : et par conséquent les images des objets que les réfractions causent sur la rétine sont plus grandes. Car le cristallin fait le même effet que les verres convexes des lunettes, et l'expérience apprend que, plus ces verres sont plats et leurs réfractions petites, plus au contraire les images qu'ils rassemblent à leur foyer deviennent grandes. Il serait inutile que j'expliquasse ici d'où dépend le jugement que nous formons de la distance des objets, après ce que j'en ai dit dans le IXe chapitre de la *Recherche de la vérité*. Comment les rayons se rassembleront-ils sur la rétine, si *l'œil et le cristallin s'aplatissent* en même temps ? Si le cristallin s'aplatit, c'est une nécessité que l'œil s'allonge ; et au contraire si l'œil s'aplatit, il faut que le cristallin devienne plus convexe, afin que la vision se puisse faire, et que les rayons se réunissent sur la rétine, car je parle ici des objets fort éloignés. M. Regis me permettra de lui dire ici, que quand on veut rendre raison d'une chose fausse, on se trouve souvent bien embarrassé ; mais peut-être y a-t-il dans son raisonnement quelque faute d'impression qui y cause cet embarras que je ne puis démêler. Il continue.

12. *Pour donner donc une explication plus simple et plus naturelle que les précédentes, nous dirons que la grandeur apparente de la lune à l'horizon, dépend principalement des vapeurs qui s'élèvent continuellement en l'air, et qui se disposent en sorte autour de la terre, que leur surface convexe est concentrique avec elle ; d'où il s'ensuit que ces vapeurs causent aux rayons de la Lune des réfractions qui les font approcher de la perpendiculaire, et qui sont propres par conséquent à augmenter l'image de la Lune sur la rétine, par la même raison que les verres convexes sont propres à augmenter celles de tous les objets qu'on regarde au travers de ces verres.*

RÉPONSE. L'explication est *simple*. Mais elle est fausse pour bien des raisons.

272   1) Elle est fausse par la démonstration que j'ai donnée de | mon sentiment, et par l'expérience du verre enfumé, dont on a parlé d'abord.

2) Elle est fausse encore, par une raison donnée dans l'endroit qu'il réfute*. Car, quand les astronomes mesurent le diamètre de la lune, ils le trouvent plus grand lorsqu'elle est dans le méridien, que lorsqu'elle est à l'horizon, à cause qu'alors elle est plus proche d'un demi-diamètre de la terre. Or, si les réfractions augmentaient l'image de la lune dans les yeux, il est évident, du moins à ceux qui savent quelque peu d'optique, qu'elles l'augmenteraient dans la lunette. On sera bientôt** surpris de voir l'étrange réponse que M. Regis donne à cette expérience dont il convient. Mais il a pu voir ces deux premières réponses dans mes livres, il lui en faut donner d'autres.

3) Elle est donc fausse parce qu'elle suppose un principe faux, qui est que les rayons de la lune souffrent la réfraction en question à la surface de l'atmosphère de l'air ou des vapeurs. Or ce principe n'est pas vrai. Car à cette surface la différence de la densité des milieux est comme insensible, et l'expérience apprend qu'un même objet à une distance raisonnable comme d'une lieue, vu le matin de niveau avec une lunette, ne s'y trouve plus à midi, par l'effet des réfractions qui élèvent les objets. Or la surface des vapeurs qui se disposent en rond autour de la terre est bien loin de là, car du moins montent-elles jusqu'aux nues.

| Je croirais perdre mon temps, et le faire perdre aux autres, si je **273** m'arrêtais davantage à faire voir la fausseté du principe de M. Regis, qui explique *les réfractions que les vapeurs causent dans les rayons de la lune par la même raison que les verres convexes sont propres à augmenter les objets qu'on regarde au travers.* Je crois que le lecteur, et M. Regis lui-même en demeurera d'accord. Mais peut-être voudra-t-il que j'explique donc moi-même l'effet des réfractions dont il est question. Je veux bien le satisfaire. Non que je croie que cela soit nécessaire à la justification de mes sentiments, mais parce que le lecteur sera peut-être aussi bien aise de le savoir, s'il ne le sait déjà mieux que moi, car je ne me pique pas d'être fort savant dans ces matières.

13. Je crois donc que les réfractions n'augmentent point la grandeur apparente de la Lune, qu'au contraire elles la diminuent, parce que,

---

* *Recherche de la vérité*, chap. IX, p. 82 [édition de 1712, p. 128; *OC* I, 116].
** À la fin de cette première réponse.

lorsqu'elle est à l'horizon elles diminuent sa hauteur, je veux dire son diamètre perpendiculaire, sans faire aucun changement sensible dans sa largeur ou son diamètre horizontal, ce qui la fait paraître elliptique ; voici ma raison. C'est que les réfractions que causent les vapeurs dans les rayons de la lune et de tous les autres objets, se font principalement dans les vapeurs mêmes, qui sont répandues dans tout l'air, et non comme M. Regis le prétend, sur leur surface concentrique à la terre. Car à cette surface la différence de la densité des milieux est insensible. Il n'en est pas de cette surface comme de celle des nues que les vents compriment, et sur lesquelles ils peuvent former une espèce de glacis. L'expérience du niveau, de laquelle je viens de parler, le confirme ; et je ne crois pas que personne en puisse douter. Or voici comment je pense que se font ces réfractions.

Les rayons aussi bien que tous les corps mus vont, ou tendent toujours à aller en ligne droite ; et ils ne se détournent de cette ligne que lorsqu'ils trouvent plus de résistance d'un côté que de l'autre. Les rayons, par exemple, qui de l'air entrent de biais dans l'eau, ou qui sont obliques à la surface de l'eau, se détournent vers la perpendiculaire, parce que, à la surface commune de ces deux corps, ils trouvent moins de résistance dans les pores de l'eau que dans l'air, dont les petites parties leur résistent par | un ébranlement continuel. Les rayons de la lune se détournent donc peu à peu et insensiblement vers la surface de la terre parce qu'ils trouvent moins de résistance, où il y a plus de vapeurs ou de petites parties d'eau, et qu'ordinairement il y en a plus en bas qu'en haut. Ainsi ces rayons décrivent une ligne courbe, dont on laisse aux géomètres à expliquer la nature ; et la tangente qui touche cette courbe au point qui entre dans l'œil, est le rayon du lieu apparent de la lune, parce que nous voyons toujours les objets en ligne droite.

On voit bien par ce que je viens de dire que non seulement les réfractions doivent élever la lune, mais encore qu'elles doivent l'élever d'autant plus, qu'elle est plus proche de l'horizon ; parce que ses rayons rencontrent d'autant plus de vapeurs qu'ils sont plus proches de la terre, et qu'ils traversent un espace plus long où elles sont répandues. On en peut même conclure que l'effet des réfractions ne doit cesser, que lorsque la lune est directement sur notre tête, quoiqu'elle ne soit presque plus sensible depuis le 45ᵉ ou 50ᵉ degré d'élévation jusques au zénith. Tout le monde sait que l'on a dressé des tables de réfractions pour les observations astronomiques, lesquelles tables donnent pour les différents degrés de hauteur des planètes, différentes élévations apparentes, fondées sur ce que je viens de dire. Enfin le fait ne se peut contester. Laissant donc là les preuves que j'en viens de donner, je raisonne ainsi sur le fait.

14. Il est certain que les rayons qui partent du bord supérieur de la lune, sont plus élevés sur l'horizon d'environ un demi-degré, que ceux qui partent du bord inférieur. Or l'expérience apprend et les tables des réfractions, que plus les objets approchent de l'horizon, plus les réfractions sont grandes, et plus l'élévation apparente de ces objets augmente. Donc le bord inférieur de la lune doit recevoir par les réfractions, plus d'élévation que le bord supérieur. Donc les réfractions approchent les deux extrémités du diamètre perpendiculaire de la lune, et par conséquent elles diminuent sa hauteur. Mais, comme les extrémités du diamètre horizontal sont également élevées sur l'horizon, il est visible que les réfractions ne changent point son apparence, puisque l'effet ordinaire des réfractions n'est que celui d'élever les objets.

| Selon la table des réfractions, le bord supérieur de la lune, **275** lorsqu'elle est dans l'horizon, paraît moins élevé par les vapeurs que le bord inférieur de plus de deux minutes. Ainsi le diamètre de la lune étant environ de 30 minutes, les réfractions diminuent sa hauteur environ de la douzième partie. Si donc les vapeurs augmentaient notablement son diamètre horizontal, au lieu de nous paraître presque circulaire, nous la verrions fort elliptique. Mais, si on suppose que les réfractions n'augmentent point, ou bien si on le veut, car cela ne fait rien à la question, qu'elles n'augmentent que d'une partie insensible son diamètre horizontal, sa figure devra paraître précisément telle qu'elle paraît.

Il est donc certain que les réfractions diminuent davantage la hauteur de la lune, qu'elles n'en augmentent la largeur, et qu'ainsi, bien loin qu'elles augmentent son apparence dans l'horizon, elles doivent la faire paraître plus petite que lorsqu'elle est dans le méridien.

Il n'est pas nécessaire que je m'étende davantage sur cette matière. Mais, afin que le lecteur puisse comparer mes raisons avec celles de l'auteur, je vais achever de lui transcrire ce chapitre de sa philosophie[1]. Ceux qui savent l'optique le trouveront fort extraordinaire.

15. M. REGIS. *Il est encore évident par le 4ᵉ axiome, que la lune étant dans l'horizon, ses rayons doivent souffrir de plus grandes réfractions qu'ils n'en souffrent lorsqu'elle est dans le méridien, à mesure qu'ils sont plus inclinés. Or est-il que la grandeur des images dépend de la grandeur des réfractions.* Je viens d'expliquer le véritable effet des réfractions : et la conséquence qui suit est fausse : *Il s'ensuit donc que l'image de la lune sur la rétine est plus grande, lorsqu'elle est sur l'horizon, que lorsqu'elle est dans le méridien. Sans qu'il serve de rien dire que lorsque la lune est dans l'horizon, elle est plus éloignée de nous que lorsqu'elle est dans le méridien, car rien ne nous empêche de concevoir que la grandeur des réfractions augmente plus l'image de la lune que son éloignement ne la peut diminuer, ce qui fait que la lune doit paraître plus grande dans l'horizon que dans le méridien, ainsi que l'expérience le fait voir.*

276 | *L'auteur de la* Recherche de la vérité *reconnaît sans peine*[2] *qu'un très grand nombre de philosophes attribuent ce que nous venons de dire, aux vapeurs qui s'élèvent de la terre ; et il tombe d'accord avec eux que les vapeurs rompant les rayons des objets les font paraître plus grands, et qu'il y a plus de vapeur entre nous et la lune, lorsqu'elle se lève que lorsqu'elle est fort haute ; et que par conséquent elle devrait paraître quelque peu plus grande qu'elle ne paraît, si elle était toujours également distante de nous. Mais cependant il ne veut pas qu'on dise que cette réfraction des rayons de la lune soit la cause de ces changements apparents de sa grandeur, car cette réfraction, dit-il, n'empêche pas que l'image qui se trouve au fond de nos yeux, lorsque nous voyons la lune qui se lève, soit plus petite que celle qui s'y forme lorsqu'il y a longtemps qu'elle est levée.*

Il me semble encore aujourd'hui que cette raison est convaincante.

1. *SP*, Physique, t. III, partie II, livre VIII, chap. XXXI, p. 244-245.
2. Voir *RV* I, IX, III, *OC* I, 116-117.

Pour répondre à cela, voici comment nous raisonnons, en suivant les principes de cet auteur*. Les vapeurs rompent les rayons de telle sorte qu'elles font paraître les objets plus grands. Il y a plus de vapeurs entre nous et la Lune, lorsqu'elle se lève que lorsqu'elle est fort haute : donc la lune doit paraître plus grande sur l'horizon que dans le méridien, pourvu que** les réfractions qui se font sur l'horizon augmentent plus son image sur la rétine, que son éloignement de nous ne la diminue. Cette conséquence se déduit si naturellement des principes de cet auteur, qu'on a peine à concevoir comment il en a pu tirer une toute contraire, en assurant que le diamètre de l'image que nous avons de la lune dans le fond de nos yeux (on a oublié : *lorsqu'elle est au méridien*) *est plus grand. Ce qui renverse tous les fondements de l'optique.*

| C'est que la condition, *pourvu que* etc. manque, et que les **277** réfractions n'augmentent pas, ou si on le veut, n'augmentent pas tant l'image de la lune que son éloignement la diminue, comme je le conclus de la mesure exacte de son diamètre prise en tout temps.

Quant à ce qu'il ajoute que les astronomes qui mesurent les diamètres des planètes, remarquent que celui de la Lune s'agrandit à proportion qu'elle s'élève, nous en demeurons d'accord; mais c'est ce qu'il n'explique pas, et dont nous allons tâcher de rendre raison [1].

J'en ai rendu la raison au même endroit de la *Recherche de la vérité**** qu'il a cité. Et cette raison est que, lorsque la lune se lève, elle est plus éloignée de nous, que lorsqu'elle est dans le méridien, d'environ un demi-diamètre de la terre. Ainsi les astronomes doivent trouver son diamètre plus grand dans le méridien que dans l'horizon. Il n'y a pas en cela grand mystère. Mais voici la raison de M. Regis. Il faut tâcher de la bien comprendre pour en juger. Une simple lecture ne suffira peut-être pas.

---

* Pourquoi sont-ce là mes *principes*, puisque je les attribue à d'autres philosophes ? Ce sont les principes communs que je n'ai pas cru suivre. M. Regis dit ce qu'il lui plaît.

** Remarquez cette condition : *Pourvu que*, etc.

*** Chap. IX [§ III].

1. *SP*, Physique, t. III, partie II, livre VIII, chap. XXXI, p. 245.

Pour cet effet, il faut se souvenir de ce qui vient d'être dit de la grandeur de l'image que les objets tracent sur la rétine, et supposer ce qui sera prouvé ensuite ; savoir que les verres des lunettes causent aux rayons des réfractions d'autant plus grandes qu'ils sont plus inclinés. Car, cela étant posé, nous pouvons assurer que la lune étant mesurée paraît plus petite lorsqu'elle se lève que lorsqu'elle est fort haute, parce que la lunette dont on se sert pour la mesurer, augmente moins à proportion son image lorsqu'elle est sur l'horizon, qu'elle ne l'augmente lorsqu'elle est vers le méridien, dont la raison est que les réfractions que la lunette cause sont plus petites à mesure que les 278 *rayons sont moins inclinés ; et il est certain que | les rayons sont moins inclinés sur la lunette, lorsque la lune est dans l'horizon que lorsqu'elle est au méridien, à proportion que les réfractions qu'ils souffrent en entrant dans l'air sont plus fortes lorsque la lune se lève, que lorsqu'elle est fort haute*. Ce qui fait qu'il n'y a que le différent éloignement de la lune qui puisse causer de l'inégalité dans la grandeur de l'image qu'elle trace sur la rétine. Or est-il que par l'art. 3. du chap. XVII, le reste étant égal, plus les objets sont éloignés, plus leurs images sont petites ; donc la lune étant plus éloignée de nous lorsqu'elle est dans l'horizon que quand elle est dans le méridien, ce n'est pas merveille si elle paraît sous un moindre diamètre.*

C'est donc une chose constante, que la lune, bien qu'elle dût paraître plus petite étant sur l'horizon, à cause qu'elle est plus éloignée, cela n'empêche pas qu'elle ne puisse paraître plus grande, et qu'elle ne paraisse en effet telle toutes les fois que les réfractions de ses rayons augmentent plus son image matérielle sur la rétine, que son éloignement de la terre ne la diminue ; ce qui est confirmé par l'expérience qui fait voir qu'un objet, quoique plus éloigné, peut paraître plus grand, étant regardé par un verre convexe, qu'il ne paraîtrait étant plus proche, s'il était regardé sans ce verre.

---

* Cela n'est pas vrai. Les rayons doivent tomber perpendiculairement sur la lunette dans quelque situation que soit la lune. Cela n'a pas besoin de preuve. Je suis étrangement surpris de ce discours. À quoi M. Regis pensait-il, que concevait-il ? Cependant il parle décisivement.

J'ai transcrit. Vous avez lu. Décidez donc équitable lecteur, lequel de nous deux, de M. Regis ou de moi, renverse tous les fondements de l'optique.

| Chapitre II   **280**

De la nature des idées, et en particulier de la manière dont nous voyons les objets qui nous environnent

Voici un sujet qui mérite bien plus l'attention du lecteur* que celui que je viens d'éclaircir. Il s'agit ici de la nature des idées qui nous représentent les objets. Il s'agit de savoir, s'il y a une raison universelle qui éclaire toutes les intelligences immédiatement et par elle-même, ou si chaque esprit particulier peut découvrir, dans les diverses modalités de sa propre substance, la nature de tous les êtres et créés et possibles, et l'infini même. Il n'y a point ce me semble de question qui nous regarde de plus près, quoique bien des gens ne s'en embarrassent guère, car enfin il s'agit d'une chose qui entre dans la définition même de l'homme, qu'on définit ordinairement *animal rationis particeps* : il s'agit de savoir ce que c'est que la raison. Je prie donc le lecteur de se rendre attentif, et de ne point s'effrayer de la sublimité de la matière. Je tâcherai de la rendre sensible, du moins à ceux qui savent déjà, ou qui voudront bien supposer, que les couleurs ne sont point répandues sur les objets, vérité qui est maintenant assez communément reçue, et que je crois avoir suffisamment démontrée dans le premier livre de la *Recherche de la vérité*.

La question particulière que je vais d'abord tâcher d'éclaircir, et qui donnera lieu de parler en général de la *nature des idées,* est de savoir comment nous voyons les objets qui nous environnent. J'ai sur cela un sentiment qui paraît étrange, et dont l'imagination ne s'accommode pas volontiers, car je crois que c'est uniquement en Dieu que nous les voyons. J'ai prouvé ce | sentiment fort au long dans *la* **281** *Recherche de la vérité*, et ailleurs**. Car, comme je parlais dans cet

---

* Ceci a rapport à la IIe partie du IIIe livre de la *Recherche*, chap. v.
** *Réponse au livre des vraies et des fausses idées. Entretiens sur la Métaphysique* Ent. I et II [*OC* XII, 36 *sq.*] etc.

ouvrage pour tout le monde, je devais donner de toutes sortes de
preuves. Mais, comme je parle ici principalement à M. Regis, et à
quelques cartésiens, je serai plus court et plus précis, parce que je ne
m'arrêterai qu'à une espèce de preuve. Ainsi il sera aisé de décider
lequel de nous deux a raison.

  1. Je suppose, comme une vérité incontestable, que les couleurs ne
sont point répandues sur les objets, mais qu'elles sont uniquement
dans l'âme. M. Regis en convient, et c'est pour cela que je le suppose.
Par le mot de *couleur*, on n'entend pas la configuration des petites
parties, dont ce papier, par exemple, est composé, laquelle est insensible. On entend par la couleur ce qu'on voit en regardant ce papier,
c'est-à-dire sa blancheur apparente.

  2. Il est certain qu'on ne voit les corps que par la couleur, et qu'on
ne peut en les regardant distinguer leur différente nature, que par la
différence des couleurs. Il ne faut point ici de preuves, mais un peu de
réflexion sur les effets des couleurs dans la peinture.

  3. Si donc je vois présentement ce livre, ce bureau, ce plancher, et
si je juge de leur différence, et de celle de l'air d'alentour, c'est que
l'idée de l'étendue, selon ses diverses parties, modifie mon âme, là
d'une couleur, et ici d'une autre. Et, comme l'air est invisible, cette
idée ne modifie point mon âme de quelque couleur, ou de quelque
perception sensible, pour le lui représenter, mais d'une perception
pure. C'est assurément ainsi qu'on voit les objets. Car, prenez-y garde,
voici le principe.

  4. Il est certain que tous les hommes ont l'idée de l'étendue
présente à l'esprit, dans le temps même qu'ils ont les yeux fermés.
M. Regis a fait un chapitre exprès pour prouver que | cette idée est
essentielle à l'âme*, c'est-à-dire à l'esprit en tant qu'uni au corps.
Quand on a les yeux fermés, comme les objets ne font alors aucune
impression sur les organes de la vue, cette idée ne modifie point l'âme
de diverses couleurs, c'est-à-dire de diverses perceptions sensibles;
elle ne la modifie que d'une perception plus légère, ou purement
intellectuelle, qui la représente immense, mais sans aucune diversité
dans ses parties, parce que cette idée ne modifie point l'âme diverse-

282

---

* Tome I, p. 157 [voir *infra*, p. 463-466].

ment. Car je suppose que l'imagination n'agisse point, ou ne forme point des images particulières de cette idée générale. Concevons maintenant qu'un homme qui avait les yeux fermés vienne à les ouvrir au milieu d'une campagne, et voyons ce qui lui arrivera de nouveau. Cet homme avait en lui l'idée de l'étendue, quand il avait les yeux fermés. Cette idée est essentielle à l'âme, dit M. Regis. Il aura donc encore cette idée. Mais il ne verra point cette uniformité qu'il concevait entre ses parties, parce que cette idée au lieu de ne modifier son esprit que d'une perception intellectuelle, elle le modifiera actuellement d'un grand nombre de perceptions sensibles, ou de couleurs toutes différentes. Car les couleurs ne sont que dans l'âme. Ce ne sont que des perceptions vives et sensibles, qui se rapportent directement à l'idée de l'étendue qui les produit, et indirectement aux objets qui en sont ordinairement l'occasion. Je dis *ordinairement*, parce qu'on voit quelquefois des objets qui ne sont point.

5. Cela étant ainsi, ce qu'on appelle *voir les corps*, n'est autre chose qu'avoir actuellement présente à l'esprit l'idée de l'étendue qui le touche ou le modifie de diverses couleurs, car on ne les voit point directement ou immédiatement en eux-mêmes. Il est donc certain qu'on ne voit les corps que dans l'étendue intelligible et générale, rendue sensible et particulière par la couleur; et que les couleurs ne sont que des perceptions sensibles que l'âme a de l'étendue, lorsque l'étendue agit en elle et la modifie. Quand je dis l'*étendue*, j'entends l'intelligible, j'entends l'idée ou l'archétype de la matière. Car il est clair que l'étendue | matérielle ne peut agir efficacement et directe- **283** ment dans notre esprit. Elle est absolument invisible par elle-même. Il n'y a que les idées intelligibles qui puissent affecter les intelligences. Quoi qu'il en soit, M. Regis demeure d'accord qu'on voit les corps dans l'idée de l'étendue, et cela me suffit ici.

6. J'aurai donc démontré qu'on voit les corps en Dieu, si je puis prouver que l'idée de l'étendue ne se trouve qu'en lui, et qu'elle ne peut être une modification de notre âme. Car, comme tous les corps particuliers sont composés d'une étendue ou matière commune et générale, et d'une forme particulière, de même les idées particulières des corps ne sont faites que de l'idée générale de l'étendue, vue sous

des formes ou par des perceptions intellectuelles ou sensibles toutes différentes. Je crois que M. Regis en demeurera d'accord lui-même, puisqu'il convient *que tous les corps particuliers sont présents à l'âme confusément et en général, parce que leur présence n'est que l'idée même de l'étendue**. Ainsi il est clair que toute la question se réduit à savoir si l'idée de l'étendue n'est qu'une modification de l'âme, comme M. Regis le prétend, ou si cette idée est préalable à la perception qu'on en a, et si elle ne se trouve qu'en Dieu. Je raisonne donc ainsi.

7. Toutes les modifications d'un être fini sont nécessairement finies. Car la modification d'une substance n'étant que sa façon d'être, il est évident que la modification ne peut pas avoir plus d'étendue que la substance même. Or notre esprit est fini, et l'idée de l'étendue est infinie. Donc cette idée ne peut pas être une modification de notre esprit.

Que notre esprit soit fini, cela est certain. Car, plus nos perceptions embrassent de choses, plus elles sont confuses. Si notre esprit était infini, il pourrait comprendre actuellement l'infini. Mais apparemment on ne me contestera pas cette vérité. Il reste donc à prouver que l'idée de l'étendue est infinie.

8. Ce que nous savons certainement n'avoir point de bornes est certainement infini. Or l'idée de l'étendue est telle que nous sommes 284 certains que nous ne l'épuiserons jamais ou que nous | n'en trouverons jamais le bout, quelque mouvement que nous donnions pour cela à notre esprit. Nous sommes donc certains que cette idée est infinie. Il est vrai que la perception que nous avons de cette idée est finie, parce que, notre esprit étant fini, ses modifications le sont aussi. Voilà pourquoi notre esprit ne peut embrasser ou comprendre l'infini. Mais, pour l'idée de l'espace ou de l'immensité, je suis assuré qu'elle passe infiniment l'idée que j'ai du monde et de tout nombre fini de mondes quelque grands qu'ils soient. Et j'atteste sur cela la conscience des lecteurs. Car c'est là une de ces vérités qui ne se peut autrement démontrer parce qu'on ne peut rien démontrer qu'on ne convienne des mêmes idées.

* Ier tome, p. 186 [voir *infra*, p. 471-472].

9. S'il est donc certain que l'idée de l'étendue est infinie, elle ne se peut trouver qu'en Dieu. Or j'ai prouvé qu'on ne voyait les corps que dans l'idée de l'étendue, puisque *voir différents corps* n'est autre chose qu'être modifié de diverses couleurs, selon diverses parties de l'étendue intelligible. Donc il est certain qu'on ne voit les corps qu'en Dieu. Aussi n'y a-t-il que lui qui puisse modifier nos esprits, et qui renferme dans sa substance d'une manière intelligible les perfections de tous les êtres créés, je veux dire les idées ou les archétypes sur lesquels il les a formés. Car je ne comprends pas comment on peut soutenir que la création du monde est préalable à la connaissance que Dieu en a, sans blesser sa sagesse et sa prescience dans la formation de ses décrets. Je pourrais encore prouver, après s. Augustin[1], que c'est en Dieu que l'on voit l'idée de l'étendue, par la raison que cette idée est éternelle, immuable, nécessaire, commune à tous les esprits et à Dieu même, et qu'ainsi elle est bien différente des modalités changeantes et particulières de notre esprit. Car je suis certain que Dieu qui connaît mes sensations ne les sent pas, et n'en est pas modifié, ni généralement tous les esprits. Mais il suffit de s'arrêter à l'infinité qu'on découvre dans l'idée de l'étendue, pourvu qu'on ne veuille dire que ce qu'on conçoit clairement.

10. M. Regis demeure d'accord que l'idée de l'immensité repré-sente | une étendue sans bornes*. Mais il soutient que des idées finies **285** peuvent représenter l'infini, parce qu'il confond l'idée de l'immensité avec la perception que l'esprit en a, et qu'il prétend généralement que *toutes les idées dont l'âme se sert pour apercevoir les corps ne sont que de simples modifications de l'esprit***, et que des idées quoique finies doivent passer pour infinies en ce sens qu'elles représentent l'infini***.

---

* Tome I, p. 183 [livre II, partie I, chap. XIII, p. 183-184. Sur l'immensité comme une « étendue sans borne », voir livre II, partie I, chap. III, § 3, p. 159].

** Page 190 [livre II, partie I, chap. XVI; voir *infra*, p. 475].

*** Page 194 [livre II, partie I, chap. XVIII, § 1].

1. Voir la *Troisième lettre à Arnauld*, 19 mars 1699, *OC* IX, 951, où Malebranche prétend le montrer à partir du *De civitate Dei*, XI, X, 3.

286 | Il est ce me semble évident que ce qui est fini n'a point assez de réalité pour représenter immédiatement l'infini. Si mon idée, si l'objet immédiat de mon esprit (car c'est là ce que j'appelle mon idée) est fini, et que je ne voie directement que cet objet immédiat, de quoi on ne peut douter, puisqu'il n'y a que cet objet qui m'affecte, il est certain que je ne verrai directement rien d'infini. Si donc l'idée de l'immensité était finie, comme le veut M. Regis, quoiqu'elle agît en moi selon tout ce qu'elle est, elle ne pourrait jamais me faire voir l'infini. Il faut donc que cette idée soit infinie, puisque je vois qu'elle enferme une immensité qui n'a point de bornes, et que je suis très certain qu'elle n'en a point. Il est vrai que cette idée infinie agissant dans mon esprit qui est fini, elle ne peut le modifier que d'une perception finie. Mais, pour apercevoir l'infini, pour savoir certainement que ce qu'on aperçoit est infini, il n'est pas nécessaire que la perception soit infinie. Il n'y a que la compréhension de l'infini, que la perception qui mesure l'infini, qui doive être infinie comme son objet. Pour savoir que ce qu'on voit est infini, il suffit que l'infini affecte l'âme, quelque légère que soit l'impression qu'il fait en elle. Car les perceptions ne répondent jamais à la réalité de leurs idées. Quand je me pique par exemple, ou que je me brûle, j'ai une perception très vive et très grande d'une idée pour ainsi dire fort petite ; et, quand je m'imagine les cieux, ou que je pense à l'immensité des espaces, j'ai une perception très petite et très faible d'une très vaste idée. Il y a presque toujours plus de perception, ou, ce qui est la même chose, la capacité que l'âme a de penser est plus partagée par les petites idées que par les grandes. Preuve certaine que nos idées sont bien différentes des perceptions que nous en avons, et qu'il ne faut point juger de la grandeur des idées par les modifications qu'elles produisent en nous, mais par la réalité qu'on découvre en elles[1]. Et, comme on découvre dans l'idée de l'immensité une étendue sans bornes, il faut croire ce qu'on voit, c'est-à-dire que cette étendue intelligible est infinie, quoique l'impression qu'elle fait sur notre esprit, soit non seulement finie, mais beaucoup

---

1. L'édition de 1712, suivie par les *OC*, imprime « en elle » (t. III, p. 494) ; nous corrigeons d'après le sens, et conformément à la 5ᵉ édition, de 1700, t. III, p. 429.

plus légère que celle que l'idée de la pointe d'une aiguille y pourrait faire.

11. Je crois devoir dire ici qu'on ne doit pas juger que le monde | n'a point de bornes*, à cause que l'idée de l'étendue n'en a point. Car **287** on ne peut pas même en conclure que Dieu ait créé un seul pied d'étendue. On peut bien de l'idée de l'étendue tirer les propriétés qui appartiennent aux corps, puisque cette idée représente leur nature, comme étant l'archétype sur lequel Dieu les a créés, et qu'on doit juger des choses selon leurs idées. Mais la création de la matière étant arbitraire et dépendante de la volonté du Créateur, puisque l'idée qui la représente est infinie, nécessaire, éternelle, il est évident qu'on pourrait absolument avoir la perception de cette idée, sans qu'il y eût de monde créé. Certainement Dieu a vu le monde avant la création, comme il le voit maintenant. Il est vrai qu'il ne l'a vu que comme possible, avant ses décrets ou indépendamment de ses décrets. Mais, ses décrets supposés, il l'a vu comme actuellement existant. Je dis ceci, parce que M. Regis prétend que l'étendue créée est *la cause exemplaire* des idées qui la représentent, au lieu que c'est l'idée qui est l'archétype ou l'exemplaire sur lequel la matière a été faite. Je vais encore donner quelques preuves que nos idées sont bien différentes de nos modifications, ou des perceptions que nous en avons, car cette question est le fondement de la dispute.

12. Maintenant que je regarde ma main, j'en ai l'idée présente à l'esprit par la modification de couleur dont cette idée affecte mon âme. Car la couleur que je vois n'est pas dans cette main que je remue, elle n'est que dans mon âme. M. Regis en convient. Et c'est par elle que je distingue ma main d'avec l'air qui l'environne, ou l'idée de ma main de celle de l'air, car | les objets ne sont visibles que par la couleur. **288** Supposons aussi que cette main soit dans de l'eau chaude. Cette même idée de main sera de nouveau présente à mon esprit par la modification de chaleur. Car la chaleur n'est aussi que dans l'âme, comme M. Regis en convient encore. Il faut remarquer que l'expérience apprend que, quand même on m'aurait coupé le bras, je pourrais sentir la douleur dans ma main, et, par la même raison, si le nerf optique était ébranlé

* Tome I de M. Regis, p. 289 [Physique, livre I, partie I, chap. V].

comme il le doit être pour la voir, je la verrais en même temps. Cela supposé je raisonne ainsi.

La chaleur n'est pas la couleur. Ce sont deux différentes modifications de mon âme. Or je ne vois ou je ne sens pas deux mains. C'est la même idée d'étendue qui modifie mon âme de couleur et de chaleur. Je dois donc distinguer l'idée de ma main de la perception que j'en ai. Les idées des objets sont donc préalables aux perceptions que nous en avons. Ce ne sont donc point de simples modifications de l'esprit, mais les causes véritables de ces modifications. C'est-à-dire que ces idées ne se trouvent qu'en Dieu, qui seul peut agir dans notre âme, et la modifier de diverses perceptions par sa propre substance, non telle qu'elle est en elle-même, mais en tant qu'elle est la lumière ou la raison universelle des esprits, en tant qu'elle est représentative des créatures et participable par elles, en tant en un mot qu'elle contient l'étendue intelligible, l'archétype de la matière. On ne doit pas exiger de moi que j'explique plus clairement la manière dont Dieu agit sans cesse dans les esprits ; j'avoue que je n'en sais pas davantage.

13. Mais faisons encore quelques réflexions sur la différence qu'il y a entre nos idées et nos perceptions, entre l'idée de l'étendue, ou d'un carré par exemple, et la perception que nous en avons. Certainement nous connaissons clairement l'idée du carré, et par elle les carrés matériels, s'il y en a de créés. Mais, pour la perception que nous en avons, soit intellectuelle, soit sensible, nous ne la connaissons que confusément et par sentiment intérieur. Je vois clairement que, si du sommet d'un angle d'un carré je tire une ligne droite qui coupe par le milieu un des côtés opposés, le triangle qu'elle retranchera du carré, en sera le quart ; que si cette ligne en coupe deux angles, qu'elle le partagera également ; que le carré de cette diagonale sera double du carré, et ainsi des autres propriétés que je puis découvrir dans cette idée. Mais je connais si peu la modification de mon esprit, ou | la perception que j'ai de l'idée du carré, que je n'y puis rien découvrir. Je sens bien que c'est moi qui aperçois cette idée, mais mon sentiment intérieur ne m'apprend point comment il faut que mon âme soit modifiée, afin que j'aie la perception intellectuelle ou la perception sensible de blancheur, pour connaître ou voir une telle figure. Dieu connaît clairement la nature de mes perceptions sans

les avoir, parce que, ayant en lui-même l'idée ou l'archétype de mon âme, il voit dans cette idée intelligible et lumineuse comment l'âme doit être modifiée pour avoir une telle ou telle perception, blancheur, douleur, ou toute autre qu'il ne sent pas. Mais pour moi c'est tout le contraire. Je sens mes perceptions sans les connaître, parce que, n'ayant pas une idée claire de mon âme, je ne puis découvrir que par le sentiment intérieur, les modifications dont je suis capable.

14. Enfin la différence qu'il y a entre nos perceptions et les idées me paraît aussi claire que celle qui est entre nous qui connaissons et ce que nous connaissons. Car nos perceptions ne sont que des modifications de notre esprit, ou que notre esprit même modifié de telle ou telle manière, et ce que nous connaissons, ou que nous voyons n'est proprement que notre idée. Car, si nos idées sont représentatives, ce n'est que parce qu'il a plu à Dieu de créer des êtres qui leur répondissent. Quoique Dieu n'eût point créé des corps, les esprits seraient capables d'en avoir les idées. Quand ouvrant les yeux je regarde une maison, certainement la maison que je vois ou ce qui est l'objet immédiat de mon esprit n'est nullement la maison que je regarde. Car je pourrais voir ce que je vois, quand même la maison ne serait plus, puisque, pour voir une maison, il suffit que l'idée de l'étendue modifie l'âme par des couleurs distribuées de la même manière que si je regardais actuellement une maison. Il n'est pas nécessaire que je m'étende davantage sur cette matière, après tout ce que j'ai fait dans mes autres ouvrages pour tâcher de l'éclaircir. Mais on doit conclure de tout ceci que les esprits créés seraient peut-être plus exactement définis *substances qui aperçoivent ce qui les touche ou les modifie*, que de dire simplement que ce sont *des substances qui pensent*. Car je suis persuadé, | par les raisons que j'ai données dans cet ouvrage et dans **290** quelques autres, que non seulement il n'y a que Dieu qui en se considérant se connaisse parfaitement, et en soi même tous les êtres possibles, mais encore que lui seul peut agir immédiatement dans nos esprits, et en nous touchant par sa substance en tant que relative aux êtres créés et possibles, c'est-à-dire en tant qu'elle en est diversement et imparfaitement participable, nous découvrir les essences ou les idées éternelles et nécessaires de ces mêmes êtres. À l'égard de l'exi-

stence des créatures, comme on ne les voit point directement et en elle-même, il est clair qu'on ne peut la découvrir que par une espèce de révélation naturelle, c'est-à-dire que par les sensations que Dieu nous en donne en conséquence des lois générales de l'union de l'âme et du corps. Mais examinons la critique de M. Regis. Je vais rapporter tout son texte afin qu'on en puisse juger plus sûrement. Il commence ainsi le chap. XIV du livre II de sa Métaphysique.

15. *Il y a un philosophe moderne* * *qui enseigne que nous voyons les corps en Dieu, non en tant que Dieu produit en nous leurs idées, mais en tant qu'il est lui-même comme l'idée dans laquelle, ou par laquelle nous voyons les corps.*

Ce philosophe pour établir son opinion prétend que toutes les manières dont l'âme peut connaître les corps sont comprises dans le dénombrement qu'il en fait en ces termes : « Nous assurons donc qu'il est absolument nécessaire que les idées que nous avons des corps, et de tous les autres objets que nous n'apercevons point par eux-mêmes, viennent de ces mêmes corps ou de ces objets, ou bien que notre âme ait la puissance de les produire, ou que Dieu les ait produites avec elle en la créant, ou qu'il les produise toutes les fois qu'on pense à quelque objet, ou que l'âme ait en elle-même toutes les perfections qu'elle voit dans ces corps, ou enfin qu'elle soit unie à un être tout parfait, et qui enferme généralement toutes les perfections des êtres créés » **.

Ensuite de ce dénombrement il examine quelle de toutes ces manières de connaître les corps est la plus vraisemblable, et, suppo-
291 *sant avoir prouvé que les idées des corps ne viennent pas des corps,* | *ni de l'âme, ni de ce que Dieu produit ces idées toutes les fois que l'âme en a besoin, il conclut enfin que les idées des corps viennent de ce que Dieu, qui renferme généralement toutes les perfections des corps, est uni à l'âme. Pour découvrir le défaut de cette conclusion, nous allons répondre aux raisons sur lesquelles elle est appuyée, et pour le faire avec plus d'ordre nous réfuterons chacune de ses raisons à mesure qu'elles seront proposées*[1].

---

* *L'auteur de la* Recherche de la vérité.
** Dans le III ᵉ livre, II ᵉ partie, chap. I, art. II [*OC* I, 417].

1. *SP*, p. 184; voir *infra*, p. 469.

RÉPONSE. J'ai fait un dénombrement de toutes les manières possibles de voir les corps. J'ai donné mes preuves qu'on ne les voit point par aucune des manières dénombrées à l'exception de la dernière. Enfin j'ai conclu en faveur de cette dernière. Voilà ce que M. Regis convient ici que j'ai fait. Que devait-il donc faire lui-même *pour découvrir le défaut de cette conclusion*? Il devait, ce me semble, ou faire voir que le dénombrement n'est pas exact, ou que les preuves que j'ai données, pour faire exclusion des manières, sont fausses. Cependant ce n'est pas là ce qu'il fait. Il ne tâche qu'à réfuter quelques raisons que je pourrais bien n'avoir données que par surabondance de droit. Car enfin, le dénombrement étant supposé exact, et les exclusions bien prouvées, il ne peut y avoir *de défaut à découvrir dans la conclusion*. Il aurait donc été plus à propos que M. Regis eût pris un autre tour que celui de rapporter mon dénombrement, ou qu'il eût combattu les exclusions que j'ai faites, et prouvé que l'âme peut voir en elle-même, dans ses propres perfections ou modifications, tout ce qu'elle peut connaître. Et, comme j'ai réfuté ce sentiment dans un chapitre exprès qui est celui qui précède immédiatement l'endroit qu'il examine, il devait répondre à mes raisons. Il est vrai qu'écrivant alors pour tout le monde, je ne me suis pas arrêté beaucoup dans ce chapitre à la réfutation de son sentiment. Mais c'est à cause que, ce sentiment n'étant pas si communément reçu que les autres, je n'ai pas crû devoir employer beaucoup de temps et de raisons pour en faire voir la fausseté.

Au reste, si je n'avais eu en vue que M. Regis, je n'aurais point fait le dénombrement des diverses opinions qui s'enseignent communément, | et je ne les aurais point réfutées pour établir la mienne. Ou, si **292** j'avais pu deviner ce qui n'est arrivé que 15 ou 20 ans après, car son livre n'a paru qu'environ ce temps après le mien, j'aurais mis dans la *Recherche de la vérité* ce que j'ai écrit dans plusieurs autres ouvrages* pour réfuter plus au long le sentiment qu'il soutient. Mais puisque M. Regis voulait m'attaquer, il a pu et dû les examiner ces ouvrages. Peut-être même l'a-t-il fait. D'où vient donc qu'il ne combat point les

---

* *Éclaircissement sur la Recherche de la vérité. Réponse au livre de M. Arnauld des vraies et fausses idées. Entretiens sur la Métaphysique*.

preuves que j'y ai données de la fausseté de son sentiment ? Mais d'où vient qu'il ne dit rien du chapitre v qui précède immédiatement celui dont il tire les raisons qu'il combat ici, lequel chapitre est directement contre son opinion ? Enfin d'où vient que dans le chapitre même qu'il critique, et dont il vient de dire *qu'il réfutera les raisons à mesure qu'elles sont proposées*, d'où vient, dis-je, qu'il passe ce qu'il y a de plus fort et de plus directement opposé à son sentiment*, et qu'il s'arrête à répondre à ce qui ne le regarde pas ? C'est apparemment par inadvertance ou par négligence, car je n'ose pas prendre cette omission pour un aveu de son impuissance. Mais il voudra bien que je lui dise que c'est un peu mépriser un auteur, que de critiquer son ouvrage aussi négligemment qu'il a fait le mien. Il continue.

16. *La première raison de cet auteur est que Dieu agit toujours par les voies les plus simples et les plus faciles ; d'où il infère que Dieu doit faire voir à l'âme tous les corps, en voulant simplement qu'elle voie ce qui est au milieu d'elle, savoir la propre essence de Dieu qui représente tous les corps*[1].

RÉPONSE. Il faut remarquer : 1) Que cette raison, comme M. Regis l'expose, conclut ce que je ne veux point conclure. Car je ne conclus pas *qu'on voie la propre essence de Dieu qui représente tous les corps*. Je dis au contraire, immédiatement après cette raison, *qu'on ne peut pas conclure que les esprits voient l'essence de Dieu, de ce qu'ils voient toutes choses en Dieu*[2]. Car en effet il est faux que *l'essence de Dieu représente* | *les corps*. C'est l'idée de l'étendue qui les représente. Certainement cette idée est en Dieu ; mais elle n'est pas son essence. Qui dit *essence* dit l'être absolu qui ne représente rien de fini. Car c'est la substance de Dieu prise relativement aux créatures, ou en tant que participable par elles qui les représentent, ou qui en est l'idée ou l'archétype.

2) Que je ne prétends point par cette première raison combattre le sentiment de M. Regis, mais l'opinion commune. Cela est clair, parce que avant que de la donner, je dis : *Or voici les raisons qui semblent*

---

* On verra plus bas ce que c'est, art. 21.

1. *SP*, Métaphysique, II, I, XIV, p. 185, *infra*, p. 470. Voir *RV* III, II, VI (*OC* I, 438).
2. *OC* I, 438-439.

prouver que Dieu veut plutôt nous faire voir ses ouvrages en nous découvrant ce qu'il y a en lui qui les représente, qu'en créant un nombre infini d'idées dans chaque esprit[1]. Et après l'avoir donnée je conclus : *Qu'il n'y a donc pas d'apparence que Dieu pour nous faire voir ses ouvrages produise autant d'infinités de nombres infinis d'idées, qu'il y a d'esprits créés*[2]. Cette raison pourrait donc être assez bonne contre ceux avec qui je parle quand elle ne vaudrait rien contre l'opinion de M. Regis. Voyons cependant comment il y répond.

Il me passe que Dieu agit toujours par les voies les plus simples. Il ne me conteste point que faire voir les corps par l'idée de l'étendue qui est en Dieu ne soit plus simple que de créer pour cela dans chaque esprit un nombre infini d'idées. (Ces deux choses accordées cependant, la preuve est démonstrative). Mais il fait un discours qui en soi pourrait être bon, et, s'il était bon, mon sentiment serait faux. Mais qu'il soit bon ou mauvais ce discours, il ne répond pas plus à ma première raison qu'à aucune autre. Ainsi il semble que M. Regis ne devait pas rapporter cette raison, puisqu'il ne voulait y répondre que par le discours que voici.

[17.] M. REGIS. *Nous répondons à cela que, si l'âme voit les corps en Dieu, ce ne peut être que parce que Dieu est uni à l'âme. Or nous demandons ce que c'est que cette union de Dieu avec l'âme, car il faut de nécessité qu'elle ressemble ou à l'union de deux corps, ou à l'union de deux esprits, ou à l'union d'un corps et d'un esprit, n'étant pas possible de concevoir quelque autre genre d'union entre | deux sub-* 294 *stances unies. Or l'union de Dieu avec l'âme ne peut ressembler à celle de deux corps, parce que deux corps sont unis par leur mutuel contact, et tout contact se fait à la superficie, laquelle ne convient ni à Dieu ni à l'âme. Elle ne ressemble pas non plus à l'union de deux esprits, parce que cette union consiste dans la mutuelle dépendance des pensées ou des volontés de ces esprits; et il est certain que les pensées et les volontés de Dieu ne peuvent dépendre des pensées ni des volontés de l'âme. Elle ne ressemble pas enfin à l'union d'un corps et d'un esprit, par une semblable raison. Il reste donc que Dieu n'est*

1. *OC* I, 437.
2. *OC* I, 438.

point uni à l'âme*, ou, s'il y est uni, que cette union ressemble à celle qui se trouve entre la cause et son effet, qui est telle que l'effet dépend de la cause, mais la cause ne dépend pas de l'effet. C'est pourquoi si Dieu est uni à l'âme, ce n'est qu'en tant qu'il l'a créée, qu'il la conserve, et qu'il produit en elle toutes ses idées et toutes ses sensations en qualité de cause première, comme il a été dit, ou en tant qu'il est la cause exemplaire de l'idée que l'âme a de l'Être parfait[1].

Dans ce discours de M. Regis, on ne voit rien contre les propositions qui composent la raison qu'il a rapportée. Ainsi il faudrait ôter de son livre cette première raison, et par conséquent aussi ces paroles : *Nous répondons à cela que*, par lesquels il commence son discours. Il ajoute : *Si l'âme voit les corps en Dieu, ce ne peut-être que parce que Dieu est uni à l'âme. Or nous demandons ce que c'est que cette union de Dieu avec l'âme*? Il aurait raison de demander ce que signifie ce mot *union*, si on ne l'avait pas expliqué, car c'est un des plus équivoques qu'il y ait. Mais, à l'égard des diverses espèces d'union qu'il rapporte pour faire voir que Dieu n'est pas uni à l'âme comme les corps le sont entre eux, ni comme les esprits avec les esprits, ni enfin comme les esprits avec les corps, c'est un détail qui me paraît fort inutile, et qui pourrait encore être retranché de son livre. Car je ne 295 pense pas que personne puisse m'attribuer | de croire que Dieu soit uni à nos esprits, comme les créatures le sont entre elles. Mais ce qu'il conclut de son détail est assurément très faux. Car Dieu est uni aux esprits bien plus étroitement qu'il ne l'est avec les corps. Il n'est pas seulement uni aux esprits en ce sens *qu'il les crée et qu'il les conserve avec toutes leurs modifications* comme les créatures corporelles, mais encore en ce sens qu'ils peuvent avoir avec lui une société particulière, communion de pensées et de sentiments, connaître ce qu'il connaît, aimer ce qu'il aime. Tous les êtres créés dépendent de la puissance du Créateur, esprits et corps. Mais il n'y a que les esprits qui puissent être éclairés de sa sagesse et animés de son amour. Je soutiens donc que cette Raison universelle, qui éclaire intérieurement tous les hommes,

---

* Il faudrait ajouter ces mots : comme les créatures le sont entre elles.

1. *SP*, p. 185 ; voir *infra*, p. 470.

et qui a pris une chair sensible pour s'accommoder à leur faiblesse et leur parler par leur sens, est la Sagesse de Dieu même, en qui se trouvent toutes les idées et toutes les vérités, que par elle nous voyons une partie de ce que Dieu voit très clairement, qu'ainsi par elle nous avons avec Dieu et entre nous une espèce de société, et que, sans elle, il est impossible que les esprits puissent avoir même entre eux le moindre rapport, former quelque liaison, convenir de quelque vérité que ce puisse être. Mais il n'est pas nécessaire que je répète ici ce que j'ai dit ailleurs, pour prouver qu'il n'y a que la réalité intelligible de la souveraine Raison qui puisse agir dans les esprits et leur communiquer quelque intelligence de la Vérité. J'ai fait voir que le discours de M. Regis ne répond point à la première raison qu'il avait proposée pour la réfuter. Cela me suffit. Voyons la seconde.

18. M. REGIS. *La seconde raison de cet auteur est que cette manière de voir les corps met une véritable dépendance entre l'âme et Dieu, parce que de cette sorte l'âme ne peut rien voir que Dieu ne veuille bien qu'elle le voie* [1].

REMARQUE. Je dis dans l'endroit dont cette raison est tirée, que ma manière d'expliquer comment on voit les objets, *met les esprits dans une entière dépendance de Dieu, et la plus grande qui puisse être* [2], ce que ne fait pas l'opinion que je réfute, | *qui est que l'esprit a en lui-* **296** *même toutes les idées nécessaires pour penser à ce qu'il veut.* Ainsi je ne combats point l'opinion de M. Regis, qui croit aussi bien que moi que c'est Dieu qui forme en nous toutes nos pensées. Cependant il est clair que selon mon sentiment la dépendance où l'esprit est de Dieu, est plus grande que celle qui suit de l'opinion même de M. Regis. Car selon lui l'esprit dépend uniquement de la puissance de Dieu, et selon le mien [3], il dépend non seulement de sa puissance, mais encore de sa sagesse, puisque, selon mon sentiment, ce ne sont point nos modifications, que nous connaissons et qui nous éclairent, mais les idées intelligibles qui ne se trouvent que dans la souveraine Raison. Il est donc clair que j'ai eu raison de dire *que mon sentiment mettait les*

1. *SP*, p. 185 ; voir *infra*, p. 470.
2. *OC* I, 439.
3. *sic*.

esprits dans une entière dépendance de Dieu, et la plus grande qui puisse être. Ce sont mes termes. Cependant il a plu à M. Regis de le nier. Voici sa réponse.

19. M. REGIS. *À quoi nous répondons que, bien loin que cette manière de voir les corps en Dieu fasse dépendre l'âme de Dieu, elle fait au contraire que Dieu dépend de l'âme par l'union qu'il a avec elle, car il a été prouvé que toute union réelle et véritable, telle que cet auteur l'admet pour cela entre Dieu et l'âme, suppose une dépendance réelle et mutuelle entre les parties unies*[1].

RÉPONSE. Je demande à M. Regis *où il a été prouvé que l'union que j'admets entre tous les esprits raisonnables et la souveraine Raison suppose une dépendance réelle et mutuelle entre les parties unies.* Il n'y a rien dans mes écrits qui puisse faire, je ne dis pas juger, mais seulement soupçonner à une personne équitable, que j'aie jamais eu un sentiment si extravagant et si impie. Du moins suis-je bien assuré que cette pensée ne m'est jamais venue dans l'esprit. Mais, dira-t-il, est-ce que je ne viens pas de prouver qu'il n'y a que trois espèces d'union, qui toutes mettent une dépendance réciproque entre les parties unies ? Mais quoi ! répondrai-je. De ce que vous supposez que l'union qu'il a plu à Dieu de mettre entre ses créatures les rend réciproquement dépendantes, avez-vous droit de conclure que le P. Malebranche et tout ce qu'il y a de philosophes et de théologiens ne peuvent plus soutenir que les esprits sont unis avec Dieu, qu'ils ne

297 rendent le Créateur dépendant de ses créatures ? Cela | ne se comprend pas, car enfin il y a différence entre le Créateur et les créatures. Voyons donc la suite.

Il faut ajouter, continue-t-il, *que, si l'âme voyait les corps en Dieu, à cause qu'elle dépend de lui, elle y devrait voir par la même raison les autres âmes, et s'y voir elle-même, car autrement il faudrait dire qu'elle serait sa propre lumière, sinon à l'égard des corps, au moins à l'égard des esprits, ce qui répugne aux propres principes de cet auteur*[2].

---

1. *SP*, p. 185-186 ; voir *infra*, p. 470-471.
2. *SP*, p. 186 ; voir *infra*, p. 471.

Réponse. Je pense que le lecteur aura de la peine à comprendre le sens de ce raisonnement de M. Regis. Mais, comme je crois savoir bien ce qu'il veut dire, je vais expliquer sa pensée. Il est nécessaire pour cela de savoir : 1) que je distingue entre connaître par idée claire et connaître par sentiment intérieur ; 2) que je prétends qu'on connaît l'étendue par une idée claire, et qu'on ne connaît son âme que par sentiment intérieur ; 3) que ce qu'on connaît par idée claire, on le voit en Dieu qui renferme ces idées, et qu'ainsi c'est en Dieu qu'on voit l'idée de l'étendue, ou l'archétype de la matière, mais qu'on ne voit point en Dieu l'idée de son âme ou l'archétype des esprits. Sur ces principes, je dis que Dieu est notre lumière en ce sens que les idées que nous voyons en lui sont lumineuses. L'idée, par exemple, de l'étendue est si claire, si intelligible, si féconde en vérités, que les géomètres et les physiciens tirent d'elle toute la connaissance qu'ils ont de la géométrie et de la physique. Je dis que l'âme n'est point à elle même sa lumière, parce qu'elle ne se connaît que par l'expérience du sentiment intérieur, qu'elle ne peut en se considérant découvrir les modifications dont elle est capable, et que, bien loin de renfermer en elle les idées de toutes choses, qu'elle ne contient pas même l'idée de son être propre. Voilà mes principes, il n'est pas question maintenant de les prouver, mais d'y rapporter le raisonnement de M. Regis.

Il faut ajouter, dit-il, *que, si l'âme voyait les corps en Dieu, à cause qu'elle dépend de lui, elle y devrait voir par la même raison les autres âmes, ou s'y voir elle-même*[1].

Je réponds qu'elle devrait s'y voir et les autres âmes, si effectivement | elle se voyait. Mais elle ne se voit pas ; elle ne se connaît pas. **298** Elle sent seulement qu'elle est, et il est évident qu'elle ne peut se sentir qu'en elle-même. Elle se voit et se connaît si on le veut, mais uniquement par sentiment intérieur ; sentiment confus, qui ne lui découvre ni ce qu'elle est, ni quelle est la nature d'aucune de ses modalités. Ce sentiment ne lui découvre point qu'elle n'est point étendue, encore moins que la couleur, que la blancheur, par exemple, qu'elle voit sur ce papier, n'est réellement qu'une modification de sa propre substance. Ce sentiment n'est donc que ténèbres à son égard. Quelque

1. *SP*, p. 186 ; voir *infra*, p. 471.

attention qu'elle y donne, il ne produit en elle aucune lumière, aucune intelligence de la vérité. C'est donc que l'âme ne se voit pas, parce que, effectivement, l'idée ou l'archétype de l'âme ne lui est pas manifesté. Dieu, qui ne sent ni douleur ni couleur, connaît clairement la nature de ces sentiments. Il connaît parfaitement comment l'âme pour les sentir doit être modifiée. Apparemment nous le verrons aussi quelque jour. Mais nous ne le verrons clairement que lorsqu'il plaira à Dieu de nous manifester dans sa substance l'archétype des esprits, l'idée sur laquelle l'âme a été formée. Idée lumineuse et parfaitement intelligible, parce qu'il n'y a que les idées divines qui puissent éclairer les intelligences. Jusques à ce temps heureux, l'âme sera toujours inintelligible à elle-même. Elle ne sentira en elle que des modalités ténébreuses ; et, quelque vives et sensibles que soient ces modalités, elles ne la conduiront jamais à la connaissance claire de la vérité sans le secours des idées intelligibles. L'âme ne se voit donc pas. Mais elle voit l'étendue. Elle en connaît la nature et les propriétés. En consultant l'idée de l'étendue, elle découvre sans cesse de nouvelles vérités, parce que cette idée étant en Dieu, elle est très claire, très intelligible, très lumineuse, bien différente des modifications confuses et ténébreuses de l'âme.

Supposant donc que nous ayons une idée claire du corps, et que nous n'en ayons point de l'âme, ou bien supposant seulement qu'on me veuille combattre par mes propres principes, comme M. Regis le prétend ici, sa proposition paraît tout à fait semblable à celle-ci : S'il était vrai que l'homme dépendît de Dieu pour remuer les bras, par la même raison il devrait en dépendre pour remuer les ailes. Oui, sans doute, s'il en avait, répondrais-je. Mais comme il n'en a point, il ne dépend point de Dieu à cet égard. De même si l'âme se voyait ou si elle 299 connaissait | clairement sa nature par la contemplation de l'idée, ou de l'archétype sur lequel Dieu l'a formée, en cela elle dépendrait de Dieu, elle se verrait en Dieu. Mais, comme elle ne se connaît que par sentiment intérieur, et qu'elle ne peut se sentir qu'en elle-même, elle dépend bien de la puissance de Dieu qui agit en elle ; mais à cet égard elle ne dépend point de sa sagesse. Je veux dire qu'elle n'est point éclairée par la réalité intelligible des idées divines. Je ne vois rien en cela *qui répugne à mes propres principes*, et je crois que ceux qui ont du goût et de la pénétration pour les vérités métaphysiques, n'y trouveront rien que de conforme à la raison, pourvu qu'ils méditent sérieusement mes preuves, ce que M. Regis n'a peut-être pas fait jusques ici. Le temps nous apprendra si je me suis égaré. Mais je crois devoir dire qu'il en faut beaucoup avant qu'une opinion aussi extraordinaire, aussi contraire aux préjugés de l'imagination et des sens, aussi abstraite et aussi difficile que la mienne, puisse être généralement reçue, je ne dis pas de tous les hommes, cela n'arrivera jamais, je dis des savants, et de cette espèce de savants qui s'appliquent sérieusement à la métaphysique, et à la connaissance de l'homme.

20. M. REGIS. *La troisième raison est la manière dont l'âme aperçoit tous les corps, car il prétend que tout le monde sait par expérience que, lorsque nous voulons penser à quelque corps, nous envisageons d'abord tous les corps, et nous nous appliquons ensuite à la considération de celui que nous souhaitons de voir. Or il est indubitable que nous ne saurions souhaiter de voir un corps particulier que nous ne le voyions déjà, quoique confusément et en général. De sorte que, pouvant désirer de voir tous les corps, tantôt l'un et tantôt l'autre, il est certain que tous les corps sont présents à notre âme, et tous les corps ne peuvent être présents à notre âme que parce que Dieu y est présent, c'est-à-dire celui qui est tout être, ou l'être universel, qui comprend toutes les créatures dans sa simplicité*[1].

REMARQUE. M. Regis aurait mieux fait de rapporter mes propres termes. Car il n'a point abrégé le discours. Mon raisonnement est général, et n'a rien ce me semble de choquant, et il le rend | particulier, **300** et assurément un peu difforme. On le peut pourtant rétablir en ôtant le mot de *corps* qu'il a répété sept fois, et que je n'avais pas mis une seule fois, et en y substituant le mot *êtres*. Si on ne fait pas cette substitution, on aura peut-être raison d'être surpris de ce langage; par exemple : *Tous les corps ne peuvent être présents à notre âme que parce que Dieu y est présent, c'est-à-dire celui qui est tout être, ou l'être universel*. J'avais dit : *Il semble que tous les êtres ne puissent être présents à notre esprit que parce que Dieu lui est présent, c'est-à-dire*

1. *SP*, p. 186; voir *infra*, p. 471.

celui qui renferme toutes choses dans la simplicité de son être[1]. Cette expression n'a rien de choquant, et ne peut faire naître cette folle idée que M. Regis lui-même va bientôt combattre pour me faire honneur *que Dieu n'est point l'être universel ou composé des autres êtres, comme de ses parties, parce que toutes les parties sont ou intégrantes ou subjectives,* et le reste qu'on verra plus bas.

M. REGIS. *Nous répondons à cette troisième raison en disant que les corps particuliers sont toujours présents à l'âme en général et confusément, mais que leur présence n'est autre chose que l'idée même de l'étendue, que Dieu a mise dans l'âme en l'unissant au corps, et que les corps particuliers modifient ensuite diversement, suivant la diversité de leurs actions sur les organes des sens; de telle sorte que, si les corps particuliers sont toujours présents à l'âme en général et confusément, cela ne vient pas de ce qu'ils sont compris en Dieu, comme dans l'être universel, mais de ce qu'ils sont renfermés dans l'étendue, dont l'idée est toujours présente à l'âme, comme il a été prouvé*[2].

RÉPONSE. Pour ne m'arrêter qu'à ce qui est essentiel à la décision de la question, je passe bien des réflexions que ceux-là qui ont un peu de discernement peuvent faire sur la manière dont M. Regis expose et combat mon sentiment, et je viens au fond. J'avoue que tous les corps sont présents à l'âme, confusément et en général, parce qu'ils sont renfermés dans l'idée de l'étendue. C'est là mon sentiment, et ce l'a toujours été. C'est ainsi que je l'ai expliqué dans la *Recherche de la vérité*, et dans mes autres ouvrages. Mais il n'y a pas là grand mystère, car il n'est pas ce me semble possible de concevoir la chose autrement. 301 | Ainsi la question se réduit à savoir si cette idée de l'étendue est une modalité de l'âme. Je prétends que non, parce que cette idée est trop vaste, qu'elle est infinie, comme je viens de le prouver, et que toutes les modalités d'une substance finie sont nécessairement finies. C'est donc une nécessité que cette idée ne se trouve qu'en Dieu, puisqu'il n'y a que lui d'infini. Je prétends que l'idée de l'être en général, ou de l'être infini, dans laquelle nous voyons en général et confusément tous

1. *OC* I, 440-441.
2. *SP*, p. 186; voir *infra*, p. 471-472.

les êtres, comme nous voyons tous les corps dans l'idée de l'étendue ;
je prétends, dis-je, que cette idée de l'être infini ne se peut trouver
qu'en Dieu. C'est en cela que consiste toute la force de mon raisonnement contre l'opinion de M. Regis. Il ne le devait pas dissimuler, s'il
s'en est aperçu. Il devait le rapporter dans mes termes, et y répondre.
Enfin il ne devait pas oublier la seule chose du chapitre qu'il critique
qui soit directement contraire à son opinion, et qui suit immédiatement
cette troisième raison qu'il réfute, après laquelle je continue ainsi.

21. *Il semble même que l'esprit ne serait pas capable de se représenter des idées universelles de genre, d'espèce, etc. s'il ne voyait tous
les êtres renfermés en un. Car toute créature étant un être particulier,
on ne peut pas dire qu'on voie quelque chose de créé lorsqu'on voit,
par exemple, un triangle en général. Enfin je ne crois pas qu'on puisse
bien rendre raison de la manière dont l'esprit connaît plusieurs
vérités abstraites et générales, que par la présence de celui qui peut
éclairer l'esprit en une infinité de façons différentes.*

*Enfin la preuve de l'existence de Dieu la plus belle, la plus relevée,
la plus solide et la première, ou celle qui suppose le moins de choses,
c'est l'idée que nous avons de l'infini*. Car il est constant que l'esprit
aperçoit l'infini, quoiqu'il ne le comprenne pas ; et qu'il a une idée
très distincte de Dieu, qu'il ne peut avoir que par l'union qu'il a avec
lui, puisqu'on ne peut pas concevoir que l'idée d'un être infiniment
parfait, qui est celle que nous avons de Dieu, soit quelque chose de
créé. Mais non seulement l'esprit a l'idée de | l'infini, il l'a même* **302**
avant celle du fini, etc. [1]. Il n'est pas nécessaire de transcrire le reste.

Il me semble que M. Regis ne devait pas laisser ceci sans réponse,
pour combattre des preuves qui n'attaquent point directement ses
sentiments, car, encore un coup, dans tout le chapitre, il n'y a que cet
endroit qui regarde particulièrement l'opinion qu'il soutient. Et je
crois qu'il suffit pour en faire voir la fausseté. Car enfin il me paraît
évident que des idées générales ne peuvent être des modifications
particulières. Mais développons cette raison, et voyons ce que
M. Regis y pourrait répondre.

* Voyez cette preuve expliquée dans le IV e livre, chap. XI.

1. *OC* I, 441.

Toutes les modalités d'un être particulier, tel qu'est notre âme, sont nécessairement particulières. Or, quand on pense à un cercle en général, l'idée ou l'objet immédiat de l'âme n'est rien de particulier. Donc l'idée du cercle en général n'est point une modalité de l'âme.

Cet argument en forme n'embarrasserait point un jeune homme qui soutient thèse, et qui sait se tirer d'affaire par un *distinguo*. Il répondrait hardiment : l'idée du cercle en général n'est rien de particulier : *Distinguo. In repraesentando, concedo. In essendo, nego*. Cela terminerait la dispute et tout le monde sortirait content. Mais, si M. Regis me répondait sérieusement, qu'une modalité, quoique particulière de l'âme, peut représenter une figure en général, de même qu'il soutient* qu'une idée finie peut représenter l'infini, ou une étendue qui n'a point de bornes, je lui répondrais que je ne suis pas satisfait. Car par ces mots, l'idée de cercle en général, ou l'idée de l'infini, je n'entends que ce que je vois, quand je pense au cercle ou à l'infini. Or ce que je vois actuellement est général ou infini. Certainement l'idée du cercle en général ne me représente rien qu'elle-même. Car il est évident qu'il n'y a point au monde de cercle en général, et que Dieu même n'en peut créer, quand même il pourrait créer une étendue infinie. Je raisonne donc ainsi**. L'idée du cercle en général ne me 303 représente que ce qu'elle renferme. Or cette idée | ne renferme rien de général, puisque ce n'est qu'une modalité particulière de l'âme selon M. Regis. Donc l'idée de cercle en général ne me représente rien de général. Contradiction visible, et qui justifie ce me semble que j'aurais raison de n'être pas content de la réponse précédente. Mais apparemment M. Regis en a de meilleures à me faire.

22. Pour moi, je distingue mes idées de la perception que j'en ai, de la modification qu'elles produisent en moi lorsqu'elles me touchent. Je crois que les modalités de mon âme ou mes perceptions ne me représentent qu'elles-mêmes, et cela par un sentiment intérieur, parce que l'expérience m'apprend que l'âme sent intérieurement tout ce qui se passe actuellement en elle. À l'égard de mes idées, je crois qu'elles ne me représentent qu'elles directement, que je ne vois directement et

* Tome I, p. 194.
** Voyez le II e tome de cet ouvrage p. 96 et suivantes [*OC* I, 438 *sq.*].

immédiatement que ce qu'elles renferment, car voir rien, c'est ne point voir; mais, si Dieu a créé quelque être qui réponde à mon idée comme à son archétype, je puis dire que mon idée représente cet être, et qu'en la voyant directement je le vois indirectement. Pour connaître les propriétés de cet être, j'en consulte l'idée, et non mes modalités, puisque c'est elle et non ma modalité qui est l'archétype sur lequel Dieu l'a formé. Mais je ne conclus rien sur l'existence actuelle de cet être, parce que Dieu ne fait pas nécessairement ce que ses idées représentent, ou des êtres qui répondent à ses idées; leur création est arbitraire. Voilà des sentiments bien contraires à ceux de M. Regis. Car, je l'avoue, il est rare que je sois d'accord avec lui, principalement sur la métaphysique et sur la morale. Mais je le prie que cet aveu, qui apparemment me fera grand tort dans son esprit, ne me gâte pas dans son cœur. C'est l'amour de la vérité qui m'oblige à le faire, cet aveu. Je serais pourtant fâché d'en venir à la preuve. Quoi qu'il en soit, je distingue M. Regis de ses opinions. Il me doit rendre la même justice. Et, puisqu'il a combattu souvent mes opinions dans son ouvrage, et quelquefois en me citant, il ne doit pas trouver mauvais que je confirme le monde dans ce qu'il a bien voulu lui apprendre.

23. M. Regis continue ainsi : *Or il est bien plus aisé de concevoir | que les corps particuliers sont renfermés confusément dans* **304** *l'étendue, qu'il n'est aisé de concevoir qu'ils sont renfermés en Dieu qui n'a nul rapport avec eux.* (On a vu que ce n'est pas de cela dont il est question*). *En effet, si Dieu était tout être ou l'être universel, comme cet auteur l'enseigne, il faudrait que tous les êtres fussent des parties intégrantes ou des parties subjectives de Dieu, puisqu'il est impossible de trouver un autre genre de parties. Or les êtres ne sont pas des parties intégrantes de Dieu, parce que, s'ils l'étaient, Dieu serait composé des êtres, comme une montre est composée de roues et de ressorts, ce qui répugne à la simplicité de la nature divine. Les êtres ne sont pas non plus des parties subjectives de Dieu, parce que, s'ils l'étaient, Dieu serait une nature universelle, qui n'existerait que dans l'entendement de celui qui la concevrait, ce qui répugne à l'idée de*

---

* Réponse de l'art. 20.

Dieu, laquelle le représente comme la chose du monde la plus singu-
lière et la plus déterminée. Il reste donc que Dieu n'est tout être ou
l'être universel qu'en ce qu'il est la cause efficiente, médiate ou
immédiate de tous les êtres[1].

PLAINTE. Je ne réponds point à ce discours de M. Regis, je m'en
plains, et je voudrais bien ne m'en plaindre qu'à lui-même. Mais cela
est trop public. De bonne foi, Monsieur, avez-vous prétendu combattre
mon sentiment, lorsque vous avez prouvé que Dieu n'est pas l'être
universel, parce que tous les êtres ne sont pas *des parties intégrantes*
ou subjectives de la Divinité. Prenez garde, je vous prie, le monde en
conclurait que vous n'entendez pas ce que vous lisez. Car je défie le
plus habile et le plus mal intentionné critique, de me faire soupçonner
par ceux qui ont lu mes livres, d'avoir insinué cette impiété, *que Dieu*
est l'être universel en ce sens *que tous les êtres créés sont ses parties*
*intégrantes**. Assurément vous n'en croyez rien vous-même, si vous
305 avez formé sur la lecture de mon traité des idées, le jugement | que
vous avez de mon sentiment. Comment donc cela s'est-il pu glisser
dans votre ouvrage? Est-ce par la faute du libraire ou de quelque
correcteur négligent, ou par la malignité de quelque ennemi caché, ou
qu'enfin vous avez composé vous-même votre réponse sur quelques
mémoires estropiés de *la Recherche de la vérité*. Encore dans cette
supposition, l'équité, si nécessaire aux critiques, voulait-elle que vous
consultassiez l'ouvrage même. Je me plains donc, Monsieur, de cet
endroit de votre livre; mais je n'y réponds point par cette unique raison
que je ne crois pas qu'il y ait de lecteur assez stupide pour m'attribuer
l'impiété que vous combattez sous mon nom.

M. REGIS. *La quatrième et dernière raison est qu'il ne se peut faire*
que Dieu ait d'autre fin principale de ses actions que lui-même; d'où
il s'ensuit que Dieu ne peut faire une âme pour connaître ses
ouvrages, que cette âme ne voie en quelque façon Dieu, de sorte qu'on
peut dire que, si nous ne voyions Dieu en quelque façon, nous ne

---

* C'est dans le chap. V du IIIe livre que je dis que Dieu est l'être universel. Je prie le
lecteur de le consulter.

1. *SP*, p. 186-187; voir *infra*, p. 472.

verrions aucune chose, parce que toutes les idées des créatures, ne sont que des limitations de l'idée du Créateur[1].

REMARQUE. Il ne faut pas s'imaginer que cette raison soit exposée ici comme elle l'est dans la *Recherche de la vérité*, non plus que les précédentes. Elle contient environ deux pages de mon livre, et M. Regis la réduit ici à sept ou huit lignes. Voici comme on pourrait l'abréger pour lui laisser quelque force.

Puisque Dieu n'a fait les esprits que pour lui, et qu'ils ne peuvent avoir de société avec lui, qu'ils ne pensent comme lui, il doit leur faire quelque part de ses propres idées, des archétypes qu'il renferme de ses créatures, et sur lesquels il les a formées. Il doit éclairer les esprits de sa sagesse ou de cette souveraine Raison, qui seule peut nous rendre sages, raisonnables, semblables à lui. Si Dieu éclaire nos esprits et nous découvre ses créatures par les mêmes idées qu'il en a, il est évident que nous sommes infiniment plus unis à lui qu'à ses créatures, que nous sommes unis à lui directement et aux créatures indirectement et par lui. Ainsi il sera vrai en toute rigueur que nos esprits n'auront été créés que pour lui, quoique nous voyions ses créatures ; parce que nous ne les voyons qu'en lui, que par lui, que comme lui, je veux dire que dans les mêmes idées que lui. De | sorte que nous penserons comme **306** lui. Nous aurons par les mêmes idées quelque société avec lui. Nous aurons été *créés à son image et à sa ressemblance*[2], par cette union particulière avec la sagesse et la raison divine. C'est ainsi que s. Augustin explique ce passage de la Genèse, comme on le peut voir dans la première page de la préface de mon livre. Mais, si nous voyons les créatures dans nos propres modalités, en cela nous dépendrons bien de la puissance de Dieu comme les corps, comme le feu, par exemple, en dépend pour brûler. Mais nous ne serons point unis à sa sagesse. On pourrait dire que Dieu a fait les esprits pour s'unir immédiatement aux créatures. On ne verrait plus si précisément comment tous les esprits peuvent avoir entre eux et avec Dieu une société véritable, communion de pensées par une raison et une vérité commune et souveraine. Je ne pourrais plus être assuré que tous les esprits voient la même vérité

1. *SP*, p. 187 ; voir *infra*, p. 472-473.
2. Gn 1, 26.

que je vois, quand je découvre, par exemple, les propriétés du cercle ; car sans le secours d'une révélation particulière, je ne puis découvrir quelles sont les modalités des autres esprits. Ainsi toutes les sciences, toutes les vérités de morale n'auraient plus de fondement certain. On ne pourrait plus rien démontrer ; car il est impossible de démontrer que les esprits ont ou n'ont pas certaines modalités, puisqu'elles seraient arbitraires, ces modalités, et dépendantes de la volonté de Dieu, et que toute démonstration dépend d'un principe nécessaire. Cela suffit, car j'étendrais ma raison et je veux ici l'abréger. Écoutons M. Regis * :

Nous répondons que, pour que Dieu agisse principalement pour lui-même, il n'est pas nécessaire que nous voyions les corps en Dieu, et qu'il suffit que nous les voyions dans nos idées, ou par nos idées, pourvu qu'en les voyant ainsi nous soyons disposés à louer Dieu, qui les a produits et qui les conserve. Et, quant à ce qu'il ajoute que toutes les idées des ouvrages de Dieu sont inséparables de son idée, nous en
307 *demeurons d'accord, mais nous ne croyons | pas pour cela que les idées des corps particuliers soient des limitations de l'idée de Dieu ; nous concevons au contraire que cela ne peut être, à cause que les corps particuliers n'ont aucun rapport ni matériel ni formel avec l'idée de Dieu, mais ils en ont seulement avec l'idée de l'étendue ; car on peut bien dire que le triangle et le carré sont des limitations de l'étendue, mais on ne peut pas dire de même que l'étendue soit une limitation de l'être*[1] *qui pense parfaitement ; d'où il s'ensuit que, si nous voyons les corps en Dieu, ce n'est pas parce que leurs idées sont des limitations de l'idée de Dieu, mais parce que Dieu a produit dans l'âme l'idée de l'étendue, laquelle est ensuite diversement modifiée par les corps particuliers, qui agissent diversement sur les organes, comme il a été dit.*

Il reste donc que nous ne voyons point les corps en Dieu, comme le prétend cet auteur, mais que nous les voyons par des idées qui sont en nous, et qui dépendent des corps qu'elles représentent comme de leurs causes exemplaires, de l'âme qui les reçoit comme de leur cause

---

* Il faut lire la *Recherche de la vérité* pour savoir ma pensée. On ne la trouvera pas dans ce discours de M. Regis.

1. Regis écrit : « substance ».

matérielle, de Dieu qui les produit comme de leur cause efficiente[1], *et de l'action des corps particuliers comme de leur cause efficiente seconde, ainsi qu'il a été dit*[2].

RÉPONSE. Voilà mes raisons aussi solidement réfutées, qu'elles ont été nettement exposées. En vérité je trouve une si grande confusion dans tout ce discours, que je ne puis me résoudre à en faire le commentaire. Je prie seulement les Lecteurs qu'ils ne se rendent qu'à l'évidence. S'ils m'accordent cette justice, je les défie de comprendre mes raisons dans ce chapitre de M. Regis, et je ne crains point par conséquent qu'ils les y trouvent solidement réfutées.

Ainsi, nonobstant la réfutation que je viens de transcrire, je crois que, des quatre choses que M. Regis en conclut, les trois premières sont fausses, et qu'il n'y a que la quatrième qui soit véritable en l'interprétant équitablement comme on le doit. Je crois donc :

1) Que nous voyons les ouvrages de Dieu dans leurs idées ou leurs archétypes, qui ne se trouvent qu'en Dieu; et qu'ainsi *ces idées ne dépendent point des êtres créés comme de leur cause exemplaire,* puisqu'elles sont au contraire *les exemplaires* des êtres | créés. Car, **308** pour le dire en passant, afin que le dessein que Dieu a pris librement de faire le monde soit sage et éclairé, il faut que Dieu ait connu ce qu'il a voulu, et qu'ainsi le modèle du monde et d'une infinité de mondes possibles soit préalable à la volonté ou au décret de la création *. Je ne puis encore me défaire d'un préjugé si grossier.

2) Je crois que *les idées ne dépendent point de l'âme comme de leur cause matérielle*, ou, pour parler plus clairement, qu'elles ne sont point des modalités de l'âme. Je crois l'avoir démontré.

3) Je ne puis me persuader que les idées dépendent de Dieu *comme de leur cause efficiente*. Car, étant éternelles, immuables et nécessaires, elles n'ont pas besoin de cause efficiente, quoique j'avoue que la perception que j'ai de ces idées dépende de Dieu comme de sa cause efficiente. Je suis encore dans cette erreur de croire que les vérités

---

* Voyez le tome I, p. 91 du *Système* de M. Regis [livre I, partie I, chap. VIII; voir *infra*, p. 453-454].

1. Regis écrit : « de leur cause efficiente première » (p. 188).
2. *SP*, p. 187-188; voir *infra*, p. 473.

géométriques et numériques, comme que 2 fois 2 sont 4 sont éternelles, indépendantes, préalables aux décrets libres de Dieu. Et je ne puis m'accommoder de la définition des vérités éternelles que donne M. Regis, lorsqu'il dit *qu'elles consistent dans les substances que*
309 *Dieu a créées,* | *en tant que l'âme considère ces substances d'une certaine manière, et qu'elle les compare suivant les différents rapports qu'elles ont les unes avec les autres**. J'en sais une un peu plus courte, et qui me paraît plus juste ; je les définis *les rapports qui sont entre les idées.* Il y a un rapport d'égalité entre 2 fois 2 et 4, soit que j'y pense ou que je n'y pense pas. Car il n'est pas nécessaire que ce rapport d'égalité soit aperçu afin qu'il soit.

Me voilà encore bien éloigné des sentiments de M. Regis. Mais si on veut savoir toutes les raisons que j'en ai, on les trouvera dans la *Recherche de la vérité* et les *Éclaircissements,* dans la *Réponse au livre de M. Arnauld des vraies et des fausses idées.* Peut-être sont-elles encore mieux déduites dans les deux premiers *Entretiens sur la Métaphysique et sur la Religion,* et dans ma *Réponse* à une troisième lettre de M. Arnauld qui est dans le IVᵉ tome de mes *Réponses.* Car naturellement on doit croire que les derniers ouvrages d'un auteur sont moins mauvais que les premiers. Ainsi M. Regis aurait peut-être mieux fait de combattre les raisons qu'il aurait trouvées dans mes derniers livres, directement contraires à son sentiment, que j'y ai réfuté fort au long, que d'attaquer un livre fait il y a vingt ans, et dans lequel je n'oppose presque rien aux raisons qu'il pourrait avoir pour soutenir
310 son opinion. Cette conduite fait naître dans l'esprit des | pensées qui ne lui sont pas avantageuses. Pour moi, je ne les ai pas, ces pensées. Et je veux croire que ces derniers livres dont je parle ne lui sont pas tombés dans les mains, ou qu'il n'a pas eu la curiosité de les lire, de quoi j'aurais peut-être grand tort de le blâmer. Au reste il ne faut pas toujours contredire les sentiments des autres. Ainsi je suis prêt de souscrire à cette proposition *que les idées dépendent de l'action des corps particuliers sur les organes des sens, comme de leur cause efficiente seconde,* pourvu que, par les *idées,* on entende leur présence actuelle à l'esprit ou la perception que nous en avons. Si M. Regis

* Page 179 [livre II, partie I, chap. XI, § 2 ; voir *infra,* p. 468].

l'entend autrement, je lui déclare que je suis bien fâché de ne trouver
rien dans ses sentiments qui soit de mon goût.

| CHAPITRE III

311

Justification de quelques prétendues contradictions

Je pensais* avoir fini cette petite réponse aux objections de
M. Regis. Mais j'ai encore rencontré dans son livre l'endroit qui suit,
où il m'accuse *d'être tombé dans des contradictions manifestes*; il cite
en marge *la Recherche de la vérité*. Cet endroit est donc encore un de
ceux qui demandent réponse, selon la résolution que j'ai crû devoir
prendre de ne répondre à cet auteur que lorsqu'il m'interroge. Car de
répondre à tout ce qu'il avance contre mes sentiments, je n'en ai pas le
loisir, et je ne crois pas qu'il le souhaite. Mais si je me taisais, lorsqu'il
m'adresse la parole, il aurait sujet de se plaindre de cette espèce de
mépris, ou plutôt il pourrait croire, et quelques autres aussi bien que
lui, que je ne pourrais pas lui donner satisfaction, et que je conviens de
m'être trompé. Ce ne serait pas, il est vrai, un grand malheur pour moi
qu'on le crût, mais j'aime encore mieux qu'on n'en croie rien, sur tout
si mes sentiments sont véritables. Que si néanmoins je reconnaissais
qu'ils sont faux, il me semble que j'aimerais mieux alors avouer ma
faute. Je n'ose pourtant l'assurer dans l'appréhension où je suis, que
Dieu, pour punir ma confiance, ne m'abandonnât aux inspirations
secrètes, et aux mouvements de ma vanité. Mais venons au fait. Voici
le texte de M. Regis :

*Il y a donc cette différence entre les plaisirs des sens et la satis-
faction intérieure, que celle-ci est un bien absolu, étant impossible de
trouver un seul cas où il ne soit pas avantageux de la posséder,* | *au* 312
*lieu que les plaisirs des sens ne sont des biens qu'en tant qu'ils
se rapportent à la satisfaction intérieure de l'âme, car, s'ils ne s'y
rapportent pas, ou, s'ils y sont contraires, tant s'en faut que les
plaisirs des sens soient des biens, ils sont au contraire des vrais maux;
ce qu'il faut bien remarquer pour s'empêcher de tomber dans l'erreur*

---

* Ceci a rapport au chap. X du IVe livre de la *Recherche de la vérité*. Il serait bon de le
relire.

où sont ceux qui confondent la satisfaction intérieure de l'âme avec les plaisirs des sens*. Car c'est cette confusion qui les fait tomber dans de manifestes contradictions, lorsqu'ils disent « que le plaisir est toujours un bien, mais qu'il n'est pas toujours avantageux d'en jouir, que le plaisir nous rend toujours actuellement heureux mais qu'il y a presque toujours des remords fâcheux qui l'accompagnent, etc. » [1]. Car il est visible que, par le plaisir qui nous rend toujours actuellement heureux, ils ne peuvent entendre que la satisfaction intérieure de l'âme, ni par le plaisir qui est presque toujours accompagné de remords, que le plaisir des sens. Or il est certain que les plaisirs des sens ne diffèrent pas moins de la satisfaction intérieure de l'âme que les moyens diffèrent de la fin***.

EXPOSITION DU FAIT. M. Regis m'accuse dans ce discours 1) *d'être tombé dans cette erreur de confondre la satisfaction intérieure de l'âme avec les plaisirs des sens.*

2) Il soutient que *cette confusion m'a fait tomber dans de manifestes contradictions*, parce que, dans le chapitre qu'il cite, j'ai dit que le plaisir est un bien, mais qu'il n'est pas toujours avantageux d'en jouir, qu'il nous rend toujours actuellement heureux, mais qu'il y a presque toujours des remords qui l'accompagnent.

3) Et la preuve qu'il donne, que je confonds le plaisir avec la satisfaction intérieure de l'âme : *C'est*, dit-il, *qu'il est visible, que par le plaisir qui nous rend toujours actuellement heureux, ils ne peuvent entendre que la satisfaction intérieure.*

RÉPONSE. Si je croyais que le lecteur voulût bien prendre la peine de chercher le chapitre de la *Recherche de la vérité,* que cite M. Regis, et de l'examiner, mon unique réponse serait de le prier de lire tout ce chapitre, et de prononcer sur ces *contradictions manifestes*. Car, quelque *manifestes* qu'elles paraissent à M. Regis, je ne crois pas qu'il pût les découvrir. Mais, comme le lecteur n'en voudra peut-être rien faire, et que le chapitre est un peu long, il faut que je donne ici une **313** réponse plus précise. | Mon dessein dans le chapitre cité est de réfuter

---

* L'auteur de la *Recherche de la vérité*, livre IV, chap. X.

** Tome I, p. 245[-246] [*SP*, Métaphysique, livre II, partie II, chap. XXI].

1. Voir *OC* II, 78-80.

l'opinion des stoïciens qui prétendent que la douleur n'est point un mal, ni le plaisir un bien. Je prétends donc que la douleur nous rend actuellement malheureux, et que le plaisir nous rend heureux. Je ne dis pas solidement heureux ; je ne dis pas heureux et content ; je ne dis pas heureux en tant que le bonheur renferme la perfection. Je distingue ces deux choses, parce qu'elles sont réellement distinctes. Car l'esprit n'est parfait que par la connaissance et l'amour du vrai bien ; et il n'est heureux d'un bonheur solide que par la jouissance de ce bien, laquelle consiste dans les modifications agréables des plaisirs qu'il produit dans l'âme, et par lesquelles il se fait goûter à elle. Je prétends seulement contre les stoïciens *que les plaisirs des sens sont capables de nous rendre en quelque manière heureux**. Cet *en quelque manière* marque nettement ce que je pense. Mais, quand même je n'aurais pas mis cette restriction dans ce chapitre, il est visible qu'il faudrait toujours la sous-entendre. Car j'y prouve en plusieurs manières qu'il faut fuir les plaisirs, et je ne crois pas qu'on puisse m'attribuer le dessein de prouver qu'il faut fuir ce qui nous peut rendre solidement heureux. Cela supposé :

Je réponds, 1) que je n'ai point *confondu la satisfaction intérieure avec les plaisirs des sens***. Je l'en ai toujours distinguée, lorsqu'il a été nécessaire ; et je fais même cette distinction si difficile à découvrir vers la fin du chapitre que cite M. Regis. Il est vrai que j'y appelle joie ce qu'il nomme satisfaction. Mais je ne crois pas qu'il prétende que je sois obligé à parler comme lui. Le mot de joie me paraît meilleur, à cause de celui de tristesse qui lui est opposé. Néanmoins je changerai joie en satisfaction, et tristesse en chagrin si on le souhaite.

Je réponds en second lieu que je ne trouve point de *contradiction manifeste* dans cette proposition : *le plaisir est un bien ; mais il n'est pas toujours avantageux d'en jouir*. Si j'avais dit *le plaisir est le souverain bien*, ou le *vrai bien*, ou même si j'avais dit : « le plaisir est *le bien*, mais il n'est pas toujours avantageux d'en | jouir », j'avoue qu'il **314** y aurait une *contradiction manifeste*. Mais elle serait si manifeste, cette contradiction, que tout lecteur jugerait d'abord que ce serait une

---

* Page 267, et ici tome II, p. 78 [Voir ainsi *OC* II, 81].
** Page 263, et ici p. 81 [Voir *OC* II, 83].

faute de l'imprimeur qui aurait mis sans réflexion *le bien*, pour *un bien*. Assurément il ne lui viendrait jamais dans l'esprit que j'aurais voulu dire *qu'il n'est pas toujours avantageux de jouir du bien, ou du souverain bien*. Où est donc la *contradiction manifeste*? Si un bien tel qu'on voudra n'est pas le souverain bien, il est visible qu'il ne sera pas avantageux d'en jouir, si on ne peut en jouir sans perdre le souverain bien, ou même sans se priver de quelque autre bien plus considérable. Un poulet est un petit bien; le plaisir de le manger quand on a faim, nous rend en quelque manière heureux. Cependant, en Carême, il n'est pas avantageux de jouir de ce poulet, ou du plaisir que l'on trouve en le mangeant. Est-ce qu'alors ce poulet change de nature, et qu'en Carême il n'a plus le même goût? Non, sans doute. Ce poulet, ou le plaisir que l'on trouve en le mangeant, est donc un bien dont il n'est pas avantageux de jouir, parce qu'il ne fut jamais avantageux de perdre un grand bien pour un moins considérable. M. Regis a donc mal prouvé que je suis tombé dans de *manifestes contradictions*. Il faut déjà, s'il lui plaît, qu'il change le pluriel en singulier, *de manifestes contradictions* en *une contradiction manifeste*. Voyons pourtant s'il ne serait point mieux de tout effacer.

Voici la proposition qui reste : *le plaisir nous rend toujours actuellement heureux; mais il y a presque toujours des remords fâcheux qui l'accompagnent*. Si j'avais écrit : « le plaisir nous rend toujours solidement heureux », ou simplement « bienheureux », au lieu d'*actuellement heureux*, on aurait raison d'y trouver *une contradiction manifeste*; parce qu'on ne peut être solidement heureux, ou parfaitement heureux et souffrir quelque misère ou quelque *remords fâcheux*. Mais je suis dans ce préjugé que les hommes sont inégalement heureux, et que personne n'est tellement heureux, qu'il n'ait quelque endroit qui l'afflige et qui le rende malheureux. Je regarde ce sage des stoïciens, dont la goûte et les douleurs les plus aiguës ne troublent point la félicité, comme un homme rare, et d'une espèce particulière, pour lequel assurément je n'ai jamais composé de livres, car je sais qu'il y eût trouvé mille *contradictions manifestes*. J'ai écrit pour des hommes qui me ressemblent. Et, comme le plaisir me rend heureux, et la **315** douleur malheureux, j'ai crû, sur ce principe qu'il vaut | mieux être malheureux en ce monde que de l'être éternellement en l'autre; j'ai cru, dis-je, pouvoir soutenir que, quoique les plaisirs des sens nous rendent actuellement heureux, il les fallait fuir à cause des remords fâcheux qui les accompagnent, qu'ils sont injustes, qu'ils nous attachent aux objets sensibles, qu'ils nous séparent de Dieu, et pour plusieurs autres raisons qu'on trouvera dans mes livres, et dans le chapitre même contre les stoïciens où l'on prétend avoir rencontré des *contradictions manifestes*.

Comme les contradictions prétendues où je suis tombé dépendent selon M. Regis de ce que j'ai confondu les plaisirs des sens avec la satisfaction intérieure, il faut examiner la preuve qu'il en donne. Car il a bien vu qu'on ne croirait pas sur sa parole que je fusse capable de confondre deux choses que je ne crois pas que jamais personne ait confondues. Voici donc sa preuve.

L'Auteur de la Recherche de la vérité *a dit: « Que le plaisir nous rend toujours actuellement heureux, mais qu'il y a presque toujours des remords fâcheux qui l'accompagnent ». Donc il confond les plaisirs des sens avec la satisfaction intérieure. La preuve en est claire: « Car il est visible que, par le plaisir qui nous rend toujours actuellement heureux, cet auteur ne peut entendre que la satisfaction intérieure, ni par le plaisir qui est toujours accompagné de remords, que le plaisir des sens. Donc... ».*

RÉPONSE. Il me semble que tout autre que M. Regis raisonnerait ainsi: L'auteur de la *Recherche de la vérité* a dit *que le plaisir nous rend toujours actuellement heureux, mais qu'il y a presque toujours des remords fâcheux qui l'accompagnent.* Or les remords fâcheux n'accompagnent point la satisfaction intérieure. Donc cet auteur distingue les plaisirs, dont il parle, de la satisfaction intérieure. Conclusion directement opposée à la sienne. Comment donc est-il possible que, par le plaisir qui nous rend toujours actuellement heureux, *on n'a pu entendre que la satisfaction intérieure*? On l'a entendu autrement. Cela est visible. D'accord, dira peut-être maintenant M. Regis. On l'a *pu*, mais on ne l'a pas *dû*. Car le plaisir et la douleur ne rendent ni heureux ni malheureux. Hé bien je le veux. Je me suis trompé en cela; j'étais dans le préjugé commun; les stoïciens ont raison. Mais, dans le

316 chapitre que vous avez cité, je combats actuellement | l'opinion de ces philosophes. Vous n'aviez donc pas sujet de croire que je fusse de leur sentiment. Comment donc me l'attribuez-vous, en disant *que par les plaisirs qui rendent heureux, je ne puis entendre que la satisfaction intérieure*, pour conclure de là que je confondais ce qu'assurément personne ne confondit jamais, et que cette *confusion* était l'origine des *contradictions manifestes* où j'étais tombé ? Apparemment, vous n'avez pas bien expliqué votre pensée. Car je ne crois pas qu'on puisse rien comprendre dans l'exposition que vous en faites.

Cependant, Monsieur, je crois que vous avez raison de penser que c'est la *satisfaction intérieure* qui nous rend véritablement heureux, autant que nous le pouvons être en cette vie, pourvu que par là vous entendiez, comme je le crois, le plaisir intérieur dont Dieu nous récompense quand nous faisons notre devoir, et qui est comme le gage ou l'avant-goût des biens que nous espérons par Jésus-Christ ; pourvu que vous entendiez par là cette joie intérieure que produit en nous l'espérance chrétienne, et non cette satisfaction intérieure des stoïciens, qui n'est qu'une suite de la vaine complaisance que notre orgueil nous fait trouver dans nos perfections imaginaires, et qui, loin de nous unir au vrai bien, nous arrête à la créature et nous fait jouir de nous-mêmes.

Si un homme de bien se trouvait sans cette douceur intérieure, qui accompagne ordinairement la bonne conscience, comme assurément cela arrive quelquefois, puisque de grands Saints se sont plaints souvent de souffrir des sécheresses effroyables ; si, dis-je, un homme était privé de cette douceur ou de ce sentiment intérieur pour quelque temps, où Dieu l'éprouve et le purifie, alors je croirais parler le langage 317 ordinaire, en disant que cet homme | n'est plus heureux, mais qu'il est encore juste, vertueux, parfait. C'est qu'ordinairement on appelle heureux ceux qui jouissent de quelque bien, et qu'on ne jouit du bien, ou qu'on ne le goûte que par les sentiments agréables. Si je demandais à cet homme de bien dont je viens de parler, s'il est actuellement heureux, il me répondrait apparemment : « Hé ! comment pourrais-je être actuellement heureux, ne sentant plus en moi cette douceur que je sentais autrefois ? ». « Quoi, lui dirais-je, sentez-vous quelque reproche intérieur ? Est-ce le repentir qui vous afflige ? ». « Hélas, nenni, me répondrait-il. Mais je ne goûte plus combien le Seigneur est doux ; je n'ai plus cet avant goût que produit l'espérance, ou cette foi vive que j'avais aux promesses du Seigneur Jésus ».

C'est donc le sentiment agréable ou le goût du bien qui rend formellement heureux. Or tout plaisir est agréable ; donc tout plaisir actuel rend actuellement heureux selon le langage ordinaire. Mais comme il y a de grands et de petits plaisirs, comme il y en a de justes et d'injustes, de passagers et de durables, et qu'il arrive souvent qu'un petit plaisir nous prive d'un grand, quoique tout plaisir nous rende heureux à sa manière, il est évident qu'il n'est pas toujours avantageux d'en jouir. Tels sont les plaisirs des sens. Il faut les éviter avec horreur et avec vigilance particulière, pour les raisons que j'ai dites dans le chapitre qui est le sujet de ce discours, et souvent ailleurs.

Vous m'avez interrogé, Monsieur, et je vous ai répondu le mieux que j'ai pu. Je ne sais pas si vous êtes satisfait. Il est vrai que je vous ai fait attendre longtemps pour bien peu de chose, mais je n'ai pas crû en cela vous désobliger. Si vous me faites encore l'honneur de m'interroger, je suis présentement dans le dessein de tout quitter pour vous contenter promptement ; et en ce cas je vous demanderai, avec tout le respect qui vous est dû, l'éclaircissement de plusieurs difficultés qui m'embarrassent dans votre Métaphysique et dans votre Morale. Ce n'est pas que je me plaise à parler devant tant de monde qui nous écoute, et qui peut-être se divertit à nos dépends. Mais c'est que, quand on m'y force, je tâche de me tirer d'affaire le plus promptement que je puis, et de ne pas défrayer seul la compagnie. Croyez-moi, Monsieur, vivons en paix. Employons notre temps à critiquer | en toute rigueur **318** nos propres opinions. Ne nous y rendons que lorsque l'évidence nous y oblige. Ne nommons jamais dans nos ouvrages ceux dont nous condamnons les sentiments. On s'attire par là presque toujours des réponses un peu fâcheuses. J'ai tâché qu'il n'y eût rien dans la mienne qui vous pût fâcher, et j'espère d'y avoir bien réussi. Car il me semble que je n'ai point eu d'autre vue que de défendre fortement mes sentiments, à cause que je les crois véritables. Mais, si dans la chaleur de la dispute, il s'y est glissé quelque expression un peu trop dure, ce que vous pouvez sentir mieux que moi, voyez si vous n'y auriez point donné vous-même un sujet raisonnable. Mais, en tout cas, je vous prie de me la pardonner d'aussi bon cœur que j'oublie, comme je le dois, certaines manières qui me blessent dans votre ouvrage.

AVERTISSEMENT

Il est à propos de lire ensuite ma *Réponse à une troisième lettre de M. Arnauld*, dans laquelle il approuve le sentiment de M. Regis sur les idées et sur les plaisirs[1].

1. *OC* IX, 899-989.

TEXTES ANNEXES

Présentation

Malebranche ayant beaucoup retravaillé ses textes au fil de leurs rééditions, les couches rédactionnelles successives ont rendu quelque peu difficile leur lecture en leur état originel. Ceci reste nous semble-t-il vrai en dépit de l'édition des *Œuvres complètes* qui reproduit la totalité des variantes, fort nombreuses pour la *Recherche de la vérité*, du fait des six éditions que le texte a connues.

Nous rééditons donc ici trois textes, organiquement liés à la *Recherche de la vérité*, donnés en appendice au tome II des *Œuvres complètes*.

Ces écrits ont tous été composés et publiés entre 1675 et 1678, et ont été retirés des éditions postérieures de la *Recherche*. Ils constituent donc un bon témoignage de ce qu'étaient les premières pensées de Malebranche, et du style qui en supportait l'expression.

La *préface contre Simon Foucher* est placée en tête de la première édition du second volume de la *Recherche de la vérité*, en 1675, et maintenue jusqu'à la troisième édition en 1677-1678[1] (*OC* II, 480, note a). Simon Foucher (1644-1696), « le ressusciteur des académiciens »[2], est l'auteur de nombreux ouvrages d'inspiration sceptique, visant à réhabiliter la philosophie néo-académicienne[3]. Sans même attendre la parution du second volume de la *Recherche* (septembre 1675), Simon Foucher publie au début de 1675 un bref ouvrage, *La critique de la Recherche de la vérité*, auquel répond la préface de

1. La 3e édition date de 1678. Toutefois, le IIe tome, dans lequel se trouve cette préface, et qui reprend la 2e édition, est daté de 1677.
2. L'expression est de Leibniz, lettre à Nicaise du 30 avril/10 mai 1697, éd. Gerhardt, *Die Philosophischen Schriften*, II, p. 566.
3. Rappelons que Foucher, chanoine de Dijon, a entretenu à la même époque une importante correspondance avec le jeune Leibniz, reproduite au tome I de l'édition des *Philosophischen Schriften* de Gerhardt.

Malebranche [1]. La précipitation de Foucher suscite une série d'accusations contre Malebranche, qui, pour certaines d'entre elles, relèvent bien plutôt de malentendus que de véritables désaccords théoriques. Ainsi les reproches concernant la méthode sont-ils essentiellement imputables à la méprise de Foucher concernant le premier volume.

L'avertissement contre Desgabets est quant à lui inséré en 1676 en tête du second volume de la seconde édition; il sera maintenu dans la 3e édition de 1677-1678, et retiré dès la 4e, la même année, à la suite de la mort de Desgabets (*OC* II, 500, note a). Malebranche y dénonce les méprises dans lesquelles Desgabets est tombé en voulant prendre la défense de la *Recherche*, précisément contre Foucher [2].

La première version du XVIe *Éclaircissement* enfin, paraît dans la troisième édition de la *Recherche de la vérité* (donc dans l'édition originale des *Éclaircissements*) au tome III, et se trouve supprimé à partir de la 5e édition de 1700, qui la remplace par le texte actuel.

Par les précisions qu'ils fournissent, ces textes constituent un utile complément à la lecture de la *Recherche* dont ils explicitent plusieurs thèses importantes.

La préface contre Foucher

N'ayant pas jugé bon d'attendre la publication du second volume de la *Recherche* qui contient notamment l'exposé de la méthode au livre VI, Foucher s'est cru autoriser à en censurer l'absence, en dépit des annonces de Malebranche. Les premières pages de la préface font donc justice d'une accusation à laquelle la peu cartésienne précipitation de son auteur a fait perdre toute véritable pertinence. Encore très cartésien dans sa manière de présenter son programme, Malebranche rappelle à son détracteur les deux conditions requises pour la recherche de la vérité que sont le rejet de tous les préjugés de l'enfance, et la possession d'une méthode. En analysant soigneusement les erreurs des sens, de l'imagination et de l'entendement, le premier volume de la *Recherche* satisfait la première exigence; le second peut alors, après avoir terminé avec les inclinations et les passions l'étude de l'esprit, exposer la méthode (*OC* II, 481). Les réponses de Malebranche donnent l'occasion de

---

1. *Critique de la Recherche de la vérité, où l'on examine en même temps une partie des Principes de M. Descartes*, Paris, M. Coustellier, 1675.

2. Rappelons que Desgabets a publié à la fin de 1675 un ouvrage intitulé *Critique de la Critique de la recherche de la vérité, où l'on découvre le chemin qui conduit aux connoissances solides…*, Paris, J. Du Puys, 1675.

quelques précisions concernant le caractère génétique de la méthode mise en œuvre, et l'intérêt de rechercher la connaissance des effets par les causes. Se trouvent ainsi complétées les déclarations relatives à l'enquête sur les causes de l'erreur.

Huit années avant le déclenchement de la grande polémique avec Antoine Arnauld touchant les idées et la grâce, la préface de 1675 témoigne déjà d'une singulière vigueur polémique, et permet à Malebranche d'esquisser, bien malgré lui peut-être, les règles de la controverse qu'il tentera de faire prévaloir dans ses écrits contre Arnauld. Annonçant les fines analyses des livres IV et V concernant les jugements que dictent les passions, Malebranche dénonce ainsi les procédés que l'envie ou le désir de contredire inspirent à son adversaire.

Le second chef de la méthode malebranchiste [1] porte sur la distinction des vérités nécessaires et contingentes. Le débat se concentre sur le chapitre III du premier livre (*OC* I, 62-63) [2]. Plutôt que d'opposer à Foucher une réfutation en forme, Malebranche choisit de reproduire plusieurs longs passages de la *Critique*, et de les commenter en y insérant plusieurs notes appelées par des lettres.

Nous soulignerons brièvement deux aspects particulièrement intéressants du débat :

1) Foucher reproche tout d'abord à Malebranche d'avoir supposé sans preuve l'existence de deux types de vérités (nécessaires et contingentes) et le somme d'apprendre à ses lecteurs quelles sont les vérités nécessaires dans les sciences, à l'exception des mathématiques [3]. À cette première question, Malebranche répondra précisément en distinguant, plus clairement qu'il ne l'avait fait d'abord, deux types de vérités nécessaires, en admettant que la nécessité des vérités physiques, par exemple, n'est pas comparable à la nécessité absolue et inconditionnée des vérités mathématiques [4].

---

1. C'est ainsi que s'exprime Foucher qui a réparti la « méthode » de l'oratorien en 14 chefs principaux (*OC* II, 481).

2. Il s'agit du chapitre II dans la première édition de la *Recherche*.

3. *OC* II, 487-488, et note c de Malebranche.

4. On notera cependant que l'immutabilité accordée aux vérités physiques pourrait ne pas impliquer leur nécessité; la nécessité des vérités physiques renvoie en fait à l'immutabilité de la volonté divine, instauratrice des lois de la nature; ces dernières vérités pourraient donc être immuables tout en demeurant intrinsèquement contingentes. Rappelons que, si Dieu agit par les voies les plus simples et ne peut en dernière analyse produire qu'un seul monde possible, cette unicité du créable n'implique pas que la modalité des vérités naturelles s'identifie à la nécessité des vérités éternelles, coessentielles à la

2) Ceci engage le débat relatif à l'interprétation qu'il faut donner au passage concernant les vérités éternelles. Il s'agit de savoir si ces vérités, que Malebranche suppose nécessaires, dépendent ou non de la volonté divine.

Il faut ici jeter les yeux sur le texte tel que Foucher le lisait dans la première édition de la *Recherche* (1674, t. I, p. 24) : « Car il y a deux sortes de vérités, les unes sont nécessaires, et les autres contingentes. J'appelle vérités nécessaires celles qui sont immuables par leur nature, et parce qu'elles ont été arrêtées par la volonté de Dieu qui n'est point sujette au changement ». Le texte est inchangé dans la seconde édition (1675, t. I, p. 25-26), et ne sera modifié que dans la 3e, conformément à ce que nous pouvons lire désormais : « J'appelle vérités nécessaires celles qui sont immuables par leur nature, et celles qui ont été arrêtées par la volonté de Dieu, laquelle n'est point sujette au changement » [1].

On le pressent, le débat va porter sur le rapport entre l'immutabilité par nature, et le décret (ou l'arrêt) de la volonté divine. Quelle est, en dernière analyse, la raison ultime de l'immutabilité et de la nécessité des vérités ?

Tel qu'on peut la lire dans les deux premières éditions de la *Recherche* (et donc telle que Foucher la lisait), la phrase de Malebranche peut sembler faire dépendre l'immutabilité et la nature des vérités de la volonté divine : elles sont nécessaires et immuables, « parce que » leur immutabilité repose (« est arrêtée ») sur la constance de la volonté divine qui semble donc bien produire et maintenir constamment ces vérités. Foucher peut dès lors sans difficulté suggérer implicitement que Malebranche se range ici à l'affirmation cartésienne de la « création » des vérités éternelles. Il s'ensuit, dans la *Critique* (citée par Malebranche, *OC* II, 489), un développement qui fait valoir contre Malebranche l'accusation de pyrrhonisme : si Dieu peut changer les essences, ou faire que deux contradictoires soient vraies en même temps, comment préserver la solidité du fondement des sciences [2] ?

Par ailleurs, note Foucher, si l'immutabilité de la volonté divine est la cause de la nécessité des vérités, tout ce que Dieu veut est également immuable, puisque c'est la même volonté de Dieu qui veut les choses sujettes au changement et celles qui n'y sont pas sujettes [3].

---

nature divine. Il est donc significatif que Malebranche maintienne que ces vérités sont nécessaires, alors qu'elles ne s'identifient pas à l'essence divine.

1. *OC* I, 63, et variantes a et b pour le texte des deux premières éditions.

2. Cette hypothèse que Dieu pourrait changer les essences semble bien traduire, sous la plume de Foucher une interprétation volontariste de la formule de Malebranche.

3. Voir *OC* II, 490, et la note g de Malebranche.

La note e de Malebranche répond donc à la première partie de la difficulté, relative aux vérités éternelles. À la tentative de Foucher pour le ranger sous la bannière cartésienne, la réplique de Malebranche est sans appel. Il faut bien distinguer deux raisons d'immutabilité, et donc aussi deux types de nécessité. Lisons la nouvelle formulation de la thèse telle qu'elle apparaît dans la Préface contre Foucher : « Il y a de deux sortes de vérités immuables. Il y en a qui le sont par leur nature ou par elles-mêmes, comme que 2 fois 2 font 4, et d'autres parce qu'elles ont été déterminées par la volonté de Dieu qui n'est point sujette au changement… ».

La nouvelle rédaction (qui sera reprise presque mot pour mot dans les éditions postérieures) effectue donc deux rectificatifs d'importance :

1) On l'a vu, la préface contre Foucher distingue plus clairement que la première édition, au sein des vérités nécessaires dont il est ici seul question, deux formes d'immutabilité.

2) Le même texte précise, à l'aide d'un exemple, que l'immutabilité par nature convient par excellence aux vérités mathématiques. L'introduction de la précision « et d'autres » met en place une alternative qui change tout. La conjonction « parce que » qui servait à dire la dépendance de toutes les vérités nécessaires envers la volonté divine convient maintenant principalement aux vérités physiques (comme le montre l'exemple tiré des lois du mouvement). La mise en place de l'alternative et des deux types de nécessité affaiblit donc considérablement la portée de la conjonction « parce que », laquelle, dans la première rédaction, trahissait un certain volontarisme que Foucher ne s'est pas privé de noter.

Pour éviter ce qu'il considère comme une mauvaise interprétation de sa phrase, Malebranche réplique semble-t-il quelque peu à côté.

Il faut, dit-il, rester attentif au sens de la particule « et » utilisée dans la première rédaction. L'oratorien précise que la particule « et » a ici un sens disjonctif, et non, comme on pourrait s'y attendre, un sens conjonctif[1]. L'allusion au décret de la volonté divine n'a donc pas pour fonction d'expliciter l'immutabilité par nature. On est bien en présence de deux groupes de vérités distinctes. Par cette clarification que confirmera la rédaction des éditions postérieures, Malebranche donne un congé définitif à la création des vérités éternelles.

---

1. Il ne semble pas voir que la conjonction « parce que » qui soumettait toutes les vérités à la volonté divine, impliquait que le « et » fût nécessairement conjonctif dans la première rédaction en 1674.

Il reste cependant que la première rédaction était beaucoup plus ambiguë que ne le concède Malebranche lorsqu'il admet ne pas s'être « assez expliqué » (*OC* II, 489). En utilisant la conjonction « parce que », la première rédaction du texte semblait bien introduire une relation de dépendance de toutes les vérités immuables (et nécessaires) au regard de la volonté divine[1]. La réponse de Malebranche dans la préface tente de parer l'accusation de cartésianisme, en détournant l'attention sur le sens de la particule. Mais c'est bien la portée de la conjonction « parce que », laquelle plaçait l'immutabilité de toutes les vérités sous la dépendance de la volonté divine, qui est en question, ce qu'il s'abstient soigneusement de commenter ici. Il n'est donc pas étonnant de voir ce « parce que » compromettant disparaître dès la troisième édition. Plus prudemment, mais au risque de dédoubler implicitement le concept de nécessité, les éditions postérieures se borneront à juxtaposer deux groupes de vérités nécessaires, en limitant soigneusement le décret divin aux seules lois de la nature.

Le XVIe Éclaircissement

Le principal enjeu historique de ce bref texte réside dans les explications qu'il donne du principe de la simplicité des voies. Bien avant le virage de 1680 qui, dans le *Traité de la nature et de la grâce*, généralisera au monde de la grâce le principe d'après lequel Dieu n'agit toujours que par les voies les plus simples et évite autant que possible de multiplier les volontés particulières, le premier XVIe *Éclaircissement* constitue la première expression développée

---

1. André Robinet paraît donc fondé à considérer que Malebranche s'est d'abord « satisfait de la thèse cartésienne », *Système et existence, op. cit.*, p. 233. Plus largement, voir p. 233-234, qui analyse les trois rédactions du texte que nous évoquons. Il convient cependant de nuancer cette affirmation, dans la mesure où la rétractation (si c'en est une) et la limitation de la formule volontariste intervient très tôt, c'est-à-dire à la première occasion qui est donnée à l'oratorien de commenter ce passage. Geneviève Rodis-Lewis peut donc à bon droit faire remarquer que Malebranche ne fut jamais à proprement parler partisan de la thèse cartésienne, et qu'il affirme dès qu'il en a l'occasion la nécessité interne des vérités mathématiques. Voir « Polémiques sur la création des possibles et sur l'impossible dans l'école cartésienne », repris dans *Idées et vérités éternelles chez Descartes et ses successeurs*, p. 144 (la note 9 discutant les p. 233-234 d'A. Robinet et son hypothèse d'un volontarisme de jeunesse). G. Rodis-Lewis a complété ces données dans une note intitulée « Les essences éternelles et leur création : le détournement d'un texte augustinien » (*ibid.*, p. 159-163). Notons que Desgabets a, selon elle, commis le même contre-sens que Foucher. Nous ajouterons que l'emploi du verbe « arrêter » pour qualifier la relation des vérités à la volonté divine ne permet pas nécessairement de franchir le pas qui soumet les vérités au même type de causalité que les existants, à savoir la causalité efficiente, conformément au geste proprement cartésien.

du principe. On voit Malebranche illustrer la valeur du principe par des considérations de piété, assez caractéristiques du climat des premiers textes.

Pour ce qui est des textes contre Foucher et Desgabets, nous suivons le texte de la 3ᵉ édition de la *Recherche* (Paris, André Pralard, t. II, 1677, p. 3-56), et des *Œuvres complètes*, dont la pagination figure en marge. Le texte du XVIᵉ *Éclaircissement*, publié d'après les *Œuvres complètes*, a été révisé sur l'édition de 1688 (3ᵉ édition de la 4ᵉ édition, Amsterdam, Henry Desbordes, p. 549-556).

L'orthographe et la ponctuation ont été modernisées, conformément aux principes de la présente édition.

Jean-Christophe BARDOUT

Préface pour servir de réponse à la critique du premier volume

Il paraît depuis quelque temps un livre, qui a pour titre : *Critique de la recherche de la vérité, où l'on examine en même temps une partie des principes de Monsieur Descartes. Lettre, par un Académicien à Paris, etc.* On dit que ce livre m'attaque, et l'on a raison de le dire, car le titre le marque et l'auteur en paraît avoir le dessein. Cela me donne droit et m'impose même quelque sorte d'obligation de dire ce que j'en pense. Car, outre que je dois désabuser certaines gens qui se plaisent à ces petites querelles, et qui décident d'abord en faveur des critiques qui flattent leur passion, je crois devoir quelque réponse à celui qui m'attaque, afin qu'on ne pense pas que je me taise ou par fierté, ou par impuissance.

L'auteur de la *Critique* me pardonnera, s'il lui plaît, s'il semble quelquefois que je l'offense ; je serais bien fâché d'en avoir seulement le dessein. Mais je ne puis me défendre sans le blesser ; je ne puis repousser les coups qu'il me veut porter, sans lui faire sentir et sans faire connaître aux autres sa faiblesse et son impuissance. L'obligation de se défendre est naturelle, mais celle de défendre la vérité est absolument indispensable.

Voici en deux mots son dessein. Il suppose que le livre qu'il critique est une *méthode* pour jeter les fondements des sciences. Il réduit cette méthode à quatorze *chefs*. Il montre que ces quatorze | chefs sont ou des **481** *suppositions* sans preuve, ou des *assertions* sans fondement, et par conséquent que le corps du livre est entièrement inutile à la recherche de la vérité, quoiqu'il y ait par ci par là quelques réflexions qui le mettent au rang des ouvrages qui ont attiré l'estime de notre siècle.

Je réponds en général que l'auteur de la *Critique* n'a pas compris, ou qu'il a fait semblant de ne pas comprendre le dessein du livre qu'il combat, car il est visible que le dessein principal de ce livre est de découvrir les erreurs auxquelles nous sommes sujets. Il est vrai que l'on y traite de la nature des sens, de l'imagination, et de l'esprit; mais il est clair, et j'avertis même en plusieurs endroits, que ce n'est que pour découvrir ces erreurs dans leurs causes, car c'est une méthode que je tâche toujours d'observer, parce que je la crois la plus utile pour éclairer l'esprit.

Le titre de la première page du livre qu'il attaque, où il y a en grosses lettres *des erreurs des sens*[1], la table seule du même livre, ou plutôt le lieu où je fais la division de tout l'ouvrage, lui en auraient appris le dessein s'il avait voulu le savoir. Il y aurait lu ces paroles qui me paraissent assez claires : *Ainsi l'on peut rapporter toutes les erreurs des hommes à cinq chefs, et on les traitera selon cet ordre. Premièrement on parlera des erreurs des sens; secondement des erreurs de l'imagination; en troisième lieu des erreurs de l'entendement pur; en quatrième lieu des erreurs des inclinations naturelles; en cinquième lieu des erreurs des passions. Enfin, après avoir essayé de délivrer l'esprit des erreurs auxquelles il est sujet, on donnera une méthode générale pour se conduire dans la recherche de la vérité*[*]. On voit assez par cette division, que le premier volume que notre auteur a voulu critiquer ne traite que des sens, de l'imagination et de l'esprit, et que la méthode, qu'il suppose que j'ai donnée, ne doit se trouver que dans le volume qui paraît présentement.

Cependant, comme il lui plaît de me faire entreprendre un dessein que je n'exécute pas, afin de trouver d'avantage à redire à ma conduite, il tâche de prouver que j'ai eu dessein dans ce livre de donner une méthode. *Je ne lui fais point de tort*, dit-il, *de regarder son livre comme*

---

[*] Page 31, 29. Le premier chiffre est pour la seconde édition. Le second pour la première [*OC* I, 68].

[1]. Rappelons que c'était le titre du livre premier dans les premières éditions de la *Recherche*.

une méthode pour jeter les fondements des sciences, car, outre que son titre le témoigne, il se déclare sur ce point en cette manière : « *Examinons les causes et la nature de nos erreurs, et puisque la méthode, qui examine les choses en les considérant dans leur naissance et dans leur origine, a plus d'ordre et de lumière et les fait connaître plus à fond que les autres, tâchons de la mettre ici en usage* » [*].

Je ne fais point de tort à un homme, lorsque je dis qu'il a dessein de représenter un Hercule, mais, si je montre qu'au lieu d'Hercule, il prend Polyphème ou Thersite, je le rends ridicule. | Si je disais comme **482** plusieurs autres, que l'auteur de la *Critique* est cartésien, ou qu'il a eu dessein en me critiquant de défendre la doctrine de Descartes, je ne lui ferais point de tort, mais, si en même temps, je faisais voir qu'il la combat sans l'entendre, cela pourrait le choquer. C'est donc faire tort à un homme que de lui imposer des desseins qu'il n'a pas, afin de le rendre ridicule. Mais c'est s'y prendre fort mal que d'en imposer à ceux qui, comme j'ai fait en plusieurs endroits, se sont expliqués clairement sur ce sujet.

Mais, *le titre de mon livre le témoigne,* car il est *de la recherche de la vérité.* Je réponds que, pour chercher la vérité, il faut deux choses. Il faut être délivré des préjugés de l'enfance ou des erreurs communes, et avoir une bonne méthode. Le titre du livre est général pour ces deux parties. J'en ai donné la première, mais l'auteur de la *Critique* veut supposer que j'en ai donné la seconde. Cela n'est pas juste. Il devait plutôt corriger le titre par le livre, si ce titre ne lui plaisait pas, que de vouloir renverser tout un livre à cause du titre.

Mais, continue cet auteur, *je me déclare sur ce point en cette manière :* « *Examinons les causes et la nature de nos erreurs; et puisque la méthode, qui examine les choses en les considérant dans leur naissance et dans leur origine, a plus d'ordre et de lumière et les fait connaître plus à fond que les autres, tâchons de la mettre ici en usage* » [**].

---

* Pages 9 et 10 [de Foucher, qui cite Malebranche, *OC* I, 40].
** Page 10 [citation de *OC* I, 40].

Je viens de montrer que j'ai déclaré assez nettement, dans la division que j'ai faite de mon ouvrage*, que je ne donnais point ma méthode dans le premier volume, il n'en peut pas douter. Mais voyons si ce passage a dû lui faire croire que j'ai donné une méthode. Je dis : *Examinons les causes et la nature de nos erreurs*. Mon dessein est donc selon ce même passage, d'examiner les causes et la nature de nos erreurs, cela est clair. Je continue : *Et, parce que la méthode qui examine les choses en les considérant dans leur naissance a plus d'ordre et de lumière que les autres, tâchons de la mettre ici en usage*. Mon dessein est donc d'examiner les causes et la nature de nos erreurs avec méthode. Cela peut-il faire croire que j'ai donné une méthode ? Si cela est, on peut croire aussi qu'il n'y a point d'auteur qui n'ait donné une méthode, puisqu'il n'y en a point qui n'ait prétendu comme moi d'écrire avec méthode. Je pourrais même dire que l'auteur de la *Critique* a prétendu donner une méthode et le battre par ce côté-là, s'il n'aimait mieux que l'on crût qu'il a écrit sans méthode. Ce sont là toutes les preuves qu'il emploie pour démontrer que j'ai donné une méthode.

Les quatorze chefs de cette méthode imaginaire sont, dans les endroits d'où ils sont tirés, ou des propositions incidentes, ou des réponses à des objections, ou des opinions qu'il m'attribue, faute de
483 comprendre ce qu'il combat, ou enfin des exemples qui ne sont | et ne peuvent être par eux-mêmes chefs de méthode. Voici le premier de ces chefs.

Je commence ainsi : *L'esprit ou l'âme de l'homme n'étant point materielle ou étendue, est sans doute une substance simple, indivisible et sans aucune composition de parties ; mais cependant on a de coutume de distinguer en elle deux facultés, savoir l'entendement et la volonté, que nous allons expliquer d'abord, car il semble, etc.***. Et, afin de rendre sensibles les idées abstraites de ces deux mots, je les explique, non, comme m'impose l'auteur de la *Critique****, par rapport à l'essence de la matière qu'il suppose inconnue, mais par rapport aux propriétés que tout le monde reconnaît être dans la

---

* Page 31 [*OC* I, 68].
** Page 3, 2 [*OC* I, 40-41].
*** Pages 21-22.

matière, qui sont celles de pouvoir être mue, et celle de recevoir différentes figures extérieures et configurations intérieures.

L'auteur de la *Critique* supposant, comme je viens de dire, que le livre qu'il combat est une méthode, commence ainsi : *la première chose que l'on doit observer, lorsqu'on fait état de chercher la vérité, c'est de ne pas supposer qu'on l'aie déjà trouvée, quoiqu'on la possède parfaitement, etc.* *. Et plus bas : *c'est ce qu'il semble que l'auteur n'ait pas assez considéré, car, dès le premier pas qu'il fait, il s'engage dans la supposition d'une chose, dont la connaissance est le principal motif qui lui fait chercher la vérité, et qu'il ne doit pas décider qu'après avoir épuisé les plus grandes questions de la philosophie. C'est ainsi qu'il commence à entrer en matière dans son premier chapitre : « L'esprit ou l'âme de l'homme n'étant point matérielle, etc. ». Il est facile de voir que cette supposition n'est point indifférente, etc.* **.

Je réponds, premièrement, que je n'ai point eu dessein de donner une méthode dans le livre qu'il combat, mais d'y préparer l'esprit en le délivrant de ses préjugés.

2) Que, quand même j'en aurais eu le dessein, j'aurais pu supposer certaines vérités dont on tombe assez d'accord, comme que l'âme n'est point matérielle, principalement si je ne m'en servais point comme de fondement pour établir quelque système.

En troisième lieu, je réponds que la proposition qu'il prétend être un des chefs de ma méthode est une proposition incidente : la seule construction des mots le marque assez, la suite du discours en est une preuve incontestable, et tout ce que je dis en ce lieu subsisterait quand même l'âme serait matérielle. Ce n'est pas être bon critique que de prendre une proposition incidente pour une proposition fondamentale et pour un chef de méthode. Ce n'est pas | aussi prouver que *j'ai* **484** *supposé avoir trouvé la vérité que je cherche*, puisque la chose que je suppose, ou plutôt que je n'examine pas, ne me sert de rien.

Lorsqu'il a été nécessaire pour la suite, que l'on sût que l'âme est un genre d'être distingué de la matière, je l'ai prouvé, ou j'ai renvoyé à

* Page 20.
** Page 21.

ceux qui l'ont prouvé*. Mais pourquoi veut-il ici m'obliger à prouver une chose qui m'est inutile pour la suite, et que je serais fâché d'avoir prouvée en cet endroit? Que l'âme soit matérielle ou non, il est toujours vrai que l'on a de coutume de distinguer en elle deux facultés, l'entendement et la volonté. Ces deux mots sont en usage; je m'en puis servir. Ils sont peut-être obscurs, je dois les définir. Et, parce que leurs idées sont abstraites, je puis les rendre sensibles. Voilà ce que j'ai fait, et je ne vois pas encore ce qu'on y peut trouver à redire.

Dès le premier pas que je fais, dit-il, *je m'engage dans la supposition d'une chose dont la connaissance est le principal motif qui me fait chercher la vérité, et que je ne dois pas décider qu'après avoir épuisé les plus grandes questions de la philosophie.*

Tout ce discours est faux : je ne m'engage point dans une supposition, car les propositions incidentes ne se considèrent point. Le principal motif qui me fait chercher la vérité n'est point pour savoir si l'âme est ou n'est pas matérielle. Et, tant s'en faut *que cette question ne se doive résoudre qu'après avoir épuisé les plus grandes questions de la philosophie*, que sa[1] résolution ne dépend d'aucune autre. Cette question n'est point composée, et la seule comparaison des idées qui répondent à ses termes suffit pour la résoudre, comme je ferai voir dans le sixième livre[2], quoique ceux qui font plus d'usage de leur imagination que de leur raison ne le voient pas.

Il n'est pas nécessaire que je m'explique ici davantage : il suffit que l'on sache que cette supposition n'est qu'une proposition incidente, dont je ne tire aucune conséquence, et que j'aurais même eu tort de prouver. Cependant, si l'on croit l'auteur de la *Critique*, *ce qu'il y a de plus fâcheux, c'est que cette seule anticipation est capable de ruiner toute l'espérance que l'on peut avoir de la recherche de la vérité***.

Dans les quatre ou cinq premières pages que notre critique emploie à réfuter le prétendu premier chef de la méthode imaginaire, il

---

* Livre premier, chapitre neuvième, et livre troisième en plusieurs endroits [*OC* I, 122-123, 381-383, 389, 453…].
** Page 22.

1. Les *OC* impriment : « la »; nous rétablissons le texte de la 3ᵉ éd., t. II (1677), p. 13.
2. Voir *RV* VI, II, VII [*OC* II, 387-396].

y a plusieurs choses qui mériteraient que l'on y fît réflexion, si l'on croyait qu'il fallût faire connaître toutes ses fautes, car il m'impose là comme ailleurs sans aucune preuve des sentiments et des desseins auxquels je n'ai jamais pensé, mais il le fait avec une | hardiesse **485** capable de surprendre tous ceux qui croient les gens sur leur parole. Je veux bien penser qu'il est trop honnête homme et trop sincère pour agir de mauvaise foi et pour perdre le respect que l'on doit au public, mais, si cela est, il y a de la légèreté ou de la témérité dans son entreprise : il ne devait pas entreprendre de combattre ce qu'il ne comprenait pas. Il faut cependant que je rapporte comme il finit sa première attaque : l'on connaîtra ce qu'on doit penser du reste par le commencement et par la fin.

J'ai dit* que l'âme, étant une substance simple et indivisible, n'a point de parties, mais que cependant on avait de coutume de distinguer en elle deux facultés, l'entendement et la volonté, etc. Cela a donné occasion à l'auteur de la *Critique* de m'accuser de contradiction**, et, après l'avoir prouvé à sa manière par plusieurs interrogations et figures de rhétorique fort convaincantes, il conclut par ces paroles qui représentent en abrégé tout son raisonnement figuré, et qu'il a mis pour cela en italique : *C'est la même chose*, dit-il, *comme si je disais* : « *l'âme est sans aucune composition de parties, mais cependant je vais expliquer comme elle en a* ». *Vous voyez, Monsieur*, continue-t-il, *que cette supposition ne sert qu'à jeter d'abord dans l'obscurité, outre qu'elle est contraire d'ailleurs au succès de cette méthode*. Mais qui a jamais pris des facultés pour des parties ? Certainement la passion de critiquer est bien aveugle pour mettre dans la bouche d'un homme d'esprit des comparaisons si extraordinaires, et pour lui faire croire que le monde en doit être bien content. Mais examinons son second chef de ma prétendue méthode, et voyons comment il le combat.

Après avoir montré que pour éviter l'erreur, on ne doit jamais donner son consentement qu'aux choses qui paraissent dans une telle évidence qu'on ne peut s'empêcher d'y consentir, sans entendre clairement les reproches secrets de sa raison, j'ajoute : *On ne laisse*

* Page 3 [*OC* I, 40].
** Page 24.

pas de tomber d'accord qu'il y a encore des vérités, outre celle de la foi, dont on aurait tort de demander des démonstrations incontestables, comme sont celles qui regardent des faits d'histoire et d'autres choses qui dépendent de la volonté des hommes. Car il y a de deux sortes de vérités, les unes sont nécessaires, les autres contingentes*. Et, parce que ces deux mots contingentes et nécessaires ne sont peut-être pas assez clairs, je les explique ainsi : J'appelle vérités nécessaires celles qui sont immuables par leur nature, et parce qu'elles ont été arrêtées par la volonté de Dieu, laquelle n'est point sujette au changement. Toutes les autres sont des vérités contingentes***. Et plus bas : On demande donc qu'on observe exactement la règle, dont on 486 | vient de parler, dans la recherche des vérités nécessaires dont la connaissance peut être appelée science, et l'on doit se contenter de la plus grande vraisemblance dans l'histoire, qui comprend les connaissances des choses contingentes. Car l'on peut, etc.*

Je souhaite que l'on examine d'abord si les choses que je viens de dire sont claires ou obscures, si l'on ne peut point supposer qu'il y ait des vérités nécessaires, comme que 2 fois 2 font 4, des vérités contingentes, comme que Monsieur tel dira une telle parole à une telle heure, principalement lors qu'on n'a pas dessein d'établir quelque système sur cette supposition, s'il y a quelque chose de plus certain que cette même supposition avec quoi on la puisse prouver, enfin si l'on peut raisonnablement se persuader que je prenne pour un des chefs de ma méthode, ou pour une supposition essentielle à quelque système une proposition qui commence par un *car*.

Cela supposé, je vais rapporter tout le raisonnement de notre critique contre ce que je viens de dire des vérités contingentes et des vérités nécessaires. Je mettrai seulement à la marge quelques notes ou quelques réponses que je croirai nécessaires. C'est là le plus court et le plus facile pour moi. Il est plus difficile qu'on ne pense de répondre clairement à ceux qui ne sont pas intelligibles, et qui ne raisonnent pas conséquemment. Il faut au moins donner quelque forme à leurs objections pour les résoudre, et l'on ne le peut pas toujours, ou parce

* Page 25, p. 24 [*OC* I, 62-63].
** Page 26, 24 [*OC* I, 63].

qu'on ne les comprend pas. Pour moi je suis bien aise qu'on ne s'imagine pas que je fasse de la *Critique* ce qu'on a fait de la *Recherche*, ni que je compose de différents passages de ce livre un galimatias incompréhensible.

La Critique

Seconde supposition des vérités nécessaires page 25[-32]

La *Critique*

La seconde chose que l'auteur a supposée, c'est qu'il y a de deux sortes de vérités: des nécessaires, et des contingentes. Je ne sais par quelle raison il regarde ce qu'il dit ici comme quelque chose d'incontestable, et pourquoi il ne songe pas à le prouver,[a] car cette question est l'une des plus considérables qui ait occupé les savants, et surtout les anciens, jusque-là que les premiers philosophes étaient[b] tous, excepté Parménide, dans un sentiment contraire à celui qu'il soutient en cet endroit; encore Parménide ne reconnaissait qu'une seule vérité nécessaire, au lieu qu'il en suppose un très grand nombre. Protagore a cru qu'il n'y avait aucune vérité de la part des choses, bien loin d'en reconnaître de nécessaires, et que l'homme était la mesure et la règle de tout ce qui pouvait tomber en question, qu'il n'y avait que de pures apparences et point du tout de réalités, que par conséquent nous n'avions point de vérités à chercher, ni point d'erreurs à éviter,

Réponse

[a] C'est que cela est plus certain que toute autre chose, et qu'il n'y a même rien de certain, si cela ne l'est. Car, si 2 fois 2 sont nécessairement égaux à 4, si un tout est nécessairement plus grand que sa partie, il y a | des vérités **487** nécessaires. Je ne sais par quelle raison l'auteur de la *Critique* veut que je pense à prouver ce qui ne se peut prouver que par quelque chose de plus obscur ou de moins clair. Ce n'est pas philosopher *à la manière de l'ancienne Académie* [*].

[b] Ceci est curieux et bien recherché. Tous les premiers philosophes excepté Parménide ont nié qu'il y eût des vérités nécessaires et des vérités contingentes. Quelle merveille! Que c'est une belle chose que l'érudition! Certainement on ne trouverait jamais par la méditation les choses que l'on apprend dans la lecture des anciens, quoiqu'on ne les entende qu'à demi. Mais on voit assez que notre auteur n'entend pas mieux les anciens philosophes que les nouveaux.

* Préf., p. 4.

tout étant également vrai, ou plutôt
également faux. Les Pyrrhoniens ont
encore soutenu qu'il n'y avait rien de
constant, ni rien de déterminé vérita-
blement, ou que, s'il y avait quelque
chose de constant, nous n'en pouvions
rien savoir. Les nouveaux demeurent
d'accord que les individus n'ont rien
d'immuable, et qu'ils sont sujets à de
continuelles vicissitudes. Cela étant,
où sont donc les vérités nécessaires; je
ne parle point de celles qu'on recon-
naît dans les mathématiques, cela doit
488 *faire une question à part,* c *mais de*
celles qu'il suppose être dans la phy-
sique, dans la médecine, et dans la
morale, quoique j'excepte encore
celles qui regardent l'essence ou l'exi-
stence de Dieu? Où le pourrait-il donc
placer, d *sinon dans les espèces et dans*
les essences de ces mêmes individus
qui sont sujets au changement? Et, si
ces essences et ces espèces ne sont
que des idées, comme on le pourrait
soupçonner, si leur immutabilité n'est
qu'en apparence, ne serions-nous pas
en suivant cette supposition dans une
erreur qui nous exclurait entièrement
de la connaissance du véritable état
des choses?
Mais voyons ce que l'auteur appelle
ses vérités nécessaires, car du moins il
explique ce qu'il entend par ces mots:
« J'appelle, dit-il, des vérités néces-
saires celles qui sont immuables par
leur nature, et parce qu'elles ont été
arrêtées par la volonté de Dieu qui

c Pour moi j'en parle; *cela | doit faire*
une question à part, mais il ne la fait
nulle part.

d La demande est plaisante: mais
l'auteur ne me la ferait pas s'il avait
seulement lu le troisième livre de la
Recherche de la vérité, puisque j'y ai
dit assez clairement ce que je pense de
ces choses. Mais il semble que notre
auteur prenne les vérités pour de
certains petits êtres, qui naissent et qui
meurent à tous moments.

n'est point sujette au changement » [1].

De dire que ces vérités sont immuables par leur nature, ce n'est pas davantage que si on disait qu'elles sont immuables, à moins que cela ne signifie qu'elles le sont du fond de leur être, sans aucun secours externe. Mais, si ces vérités sont de cette manière, comment ont-elles été déterminées par la volonté de Dieu, puisque, Dieu étant libre, comme l'auteur ne le voudrait pas nier, il pouvait, s'il eût voulu, ne les point déterminer à être immuables. ͤ *Cela étant, elles sont donc immuables seulement par grâce, parce que Dieu l'a voulu, et parce qu'il les a déterminées à cet état d'immutabilité.*

Si cela est, comment sont-elles immuables de leur nature, puisqu'il était possible qu'elles fussent sujettes au changement? et, s'il n'était pas possible qu'elles fussent sujettes au changement, comment est-ce que Dieu les aurait déterminées à être immuables, et comment les aurait-il arrêtées par un effet de sa volonté?

L'auteur s'expliquera sur ce point s'il le trouve bon. Mais ce n'est pas une petite affaire de savoir si Dieu peut changer les essences des choses, et, s'il peut faire que deux contradictoires soient véritables en même temps, car, comme a dit un illustre théologien de notre siècle sur les mêmes mots que nous examinons présentement : « Dieu est-il l'Auteur

ͤ Il y a de deux sortes de vérités immuables. Il y en a qui le sont par leur nature ou par elles-mêmes, comme que 2 fois | 2 font 4, et d'autres **489** parce qu'elles ont été déterminées par la volonté de Dieu qui n'est point sujette au changement, comme qu'une boule en meut une autre en telle rencontre. Il est facile de voir qu'il n'a point compris ce qu'il prétend combattre. Il n'a pas pris garde que la particule conjonctive *et* faisait quelquefois le même effet que la disjonctive *ou*, car, s'il y avait pris garde, il aurait ici mauvaise grâce de chicaner sérieusement sur l'équivoque d'une particule. Il pouvait bien penser que les vérités qui sont nécessaires par leur nature, comme que 2 et 2 font 4, n'ont pas besoin d'une volonté de Dieu pour les rendre telles. Je veux cependant que je ne me sois pas assez expliqué, mais, comme l'endroit qu'il critique n'est qu'acces-

1. *OC* I, 63.

*de la vérité de son existence ? ».
Devons-nous dire aussi qu'il puisse
former un triangle rectiligne dont les
trois angles valent plus que deux
droits, ou dont un seul côté soit plus
grand que les deux autres ensemble ?
En un mot, s'il est possible que les
contradictoires soient vraies et
fausses en même temps, que deviendra le raisonnement humain, et de
quelle manière faudra-t-il regarder
les conclusions de théologie, qui nous
assurent que Dieu n'est point
corporel, qu'il n'est point sujet au*
490 *changement, qu'il a toujours été, [f] etc.
Ne pourrait-on pas dire en suivant
cette hypothèse, qu'il est possible
qu'il ait toujours été et qu'il n'ait pas
toujours été, qu'il soit sujet au
changement et qu'il n'y soit pas
sujet ? Je ne veux point prononcer sur
une si grande question ; mais je puis
assurer que l'auteur n'a pas eu droit
de le faire, surtout dans les circonstances où il l'a fait, et sans en
apporter des preuves suffisantes. [g]
Néanmoins j'aperçois une apparence
de raisonnement dans ces mots : « et
par la volonté de Dieu qui n'est point
sujet au changement ». Il semble qu'il
regarde ici l'immutabilité de la
volonté de Dieu comme la cause de la
nécessité de ces vérités. Mais, si cela
est, il prouve trop dans l'endroit où
nous nous plaignons qu'il ne prouve
point du tout. Car, si ce que Dieu veut
est immuable, parce que sa volonté
n'est pas sujette au changement, il*

soire à mon dessein, il n'était pas nécessaire que je m'expliquasse davantage. Si on prend la peine de le lire, on verra qu'il suffisait que je disse qu'il y a des vérités nécessaires, et que je ne devais pas examiner la cause de leur nécessité.

[f] Je ne sais pas à qui il en | veut. Cette manière de critiquer est bien commode : on a raison quand on le souhaite.

[g] Il m'impose trois faussetés en six lignes. Je n'ai rien décidé sur cette question, ni dans les circonstances où je ne le devais pas, ni sur de méchantes preuves car je n'en ai pas seulement parlé. Mais, s'il veut savoir ce que j'en pense, je ne crains point de dire que Dieu ne peut pas faire que les contradictoires soient vraies ou fausses dans le même temps.

s'ensuit que tout ce qu'il veut doit avoir une égale immutabilité, puisque c'est la même volonté qui en est la cause ? Cependant il est certain qu'il veut des choses qui sont sujettes au changement, lors qu'il détermine les créatures à exister ou à cesser d'être, dans la vicissitude des temps : [h] *ainsi, quand Dieu n'aurait arrêté ces vérités que pour quelques siècles, sa volonté n'en serait pas moins immuable, non plus qu'elle ne l'est pas moins, lors qu'elle produit tous les jours les changements admirables qui font la beauté de l'univers.*

Mais, dira l'auteur, Dieu veut que ces vérités soient immuables pour toujours. Comment le pourrait-il savoir, en aurait-il eu quelque révélation particulière ? Il parle pourtant ici comme s'il en était bien assuré.

[i] *Peut-être qu'il le fonde sur ce que, si ces vérités nous paraissent immuables, quoiqu'elles fussent sujettes au changement, nous serions trompés lors que nous prétendrions avoir de la science;* [l] *mais, si cela était, on n'en pourrait rien conclure, sinon que les premiers philosophes, les académiciens et les pyrrhoniens, auraient mieux philosophé que les péripatéticiens, les cartésiens, et les autres dogmatistes; et je ne crois pas que l'auteur voulût établir sa philosophie sur un pareil sophisme : s'il n'y avait des vérités nécessaires, nous ne pourrions avoir de science; donc il y en a.*

[h] Il confond les êtres avec les vérités. L'homme est capable de raison et de sentiment; une boule se peut couper en deux hémisphères. L'homme et la boule sont sujets au changement; mais ces vérités sont immuables.

| [i] Il veut faire rire, mais je ne sais s'il **491** aura les rieurs de son côté.

[l] Tout ceci ne me regarde point, et ne part que de la fécondité de notre auteur.

ᵐ *Mais, quand nous pourrions supposer qu'il y a des vérités nécessaires dans la physique, dans la médecine, etc., et quand nous pourrions nous déterminer ainsi sur cette question, sans nous exclure entièrement de la connaissance de la vérité, quand ces vérités seraient nécessaires par leur nature, et que leur immutabilité par quelque nouveau mystère serait encore l'effet d'une libre détermination de la volonté de Dieu, quand la nécessité de* **492** *ces vérités viendrait de ce que cette volonté n'est point sujette au changement, quoiqu'elle soit la cause de tous les changements qui arrivent dans l'univers, quand il serait assuré d'ailleurs, que Dieu aurait résolu de conserver ces vérités dans une entière immutabilité, il faudrait encore supposer pour entrer dans son sentiment, et la science de l'existence de Dieu, et celle de sa volonté, celle de sa liberté, et celle de sa puissance.*

ⁿ *Ce qui m'oblige à faire quelques réflexions sur ce qu'il a emprunté de la foi pour joindre à ses raisons philosophiques, et c'est ce que nous pouvons regarder comme sa troisième supposition.*

ᵐ Considérez s'il vous plaît toutes ces reprises, tâchez de les comprendre, et admirez comme l'imagination séduit la raison. Je crois pouvoir dire que notre auteur ressemble ici à un homme, qui, s'étant imaginé de voir son ennemi présent, aurait d'abord déchargé ses armes contre ce fantôme, l'aurait percé de son épée, et lui aurait coupé la tête ; et, tout joyeux d'une victoire si heureuse et si facile s'écrierait : « Quand mes pistolets n'auraient point porté, mon épée l'a percé ; mais, quand | mon épée ne l'aurait point percé, je lui ai coupé la tête ; mais, enfin, quand sa tête serait encore sur ses épaules, j'ai reconnu que c'est un homme si faible, et qu'il est si facile de vaincre, que je n'ai rien à craindre de lui ». On voit assez par toutes les reprises de notre auteur, qu'il s'imagine m'avoir fort maltraité, mais je ne sens pas plus de blessures, que l'ennemi que ce pauvre homme croirait avoir cruellement massacré.

ⁿ Je devais selon notre auteur commencer par la théologie, afin de prouver méthodiquement qu'il y a des vérités nécessaires et des vérités contingentes ; mais je ne crois pas que cette conduite eût eu l'approbation de bien des gens. Et, comme il est difficile de contenter les critiques, je ne crois pas même que le nôtre en eût été fort satisfait : son troisième chef, que nous allons commenter comme le précédent, nous le fait assez connaître.

Après que j'ai prouvé qu'il ne faut jamais se rendre qu'à l'évidence, excepté dans les choses de la foi, lesquelles ne sont point sujettes à la raison, je conclus par ces paroles : *Il faut donc bien distinguer les mystères de la foi des choses de la nature : il faut se soumettre également à la foi et à l'évidence ; mais dans les choses de foi il ne faut point chercher d'évidence, comme dans celles de la nature il ne faut point s'arrêter à la foi, c'est-à-dire à l'autorité des philosophes. En un mot, pour être fidèle, il faut croire aveuglément ; mais, pour être philosophe, il faut voir évidemment* *.

| *Troisième supposition des vérités de la foi, page 32[-35]*   **493**

La *Critique*

« *Il faut distinguer les mystères de la foi des choses de la nature* », c'est ainsi que l'auteur** parle fort judicieusement, et qu'il conclut de même par ces mots qui pourraient servir de proverbe[a] : « *Pour être fidèle il faut croire aveuglément, mais, pour être philosophe, il faut voir évidemment* ». Cependant je m'étonne qu'il n'observe point dans son livre la résolution qu'il forme de ne point mêler [b] ce qui concerne la Religion avec les décisions de la philosophie. Car il est trop apparent que la moitié de son ouvrage ne sont que des réflexions sur le péché originel, sur les mœurs dépravées, les mauvaises inclinations que la morale chrétienne doit corriger.

Réponse

[a] Je ne sais si l'on doit mettre ce que je dis ici au rang des *proverbes* et des quolibets, car cela dépend du goût : je m'en rapporte à ceux que la passion de critiquer ne rend point trop difficiles et trop délicats. Ils feront aussi réflexion, si cette délicatesse sied bien à l'auteur de ce discours, et s'il se doit piquer si fort d'avoir le goût bon.

[b] Il y a bien de la différence entre mêler et confondre. J'ai toujours *distingué* les choses de la foi de celles de la nature, comme je dis ici qu'il le faut faire : mais je n'ai jamais pris la *résolution* de ne point parler de Dieu ni de la morale chrétienne, en traitant de la recherche de la vérité. L'auteur fait semblant de ne m'entendre pas, afin de critiquer avec moins de peine.

---

* Page 25, 24. [*OC* I, 62].
** Page 24 [*OC* I, 62].

c *Je ne blâme point sa piété en cela, et je ne crois pas que ce soit une chose indigne d'un chrétien de travailler sur ces sujets. Mais cela devait être réservé pour des sermons.*

d *Ou bien, s'il avait dessein de prendre ici l'occasion d'insinuer ces moralités, étant persuadé que le vrai moyen de toucher fortement le cœur, c'est de le faire lorsque l'on découvre à l'esprit des vérités qui lui sont importantes, il pouvait satisfaire à ce* 494 *désir louable, mais il devait former pour cela des chapitres particuliers, qui est aussi ce qu'il a fait en quelques endroits. Mais, encore une fois, il faut peu de chose pour troubler les lumières que nous commençons à recevoir dans la recherche de la vérité.* e *Nous ne saurions satisfaire en même temps à la raison et à la foi, parce que la raison nous oblige d'ouvrir les yeux, et la foi nous commande de les fermer.*

f *Et cependant je trouve qu'il a tellement attaché ses principales propositions avec ce que la religion veut que nous croyions, qu'il semble plutôt parler en théologien qu'en philosophe. Par exemple, entre autres choses, il conclut que, « si notre volonté n'était pas libre, et si elle portait* g *à tout ce qui a des apparences de vérité, elle se tromperait presque toujours; d'où il semble*

c Ne voit-il pas que ces choses ne sont point par elles-mêmes articles de foi, et que l'on peut parler *de la bonté de Dieu, des mœurs dépravées, et des mauvaises inclinations que la morale chrétienne doit corriger,* sans recourir à la foi ?

d Il y a dans cette critique de petites railleries qui font un contrecoup de pitié, mais celle-ci pourrait faire un contrecoup d'indignation. Qu'il sache une fois pour toutes que, si j'ai consenti que ce livre parût, c'est principalement parce qu'il contient les choses qu'il y condamne | comme des *enthousiasmes* *.

e S'il parle de lui-même, il faut le croire sur parole.

f Ce qu'il vient de dire est vrai; mais ce qu'il en va conclure est faux, car c'est la raison et non pas la foi, qui nous apprend que Dieu n'est point trompeur.

g Il a supprimé ici deux mots qui font toute la force de mon raisonnement. Il y a : *si elle se portait infailliblement et*

* Page 12.

qu'on pourrait conclure que son Auteur serait aussi l'Auteur de ses égarements, etc. ». Et ensuite, « la liberté nous est donc donnée de Dieu, afin que nous nous empêchions de tomber dans l'erreur, etc. »*. Il est visible que ce raisonnement n'est fondé que sur ce que l'Auteur prétend que Dieu ne veut pas nous tromper.

h Mais ne peut-on pas douter si Dieu ne nous a pas fait seulement pour jouir de la vraisemblance, et s'il a résolu de se conserver à lui seul la connaissance de la vérité, ou même s'il a dessein de nous en faire part seulement i dans le Ciel? D'où il ne faut pas conclure qu'il serait un trompeur s'il ne nous avait donné aucun moyen de la découvrir.

l Je laisse à penser, Monsieur, ce que diraient des pyrrhoniens, si on leur proposait ce raisonnement. Il y en a encore beaucoup de semblables dans le cours de cet ouvrage, surtout dans la dernière partie, dont presque tous les chapitres contiennent des raisons qui embrassent les questions de la théologie. m

nécessairement à tout. On verra bientôt pourquoi il fait ce retranchement.

h La raison apprend que Dieu n'est point trompeur et la foi le suppose : c'est tout le contraire de ce que le critique s'imagine.

| i On ne peut point en douter, quand **495** on a des raisons pour cela, mais il est inutile que je réponde à toutes ces demandes.

l Je ne le conclus pas aussi par cette raison** : la mienne est bonne, et celle-ci ne vaut rien. Il y a différence entre nous porter infailliblement et nécessairement à consentir à l'erreur, et ne nous donner aucun moyen de découvrir la vérité. Il ne fallait pas supprimer ces mots infailliblement et nécessairement.

m Il ne trouvera point dans tout le livre qu'il critique, que je suppose quelque article de foi comme un principe, pour tirer des conséquences essentielles à la recherche de la vérité. Mais, dès que l'on parle de la bonté de Dieu, des mœurs dépravées, et des mauvaises

* Page 15 [OC I, 54].
** Voyez ma preuve au long p. 15 et 16 [OC I, 54].

inclinations[*], il s'imagine qu'on parle de quelque article de foi.

Soit donc[n] *qu'il considère toutes ces suppositions comme des articles de foi, soit qu'il les regarde comme des vérités que la philosophie nous peut démontrer, il devait toujours les séparer des fondements de cet ouvrage.*

S'il les considère comme des articles de foi, il est assez persuadé qu'elles sont obscures; et, s'il les regarde comme les conclusions de la science humaine, il faut que sa méthode les précède et non pas qu'elle s'en serve comme de principes sur lesquels elle se doive appuyer.

[n] Il me semble que ces deux conclusions ne tendent à autre chose qu'à obtenir par surprise quelques petits applaudissements de ceux qui les donnent *gratis*.

Si je croyais que le monde se mît en peine de savoir exactement que l'auteur de la *Critique* n'a point entendu ce qu'il a prétendu combattre, je continuerais comme je viens de faire jusqu'à la fin de son livre; et je ferais voir ainsi d'une manière incontestable qu'il n'a 496 presque jamais pris mon sens et qu'il n'a aucune idée de mon | dessein; mais je crois que les gens raisonnables n'y prennent guère d'intérêt. Ainsi, pour ne les pas fatiguer inutilement, et pour satisfaire cependant à ce que quelques personnes croient que je dois à la vérité, je répondrai en peu de mots à tous les chapitres de la *Critique*, et je prie ceux qui auront assez de loisir et de curiosité, d'examiner avec attention si mes réponses sont justes, en confrontant la *Critique* avec la *Recherche*.

Dans le quatrième article ou chapitre, l'auteur combat fort au long mes sentiments sans les savoir. Il ne voit pas qu'il y a de deux sortes de traces; les unes que l'esprit se forme pour se représenter les choses, comme la trace qui accompagne l'idée d'un carré; les autres qui accompagnent les idées abstraites et qui ne les représentent pas, comme sont les traces que le son des mots et la vue des caractères produit dans le cerveau, lesquelles n'ont point naturellement la force

---

[*] Page 33.

de représenter ou de réveiller les idées. Les grands raisonnements de notre auteur se trouvent détruits par cette distinction.

Il m'impose dans son cinquième chapitre plusieurs sentiments que je n'ai pas. Il n'est point vrai que *je reconnaisse que toutes nos idées ne sont que des façons d'être de nôtre âme**. J'ai fait au contraire, dans le troisième livre qu'il critique**, un chapitre exprès pour prouver que cette opinion est insoutenable. Quand on critique un livre, il me semble qu'il faut au moins l'avoir lu. Il n'est point encore vrai que *je reconnaisse que les idées que nous recevons par les sens, ne nous représentent que les effets que les objets extérieurs produisent en nous****: j'ai dit le contraire en plusieurs endroits, dans le chapitre quinzième du premier livre [1], et ailleurs. Que ne cite-t-il, ou plutôt que n'examine-t-il ce qu'il critique? Au reste je ne puis concevoir distinctement tous les raisonnements qu'il fait ici; je n'en sais pas la raison. Ceux qui les liront avec application en penseront ce qu'il leur plaira. Mais je ne crains point d'assurer qu'il est si éloigné de combattre mon sentiment sur la manière dont l'esprit aperçoit les objets de dehors, que ce qu'il dit dans cet article marque au contraire qu'il n'en a aucune connaissance.

Dans son sixième chapitre, il m'impose ce qu'il appelle ma sixième *supposition*, ou plutôt il n'a aucune connaissance de mon sentiment sur cette matière. Il ne paraît pas même avoir lu ce que j'en ai écrit. Enfin, il ne combat point ce que j'en ai dit. Il assure en plusieurs endroits que *je me fonde sur ce que M. Descartes a résolu touchant cette question****. Cependant l'opinion de M. | Descartes est **497** entièrement différente de la mienne. Mais il est évident à tous ceux qui entendent M. Descartes, et qui ont bien voulu lire ce que j'ai écrit sur cette question, que l'auteur ne comprend ni M. Descartes ni mes opinions. Cependant il raisonne à outrance sans savoir ce qu'il combat et quelquefois sans que l'on puisse voir ce qu'il prétend.

* Pages 44-45.
** Pages 400 et 362 [*OC* I, 433 et 415].
*** Page 47.
**** Pages 52-56.

1. *OC* I, 165-167.

L'auteur n'a pas raison dans son septième chapitre* de vouloir que je prouve qu'il y a de l'étendue, lorsque je pense seulement à combattre les erreurs des sens au regard des qualités sensibles : je serais bien fâché d'avoir suivi cette méthode. Je prouve ce qui me doit servir dans la suite, et je n'établis rien sur la supposition qu'il me fait faire. Au reste je ne sais pas comment il s'avise après *sept ans*** de se plaindre d'une réponse de M. Rohault. Il fallait le pousser lorsqu'il était vivant. Mais il n'y avait pas de sûreté, car tout le monde sait assez avec quelle justesse et quelle force ce savant homme repoussait les coups qu'on lui voulait porter, et qu'avec deux ou trois paroles prononcées sans chaleur et sans mouvement, il abattait l'imagination de ceux qui, tout pleins d'eux-mêmes, croyaient le couvrir de confusion.

Pour répondre au huitième chapitre***, je prie l'auteur de prendre garde, premièrement, qu'il y a différence entre un mal et la représentation d'un mal, et qu'ainsi la volonté peut fuir le mal et acquiescer à la représentation d'un mal ; secondement, qu'encore que la volonté ne soit autre chose que le mouvement naturel de l'âme vers le bien en général, le repos ou l'acquiescement de l'âme à des vérités évidentes vient de la volonté, parce que ce repos est produit par le mouvement. Dieu nous imprimera mêmes ce mouvement naturel d'amour, lorsque nous nous reposerons tout en lui, car le mouvement d'amour ne cesse pas par la possession du bien et par la vue de la vérité, comme le mouvement des corps cesse par le repos. On pourrait encore dire que les corps même ne se reposent point en tant que capables de figures, mais par rapport au mouvement. Le reste n'a pas besoin de réponse, si on lit avec attention les endroits de la recherche de la vérité que l'auteur attaque, car il est inutile que je réponde à des objections que l'on peut résoudre, lorsqu'on possède distinctement ce que j'ai écrit, quoique ces objections semblent quelquefois assez fortes en elles-mêmes.

Dans le neuvième chapitre, l'auteur m'oppose mes propres objections, et néglige les réponses que j'y ai données. Et, ne sachant

---

* Page 62.
** Page 64.
*** Page 80.

pas qu'il y a plusieurs sortes de liberté, il s'imagine avec joie que je suis tombé dans une contradiction.

Je n'ai rien à dire sur le dixième chapitre *, si ce n'est que ce qu'il commente me paraît assez clair pour n'avoir pas besoin de ses réflexions, et que je crois qu'on ne peut raisonnablement douter | qu'il **498** y a une ville en Italie qu'on appelle Rome, quoique l'on n'en ait point de démonstration mathématique.

Dans le chapitre onzième **, l'auteur ne prend pas garde que j'ai renvoyé à quelques livres de s. Augustin et aux *Méditations* de M. Descartes, pour prouver une chose qui est cependant assez reçue, et qu'il veut faire croire que j'ai grand tort de supposer; il devait savoir que mon dessein n'était pas d'établir un système, car tout critique est obligé de lire son auteur, et il devait se souvenir que tout ce que je demande en rigueur est que *l'on entre seulement en quelque défiance de ses sens*, comme j'en ai averti dans le dernier chapitre des erreurs des sens [1].

Pour répondre aux conséquences qu'il tire dans son douzième chapitre *** contre un exemple que j'ai apporté, et qu'il prétend faire passer pour un chef de ma méthode, il suffit de dire que les hommes ne doivent raisonner que sur leurs idées claires et distinctes, sans se mettre en peine de ce qui les passe, et qu'il n'est pas même nécessaire de savoir s'il y a effectivement des corps hors de nous, pour conclure plusieurs vérités de physique.

Je n'ai rien à dire sur son treizième chapitre ****, si ce n'est que je souhaite qu'on lise avec attention ce que j'ai dit de la manière dont nous connaissons notre âme, dans le chapitre septième de la deuxième partie du troisième livre, et le chapitre suivant où je parle de l'essence de la matière.

* Page 98.
** Page 103.
*** Page 106.
**** Page 110.

1. Page 143 [*OC* I, 187].

Enfin, pour satisfaire aux raisonnements du dernier chapitre, il suffit que l'on sache distinctement ma manière d'expliquer comment nous voyons les objets qui sont hors de nous.

Voila tout ce que je crois devoir répondre à l'auteur de la *Critique*, parce que je suis persuadé que ceux qui pénètreront bien dans ma pensée, n'auront pas besoin d'éclaircissement sur les prétendues difficultés qu'il m'oppose, et que ceux qui n'ont point lu, ou qui n'ont point compris les choses dont je traite dans le livre qu'il combat, n'entendraient point aussi les réponses plus amples que je pourrais y faire.

On voit suffisamment par les trois premiers chapitres de la *Critique* que j'ai réfutés assez au long, ce qu'on doit penser des autres auxquels je n'ai répondu qu'en deux mots. Les examinera plus exactement qui en aura le loisir et l'inclination; mais pour moi je croirais perdre mon temps et le faire perdre aux autres, si je m'arrêtais à ramasser tous les paralogismes qui sont répandus dans ce livre, pour en informer des personnes qui sans doute ne s'en mettent pas fort en peine.

La raison et le goût des honnêtes gens ne peuvent souffrir tous ces grands discours qui ne tendent à rien de bon, et qui marquent seule-
499 ment le chagrin et la mauvaise disposition de ceux qui | les composent, et c'est se rendre ridicule que de s'imaginer que les autres s'intéressent dans nos querelles, et de les appeler tous pour être témoins de la faiblesse et des vains efforts de son adversaire.

Celui qui m'attaque ne doit point aussi trouver à redire à la manière dont je me défends. Si je ne réponds point amplement à toute sa critique, ce n'est pas que je le méprise. On peut juger que je n'aurais pas repoussé les coups qu'il m'a voulu porter, si je n'avais cru qu'il fût assez fort pour me blesser, et je pense avoir plus de droit de me plaindre de la négligence avec laquelle il me critique, qu'il n'a droit de se fâcher de la manière dont je lui réponds.

Si notre auteur s'était fortement appliqué à me combattre, je suis persuadé qu'il m'eût donné de l'exercice, car je ne juge pas de la force de son esprit par un écrit à la cavalière, qu'il semble n'avoir fait qu'en se jouant. Ainsi la négligence qui y paraît m'est favorable, et pour moi je ne me plains pas qu'il me néglige, car je ne suis pas digne de son application ni de sa colère. Je me plains seulement qu'il ne parle pas sérieusement des choses sérieuses, qu'il se divertit de la vérité, et qu'il n'a pas tout le respect qu'on doit avoir pour le public, lorsqu'il tâche de le surprendre en plusieurs manières différentes, ainsi que l'on a vu en partie par cette réponse.

Si j'ai été obligé de parler de lui comme j'ai fait en quelques endroits, il ne doit s'en prendre qu'à lui-même, car j'ai supprimé, de peur de lui déplaire, beaucoup d'expressions et de pensées que sa manière d'agir fait naître naturellement dans l'esprit. J'ai une si grande aversion pour toutes les contestations inutiles et qui peuvent blesser la charité, que je déclare ici que je ne répondrai point a tous ceux qui m'attaqueront sans m'entendre, ou dont les discours me donneront quelque sujet de croire, qu'il y a quelque autre chose que l'amour de la vérité, qui les fait parler. Pour les autres, je tâcherai de les satisfaire. On voit assez que si j'étais obligé de répondre à tous ceux qui ont bonne volonté de m'attaquer, je ne jouirais guère du repos que je souhaite. Mais s'il n'y a point en France de loi pour les empêcher de parler, il n'y en a point aussi qui m'oblige à ne me pas taire.

Peut-être que, dans le temps de mon silence, ceux qui m'insulteront se trouveront maltraités par quelque main invisible, car je ne puis empêcher que l'amour de la vérité ne sollicite quelques esprits, qui auront meilleure grâce que moi à défendre un ouvrage auquel ils n'ont point de part. Mais je souhaite qu'on se souvienne de la parole que je donne, et que je donne librement et sans contrainte, et qu'on ne m'impute pas des écrits que je pourrais faire et que je déclare ici que je ne ferai point. Cependant je crois qu'il est plus avantageux, à tous ceux qui n'auront rien de solide à m'opposer, de se taire, que de fatiguer le monde par des écrits qui blessent la charité, et qui sont inutiles à la recherche de la vérité.

| AVERTISSEMENT CONTRE DESGABETS
ET FOUCHER

Depuis la première impression de cette seconde partie, il paraît ici deux livres qui y ont rapport. Le premier a pour titre : *Critique de la Critique de la Recherche de la vérité, où l'on découvre, etc.* Je suis fort obligé à l'auteur de cette *Critique* de l'honneur qu'il paraît me faire par le titre de son livre. Mais, ce même titre pouvant faire croire que j'aurais eu quelque part à son ouvrage, je crois devoir dire que, quoique je sois très satisfait de sa personne, je ne suis pas extrêmement content de son livre. Il me semble que ceux qui se mêlent de défendre ou de combattre les autres doivent lire leurs ouvrages avec quelque soin, afin d'en bien savoir les sentiments. Mais la *Recherche de la vérité* ne mérite pas que des personnes d'esprit s'y appliquent. Je le veux. Ce livre ne méritait donc pas que la personne dont on parle, qui certainement a beaucoup d'esprit et de mérite, le défendît ou le critiquât.

Le titre du second livre est tel : *Réponse pour la Critique à la préface du second volume de la Recherche de la vérité, où l'on examine, etc.* Je prie ceux qui se mettent en peine des différends des autres, de ne me pas croire sur ma parole, et de ne pas s'imaginer facilement que j'aie raison. Je crois pouvoir leur demander qu'ils examinent avec soin les réponses que j'ai faites à la *Critique* dans cette 501 préface, et les raisonnements de l'auteur de la *Critique* | par rapport au livre qu'il combat. De même je crois, sans offenser l'auteur de cette réponse, pouvoir demander à ceux qui en veulent juger, qu'ils ne s'imaginent pas qu'il ait raison, après avoir parcouru légèrement son livre. Je les prie de ne juger d'aucune de ses réponses, sans l'avoir auparavant examinée, par rapport à cette préface et aux ouvrages qui l'ont précédée.

Voici par exemple la première de ses réponses. Il commence ainsi * : *Sur ce que l'auteur de la* Recherche *prétend que la* Critique *lui impose touchant son dessein.*

Article premier

Ce n'est pas lui imposer *que de ne faire passer son livre que pour un recueil de quelques remarques qu'il croit devoir utiles pour la découverte de la vérité. On peut voir que j'ai déclaré* positivement *que je ne regardais la* Recherche *que comme un recueil de plusieurs remarques, etc. **. Si l'auteur avait considéré ces termes il ne m'accuserait pas de lui imposer, car il ne saurait nier qu'il n'ait eu dessein d'apporter quelque chose d'utile pour la découverte de la vérité, et c'est seulement ce que je lui attribue.* Et plus bas : *En quoi je prouve même qu'on ne doit pas lui imputer ce qu'il assure que je lui impose.* Enfin il conclut cet article par ces paroles : *Il est donc évident que l'auteur ne saurait prouver que je lui impose, à moins qu'il ne veuille soutenir qu'il a eu dessein de faire un livre entièrement inutile à la recherche de la vérité.*

On pourrait peut-être s'imaginer en lisant ces paroles que ce serait sans raison que j'aurais accusé cet auteur de m'avoir imposé dans le dessein de la *Recherche*, mais, si on veut bien confronter ce qu'il vient de dire avec ce que j'ai écrit dans la préface de ce second volume***, ou avec ce qu'il dit lui-même pages 9 et 10 de sa *Critique*, j'espère qu'on en jugera autrement. Voici ce que j'y réponds afin qu'on n'ait pas la peine de le chercher :

Cependant, comme il lui plaît de me faire entreprendre un dessein que je n'exécute pas afin de trouver davantage à redire à ma conduite, il tâche de prouver que j'ai eu dessein dans ce livre de donner une méthode : *Je ne lui fais point de tort*, dit-il, *de regarder son livre comme une méthode pour jeter les fondements des | sciences, car outre* **502**

* Page 1 de la *Réponse pour la Critique*.
** *Critique*, p. 17.
*** Ci-dessus, p. 4 etc. [*OC* II, 480 *sq.*].

que son livre le témoigne, il se déclare sur ce point en cette manière.
« *Examinons les causes et la nature de nos erreurs; et, puisque la
méthode, qui examine les choses en les considérant dans leur
naissance et dans leur origine, a plus d'ordre et de lumière, et les fait
connaître plus à fond que les autres, tâchons de la mettre ici en
usage* » [*].

Il me semble que ces paroles : *je ne lui fais point de tort, etc.* que je
tire de la *Critique* pages 9 et 10 sont assez claires, et qu'il suffit d'entendre le français pour voir que son auteur m'impose d'avoir voulu
donner une méthode, et qu'il prétend même le prouver par le titre de la
Recherche, et encore par un passage de ce même livre. Cependant il
conclut hardiment cet article par ces paroles : *Il est donc évident que
l'auteur de la* Recherche *ne saurait prouver que je lui impose, etc.* [**].

Mais quoi ? il a déclaré *positivement* [***] qu'il ne regardait la
Recherche de la vérité que comme un *recueil de plusieurs remarques.
Je ne puis nier*, dit-il, *que je n'aie eu dessein d'apporter quelque chose
d'utile pour la découverte de la vérité, et c'est seulement* (remarquez
ce mot) *ce qu'il m'attribue*. Puisqu'il veut se divertir, voici ma réponse :

Un peintre a représenté Polyphème, et, se tenant derrière son
tableau, il entend dire à quelque critique : « Voyez-vous, Messieurs,
l'auteur de cet ouvrage a voulu peindre Hercule [****], mais, si vous y
prenez garde, c'est là Polyphème ». Le peintre un peu trop impatient se
montre aussitôt [*****], et fait bien connaître aux spectateurs qu'il n'a
point eu dessein de représenter Hercule et qu'on lui impose. Le critique surpris apostrophe le peintre et lui dit : « Monsieur, que vous êtes
chagrin. Qu'avez-vous voulu représenter ? » « Polyphème », répond le
Peintre. « Hé bien Monsieur, reprend le critique, pourquoi dites-vous
que je vous impose. Je prends ces Messieurs à témoin que je leur ai
seulement [******] dit que vous aviez représenté Polyphème ». Sur cela le
peintre content se retire et se tait.

---

[*] Pages 9 et 10 de la *Critique*.
[**] Page 3 de la *Réponse pour la Critique*.
[***] *Réponse pour la Critique*, p. 1 et 2.
[****] Pages 9 et 10 de la *Critique*.
[*****] Préface, p. 3.
[******] Page 2 de la *Réponse à la Critique*.

Je crois donc que je dois me taire après de semblables réponses. J'ai fait voir par les propres paroles de la *Critique* que son auteur m'impose d'avoir voulu donner une méthode dans le premier livre de la *Recherche*, et qu'il prétend même le prouver. J'ai cité le lieu de la *Critique* d'où j'ai pris ma preuve. C'est un fait. Cependant cet auteur assure qu'il ne m'impose pas, *qu'il est évident que je ne puis prouver qu'il m'impose, qu'il prouve au contraire qu'on ne doit pas m'imputer ce que j'assure qu'il m'impose, qu'il m'attribue seulement d'avoir eu dessein d'apporter quelque chose d'utile à la découverte de la vérité, en un mot, qu'il a déclaré positivement* | *qu'il ne regardait la* **503** Recherche *que comme un recueil de plusieurs remarques**, comme si, de ce qu'il a regardé la *Recherche* comme un *recueil*, on devait conclure que je ne puis avoir eu d'autre dessein ?

Je me tais donc, mais j'espère que cet exemple empêchera qu'on ne juge sans examiner. Je l'ai pris des trois premières pages de son livre, et je ne me suis pas donné la liberté de choisir : on y doit avoir égard. Cependant je ne prétends pas que ceci passe pour une réponse. Je me souviens de l'obligation que je me suis imposée à la fin de la préface qui précède, et j'aime mieux que ceux qui trouvent que je n'ai pas satisfait à la critique, à cause que je n'ai répondu au long qu'aux trois premiers chapitres, disent que ce dernier livre auquel je ne réponds qu'aux trois premières pages demeure sans réplique, que de fatiguer le monde par des réponses qui ne tendraient qu'à justifier d'autres réponses.

* Pages 1, 2 et 3.

Éclaircissement sur ce que je dis dans le chapitre quatrième de la seconde partie de la Méthode, et ailleurs : *Que Dieu agit toujours avec ordre, et par les voies les plus simples*

Il semble à quelques personnes que c'est deviner avec assez de témérité, ou abuser des termes vagues et généraux, que de dire que Dieu agit toujours avec ordre et par les voies qui sont les plus simples pour l'exécution de ses desseins. Ainsi il ne sera pas inutile que je prouve et que j'explique cette vérité, car elle est de la dernière conséquence non seulement pour la connaissance de la nature, mais beaucoup plus pour la connaissance de la religion et de la morale.

Nous entendons par le mot de Dieu un être infiniment parfait, dont la sagesse et la science n'ont point de bornes, et qui connaît par conséquent tous les moyens par lesquels il peut exécuter ses desseins. Cela étant ainsi, je dis que Dieu agit toujours par les moyens les plus courts, ou par les voies les plus simples.

Je prends un exemple sensible pour me faire mieux entendre ; je suppose que Dieu veuille que le corps A choque le corps B. Puisque Dieu sait tout, il connaît parfaitement que A peut aller choquer B par une infinité de lignes courbes et par une seule ligne droite. Or Dieu veut seulement le choc de B par A, et l'on suppose qu'il ne veut le transport[1] de A vers B que pour ce choc. Il faut donc que A soit transporté vers B par le chemin le plus court, ou par une ligne droite. Car, si le corps A était transporté vers B par une ligne courbe, cela marque-

---

1. Les *OC* impriment : « le transporter » ; nous rétablissons le texte de l'édition de 1688 (Amsterdam, H. Desbordes, t. II, p. 550 ; voir également l'édition de 1678, p. 599).

rait, ou que celui qui le transporte ne saurait point d'autre voie, ou bien qu'il voudrait non seulement le choc de ces corps, mais encore le moyen de faire ce choc autrement que par rapport à ce choc, ce qui est contre la supposition.

| Il y a d'autant plus d'action pour transporter un corps de A vers B **505** par une ligne courbe que par une ligne droite, que la courbe est plus grande que la droite. Si donc Dieu transportait A vers B par une ligne courbe double de la droite, il y aurait la moitié de l'action de Dieu entièrement inutile. De sorte qu'il y aurait la moitié de l'action de Dieu qui serait produite sans dessein et sans fin, aussi bien que sans effet.

De plus, action en Dieu c'est volonté; donc il faut plus de volonté en Dieu pour faire que A soit transporté circulairement que directement. Or on a supposé que Dieu n'a de volonté à l'égard du mouvement de A qu'en vue du choc. Donc il n'y a point assez de volonté en Dieu pour mouvoir A par une ligne courbe. Et, par conséquent, il y a contradiction que A se meuve par une ligne courbe vers B. Ainsi il y a contradiction que Dieu n'agisse point par les voies les plus simples, si l'on ne suppose que Dieu, dans le choix des voies dont il se sert pour exécuter ses desseins, ait quelque autre chose en vue que ces mêmes desseins, ce qui se contredit dans notre supposition.

Quand je dis qu'il y a plus de volonté en Dieu pour transporter un corps de A jusques à B par une ligne courbe que par une droite, on n'en doit rien conclure contre la simplicité de l'être et de [1] l'action de Dieu, car il faut avouer qu'on ne peut pas comprendre ni comment cette simplicité de l'être infini renferme toutes les perfections différentes des êtres finis, ni comment sa volonté, demeurant toujours la même et toujours conforme à l'ordre, se diversifie par rapport aux différents êtres qu'elle produit et qu'elle conserve. Je ne parle que selon notre manière de concevoir. Nous concevons ce me semble très clairement que, lorsque Dieu veut et crée par exemple un pied cube de matière, il veut autre chose que lorsqu'il en crée deux. Car il est évident que Dieu ne pourrait pas créer deux choses différentes, ni savoir s'il a créé un ou deux pieds de matière, ou s'il a transporté un corps circulairement ou

1. Les *OC* impriment : « et l'action »; nous rétablissons le texte de l'édition de 1688 (t. II, p. 550; voir également l'édition de 1678, p. 600).

directement, s'il n'y avait dans ses volontés quelque différence par rapport à la matière, ou à son mouvement, puisque Dieu ne voit qu'en lui-même et dans ses volontés toutes les différences de ses créatures. Or c'est ce qu'il y a en Dieu d'action, qui a rapport aux différents êtres qu'il produit ou qu'il conserve, que j'appelle différences ou augmentations et diminutions de volontés en Dieu. Et, selon cette manière de concevoir les choses, je dis que Dieu ne peut employer plus de volonté qu'il n'en faut pour exécuter ses desseins, de sorte que Dieu agit toujours par les voies les plus simples par rapport à ses desseins.

Je ne nie pas cependant qu'il ne se puisse faire que Dieu ait un très grand nombre de voies également simples pour produire les mêmes effets, et qu'il ne les puisse ainsi produire par différentes | voies ; mais il les produit toujours par celles qui sont les plus simples pourvu qu'elles soient toutes de même espèce, car il y a contradiction qu'un être infiniment sage ait des volontés inutiles et déréglées.

Si l'on veut appliquer ce principe à la morale, on verra que ceux-là assurent leur salut, qui se préparent tellement à la grâce par la privation, par la pénitence, et par l'obéissance exacte aux conseils de Jésus-Christ que Dieu agissant en eux par les voies les plus simples, je veux dire que Dieu leur donnant peu de nouvelles grâces, il opère beaucoup en eux. Car, quoique Dieu veuille nous sauver tous, il ne sauvera que ceux qu'il pourra sauver par les voies les plus simples, lesquelles ont rapport au grand dessein qu'il a de sanctifier par Jésus-Christ un certain nombre d'élus à sa gloire, et il multipliera les enfants d'Ève, jusqu'à ce que ce nombre se remplisse. Car c'est parce que Dieu veut nous sanctifier par les voies les plus simples, qu'après le péché il faut qu'il multiplie les enfants des hommes, pour remplir le nombre de ses élus, puisqu'il y a beaucoup de personnes qui se damnent en se retirant de l'ordre de Dieu.

Or, comme Dieu n'agit pas comme cause particulière, on ne doit pas s'imaginer qu'il ait comme nous des volontés particulières pour chaque chose qu'il produit. Car, si cela était, il me paraît évident que la génération des monstres serait impossible, et qu'il n'arriverait point qu'un ouvrage de Dieu en détruisît jamais un autre. Comme Dieu ne peut pas avoir des volontés contraires, il faudrait avoir recours à un principe du mal, comme faisaient les manichéens, pour geler par exemple les fruits que Dieu ferait croître[1]. Cela étant ainsi, on est, ce me semble, obligé de penser qu'il y a de certaines lois générales selon lesquelles Dieu prédestine et sanctifie les élus en Jésus-Christ, et que ces lois sont ce que nous appelons l'ordre de la grâce, comme les volontés générales, selon lesquelles Dieu produit & conserve tout ce qui est dans le monde, sont l'ordre de la nature.

Je ne sais si je me trompe, mais il me semble qu'on peut tirer directement de ce principe bien des conséquences, qui résoudraient peut-être des difficultés sur lesquelles on a beaucoup disputé depuis quelques années; mais je ne crois pas les devoir tirer moi-même, chacun les tirera selon ses lumières. Il est plus à propos de se taire que de dire des choses qu'il n'est pas nécessaire de savoir, et sur lesquelles on s'accordera peut-être quelque jour plus facilement qu'on ne le ferait aujourd'hui. Je voudrais seulement qu'on sût bien que les voies les plus simples de notre sanctification sont la privation et la pénitence, ou, pour le moins, qu'on fît sérieusement cette | réflexion, qui **507** est que, Jésus-Christ connaissant distinctement les lois de l'ordre de la grâce, l'on court continuellement des dangers, lorsqu'on ne suit pas les chemins qu'il nous a marqués non seulement par ses paroles, mais encore par toutes ses actions.

Mais, comme il arrive dans le cours de la vie des rencontres particulières, dans lesquelles on ne sait à quoi se déterminer, à cause des raisons contraires qu'on peut apporter de part et d'autre sur certains sentiments, il sera peut-être utile de faire voir ici, par quelque exemple particulier, qu'on peut faire beaucoup d'usage du principe que nous venons d'établir, que Dieu agit toujours par les voies les plus simples.

Supposons, par exemple, que je sois en peine de savoir si je dois chaque jour prendre certains temps réglés pour rentrer en moi-même, me représenter ma faiblesse et mes misères, considérer devant Dieu mes obligations, et le prier de m'aider à vaincre mes passions, ou bien si je dois attendre que l'esprit de Dieu, qui souffle où il lui plaît et quand il lui plaît, m'enlève à moi-même et à mes occupations ordinaires pour m'appliquer à lui, car on peut donner des raisons vraisem-

---

1. L'édition de 1678 disait : « naître » (p. 601).

blables pour et contre chacun de ces sentiments, et on se contente assez souvent de vraisemblances dans de pareilles rencontres, ce qui fait que les personnes mêmes de piété tiennent quelquefois des conduites toutes différentes, et qui ne sont pas toujours des plus sures.

Je considère donc que, si je m'attends aux mouvements particuliers de l'esprit de Dieu, je ne le prierai jamais si je ne reçois pour cela des lumières particulières, ou des délectations prévenantes. Or ces lumières ou ces délectations étant produites de Dieu par des volontés plus particulières que ne sont ses volontés générales qui font l'ordre de la nature, elles sont des espèces de miracles. Ainsi c'est prétendre que Dieu me porte à la prière par des voies qui ne sont pas les plus simples, c'est même tenter Dieu en quelque manière, que de s'attendre à ses grâces qui ne sont pas toujours nécessaires.

Mais, si je me fais une habitude de me mettre, ou de tâcher de me mettre en la présence de Dieu à certaines heures, le son de l'horloge suffira pour me faire souvenir de mon devoir, sans qu'il soit besoin que Dieu ait une volonté particulière de m'inspirer la pensée de prier : les seules lois générales de l'union de l'âme avec le corps me feront penser à mon devoir, lorsque le temps que j'aurai choisi se fera remarquer par quelque chose de sensible.

508   Or, comme il est nécessaire de rentrer en soi-même et de prier, | et qu'on ne peut prier sans en avoir la pensée, et qu'on ne peut avoir cette pensée si Dieu ne la donne, c'est déjà quelque chose pour le salut, que d'avoir cette pensée sans obliger Dieu à nous la donner par des volontés particulières, ou des espèces de miracles, ou plutôt en conséquence des lois générales de l'ordre de la grâce, par lesquelles Dieu veut sauver tous les hommes en son Fils[1]. C'est peut-être même ce défaut de première pensée de prier, et de considérer ses obligations en la présence de Dieu, qui est la source de l'aveuglement de bien des gens, et par conséquent de leur damnation éternelle. Car Dieu, agissant toujours par les voies les plus simples, n'a pas dû leur donner par des volontés particulières, des pensées qu'ils auraient obtenues en vertu de ses volontés générales, s'ils avaient une fois pris la coutume de prier régulièrement en certains temps. Ainsi, comme Dieu veut

---

1. L'édition de 1678 s'arrêtait à « miracles ».

sauver les hommes par les voies les plus simples, il est évident qu'il faut, autant qu'on le peut, faire servir l'ordre de la nature à celui de la grâce, et accorder pour ainsi dire les volontés de Dieu entre elles, en se réglant un temps qui nous donne du moins la pensée de prier.

Apparemment c'est pour ces raisons que Dieu ordonna autrefois aux juifs d'écrire ses commandements sur la porte de leurs maisons, et d'avoir toujours quelques marques sensibles qui les en fissent ressouvenir : cela épargnait à Dieu une volonté particulière, s'il est permis de parler ainsi, de leur inspirer ces pensées. Car les miracles de la grâce étaient extrêmement rares parmi les juifs, le temps n'étant point encore venu auquel Dieu devait graver sa loi, et répandre son esprit et sa charité dans le cœur des hommes.

J'avoue que toutes les choses qu'on peut faire par les forces purement naturelles ne peuvent par elles-mêmes disposer méritoirement à la grâce, et que sans elle tout ce qu'il y a d'extérieur dans la religion ne peut servir qu'à entretenir notre orgueil et notre amour-propre. Les pharisiens tiraient de la vanité de porter des signes sensibles et mémoratifs de la loi de Dieu, comme Jésus-Christ le leur reproche, et les chrétiens se servent souvent des croix et des images par curiosité, par hypocrisie, ou par quelque autre raison d'amour-propre. Cependant, ces choses pouvant faire penser à Dieu, il est très utile de s'en servir, car il faut, autant qu'on le peut, faire servir la nature à la grâce, afin que Dieu puisse nous sauver par les voies les plus simples.

Car, encore qu'on ne puisse naturellement se disposer à la grâce, on peut souvent contribuer à la rendre efficace, parce qu'on peut diminuer l'effort d'une passion, en s'éloignant des objets qui la causent, ou en se représentant des raisons contraires à ce qu'elle inspire. Ceux qui veillent avec plus de soin que les autres à la pureté de leur imagination, ou qui ne la laissent pas tant corrompre | par l'usage continuel des **509** plaisirs sensibles, et par le commerce du monde, rendent la grâce efficace, en ce que la grâce trouve moins de résistance en eux que dans les autres. En ce sens, une maladie même, une pluie, ou quelque autre accident, qui nous retient chez nous, peut rendre la grâce efficace, car tel degré de grâce, qui aurait été trop faible pour nous faire résister à l'impression sensible de la présence d'un objet agréable, est assez fort pour nous faire rejeter avec horreur la pensée ou l'imagination sale de ce même objet.

Il n'en faut pas davantage pour faire voir clairement que les conseils de l'Évangile sont nécessaires, afin que Dieu nous sauve par les voies les plus simples. Car il est utile de les suivre, non seulement parce que, lorsqu'on les suit, par le mouvement de l'esprit de Dieu, ils le déterminent en vertu de l'ordre immuable ou des lois générales de l'ordre de la grâce, à augmenter en nous son amour, mais encore parce que la pratique de ces conseils peut souvent rendre la grâce efficace, quoiqu'on ne les pratique que par amour-propre, ce qu'on peut faire en bien des rencontres.

PIERRE-SYLVAIN REGIS

SYSTÈME DE PHILOSOPHIE

LA MÉTAPHYSIQUE OU LA CONNAISSANCE DES SUBSTANCES
INTELLIGENTES ET DE LEURS PROPRIÉTÉS [1]

LIVRE PREMIER : CONTENANT LES PRINCIPES DE LA CERTITUDE HUMAINE,
PREMIÈRE PARTIE : DE L'EXISTENCE ET DE LA NATURE DE L'ESPRIT,
DU CORPS, DE DIEU ET DE L'HOMME

Chapitre VIII. *De l'entendement et de la volonté de Dieu* [2]

| § 5. *Que Dieu voit toutes les choses créées dans sa volonté*   **90**

Je ne dirai pas en dernier lieu que Dieu voit toutes choses dans ses propres
perfections, mais dans sa volonté comme dans leur principe [3]. Je suis pourtant
si accoutumé à croire que | Dieu voit les créatures en considérant les perfec- **91**
tions qu'il a qui s'y rapportent, que je ne puis presque m'empêcher de considérer son essence comme un miroir, qui a la propriété de représenter tous les
objets qu'on lui met devant ; mais j'abandonne volontiers un sentiment si peu
raisonnable, non seulement parce qu'il n'y a rien en Dieu qui se rapporte aux

---

1. La pagination indiquée en marge renvoie à celle de l'édition originale en
3 volumes de 1690. La Métaphysique se trouve au tome I.

2. Cf. *Usage*, I, I, chap. XXIV.

3. « Dieu ne voit pas ses créatures dans ses perfections, car il vient d'être prouvé que
les perfections de Dieu n'ont rien de commun avec les créatures, et par conséquent
qu'elles ne peuvent les représenter : nous devons dire seulement que Dieu voit les
créatures dans sa volonté, d'autant que c'est par son décret qu'il les produit et qu'il les
conserve » (*Usage*, I, I, chap. XXIV, éd. cit., p. 169). Malebranche distingue : Dieu voit
l'essence des choses créées dans ses perfections, et leur existence dans sa volonté : Dieu
« voit dans son essence les idées ou les essences de tous les êtres possibles, et dans ses
volontés leur existence et toutes les circonstances de leur existence » (*RV* IV, XI, § III, *OC*
II, 98 ; texte postérieur à la *RR*, mais sur ce point conforme à la doctrine constante).

créatures que sa volonté, mais encore parce que l'essence de Dieu qui est toute parfaite dépendrait des choses qu'elle représenterait, comme les portraits dépendent de leurs causes exemplaires, ce qui répugne à la nature d'un Être parfait.

C'est pourquoi, quand par une abstraction d'esprit je tâche de considérer Dieu avant la libre détermination de sa volonté, je ne comprends pas qu'il voie rien du tout que sa propre essence comme une source féconde, d'où il pourrait faire sortir (s'il le voulait) toute sorte de réalité et de vérité, soit celle qui regarde la simple possibilité des choses, soit celle qui regarde leur existence ; mais je ne dois considérer rien de tout cela, comme devançant son décret[1], ou la libre détermination de sa volonté, et comme lui paraissant déjà en qualité d'objet déterminé possible. Je dois penser, au contraire, qu'afin qu'une chose soit concevable à Dieu, il est absolument nécessaire qu'elle reçoive de sa volonté ce degré de vérité et de réalité qu'elle possède[2], parce que, autrement, cette chose serait indépendante de Dieu, ce qui répugne à la nature d'un Être parfait.

Chapitre IX. *Continuation du même sujet*

91 | § 1. *Que Dieu ne suit point d'autre ordre que sa propre volonté*

Ce qu'on vient de dire dans le chapitre précédent étant supposé, je ne croirai pas, comme j'ai fait autrefois[3], que la possibilité et l'impossibilité des

---

1. Malebranche avait vivement contesté la possibilité même d'un décret divin instituant les vérités éternelles (Xe *Écl.*, *OC* III, 132-133 = 4^e édition, p. 537). Deux arguments sont invoqués : ce prétendu décret divin est irreprésentable, et mène tout droit au scepticisme, en privant les sciences et la morale de tout fondement certain.

2. « Car c'est en Dieu une même chose de vouloir, d'entendre, et de créer, sans que l'un précède l'autre, *ne quidem ratione* » (Descartes, *au père Mersenne*, 27 mai 1630, AT I, 153). La formule de Regis semble implicitement accorder une sorte de primauté logique à la volonté sur l'entendement.

3. Cette formule ne signifie pas nécessairement une adhésion de jeunesse à des positions strictement malebranchistes ; les expressions et la thèse que vise ici Regis (et qu'il avait d'abord faite sienne) peuvent sans difficulté renvoyer à la position traditionnelle de nombreux scolastiques que Regis a probablement lu au cours de ses études. On peut songer, par exemple, à Gabriel Vázquez (voir la note suivante). Ce n'est pas ici le seul cas où le *Système* mentionne la rétractation de convictions plus anciennes. Ainsi, après avoir été convaincu du bien fondé de la thèse occasionnaliste selon laquelle on ne peut prouver que par la foi l'existence des corps extérieurs (Regis a sans nul doute lu le VIe *Discours* de Cordemoy) il revient à une position plus classiquement cartésienne (*SP*, Métaphysique, I, I, chap. III p. 75-76).

choses aient précédé la volonté de Dieu [1] ; au contraire, je serai très persuadé qu'il n'y a rien de possible ni d'impossible que ce que Dieu a rendu tel par sa volonté [2]. Ainsi je vois bien qu'un certain ordre que j'ai regardé jusqu'ici comme devançant le décret de Dieu, et comme servant de règle à sa conduite, est une pure fiction de mon esprit [3], et un effet de la mauvaise habitude que j'ai contractée à juger de Dieu | comme je juge de moi-même [4], car, comme c'est en **92** moi une perfection que de consulter et de suivre un certain ordre que je vois dans les choses, j'estime que j'en est aussi une en Dieu, ne prenant pas garde que je diffère de Dieu en ce que je suis obligé à suivre l'ordre qu'il a établi, parce que je dépends de lui, et qu'il n'est pas obligé à se régler par ce même ordre, parce que cet ordre n'est autre chose que sa propre volonté.

Je ne dirai donc pas *que Dieu connaît les choses avant que de les vouloir, qu'il consulte l'ordre avant que d'agir, qu'il suit la raison universelle, etc.*, parce que ces façons de parler [5] signifient des perfections qui, n'étant que respectives, ne peuvent convenir à Dieu ; ou, si je le dis, je n'entendrai rien par

---

1. Formé chez les jésuites, Regis connaît la position essentialiste développée par plusieurs théologiens de la Compagnie, dont Gabriel Vázquez. Voir notamment *In I^am*, disp. 182, c. 2, § 9 (Alcalá 1598, II 609a) : « priusquam potentia divina ipsas respiciat et ab ea possibiles denominentur, in se dicuntur talis naturae esse ut a Deo produci possint et obiectum sint divinae omnipotentiae, ex eo quod in se ipsis non implicant contradictionem ut sint », voir encore *In I^am*, disp. 104, c. 3, § 10, I 1025b, dont on trouvera la traduction par J. Schmutz, dans *Sur la science divine*, J.-C. Bardout et O. Boulnois (dir.), Paris, PUF, 2002, p. 408.

2. Si la formule fait naturellement songer à Descartes (aux textes déjà évoqués, on ajoutera l'*Entretien avec Burman* et la « causa possibilium », AT V, 160), Regis peut cependant songer à des scolastiques qui réagissent contre la position jésuite précédemment évoquée. Voir par exemple Valentín de Herice (jésuite lui aussi), *De scientia Dei*, disp. 5, c. 2, § 6 (Pampelune, 1623, 61a-b) : « Juniores quidam metaphisici nuper opinantur nec essentiam, nec existentiam alicuius rei antecedere ratione omnipotentiam, imo subsequi ». Je remercie Jacob Schmutz pour ces références.

3. Une fois encore, la thèse est assez commune, mais le vocabulaire est évidemment malebranchiste, et vise le Xe *Écl.*, ou les formules du XIIIe *Écl.* (*OC* III, 190), concernant l'ordre immuable par nature, indépendant et antérieur à toute volonté en Dieu. Regis retourne ici contre Malebranche l'accusation de produire une fiction. Malebranche écrivait : « Ainsi le décret de l'immutabilité de ces vérités est une fiction de l'esprit » (Xe *Écl.*, *OC* III, 133).

4. Regis retourne contre Malebranche le reproche d'anthropocentrisme ; soumettre la volonté divine à l'ordre, c'est faire de Dieu un agent soumis à une règle intangible, et qui doit en outre délibérer avant de se déterminer. Le *SP* vise ici les formules du VIIIe *Écl.*, *OC* III, 71-72, puis 77-78.

5. Les deux expressions visent explicitement le Xe *Écl.*, *OC* III, 131 notamment.

là, si ce n'est que Dieu produit ou ne produit pas certains effets, suivant qu'il veut ou ne veut pas les produire, et que sa volonté n'est jamais dépourvue de connaissance.

§ 2. *Que Dieu n'agit point par des volontés générales ni par des volontés particulières* [1]

Je ne dirai pas non plus que Dieu agit par des volontés générales, ni par des volontés particulières, parce que ces deux sortes de volontés ne peuvent convenir à un être parfait ; en effet, si Dieu agissait par des volontés générales, ces volontés consisteraient, ou en ce qu'il ne voudrait les choses qu'au regard du général sans descendre au particulier, comme un roi gouverne un royaume par des lois générales, n'ayant pas la puissance de conduire lui-même chaque sujet ; ou bien elles consisteraient en ce qu'il ne voudrait aucune chose qu'il n'y fût déterminé par quelque agent particulier. Or Dieu ne peut avoir des volontés générales au premier sens, parce que ces volontés supposeraient en Dieu une impuissance que je ne puis lui attribuer [2]. Il ne peut pas non plus en avoir au second sens, parce que ces volontés générales seraient de soi indéterminées, ce qui répugne à la simplicité et actualité de la nature divine.

Les volontés particulières ne sont pas moins répugnantes à Dieu que les volontés générales. La raison en est que, si Dieu avait des volontés particulières, ces volontés seraient distinctes et indépendantes les unes des autres ; d'où il s'ensuivrait que la nature de Dieu serait composée d'autant de volontés différentes qu'il y aurait de choses particulières que Dieu voudrait, ce qui répugne à sa simplicité.

Chapitre XIII. *De la nature et de l'existence, de la possibilité et de l'impossibilité, des êtres modaux*

102 | § 3. *Que Dieu est l'auteur de la possibilité et de l'impossibilité des choses*

Que si je veux remonter jusqu'à l'origine de la possibilité et de l'impossibilité des choses modales, j'aperçois évidemment que Dieu en est la seule et unique cause, et qu'il les a produites par la même action par laquelle il a créé le corps et l'esprit capables ou incapables de recevoir certains modes, ce qui fait

---

1. Le refus des volontés générales vise là encore Malebranche, et le principe de la simplicité des voies qui fait dépendre la volonté divine des occasions instituées par les lois de la nature pour agir. Regis avait sans doute sous les yeux le « premier » XVIe *Éclaircissement*, reproduit plus haut.
2. *Traité de la nature et de la grâce*, I, art. I, addition, *OC* V, 12.

voir combien je m'éloignais de la raison, lorsque je me figurais que la possibilité et l'impossibilité des êtres modaux étaient indépendantes de la volonté de Dieu, et qu'elles précédaient son décret. En effet, qu'est-ce que serait la possibilité des êtres modaux avant le décret de Dieu; serait-elle | un pur néant? **103** Cela ne se peut dire, parce que le néant n'a aucune propriété, et cette possibilité aurait la propriété de précéder le décret de Dieu. Serait-elle une simple non-répugnance de la chose qui est dite possible? Cela ne se peut dire encore, parce que toute non-répugnance suppose un sujet non-répugnant, et il implique contradiction qu'il y ait un sujet non-répugnant qui précède le décret de Dieu; il reste donc qu'avant le décret de Dieu il n'y a rien de possible.

Or, par la même raison qu'il n'y a rien de possible avant le décret de Dieu, il n'y a aussi rien d'impossible, car en effet que serait-ce que cette impossibilité? Ce ne serait pas un néant, puisqu'elle a des propriétés dont le néant n'est pas capable; ce ne serait pas non plus une répugnance de la chose impossible, parce que cette répugnance supposerait un sujet répugnant; il reste donc qu'il n'y a point d'impossibilité avant le décret de Dieu, de telle sorte que, quand je dis qu'il est impossible qu'une chose soit et ne soit pas en même temps, qu'un bâton n'ait pas deux bouts, et qu'un tout ne soit pas plus grand que sa partie, cela ne signifie autre chose si ce n'est que Dieu a voulu qu'une chose qui serait fût tandis qu'elle serait, qu'un bâton eût deux bouts, et que le tout fût plus grand que sa partie; d'où je conclus facilement que ces choses ne peuvent être à présent d'une autre façon, parce que, si elles l'étaient, la volonté de Dieu serait changeante, ou répugnante à elle-même, ce qui est également impossible.

Sixièmes réflexions sur la métaphysique

| § 1. *Que Dieu est la cause efficiente première des effets, que les* **109** *créatures n'en sont que les causes efficientes secondes*

Quand je considère que Dieu est un être parfait et par conséquent tout-puissant, je conçois évidemment qu'il y a une telle liaison entre sa volonté et l'existence des choses qu'il veut produire qu'il est impossible de comprendre que Dieu veuille qu'une chose soit produite et qu'elle ne le soit pas, au lieu que, quand je fais réflexion sur la manière particulière dont les êtres modaux agissent, je conçois qu'ils n'ont rien d'eux-mêmes qui soit efficace; c'est pourquoi, pour marquer cette différence par rapport aux effets que Dieu et les êtres modaux produisent ensemble, je veux appeler Dieu cause efficiente première, et nommer les êtres modaux causes efficientes secondes, entendant par cause efficiente première celle qui agit d'elle-même et par elle-même, et par cause efficiente seconde, celle qui agit par la vertu d'une autre.

110 | § 2. *Pourquoi on attribue la production des êtres modaux aux causes*
secondes plutôt qu'à la cause première

Et, parce que les causes efficientes secondes agissent plus immédiatement
que la première, pour marquer encore cette différence, j'attribuerai la
production de tous les êtres modaux non à la cause première, mais aux causes
secondes ; je dirai par exemple qu'un corps en meut un autre, qu'un père
produit son fils, et que les perceptions de l'entendement causent les déterminations de la volonté, bien que Dieu produise tout cela comme cause première,
ainsi qu'on a déjà remarqué.

De plus, lorsque je fais réflexion que Dieu, étant immuable, ne peut agir
que par une volonté très simple, je vois bien que la succession qui se rencontre
dans les choses modales ne peut venir immédiatement de lui, et que, par
conséquent, elle doit procéder des causes efficientes secondes.

§ 3. *Qu'il n'y a point de causes efficientes occasionnelles à l'égard de*
Dieu

Je dis des causes efficientes secondes et non pas des causes efficientes
occasionnelles, parce que les causes occasionnelles paraissent répugnantes à
l'idée de Dieu ; car si, par causes occasionnelles, j'entends des causes qui déterminent Dieu à produire quelque effet, qu'il ne produirait pas si ces causes ne lui
en donnaient occasion d'elles-mêmes, et sans qu'il les ait prévenues, cela
suppose en Dieu une indétermination qui est incompatible avec son immutabilité, et si j'entends des causes qui déterminent la volonté de Dieu qui est
d'elle-même générale, cela suppose encore le même défaut. Je ne dirai donc
point que les causes secondes sont des causes occasionnelles.

LIVRE PREMIER : DES PRINCIPES DE LA CERTITUDE HUMAINE
SECONDE PARTIE : DES PROPRIÉTÉS DE L'ESPRIT PAR
RAPPORT AU CORPS AUQUEL IL EST UNI

Chapitre I. *Qu'il y a un corps particulier qui m'appartient plus que les*
autres, et à raison duquel je m'appelle un homme

113 | § 2. *Ce que signifie le mot homme*

Pour me donner ensuite un nom qui réponde au tout qui résulte de l'union
de l'esprit et du corps, je m'appelle *homme*, de sorte que par ce mot *homme*
j'entendrai à l'avenir un esprit et un corps unis ensemble, de telle sorte que

l'esprit dépend du corps pour penser en plusieurs façons, et le corps dépend de l'esprit pour être mu en plusieurs manières.

Chapitre III. *En quoi consiste l'union de l'esprit et du corps*

| § 4. *En quoi consiste l'union de l'esprit et du corps*   **119**

Cela supposé, le corps et l'esprit seront unis tandis qu'il y aura des mouvements du corps qui dépendront des pensées de l'esprit, et des pensées de l'esprit qui dépendront des mouvements du corps, parce que c'est précisément dans cette dépendance que consiste leur union, ainsi que l'expérience l'enseigne [1].

§ 5. *Qu'il n'y a que l'expérience qui nous puisse faire connaître cette union*

Je dis : ainsi que l'expérience l'enseigne, pour faire entendre qu'il n'y a que l'expérience qui me puisse apprendre que l'esprit et le corps sont actuellement unis l'un à l'autre ; car, comme cette union est un pur accident du corps et de l'esprit, il est impossible de la déduire de leur nature ; mais quand je sais | par expérience que mon corps se meut diversement selon le désir de mon **120** esprit, et que mon esprit pense aussi diversement selon les différents mouvements de mon corps, je suis obligé de conclure par le raisonnement que le corps et l'esprit dépendent réciproquement l'un de l'autre, et que c'est dans cette dépendance mutuelle de leurs pensées et de leurs mouvements que consiste leur union.

§ 6. *Que Dieu est l'auteur de l'union de l'esprit et du corps*

Quant à la cause de l'union de l'esprit et du corps, il est nécessaire qu'elle consiste ou dans l'esprit ou dans le corps, ou dans Dieu même. Or elle ne peut consister dans l'esprit seul ; car je sais par expérience qu'il n'est pas au pouvoir de mon esprit de conserver son union avec le corps ; et il est évident que si mon esprit était l'auteur de son union, il la conserverait aussi facilement qu'il l'aurait produite. Elle ne peut consister dans le corps seul, car, quelques efforts que mon corps fasse pour conserver son union, il ne peut s'empêcher de la perdre ; elle ne peut encore consister dans le corps et dans l'esprit pris ensemble, parce que cette union étant accidentelle à tous les deux, elle doit

---

1. Voir La Forge, *Traité de l'esprit de l'homme*, 1666, rééd. P. Clair, Paris, PUF, 1974, chap. XIII, p. 210 : « Nous disons donc, généralement parlant, que l'union d'un esprit et d'un corps consiste dans une mutuelle et réciproque dépendance des pensées de l'un et des mouvements de l'autre, et dans le commerce mutuel de leurs actions et passions ».

nécessairement procéder d'une cause extérieure par le quatrième axiome des premières réflexions. Elle consiste donc en Dieu même, en tant qu'il a voulu que l'esprit fût uni avec le corps organisé d'une certaine façon.

Ainsi, si je demande pourquoi je sens de la chaleur en m'approchant du feu, de la froideur en touchant de la glace, de la lumière en regardant le soleil, etc., j'aurai satisfait à cette demande autant qu'il est possible, en répondant que je sais par expérience que tout cela se fait en moi, sans que je sois obligé de dire comment il se fait ni pourquoi, sinon parce que Dieu veut que je sente de toutes ces façons particulières à cause des mouvements que le feu, la glace et le soleil impriment sur les organes de mon corps.

Chapitre V. *Comment l'esprit et le corps agissent l'un sur l'autre en vertu de leur union ?* [1]

123 | Après avoir reconnu que l'union de l'esprit et du corps consiste dans l'actuelle et réciproque dépendance qui est entre leurs opérations [2], il ne sera pas hors de propos d'examiner comment ces deux substances peuvent agir l'une sur l'autre, ce que je tâcherai de découvrir par cette analyse.

§ 1. *Que les mouvements du corps ne peuvent être que les causes secondes des pensées de l'âme*

Je sais par expérience que toutes les pensées de l'âme dépendent des mouvements du corps, donc les mouvements du corps produisent les pensées de l'âme par le deuxième axiome des premières réflexions [3]. Or les mouve-
124 ments du corps ne peuvent produire | les pensées de l'âme qu'en qualité de cause première, ou en qualité de causes secondes par le premier article des

---

1. À comparer avec le titre du chapitre XVI du *Traité de l'esprit de l'homme* de La Forge : « Comment l'esprit et le corps agissent l'un sur l'autre ; et comment un corps en meut un autre ? ».

2. Voir *Usage*, I, I, chap. II et III, p. 45-54. Regis est ici encore proche de La Forge, dont il diverge cependant, en évoquant une dépendance réciproque et actuelle, actualité que La Forge rejette car elle présente selon lui l'inconvénient de ne pas rendre raison de l'union dans les cas de léthargie ou d'évanouissements : « je ne mets pas l'essence de l'union de ces deux substances, dans le concours et commerce actuel de leurs opérations (bien que ce soit la pensée du savant Claubergius), mais dans la dépendance réciproque de l'un et de l'autre, laquelle ne laisse pas de subsister, quoique le commerce actuel soit interrompu pour peu de temps » (*Traité*, chap. XIII, p. 211).

3. La Forge qui pensait déjà l'union comme réciprocation des modalités du corps et de l'esprit, était cependant plus « prudent » : quelques pensées de l'âme dépendent ou sont attachées à quelques mouvements du corps, et inversement (*Traité*, chap. XIV, p. 213-214).

sixièmes réflexions[1]. Mais ils ne les peuvent produire en qualité de cause première, parce que la cause première agit par elle-même et par sa propre vertu, ce qui ne convient pas aux mouvements du corps ; il les produisent donc en qualité de causes secondes. Or est-il que les causes secondes n'agissent que par la vertu de la cause première qui est Dieu, et Dieu n'agit que par sa volonté ; donc les mouvements du corps n'agissent sur l'âme que par la volonté de Dieu, en tant qu'il a résolu de produire certaines pensées dans l'âme toutes les fois que les objets extérieurs causeront certains mouvements dans le corps.

§ 2. *Que les pensées de l'âme ne peuvent être que les causes secondes des mouvements du corps*

Ce que je dis des mouvements du corps à l'égard des pensées de l'âme se doit entendre réciproquement des pensées de l'âme à l'égard de quelques mouvements du corps, c'est-à-dire que certaines pensées de l'âme sont les causes secondes de quelques mouvements du corps, comme quelques mouvements du corps sont les causes secondes des pensées de l'âme.

Et il ne sert à rien de dire que, si le corps et l'esprit n'agissent l'un sur l'autre que par la vertu de Dieu, c'est Dieu qui fait tout[2], et que le corps et l'esprit ne sont point de véritables causes, car je sais par expérience que, si le corps n'avait certains mouvements, l'âme n'aurait jamais certaines pensées, et que, si l'âme n'avait certaines pensées, le corps n'aurait jamais certains mouvements, ce qui suffit, par le deuxième article des sixièmes réflexions, pour m'obliger d'attribuer au corps les façons de penser de l'âme, et à l'âme les façons de se mouvoir du corps comme à de véritables causes secondes[3].

§ 3. *Que toutes les causes ne produisent pas des effets qui soient de même nature qu'elles*

Il est vrai que je reconnais en même temps qu'il y a deux sortes de causes secondes dont les unes produisent des effets qui leur ressemblent et qui sont de même nature, et les autres en produisent qui ne leur ressemblent pas, le feu, par exemple, produit un effet qui lui ressemble, quand il produit un autre feu ; et les pensées de l'âme produisent des effets qui ne leur ressemblent pas, lorsqu'elles

1. Voir *supra*, le texte de la p. 109.

2. On reconnaît la thèse malebranchiste, de laquelle Regis tente ici de se démarquer autant qu'il le peut.

3. On comparera avec La Forge, *Traité*, chap. XVI, p. 245 : « Vous ne devez pas néanmoins dire que c'est Dieu qui fait tout, et que le corps et l'esprit n'agissent pas véritablement l'un sur l'autre, car, si le corps n'avait eu un tel mouvement, jamais l'esprit n'aurait eu une telle pensée, et, si l'esprit n'avait eu une telle pensée, peut-être aussi que le corps n'aurait jamais eu un tel mouvement ».

produisent des mouvements dans le corps ; cela n'empêche pas néanmoins que les causes qui produisent des effets qui ne leur ressemblent pas ne soient de véritables causes, car, si cela n'était, Dieu même ne serait pas une véritable cause, parce que tous les effets qu'il produit sont d'une nature différente de la sienne.

Septièmes réflexions métaphysiques

125 | § 1. *Qu'il y a des causes univoques et des causes équivoques*

Quand je considère qu'il est des causes qui produisent des effets qui leur ressemblent, et qu'il y en a d'autres qui en produisent qui ne leur ressemblent pas, pour marquer cette différence, j'appelle les premières des causes univoques, et les secondes des causes équivoques [1] ; suivant cette définition je dirai que les mouvements du corps sont des causes équivoques des pensées de l'âme, et que les mouvements de certains corps sont la cause univoque du mouvement de quelques autres.

§ 2. *Que les causes secondes n'ont point de causalité qui leur soit propre*

Quand je considère encore que le corps et l'esprit n'agissent l'un sur l'autre que par l'action même de Dieu, je suis obligé de reconnaître que les causes secondes n'ont point de causalité propre, et que tout ce qu'elles peuvent contribuer à la production des effets, c'est d'être comme les instruments dont Dieu se sert pour modifier l'action par laquelle il produit ces effets.

§ 3. *Que l'union du corps et de l'esprit est la raison formelle de l'homme*

De plus, parce que l'esprit et le corps ne font un homme qu'en tant qu'ils sont unis ensemble, je remarque que leur union est la vraie raison ou cause formelle de l'homme, et que par conséquent, si je veux regarder l'homme comme un composé physique, je dois considérer le corps et l'esprit comme sa matière, et leur union comme sa forme, et au contraire, si je veux regarder l'homme comme un tout métaphysique, je dois prendre le corps et l'esprit pour son genre, et leur union pour sa différence.

§ 4. *Qu'il y a dans le corps et dans l'esprit plusieurs propriétés qui n'appartiennent pas à l'homme considéré formellement*

Enfin, quand je considère que le corps et l'esprit demeurent l'un et l'autre après leur union ce qu'ils étaient avant que d'être unis, c'est-à-dire qu'ils

1. Voir *Usage*, I, II, chap. XXXV, p. 406.

retiennent tout ce qu'ils avaient de différent l'un de l'autre selon leur être absolu, je suis obligé de reconnaître qu'il y a beaucoup de propriétés dans le corps et dans l'esprit qui n'appartiennent pas à l'homme parce qu'elles ne sont pas des suites de leur union. Ainsi, par exemple, je n'attribuerai pas à l'homme la propriété qu'a l'esprit de penser à Dieu et à soi-même [1], ni celle qu'a le corps d'être pesant, divisible, mobile, etc., parce que ces propriétés sont indépendantes de l'union du corps et de l'esprit, | mais je dirai que c'est le propre de **126** l'homme, de sentir, d'imaginer, de juger, de se mouvoir librement, parce que tout cela dépend médiatement ou immédiatement des mouvements du corps ou des volontés de l'âme, ce qui fait voir que toutes les propriétés de l'homme sont des suites de l'union de l'esprit et du corps.

Livre second : Des facultés ou puissances de l'âme et de leurs fonctions
Première partie : De l'entendement et de ses propriétés

Chapitre III. Qu'il est de l'essence de l'âme de connaître l'étendue

| § 1. Que l'idée du corps en général est essentielle à l'âme   **157**

Si l'âme ne connaissait pas l'étendue par soi-même et par sa propre nature, il faudrait qu'elle la connût par quelqu'une des facultés que nous venons de décrire. Or elle ne la connaît pas par la faculté de concevoir, parce que cette faculté ne regarde que la nature et les propriétés des choses spirituelles, et il s'agit ici de la nature et des propriétés du corps. Elle ne la connaît pas par la faculté d'imaginer, parce que l'imagination n'a pour objet que les corps particuliers et les rapports d'égalité ou d'inégalité qui sont entre eux, et il s'agit ici du corps en général. Elle ne la connaît pas par la faculté de sentir parce que cette puissance ne regarde que les rapports que les corps extérieurs ont avec le nôtre. Elle ne la connaît pas par la faculté de se souvenir, parce que les fonctions de cette faculté ne sont autre chose que des conceptions, des imaginations ou des sentiments réitérés. Enfin, elle ne la connaît pas par les passions, parce que les fonctions de cette faculté ne sont aussi que des conceptions, des sentiments ou des imaginations accompagnés de quelque émotion extraordi-

---

1. L'*Usage* semble adopter sur ce point une position différente, en refusant l'existence d'idées indépendantes de l'union ; l'idée de l'âme elle-même y semble dépendante de notre union au corps (*Usage*, I, I, chap. VI, p. 73).

naire des esprits animaux. Il reste donc que l'âme connaît l'étendue en général par soi-même et par sa propre nature, ce qu'il fallait prouver [1].

§ 2. *Que les idées des sens et de l'imagination ne servent pas à produire l'idée de l'étendue, mais à la modifier quand elle est produite*

C'est donc une chose constante que l'idée de l'étendue précède dans l'âme, au moins d'une priorité de nature, tous les sentiments et toutes les imaginations ; en effet, les sentiments et | les imaginations ne surviennent à l'âme que comme des moyens qui sont nécessaires pour lui faire conclure que l'étendue dont elle a l'idée est diversement modifiée, puisqu'elle est capable de produire en elle des sentiments et des imaginations différentes. C'est pourquoi, si nous jugeons que l'idée de l'étendue dépend des sens ou de l'imagination, ce n'est que parce que nous sommes si accoutumés à considérer l'étendue comme modifiée, que nous croyons ne rien connaître lorsque nous la connaissons sans aucune modification ; cependant, lors même que nous ne croyons connaître aucun corps particulier, nous sommes nécessairement remplis de l'idée de l'étendue en général, de telle sorte que, quand nous venons à considérer quelque corps en particulier, ce n'est pas tant que nous cessions de penser à l'étendue en général, que c'est plutôt que nous pensons à quelques-unes de ses parties sans faire d'attention aux autres [2].

On objectera peut-être que nous recevons l'idée de l'étendue par les sens de la vue et de l'attouchement, et qu'ayant vu ou touché un corps d'un pied de grandeur, par exemple, nous pouvons répéter cette idée dans notre esprit aussi souvent qu'il nous plaît, et ainsi la grossir en y ajoutant une semblable étendue, ou une autre double de la précédente. Et en cette sorte, quoique la sensation ne

---

1. L'*Usage* dira plus directement que la connaissance de l'étendue dépend non de l'esprit seul, mais de l'âme, et donc de l'union psychophysique : « Je dis que l'idée du corps est innée, c'est-à-dire qu'elle est toujours dans l'homme. En effet l'homme ne peut être homme sans sentir ou imaginer, et il ne peut sentir ni imaginer sans avoir l'idée d'une substance étendue, qu'on appelle corps » (*Usage*, I, I, chap. VI, p. 74). Voir cependant *SP*, II, III, § 1, p. 159 ; *infra*, p. 465.

2. Ce paragraphe fait songer aux analyses malebranchistes touchant l'idée de l'être en général, constamment présente à l'âme, et nécessaire pour la représentation des êtres finis. « L'idée générale de l'infini est inséparable de l'esprit, et elle en occupe entièrement la capacité, lorsqu'il ne pense point à quelque chose de particulier. Car, quand nous disons que nous ne pensons à rien, cela ne veut pas dire que nous ne pensons pas à cette idée générale, mais simplement que nous ne pensons pas à quelque chose en particulier », *RV* VI, I, V, *OC* II, 285. Malebranche de même use du vocabulaire du remplissement pour traduire la constante présence à l'esprit de l'idée de l'être en général, *ibid*.

nous fournisse que l'idée d'un pied de grandeur, nous pouvons par cette répétition nous former à nous-mêmes l'idée d'une étendue aussi grande que nous voulons. Et, comme nous sentons en nous le pouvoir de répéter sans fin ces idées de l'étendue, nous nous formons par là l'idée de l'immensité, qui est fondée néanmoins sur l'idée d'un pied d'étendue que nous avons reçue par les sens.

Je réponds que, si nous connaissions l'étendue par les sens, ce serait ou parce que les sensations nous les [1] représenteraient, comme une longueur, largeur et profondeur, ou parce que, en raisonnant sur nos sensations, nous en conclurions l'idée de la substance étendue; or, ce n'est pas le premier puisque la plupart des sensations n'ont aucun rapport à l'étendue, et que celles qui s'y rapportent n'en peuvent représenter que la superficie, n'y ayant que la superficie de l'étendue qui agisse immédiatement sur les sens; ce n'est pas non plus le dernier, puisque, en raisonnant, on ne forme pas les idées des choses sur | lesquelles on raisonne. Mais on conclut seulement que ces choses ont certains **159** rapports d'égalité ou d'inégalité entre elles, ou certains rapports de convenance ou de disconvenance avec nous; il reste donc que l'idée de l'étendue ne vient pas par les sens, mais de la propre nature de l'âme. […]

§ 4. *Que l'idée de l'étendue ne peut être de l'essence de l'esprit, mais qu'elle peut être de l'essence de l'âme*

On dira encore que l'idée de l'étendue ne peut être de l'essence de l'âme, parce que l'âme est une substance et que l'idée de l'étendue n'est qu'un mode; mais il est aisé de lever cette difficulté si l'on considère que l'âme n'est pas tant une substance qu'un être modal, c'est-à-dire qu'un être dont la forme consiste dans un véritable mode, tel qu'est l'union de l'esprit et du corps [2]. Car il s'ensuit de là visiblement que l'idée de l'étendue, qui est une suite nécessaire de cette union, est une vraie propriété essentielle de l'âme, comme l'égalité de trois angles à deux droits, qui n'est qu'un accident du corps, est une vraie propriété essentielle d'un triangle. Il y a aussi cette différence entre l'idée de l'étendue en général et les idées des corps particuliers, que quand on demande pourquoi l'âme a celle-là, il faut répondre par la cause formelle en disant que

---

1. Le sens voudrait plutôt « nous la représenteraient »; nous suivons la syntaxe du texte.

2. *Usage*, I, I, chap. II, p. 45 *sq.* Pour la définition de l'homme comme un être modal, voir déjà *SP*, Métaphysique, I, II, chap. I. On rencontre déjà cette définition de l'homme comme un être modal chez La Forge, *Traité*, chap. XIII, p. 207 : « car qui est-ce qui ne reconnaît que le corps & l'esprit sont d'une autre façon quand ils sont unis, que quand ils ne le sont pas; et qu'ainsi cette union est un mode ou une façon d'être à l'égard de l'un et de l'autre ? ».

telle est sa nature, au lieu que quand on demande pourquoi elle a celles-ci, il faut répondre par la cause efficiente, en disant qu'elle les reçoit des objets qui agissent sur les sens.

§ 5. *Que l'âme sent toujours en quelque manière*

Au reste, comme l'âme pense toujours à quelque corps, il y a lieu d'assurer qu'elle sent toujours en quelque manière, et que si nous croyons quelquefois ne
160 sentir pas, c'est qu'étant | éveillés nous sentons tout à la fois un si grand nombre de choses que nous n'en sentons aucune distinctement, ou de ce qu'étant endormis nous avons des sentiments si légers qu'ils ne laissent pas dans le cerveau des traces assez profondes pour nous en faire souvenir quand nous sommes éveillés, ce qui ne doit pas pourtant nous empêcher de dire que nous sentons toujours en quelque manière.

Chapitre VIII. *De l'origine des idées et des sensations de l'âme* [1]

169 | § 1. *Que les idées dépendent de quatre principes et desquels*

Puisque les idées et les sensations de l'âme sont des êtres représentatifs, elles peuvent être justement comparées à des tableaux, non seulement quant à leur manière d'être, mais encore quant à la façon dont elles sont produites ; c'est pourquoi comme les tableaux dépendent absolument de quatre différentes causes, savoir d'un peintre, d'un original, d'un pinceau pour appliquer les couleurs, et d'une toile pour les recevoir, il faut penser aussi que les idées et les sensations de l'âme dépendent nécessairement de quatre principes, savoir de Dieu comme de leur cause efficiente première, des objets comme de leur cause exemplaire [2], de l'action des objets sur les organes du corps comme de leur cause efficiente seconde, et de l'âme même comme de leur cause matérielle [3].

---

1. Voir *Usage*, I, I, chap. VII, p. 77, qui modifie le titre en fonction de l'insistance accrue sur la primauté noétique de l'union dans l'homme : « De l'origine des idées et des sensations de l'homme ».

2. L'exemplaire n'est donc plus l'idée ou l'archétype divin, comme pour Malebranche et la tradition scolastique lorsqu'elle traitait de la connaissance divine ; Regis retourne la relation d'exemplarité au profit de l'objet existant : l'idée ne peut représenter convenablement que si elle se règle sur l'objet représenté. On trouve déjà un emploi similaire chez La Forge, *Traité*, chap. X, p. 177.

3. Voir *Usage*, I, I, chap. VII, p. 77-78 : « On peut justement comparer les idées à des tableaux, et dire que comme les tableaux dépendent de plusieurs causes, d'une toile, d'un peintre, d'un original et d'un pinceau, les idées dépendent aussi de Dieu, de l'âme, des objets, et de l'action des objets sur les organes du corps ».

Il est aisé de voir que toutes les espèces d'idées et de sensations dépendent de ces quatre causes. Car, en premier lieu, l'idée de Dieu qui est propre à l'âme, dépend de Dieu comme | de sa cause efficiente première, elle dépend encore de **170** Dieu comme de sa cause exemplaire, elle dépend des signes sensibles auxquels l'âme l'a attachée comme de ses causes secondes, et elle dépend de l'âme même comme de sa cause matérielle [1] ; ce que je viens de dire de l'idée de Dieu se doit entendre par proportion de l'idée que l'âme a d'elle-même, et de celle qu'elle a d'autres âmes.

En second lieu, toutes les idées des corps particuliers dépendent des mêmes causes, par exemple l'idée du soleil dépend de Dieu comme de sa cause efficiente première, elle dépend du soleil comme de sa cause exemplaire, elle dépend de l'action de cet astre sur les yeux comme de sa cause seconde, et enfin elle dépend de l'âme même, comme de sa cause matérielle ou de son sujet.

En troisième lieu, toutes les sensations dépendent de Dieu comme de leur cause efficiente première, des rapports de convenance ou de disconvenance que les objets ont avec nous, comme de leur cause exemplaire, de l'action de ces objets sur les organes du corps, comme de leur cause efficiente seconde, et de l'âme même, comme de leur cause matérielle.

Chapitre XI. *De quelle manière l'âme connaît les vérités qu'on appelle éternelles*

| § 1. *Que les vérités éternelles se réduisent en général à trois espèces* **177** *et quelles elles sont*

Il n'y a rien de plus équivoque que le mot de vérité ; tantôt il signifie la conformité des idées avec leurs objets, tantôt la conformité des jugements avec les idées, tantôt la conformité des discours avec les pensées, tantôt les choses qui existent en elles-mêmes et hors de l'entendement, et tantôt celles qui n'existent que dans l'entendement qui les conçoit.

[…] Il ne nous reste […] qu'à traiter de la vérité qui consiste dans les choses qui n'existent que dans l'entendement, et qu'on appelle communément *vérités éternelles* [2].

Or, je remarque que ces vérités ne sont autre chose que certaines manières dont l'âme conçoit les objets de ses idées ; d'où il s'ensuit qu'elles peuvent se réduire en général à trois espèces, savoir aux vérités qu'on appelle numériques, aux vérités qu'on appelle géométriques, et aux vérités qu'on nomme métaphysiques. […]

1. *Ibid.*, p. 81-82.
2. Formule proche de Descartes, *Principia philosophiae*, I, art. 49.

179 | § 2. *Définition des vérités éternelles*

[…] pour donner une idée des vérités éternelles, qui comprenne tout ensemble leur matière et leur forme, on peut dire : qu'elles consistent dans les substances que Dieu a créées, en tant que l'âme considère ces substances d'une certaine manière, et qu'elle les compare suivant les différents rapports qu'elles ont les unes avec les autres [1].

§ 3. *Que les vérités qu'on appelle éternelles ne sont point éternelles mais seulement immuables*

Suivant cette définition, les vérités numériques, géométriques et métaphysiques ne peuvent être éternelles, ni selon leur matière, ni selon leur forme : elles ne le peuvent être selon la matière, parce que leur matière n'est autre chose que les substances que Dieu a produite, et il a été prouvé que les substances que Dieu a produites ne peuvent être éternelles ; elles ne le peuvent être non plus selon leur forme, car, comme la forme de ces vérités n'est autre chose que l'action, par laquelle l'âme considère les substances d'une certaine façon, si les substances ne sont pas éternelles, cette action de l'âme ne saurait l'être aussi. Il reste donc que les vérités numériques, géométriques et métaphysiques ne sont point éternelles, mais seulement qu'elles sont immuables, en tant que les substances peuvent être toujours comparées ensemble et que Dieu a voulu que toutes les âmes fussent déterminées à concevoir la même vérité quand elles les compareraient de la même manière ; il a voulu par exemple qu'elles fussent déterminées

184 à concevoir cette vérité *deux*, quand elles compareraient une unité avec | une autre unité, qu'elles fussent déterminées à concevoir un triangle, lorsqu'elles considéreraient l'étendue comme bornée de trois côtés, et enfin qu'elles fussent déterminées à concevoir une cause, quand elles considéreraient un sujet en tant qu'il en produit un autre. Ce qui fait voir que l'immutabilité même des vérités qu'on appelle éternelles n'est pas absolue mais dépendante [2].

---

1. Notre rationalité est taillée à l'unique mesure du monde effectivement créé : « Pour la question, savoir s'il y aurait un espace réel, ainsi que maintenant, en cas que Dieu n'eût rien créé, encore qu'elle semble surpasser les bornes de l'esprit humain et qu'il ne soit point raisonnable d'en disputer, […] je crois qu'elle ne surpasse les bornes que de notre imagination, ainsi que font les questions de l'existence de Dieu et de l'âme humaine, et que notre entendement en peut atteindre la vérité, laquelle est, au moins selon mon opinion, que non seulement il n'y aurait point d'espace, mais même que ces vérités qu'on nomme éternelles, comme que *totum est majus sua parte*, etc., ne seraient point vérités, si Dieu ne l'avait ainsi établi, ce que je crois vous avoir déjà autrefois écrit » (Descartes, *à Mersenne*, 27 mai 1638, AT II, p. 138, 1-15).

2. L'immutabilité n'exclut donc nullement la soumission de ces vérités à une cause efficiente, ce que suggère le vocabulaire de la dépendance ici utilisé. Regis connaît

Cette idée des vérités éternelles est bien différente de celle qu'en ont certains philosophes qui croient que nous voyons ces vérités en Dieu parce que toutes les âmes les conçoivent de la même manière [1].

Chapitre XIV. *En quel sens on peut dire que nous voyons les corps en Dieu*

| Il y a un philosophe moderne [*] qui enseigne que nous voyons les corps en **184** Dieu, non en tant que Dieu produit en nous leurs idées, mais en tant qu'il est lui-même comme l'idée dans laquelle, ou par laquelle nous voyons les corps.

Ce philosophe pour établir son opinion prétend que toutes les manières dont l'âme peut connaître les corps sont comprises dans le dénombrement qu'il en fait en ces termes : *Nous assurons donc qu'il est absolument nécessaire que les idées que nous avons des corps, et de tous les autres objets que nous n'apercevons point par eux-mêmes, viennent de ces mêmes corps, ou de ces objets, ou bien que notre âme ait la puissance de les produire, ou que Dieu les ait produites avec elle en la créant, ou qu'il les produise toutes les fois qu'on pense à quelque objet, ou que l'âme ait en elle-même toutes les perfections qu'elle voit dans ces corps, ou enfin qu'elle soit unie à un être tout parfait, et qui enferme généralement toutes les perfections des êtres créés [**]*.

Ensuite de ce dénombrement, il examine quelle de toutes ces manières de connaître les corps est la plus vraisemblable ; et, supposant avoir prouvé que les idées des corps ne viennent pas des corps, ni de l'âme, ni de ce que Dieu produit ces idées toutes les fois que l'âme en a besoin, il conclut enfin que les idées

---

[*] L'auteur de la *Recherche de la vérité*.

[**] Dans le livre III, chap. I, art. II [Voir *RV* III, II, I, § II, *OC* I, 417. Regis cite ici la *Recherche de la vérité* probablement d'après la 2ᵉ édition de 1675, qui porte bien : « la puissance de les produire » (t. I, p. 384 ; voir également la 1ʳᵉ édition, t. I, p. 348). La 3ᵉ édition (t. I, p. 373) et la 4ᵉ (p. 190) portent en revanche : « la puissance de produire ces idées »].

à l'évidence parfaitement les trois lettres du printemps 1630, qu'il pouvait lire dans l'édition Clerselier de la correspondance : « les vérités mathématiques, lesquelles vous nommez éternelles, ont été établies de Dieu et en dépendent entièrement, aussi bien que tout le reste des créatures » (*à Mersenne*, 15 avril 1630, AT I, 145).

[1]. L'allusion est claire ; Regis pense à Malebranche qui fait dépendre la possibilité d'une communauté rationnelle de l'éternité des vérités. Si les vérités étaient créées, elles seraient de simples modifications de nos âmes, et rien ne prouverait qu'elles sont communes à tous les esprits. Pour Malebranche, l'unité de la raison implique son éternité, ou plutôt sa coéternité à Dieu, VIIIᵉ *Écl.*, *OC* III, 85-86. Malebranche vise ici directement Descartes et sa thèse, qu'il connaît à partir des VIᵉ *Réponses* et de la lettre du 27 mai 1638 qu'il mentionne dans l'édition Clerselier (vol. III, n° LXVIII).

des corps viennent de ce que Dieu qui renferme généralement toutes les
perfections des corps est uni à l'âme.

185 | Pour découvrir le défaut de cette conclusion, nous allons répondre aux
raisons sur lesquelles elle est appuyée, et pour le faire avec plus d'ordre, nous
réfuterons chacune de ces raisons à mesure qu'elles seront proposées.

La première raison de cet auteur est que Dieu agit toujours par les voies les
plus simples et les plus faciles ; d'où il infère que Dieu doit faire voir à l'âme
tous les corps en voulant simplement qu'elle voit ce qui est au milieu d'elle,
savoir la propre essence de Dieu, qui représente tous les corps [1].

Nous répondons à cela que, si l'âme voit les corps en Dieu, ce ne peut être
que parce que Dieu est uni à l'âme. Or nous demandons ce que c'est que cette
union de Dieu avec l'âme, car il faut de nécessité qu'elle ressemble ou à l'union
de deux corps, ou à l'union de deux esprits, ou à l'union d'un corps et d'un
esprit, n'étant pas possible de concevoir quelque autre genre d'union entre
deux substances unies [2]. Or l'union de Dieu avec l'âme ne peut ressembler à
celle de deux corps, parce que deux corps sont unis par leur mutuel contact, et
tout contact se fait en sa superficie, laquelle ne convient ni à Dieu ni à l'âme.
Elle ne ressemble pas non plus à l'union de deux esprits, parce que cette union
consiste dans la mutuelle dépendance des pensées ou des volontés de ces
esprits, et il est certain que les pensées et les volontés de Dieu ne peuvent
dépendre des pensées ni des volontés de l'âme. Elle ne ressemble pas enfin à
l'union d'un corps et d'un esprit, par une semblable raison. Il reste donc que
Dieu n'est point uni à l'âme, ou, s'il y est uni, que cette union ressemble à celle
qui se trouve entre la cause et son effet, qui est telle que l'effet dépend de la
cause, mais la cause ne dépend pas de l'effet. C'est pourquoi, si Dieu est uni à
l'âme, ce n'est qu'en tant qu'il l'a créée, qu'il la conserve, et qu'il produit en

---

1. Regis résume ici *RV* III, II, chap. VI, *OC* I, 438 : « Puis donc que Dieu peut faire
voir aux esprits toutes choses, en voulant simplement qu'ils voient ce qui est au milieu
d'eux-mêmes, c'est-à-dire ce qu'il y a dans lui-même qui a rapport à ces choses et qui les
représente, il n'y a pas d'apparence qu'il le fasse autrement, et qu'il produise pour cela
autant d'infinités de nombres infinis d'idées qu'il y a d'esprits créés. » Regis substitue
toutefois de manière systématique « corps » à « choses » ou êtres, comme Malebranche le
lui reprochera d'ailleurs dans la *RR*, II, n° 20, *OC* XVII-1, p. 300, à propos de la troisième
raison examinée plus bas.

2. Cette répartition des types d'union en trois catégories au plus vient de La Forge,
Traité, chap. XIII, p. 208. Voir déjà *SP*, Métaphysique, I, II, chap. III, p. 119. Plus haut
(*ibid.*, p. 118), Regis avait montré qu'il n'y a que quatre sortes de choses qui se peuvent
unir ensemble, recopiant quasi littéralement le passage correspondant de La Forge,
chap. XIII, p. 208.

elle toutes ses idées et toutes ses sensations en qualité de cause première, comme il a été dit, ou en tant qu'il est la cause exemplaire de l'idée que l'âme a de l'Être parfait.

La seconde raison de cet auteur est que cette manière de voir les corps en Dieu met une véritable dépendance entre l'âme et Dieu, parce que de cette sorte l'âme ne peut rien voir que Dieu ne veuille bien qu'elle le voie[1]. À quoi nous répondons que, bien loin que cette manière de voir les corps en Dieu | fasse dépendre l'âme de Dieu, elle fait au contraire que Dieu dépend de l'âme **186** par l'union qu'il a avec elle, car il a été prouvé que toute union réelle et véritable, telle que cet auteur l'admet pour cela entre Dieu et l'âme, suppose une dépendance réelle et mutuelle entre les parties unies. Il faut ajouter que, si l'âme voyait les corps en Dieu, à cause qu'elle dépend de lui, elle y devrait voir par la même raison les autres âmes, et s'y voir elle-même, car autrement il faudrait dire qu'elle serait sa propre lumière, sinon à l'égard des corps, au moins à l'égard des esprits, ce qui répugne aux propres principes de cet auteur.

La troisième raison est la manière dont l'âme aperçoit tous les corps, car il prétend que tout le monde sait par expérience que, lorsque nous voulons penser à quelque corps, nous envisageons d'abord tous les corps, et nous nous appliquons ensuite à la considération de celui que nous souhaitons de voir. Or il est indubitable que nous ne saurions souhaiter de voir un corps particulier que nous ne le voyons déjà, quoique confusément et en général. De sorte que, pouvant désirer de voir tous les corps, tantôt l'un et tantôt l'autre, il est certain que tous les corps sont présents à notre âme, et tous les corps ne peuvent être présents à notre âme que parce que Dieu y est présent, c'est-à-dire celui qui est tout être, ou l'être universel, qui comprend toutes les créatures dans sa simplicité[2].

Nous répondons à cette troisième raison en disant que les corps particuliers sont toujours présents à l'âme en général et confusément, mais que leur présence n'est autre chose que l'idée même de l'étendue, que Dieu a mise dans l'âme en l'unissant au corps, et que les corps particuliers modifient ensuite

1. *RV* III, II, VI, *OC* I, 439.
2. Regis résume ici *RV* III, II, VI, *OC* I, 440-441, en opérant la substitution de « corps » à « êtres » déjà signalée. On peut faire en outre deux remarques. En premier lieu, Regis substitue toujours « âme » à « esprit » dans sa « citation ». En second lieu, il semble qu'il ait là encore sous les yeux une des trois premières éditions de la *Recherche* qui portent : « celui qui enferme tous les êtres dans sa simplicité » (1ᵉ éd., t. I, p. 369, 2ᵉ éd., t. I, p. 407, ou 3ᵉ éd., t. I p. 395), plutôt que la 4ᵉ qui porte : « celui qui renferme toutes choses dans la simplicité de son être » (p. 201).

diversement suivant la diversité de leurs actions sur les organes des sens[1] ; de telle sorte que, si les corps particuliers sont toujours présents à l'âme en général et confusément, cela ne vient pas de ce qu'ils sont compris dans Dieu comme dans l'être universel, mais de ce qu'ils sont renfermés dans l'étendue, dont l'idée est toujours présente à l'âme, comme il a été prouvé.

187 Or il est bien plus aisé de concevoir que les corps particuliers sont renfermés confusément dans l'étendue, qu'il n'est aisé | de concevoir qu'ils sont renfermés en Dieu qui n'a nul rapport avec eux. En effet, si Dieu était tout être, ou l'être universel (comme cet auteur l'enseigne)[2], il faudrait que tous les êtres fussent des parties intégrantes ou des parties subjectives de Dieu, puisqu'il est impossible de trouver un autre genre de parties. Or les êtres ne sont pas des parties intégrantes de Dieu, parce que, s'ils l'étaient, Dieu serait composé des êtres, comme une montre est composée de roues et de ressorts, etc., ce qui répugne à la simplicité de la nature divine. Les êtres ne sont pas non plus les parties subjectives de Dieu, parce que, s'ils l'étaient, Dieu serait une nature universelle, qui n'existerait que dans l'entendement de celui qui la concevrait, ce qui répugne à l'idée de Dieu, laquelle le représente comme la chose du monde la plus singulière et la plus déterminée. Il reste donc que Dieu n'est tout être, ou l'être universel, qu'en tant qu'il est la cause efficiente, médiate ou immédiate de tous les êtres[3].

La quatrième et dernière raison est qu'il ne se peut faire que Dieu ait d'autre fin principale de ses actions que lui-même ; d'où il s'ensuit que Dieu ne peut faire une âme pour connaître ses ouvrages, que cette âme ne voie en

---

1. Concernant cette distinction entre l'idée de l'étendue et l'idée des corps particuliers, voir le texte de la p. 159 du *SP* reproduit *supra*.

2. Voir notamment *RV* III, II, IX, § V, *OC* I, 473 : « Il faut plutôt croire que […] son nom véritable est Celui qui est, c'est-à-dire l'être sans restriction, tout être, l'être infini et universel ».

3. Voir *SP*, Métaphysique, I, I, chap. VII, p. 86-87 ; voir *Usage*, I, I, chap. XXII, p. 157 *sq*. Regis écrit notamment, p. 159 : « On ne doit pas dire que Dieu est l'être en général, ou l'être universel ; car ce ne serait pas un moindre défaut en Dieu d'être l'être en général, que d'être tout-être, car, si Dieu en qualité de tout-être est composé de tous les êtres comme des parties intégrantes, en qualité de l'être en général, il est composé de tous les êtres comme de parties subjectives : ce qui est également opposé à la simplicité de la nature divine ». Ce chapitre de l'*Usage* constitue un examen détaillé et critique de tous les noms divins malebranchistes ; l'auteur y refuse également de nommer Dieu « raison universelle » comme le fait constamment Malebranche. La désignation de Dieu comme « raison universelle » implique l'univocité de la raison divine et humaine, contre laquelle Regis réaffirme avec force leur totale équivocité (*ibid.*, p. 157-158). Il affirmait déjà nettement l'équivocité de l'être lui-même dans le *SP*, Métaphysique, I, I, chap. VII, p. 88.

quelque façon Dieu, de sorte qu'on peut dire que, si nous ne voyions Dieu en quelque façon, nous ne verrions aucune chose, parce que toutes les idées que nous avons des créatures ne sont que des limitations de l'idée du Créateur [1].

Nous répondons que, pour que Dieu agisse principalement pour lui-même, il n'est pas nécessaire que nous voyions les corps en Dieu, et qu'il suffit que nous les voyions dans nos idées, ou par nos idées, pourvu qu'en les voyant ainsi nous soyons disposés à louer Dieu, qui les a produits et qui les conserve. Et, quant à ce qu'il ajoute que toutes les idées des ouvrages de Dieu sont inséparables de son idée, nous en demeurons d'accord, mais nous ne croyons pas pour cela que les idées des corps particuliers soient des limitations de l'idée de Dieu ; nous concevons au contraire que cela ne peut être, à cause que les corps particuliers n'ont aucun rapport ni matériel, ni formel avec l'idée de Dieu, mais ils en ont seulement avec l'idée de l'étendue ; car on peut bien dire que le triangle et le carré sont des limitations de l'étendue, mais on ne peut pas dire de même que | l'étendue soit une limitation de la substance qui pense parfaite- **188** ment ; d'où il s'ensuit que, si nous voyons les corps en Dieu, ce n'est pas parce que leurs idées sont des limitations de l'idée de Dieu, mais parce que Dieu a produit dans l'âme l'idée de l'étendue, laquelle est ensuite diversement modifiée par les corps particuliers, qui agissent diversement sur les organes, comme il a été dit.

Il reste donc que nous ne voyons point les corps en Dieu comme le prétend cette auteur, mais que nous les voyons par des idées qui sont en nous, et qui dépendent des corps qu'elles représentent comme de leurs causes exemplaires, de l'âme qui les reçoit comme de leur cause matérielle, de Dieu qui les produit comme de leur cause efficiente première, et de l'action des corps particuliers sur les organes des sens comme de leur cause efficiente seconde, ainsi qu'il a été dit.

Chapitre XV. *De l'usage des idées ou des sensations de l'âme*

| § 1. *Que les idées et les sensations sont utiles à l'âme et en quoi* **188**

Pour peu de réflexion qu'on fasse sur la nature et sur les propriétés des idées et des sensations, il sera aisé de voir qu'elles sont utiles à l'âme, puisqu'elles lui servent pour se connaître elle-même en qualité d'âme, pour connaître son corps, et pour connaître les autres corps extérieurs, et les bons ou mauvais rapports qu'ils ont avec le sien. En effet, l'âme par ses idées connaît Dieu, elle se connaît elle-même et elle connaît les rapports extérieurs ; et, par

---

1. Voir *RV* III, II, VI, *OC* I, 442-443. Notons que la première édition de la *Recherche*, t. I, p. 371, portait : « des déterminations générales de l'idée du Créateur ».

les sensations, elle connaît les rapports de convenance ou de disconvenance que les corps extérieurs ont avec le sien.

C'est encore une chose utile à la conservation de l'âme, qu'elle rapporte une partie de ses sensations à son corps, et l'autre partie aux objets extérieurs qui les produisent, car, comme les sensations servent à faire connaître à l'âme les rapports de convenance ou de disconvenance que les corps extérieurs ont avec le sien, et qu'entre ces corps il y en a qui s'appliquent immédiatement au nôtre, et d'autres qui ne s'y appliquent que médiatement, il a plu à Dieu que 189 nous | rapportions les sensations que nous avons à l'occasion des corps qui s'appliquent immédiatement aux nôtres, à la partie de notre corps sur laquelle se fait cette application, afin que par là l'âme soit incitée ou à retenir ces corps comme avantageux, si la sensation est agréable, ou à les rejeter comme nuisibles, si elle est fâcheuse.

Par la même raison, il est nécessaire que nous rapportions hors du corps les sensations que nous avons à l'occasion des objets qui agissent de loin, parce que c'est un moyen très propre pour exciter l'âme, ou à se porter vers ces objets s'ils paraissent bons, ou à s'en détourner s'ils paraissent mauvais. Par exemple, la sensation que nous recevons d'une épingle qui pique la main serait inutile si nous la rapportions à la main, parce qu'elle ne nous inciterait pas à arracher cette épingle de la partie où elle est attachée. De même, la sensation que nous recevons d'une pomme que nous regardons de loin serait encore inutile si nous la rapportions à quelque partie du corps, au lieu qu'elle est très avantageuse en la rapportant au dehors vers l'endroit où est la pomme, parce que nous sommes incités par là à tendre vers ce lieu plutôt que vers un autre.

Chapitre XVI. *Que toutes les manières dont l'âme aperçoit se peuvent réduire à trois espèces et quelles elles sont* [1]

190 | Pour bien entendre le sujet de ce chapitre, il faut remarquer que toutes les choses que nous apercevons sont dans l'âme ou hors de l'âme. Celles qui sont dans l'âme sont ses propres pensées, c'est-à-dire toutes ses différentes modifications, car, par ces mots pensée, manière de penser, ou modification de l'âme, nous entendons ici toutes les choses qui ne peuvent être dans l'âme sans qu'elle les aperçoive, comme sont ses propres sensations, ses imaginations, ses conceptions et ses passions mêmes.

Toutes les choses qui sont hors de l'âme sont de deux sortes ; les unes sont spirituelles et les autres sont corporelles.

---

1. Tout ce chapitre est proche de Malebranche : *RV* III, II, I, § I, *OC* I P. 415. Pour la tripartition des manières d'apercevoir, voir *RV* I, chap. IV, *OC* I, 67.

L'âme n'a pas besoin d'idées pour connaître les choses qui sont au-dedans d'elle, parce que ces choses ne sont que des idées, des sensations, ou des passions de l'âme, et il a été prouvé que les idées, les sensations, et les passions de l'âme sont connues par elles-mêmes.

Quant aux choses qui sont hors de l'âme, elle a besoin d'idées pour les connaître [1], par exemple, l'âme a besoin d'idées pour connaître Dieu et pour connaître les autres esprits ; elle a encore besoin d'idées et de sensations pour connaître les corps. Mais il y a cette différence entre les idées dont l'âme se sert pour connaître les corps et celles dont elle a besoin pour connaître les esprits, que les premières ne sont que des simples modifications de l'âme, au lieu que les dernières ne sont pas différentes de sa propre substance.

Je dis en premier lieu que les idées dont l'âme se sert pour apercevoir les corps ne sont que de simples modifications de l'esprit [2], pour marquer que, les corps n'étant pas intelligibles par eux-mêmes, il est nécessaire qu'ils soient rendus tels par des choses qui soient intelligibles d'elles-mêmes. Or il n'y a rien dans l'âme qui soit intelligible par lui-même que sa propre substance, ses idées et ses sensations ; il faut donc que | l'âme connaisse les corps par sa propre **191** substance, par ses idées ou par ses sensations. Or l'âme ne peut connaître les corps par sa propre substance, parce que, si elle les connaissait par là, elle connaîtrait tous les corps également, à cause que la substance de l'âme est toujours la même. Il reste donc que l'âme ne connaît l'existence, la nature et les propriétés des corps que par des idées et des sensations, qui sont des modifications de sa propre substance.

Je dis en second lieu que les idées dont l'âme a besoin pour connaître Dieu et les autres esprits ne sont pas différentes de sa propre substance ; car en effet pourquoi en différeraient-elles ? ce ne serait pas pour rendre intelligible la nature des esprits, car elle est telle d'elle-même ; ce ne serait pas non plus pour faire connaître les changements qui arrivent aux esprits, car il est certain que les esprits considérés simplement comme esprits, n'en reçoivent aucun ; il reste donc que l'âme ne connaît les esprits que par elle-même, c'est-à-dire par sa propre substance.

Quant à l'union de l'esprit et du corps, laquelle est partie dans l'âme et partie hors de l'âme, comme elle n'a rien d'intelligible par elle-même, il est

---

1. Cette division entre ce qui est dans l'âme et qui se connaît sans idée, et ce qui, étant hors de l'âme, requiert des idées provient de la *Recherche*, voir *RV* III, II, I, § I, *OC* I, 415.

2. C'est sur ce point précis mais décisif que s'opère la rupture ; fidèle à la IIIe *Méditation métaphysique*, Regis tient comme Arnauld les idées pour des modes de l'âme, contre Malebranche qui en fait des perfections divines infinies et universelles.

nécessaire qu'elle soit connue par des idées et par des sensations ; ce n'est aussi que par ses idées et par ses sensations que l'âme connaît qu'elle dépend du corps, et par conséquent qu'elle est unie avec lui.

Suivant ces principes, on peut facilement réduire toutes les manières de connaître de l'âme à deux générales, savoir à la raison et à la conscience ; car on peut dire que l'âme connaît par conscience tout ce qu'elle connaît sans aucun secours de la raison, c'est ainsi par exemple, qu'elle connaît qu'elle existe, qu'elle sent, qu'elle imagine, etc. On peut dire au contraire que l'âme connaît par la raison toutes les fois qu'elle déduit une connaissance d'une autre. Et, parce que l'âme déduit ses connaissances tantôt des idées, et tantôt des sensations, pour plus grande facilité, on dit que l'âme connaît par la raison ce qu'elle connaît par des idées, et qu'elle connaît par l'expérience ce qu'elle connaît par des sensations. Ainsi, par exemple, l'âme connaît par la raison que l'étendue existe parce qu'elle déduit son existence de l'idée qu'elle en a ; elle connaît au contraire par l'expérience que les corps particuliers | existent, parce qu'elle déduit leur existence des sensations qu'elle expérimente à leur occasion.

192

Chapitre XVII. *Contenant quelques réflexions sur les différentes manières de connaître de l'âme et de l'esprit*

192 | § 1. *Que l'esprit se connaît lui-même par lui-même*

Quand on considère que la nature de l'esprit considéré en lui-même est d'être une substance qui pense, ou pour mieux dire d'être une pensée qui existe en soi, et qu'on sait d'ailleurs que la pensée est intelligible par elle-même et que c'est par elle qu'on connaît toutes les autres choses, on ne peut pas douter que l'esprit ne se connaisse lui-même par lui-même, c'est-à-dire par sa propre substance. On ne peut pas douter non plus que l'esprit ne connaisse par lui-même l'Être parfait, puisque, par le cinquième article des secondes réflexions, l'idée de cet être est essentiellement renfermée dans celle de tous les êtres imparfaits, parmi lesquels l'esprit est obligé de se mettre.

On dira peut-être que, si l'esprit se connaissait lui-même par lui-même, il s'ensuivrait que, comme ce par quoi une chose est connue est plutôt connu que cette chose, l'esprit se connaîtrait avant que de se connaître, par la même raison que l'esprit se connaît lui-même avant que de connaître le corps. Ce qui est absurde. Je réponds qu'il y a cette différence entre l'esprit et le corps que, le corps n'étant pas connaissable par lui-même, mais par l'esprit, c'est une nécessité que l'esprit se connaisse lui-même avant qu'il connaisse le corps, mais que, l'esprit étant intelligible par lui-même, il n'y a nulle nécessité qu'il se connaisse avant que de se connaître, ce qu'il sera facile de concevoir si l'on considère que, quand il s'agit de la connaissance que les choses intelligibles ont d'elles-mêmes, le sujet connaissant l'action de connaître, et l'objet connu sont réellement une même chose, ce qui fait qu'ils sont connus en même temps.

§ 2. *Que l'esprit se connaît avant que de connaître Dieu et pourquoi*

La difficulté est de savoir si l'esprit se connaît lui-même avant que de connaître Dieu, ou au contraire si l'esprit connaît Dieu avant que de se connaître lui-même. Pour moi, | je crois que l'esprit se connaît lui-même avant **193** que de connaître Dieu; je veux dire que la connaissance que l'esprit a de sa propre existence précède celle qu'il a de l'existence de Dieu, si ce n'est d'une priorité de temps, c'est au moins d'une priorité de nature : la raison de cela est que l'esprit ne peut connaître Dieu s'il n'existe lui-même, et l'esprit ne peut exister sans s'apercevoir qu'il existe, d'où il s'ensuit que la perception de son existence est la première connaissance de l'esprit. [...]

§ 5. *Que l'âme connaît les corps par des idées et par des sensations*

Quand on considère l'esprit non en lui-même, mais en | tant qu'il est uni au **194** corps, c'est-à-dire en tant qu'il est une âme, on trouve qu'il ne se connaît pas par lui-même, mais par des idées et par des sensations; c'est encore par des idées et par des sensations que l'âme connaît l'existence et la nature des corps, ce qui fait voir que les mêmes idées et les mêmes sensations qui servent à manifester la nature et les propriétés des corps servent aussi à faire connaître la nature et les propriétés de l'âme, avec cette seule différence que les idées et les sensations manifestent la nature de l'âme par le rapport qu'elles ont avec elle comme avec leur cause matérielle et subjective, et qu'elles font connaître la nature des corps par le rapport qu'elles ont avec eux comme avec leurs causes exemplaires; pour marquer aussi ces deux différentes manières de connaître, nous avons appelé la première *connaître par conscience*, et nous avons appelé la seconde *connaître par raison*.

TABLE DES MATIÈRES

NICOLAS MALEBRANCHE

ÉCLAIRCISSEMENTS SUR LA RECHERCHE DE LA VÉRITÉ

Imprimerie de la Manutention à Mayenne – Novembre 2006 – N° 302-06
Dépôt légal : 4ᵉ trimestre 2006

Imprimé en France